MARTIN SONNEBORN

HERR SONNEBORN BLEIBT IN BRÜSSEL

Martin Sonneborn

HERR SONNEBORN BLEIBT IN BRÜSSEL

NEUE ABENTEUER IM EUROPAPARLAMENT

Kiepenheuer & Witsch

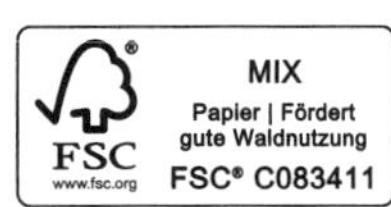

1. Auflage 2024

© 2024, Verlag Kiepenheuer & Witsch, Köln
Alle Rechte vorbehalten
Die Nutzung unserer Werke für Text- und Data-Mining
im Sinne von § 44b UrhG behalten wir uns explizit vor.
Fotos Innenteil: © European Union 2019/2020/2021/2022 –
Source EP und Chris Schiller, Dustin Hoffmann
Umschlaggestaltung: Barbara Thoben, Köln
Umschlagmotiv: © SMAC-Film
Gesetzt aus der Minion und der Trade Gothic
Satz: Buch-Werkstatt GmbH, Bad Aibling
Druck und Bindung: CPI books GmbH, Leck
ISBN 978-3-462-00600-1

INHALT

»Das Überleben der Menschheit hängt ab von ihrer Fähigkeit, Unordnung zu schaffen und Ordnung zu verhindern.«
Heiner Müller

»Ach Europa!«
Hans Magnus Enzensberger

VORWORT

Liebe Leserinnen und Leser,

wenn ich in der Öffentlichkeit gefragt werde, was ich beruflich mache, behaupte ich immer, dass ich gerade aus dem Gefängnis komme und mich noch orientiere. Es ist mir ausgesprochen unangenehm zuzugeben, dass ich dem EU-Parlament angehöre.

Eigentlich sollten in Brüssel die Besten aus 450 Millionen Bürgern sitzen, in der EU-Kommission und im Europäischen Parlament. Dass sie das *nicht* tun, dafür bin ich ein sehr gutes Beispiel. Und nicht einmal das beste.

Vorbestrafte Staatspräsidenten, korrupte Kommissare, Abgeordnete mit Handtaschen voller Bargeld, Milliarden-Verträge, die per SMS ausgehandelt werden. Und eine Politik, die weniger für 450 Millionen als für 450 Millionäre gemacht wird.

Dieses Buch ist entstanden aus der Verantwortung den rund 900.000 PARTEI-Wählern gegenüber, die mir in der vergangenen EU-Wahl den Schlamassel eingebrockt und mich (zurück) nach Brüssel geschickt haben.

Aber auch, weil es so viel Lustiges und Skurriles zu berichten gibt. Von der maltesischen Parlamentspräsidentin, die »Korruption, Interessenkonflikten & Vetternwirtschaft« den Kampf ansagt und danach ihren Schwager als Generalsekretär einstellen will, über den bulgarischen Abgeordneten, der in der laufenden Hitlergruß-Challenge im Plenarsaal souverän führt, bis zu meinem ungarischen Kollegen, Vizepräsident der christlichen EVP, der nach einer Razzia nackt und mit Drogen im Rucksack am Ende einer Regenrinne von der belgischen Polizei in Empfang genommen wird.

Begleiten Sie mich in die (subventionierte) MEP-Bar, in die »Delegation für die Beziehungen zur Halbinsel Korea«, durch Shitstürme im Internet und dabei, wie ich Kommissionspräsidentin vonderLeyen auf ihrem unaufhaltsamen Weg nach unten begleite (in Straßburg, im Fahrstuhl) …

Brüssel, im Winter 2023/24
Martin Sonneborn

»EUROPA NICHT DEN VONDERLEYEN ÜBERLASSEN«

2019

STRASSBURG, EU-PARLAMENT

Der Plenarsaal ist brechend voll, die Pressetribüne ebenso. Heute ist ein großer Tag für Europa, eine skandalumwitterte deutsche Ministerin soll zur Präsidentin der Europäischen Kommission gewählt werden.

»Mr Sonneborn, one minute please!«, sagt Vizepräsidentin Mairead McGuinness, die die Sitzung leitet, und blickt hoch zu mir in die letzte Reihe.

Eine Minute? Verdammt. *Eine* Minute, um all das zu sagen, was ich hier auf dem Zettel habe? Ich überschlage kurz, dass ich entweder das letzte Drittel umgehend streichen muss, jedes dritte Wort auslassen oder alles mit anderthalbfacher Geschwindigkeit sprech…

»Ah, anderthalb Minuten, tut mir leid«, verbessert sich die Irin freundlicherweise. Puh, Glück gehabt!

Ich erhebe mich und schalte mein Mikrofon ein. Mein Blick fällt auf die rosafarbene Bluse unten in der ersten Reihe. Jetzt bleiben mir exakt 90 Sekunden, um Ursula vonderLeyen in der EU willkommen zu heißen. Zeit läuft.

»Liebe Frau von der ähem, Leyen, herzlich willkommen!

Es freut mich sehr, dass ich ab sofort nicht mehr der unseriöseste Vertreter der europäischen Demokratie bin.

Das Personal-Tableau, das der Rat vorgelegt hat, hat es in sich.

Josep Borrell: Ein spanischer Tüp, der als Präsident des Europäischen Hochschul-Instituts zurücktreten musste, weil er vergessen hatte, eine jährliche Gratifikation von 300.000 Euro zu erwähnen, soll als Außenbeauftragter die europäischen Werte in der Welt vertreten?«

VonderLeyen dreht sich um, blickt suchend nach oben ins Plenum, findet mich und wirft mir dann einen leicht irritierten Blick zu.

»Christine Lagarde: Eine Juristin, die wegen Veruntreuung von 400 Millionen Euro öffentlicher Gelder schuldig gesprochen wurde und noch nie eine nationale Notenbank geführt hat, soll die EZB leiten?

Charles Michel: Ein Belgier, der nicht einmal in Belgien eine funktionierende Regierung bilden konnte, soll Ratspräsident werden und für den Ausgleich in einem immer komplexeren Geflecht nationaler Interessen sorgen?

Und dazu Sie, Frau vonderLeyen: Eine europapolitisch völlig kenntnisfreie deutsche Ministerin, ...«

Bei der Diagnose »kenntnisfrei« zuckt die deutsche Verteidigungsministerin unmerklich zusammen und hebt, was von ihren Augenbrauen noch beweglich ist.

»... die lediglich durch einen irren Hang zu überteuerten Beratern, Missmanagement und Euphemismen aufgefallen ist – ›Trendwende Finanzen‹ für die größte deutsche Aufrüstungskampagne seit Kriegende.

Um diese Parade von Inkompetenz und moralischer Wurstigkeit* abzusichern, paktieren Sie mit der illiberalen (polnischen) PISS-Partei, dem Möchtegernfaschisten Orbán und Benito Salvini?

Wir sollten Europa nicht den Leyen überlassen. Zwinker-Smiley!«

* Ich werde oft gefragt, ob es keine Kritik nach den Reden im Parlament gibt. Doch, doch, natürlich, und die gab es auch nach dieser Plenarsitzung. Mehrfach wurde ich per Mail darauf hingewiesen, dass der Begriff der »moralischen Wurstigkeit« für einen Simultandolmetscher spontan nur sehr schwer zu übersetzen sei. Schuldbewusst wird mir in solchen Situationen klar, dass ich meine Reden auch einen Tag vorher bei den Übersetzern einreichen könnte. Aber erstens schreibe ich immer bis zur letzten Minute – und zweitens bin ich mir nicht sicher, dass eine Rede nicht doch vorher ihren Weg ins Präsidium findet.

Im Plenarsaal bleibt es ruhig. Zwei oder drei vereinzelte Klatscher sind zu hören, vermutlich freut sich ein rechtsradikaler Italiener über die Umbenennung seines Innenministers Matteo Salvini. Die Tochter des ehemaligen niedersächsischen Ministerpräsidenten Ernst Albrecht selbst macht gute Miene zum bösen Spiel und lächelt. Jedenfalls mit der unteren Gesichtshälfte, die leichter zu kontrollieren ist.

Ohne erkennbare Regung ruft Vizepräsidentin McGuinness den nächsten Redner auf: »Mr. Deutsch!« Dessen Beitrag dürfte gleich etwas freundlicher werden, denn Tamás Deutsch gehört zu den ungarischen Fidesz-Abgeordneten von Viktator Orbán, und deren Stimmen, so weiß man in Brüssel, haben sich Bundeskanzlerin Merkel und Frau vonderLeyen für die anstehende Wahl gesichert.

Nicht, dass Mr. Deutsch, ein hochgewachsener, bulliger Fußballertyp mit schulterlangen Haaren, nicht auch anders gekonnt hätte. Bei innenpolitischen Auseinandersetzungen jedenfalls ließen seine Wortmeldungen oftmals wenig Interpretationsspielraum.

Sachdienlicher Hinweis von Wikipedia

Deutsch wurde eine »biologistische« und »hygienistische« Sprache vorgeworfen, weil er über den ehemaligen Ministerpräsidenten gesagt hatte: »Es gibt hinterhältige Verrückte, es gibt eklige Spermien, es gibt widerliche Verfaulte, und dann gibt es dort noch den Ferenc Gyurcsány. Dieser erbärmliche Eiweißklumpen könnte sich ein für alle Mal verdrücken zurück in Mutters Fotze.«

Und falls Sie, liebe Leser, jetzt unwillkürlich eine Form von Mitleid oder Sympathie dem Eiweißklumpen gegenüber verspüren sollten, bitte sparen Sie's sich. Er war in Veruntreuungen verwickelt, die Ungarn an den Rand des Bankrotts katapultierten, während sie ihn zu einem der reichsten Männer des Landes machten. Und zu einem zielorientierten Politiker zudem.

Sachdienlicher Hinweis von Wikipedia

Allerdings gelangte eine parteiinterne Rede Gyurcsánys an die Öffentlichkeit, in der er seiner Fraktion nicht nur darüber berichtete, wie er und seine engeren Vertrauensleute die Öffentlichkeit jahrelang durchweg belogen hatten, um die jüngsten Parlamentswahlen zu gewinnen, sondern auch anmahnte, dass nunmehr die gesamte Regierung größte Mühe haben werde, all dies auch weiterhin geheim zu halten. Die Rede rief nach ihrem Bekanntwerden bei großen Teilen der ungarischen Bevölkerung Wut und Empörung hervor.

Und noch ein Hinweis

Er selbst hatte in einer Rede auf dem Kongress der MSZP seine Wirtschafts- und Finanzierungsmethodik* erläutert: »Wie kann man diese öffentlichen Einnahmen – das werden so um die 22–23 tausend Milliarden Forint sein – so verteilen, zumindest den Anteil, den wir beschlossen haben, von den Menschen wegzunehmen, weil wir die Stärkeren sind, weil die Staatsmacht uns gehört und wir das wegnehmen können, dass das, was wir ihnen wegnehmen, wir wenigstens so verteilten, dass die Mehrheit denkt, dass es so, na ja, so in etwa in Ordnung ist.«

Heeee, Mooooment mal, was geht hier eigentlich vor? Wer oder was bin ich, und warum schwinge ich große Reden im Plenarsaal des Europäischen Parlaments in Straßburg?

Hatte mich »Politclown« (*Süddeutsche Zeitung*) denn eigentlich jemand gefragt, ob ich der lustigen ersten Legislaturperiode im Europäischen Parlament überhaupt eine zweite folgen lassen wollte? Sicher, eine kostenfreie BahnCard 100 ist nicht zu verachten, und die Leute brachten mir mehr Respekt entgegen, wenn ich an

* Wenig wohlwollend wurden – insbesondere in emanzipierteren Kreisen – auch die Äußerungen Gyurcsánys in einem Fernsehinterview aufgenommen, in dem er das allgemeine Streben nach Wohlstand analysiert: »*Wer eine Zweizimmerwohnung hat, der hätte normalerweise eine mit drei verdient, wer drei hat, vier, wer vier hat, ein Einfamilienhaus; wer eine alte, alternde, ältlich-werdende Ehefrau hat, der hätte eine jüngere verdient …*«

der Theke im Kreuzberger Trinkteufel »Lassen Sie mich durch, ich bin EU-Abgeordneter!« rief und mit meinem Diplomatenpass wedelte. Aber die Deutsche Bahn ist kaputt, genau wie die Infrastruktur hierzulande – das merke ich durchaus, wenn ich die belgisch-deutsche Grenze überquere –, und mehr Respekt bringt man mir auch entgegen, wenn ich mit einer SS-Uniform über die Frankfurter Buchmesse laufe, um eine Buchvorstellung von Björn Höcke zu sprengen.

Im Grunde hatten wir die Entscheidung gar nicht selbst getroffen, Büroleiter Hoffmann* und ich. Frank-Alter Steinmeier und die SPD hatten für uns entschieden. Steinmeier, als er seine Partei angetrieben hatte, eine Sperrklausel für die gesamte EU zu installieren, bloß um die PARTEI wieder aus dem Parlament zu kicken. Mit lässigen 0,6 Prozent der Stimmen in der EU-Wahl sollte nicht noch einmal jemand ein Mandat in Brüssel erhalten.

Sachdienlicher Hinweis der Süddeutschen Zeitung

Frank-Walter Steinmeier regt das auf. Auch wegen Sonneborns »Jux-Partei« müsse man sich fragen, »ob es wirklich für alle Zeiten unzulässig sein soll, über eine Sperrklausel für das Europaparlament nachzudenken«. Wenn dies über das nationale Recht nicht gehe, müsse man halt überlegen, eine Hürde auf europäischer Ebene einzuführen.

Und die SPD in Gestalt von Michael Roth, Staatsminister für Europa im Auswärtigen Amt. Der hatte bis zu seinem *Burn-out* über Jahre hinweg 27 Staaten diplomatisch & undiplomatisch nach allen Regeln der Kunst bearbeitet, damit die einer Wahlrechtsänderung zustimmen, die praktisch nur für die Europawahl in Deutschland Konsequenzen hat. Um schlussendlich bei einem offenbar eher zufälligen Blick ins Grundgesetz festzustellen,

* Hoffmann, zwei Jahre vor dem Fall der Mauer im Osten Berlins geboren und mit dem passenden Vornamen »Dustin« ausgestattet, ist seit dem ersten Mandat mein Assistent und Büroleiter.

dass man hierzulande eine Zweidrittelmehrheit in Bundestag *und* Bundesrat braucht, um das Wahlrecht in Deutschland zu verändern. Eine Mehrheit, die man – hüstel – auch mit der CDU zusammen nicht hatte.

Sachdienlicher Hinweis der taz

Offenbar hat die deutsche Bundesregierung vor der Europawahl mehr Energie darauf verwendet, Kleinstparteien per Sperrklausel aus dem Parlament zu verdrängen, als den versprochenen »Aufbruch für Europa« zu organisieren.

Zwei Jahre lang hatten wir uns trotzig mit den antidemokratischen Umtrieben auseinandergesetzt, einfach weil wir uns nicht von einem derart uncharismatischen Bundespräsidenten und seinen Erfüllungsgehilfen in der Groko Haram vor die Parlamentstür setzen lassen wollten. Dann hatten wir für die EU-Wahl die »Eichmann«-Liste aufgestellt, mit Nico Semsrott und mir an der Spitze, und einen plakativen, inhaltsarmen US-Wahlkampf inszeniert.

Im Gegensatz zur gängigen Praxis hatten wir die Kandidaten für unsere offizielle Europaliste ausschließlich anhand ihrer Namen ausgewählt. Namen, die man kannte, die einen Klang hatten in Europa. Vielleicht keinen guten, aber immerhin einen Klang: Bombe, Krieg, Bormann, Eichmann, Keitel, Heß und Speer. Und Göbbels mit Ö. Es war erstaunlich, was sich da alles tummelte unter den 50.000 PARTEI-Mitgliedern. Nur ein Hitler hatte sich nicht rechtzeitig gemeldet und Stauffenberg keinen Bock gehabt. (Vielleicht besser so … Smiley.) Die ersten zehn Kandidaten werden auf den Wahlzetteln aufgeführt – und wer kannte schon Namen von CDU- oder SPD-Kandidaten?

Sachdienlicher Hinweis von Telepolis

T: Wie kommt eine solche Kriegslist bzw. Kriegsliste in Europa an?

MS: Ich hoffe, gut. Stellen Sie sich das lebhafte Interesse in Österreich und Ungarn vor!

T: Gibt es noch weitere Motivation für eine solch martialisch anmutende Liste?

MS: Die Besetzung zeigt unseren Respekt vor der Remilitarisierung Europas. In Deutschland wird das bisher kaum thematisiert, aber wir haben einen Paradigmenwechsel in der EU. Im nächsten Haushalt wird erstmals mehr Geld für die Aufrüstung stehen als für Entwicklungshilfe. Anfang Juli hat das EU-Parlament grünes Licht gegeben, 500 Millionen Euro aus dem Bereich »Friedenssicherung« in die Rüstung umzuleiten.

Sachdienlicher Hinweis von watson

So will die PARTEI in eigenen plötzlich sehr ernsten Worten »mehr Aufmerksamkeit auf die schleichende Militarisierung der EU« lenken. Es ist Satire wie aus dem Schulbuch: Hinter jedem Witz steckt auch eine hässliche Wahrheit.

Sachdienlicher Hinweis der Neuen Westfälischen

Den Humor Sonneborns teilen einige Politiker allerdings nicht. Gegenüber dem RND sagte Alexander Graf Lambsdorff (FDP), Vorsitzender der Deutsch-Israelischen Parlamentariergruppe des Bundestages: »Was wir hier erleben, ist eine Hakenkreuzschmiererei auf dem Wahlzettel.«

Und auch noch eine mit Hintergedanken.

Sachdienlicher Hinweis der Rheinischen Post

»Eventuell könnte dies auch ›verwirrte CSU-Wähler‹ oder ›demente CDU-Wähler‹ zu einem Kreuz bei der ›Partei‹ verleiten.«

Sachdienlicher Hinweis aus dem Ordner »Offene Briefe«

Offener Brief an den Kollegen Lambsdorff von der FDP
Lieber Graf, hier schreibt das Volk.

Einem Bericht des RND musste ich entnehmen, dass Ihnen die ersten zehn Namen unserer EU-Liste nicht gefallen. Abgesehen davon, dass mir persönlich schon der Name »FDP« auf Wahlzetteln nicht gefällt, weil Tüpen wie Christian Lindner für vieles stehen, was die klugen liberalen Köpfe, die es in Ihrer Partei ja auch mal gegeben hat (Hirsch, Baum, die Schnarrenberger, der schöne Erich Mende), verachten dürften, muss ich Sie korrigieren:

Wir haben die Namen nicht wirklich aus der Mitgliederliste der PARTEI herausgesucht, weil wir verwirrte CSU- oder demente CDU-Wähler zu einem Kreuz bei uns verleiten wollten. Das war nur Spaß.

Wir haben diese Liste aufgestellt, weil wir damit auf eine vertragswidrige Militarisierung und finanzintensive Aufrüstung des »Friedensprojektes« EU hinweisen wollen, die in Deutschland gar nicht thematisiert wird.

Dass Sie sich als ausgebildeter Diplomat nicht schämen, dem intellektuell preiswertesten Assoziationsreflex Ihrer ersten Empörung nachzugeben, ohne in Betracht zu ziehen, dass hier ein kritischer Hinweis versteckt sein könnte, bestärkt mich in meiner Entscheidung, am 26. Mai nicht die FDP zu wählen.
Martin Sonneborn

Leider wurden Witz & Wahrheit auch nicht von allen CDU-Kollegen goutiert. Rainer Wieland, überzeugter Schwabe und einflussreicher Vizepräsident des Europäischen Parlaments, war sich nicht zu schade, bei einer Tagung der Europäischen Volkspartei (EVP) – das ist der Zusammenschluss von CDU, CSU und ihren konservativen bis rechtsnationalen europäischen Freunden – als Beleg für die Notwendigkeit einer Sperrklausel mit vor Ekel & Empörung bebender Stimme die Liste der PARTEI-Kandidaten auf Schwäbisch vorzulesen: »Bombee, Krieag, Gebbels, Speer, Bormoa, Eichmoa, Keidl, Hesch …« Kein Wunder, dass konservative Politiker aus der gesamten EU sich durch die Bank angewidert gezeigt hatten!

Und das, obwohl die Bandbreite in der EVP relativ groß und die Einigkeit oftmals klein ist, seitdem Helmut Kohl die Parteienfamilie strategisch und aus profanem Machtstreben heraus weit nach rechts geöffnet hatte.

Sachdienlicher Hinweis aus dem Netz

MS: Viktor Orbán (EVP) hat seine EVP-Kollegen – u. a. Manfred Streber (CSU, Vorsitzender der EVP) – als »nützliche Idioten« bezeichnet. Eine Unverschämtheit, Manfred Strebers Nutzen für Europa hat sich mir noch nicht offenbart ... Smiley

APRIL 2019

BERLIN

Sachdienlicher Hinweis des Spiegel

Es kann kein Zufall sein, dass die Nachrichtenagentur dpa den heute in Berlin stattfindenden Wahlkampfauftakt der Satirepartei Die PARTEI zur Europawahl ganz selbstverständlich in der Rubrik »Politik Deutschland« ankündigt – so wie den ebenfalls heute anstehenden Wahlkampfauftakt der Linken. PARTEI-Chef Martin Sonneborn und Linken-Chef Bernd Riexinger spielen für die dpa in derselben Liga. Gut zu wissen.

Medienberichten zufolge planen sämtliche etablierten Parteien, ihren Wahlkampf sehr zurückhaltend zu gestalten. Viel Geld will niemand investieren. Großveranstaltungen werden ausgeschlossen, zu geringes Interesse herrsche bei den Bürgern. Da kommt Nico Semsrotts Idee zu einer ordentlichen Auftaktveranstaltung gerade recht: Wir mieten uns vier Wochen vor der Wahl die Volksbühne in Berlin, inszenieren dort einen an Trumps US-Wahlkampf orientierten Jubelabend, filmen das Ganze mit und stellen es dann als »Die große Europa-Show« bei YouTube ein, wo es 1,2 Millionen Mal angesehen wird. Alle Medien müssen darüber berichten und danach können wir uns entspannt zurücklehnen. Ein guter Plan!

Auf keinen Fall theaterpreisverdächtig:
PARTEI-typisches Understatement an der alten Arbeiterbühne

Um die Sache zu finanzieren, nehmen wir einfach Eintritt (18 Euro, PARTEI-Mitglieder die Hälfte), spenden den Gewinn an die PARTEI, die das Geld über die – extrem unseriöse – Parteienfinanzierung verdoppelt, und davon die Filmaufnahmen bezahlt. Auf Facebook lässt Semsrott aus drei Vorschlägen (»Europa stärken. Deutschland schwächen.« / »Für Europa reicht's« / »Europa vom Ende her denken«) noch kurz ein Wahlkampfmotto abstimmen, dann laufen die Vorbereitungen an.

Sachdienlicher Hinweis der Bayerischen Staatszeitung

»Für Europa reicht's« steht auf dem Schild, das Martin Sonneborn vor der Volksbühne Berlin in die Kameras hält. Mit diesem Slogan zieht die Satire-Partei »Die PARTEI« in die Europawahl. Zum Wahlkampfauftakt hatten sich die Macher offenbar nicht lumpen lassen. Neben dem offiziellen Wahlslogan zieren auch die Nachnamen des Kandidatenduos Sonneborn und Nico Semsrott auf riesigen Bannern das Theater am Rosa-Luxemburg-Platz.

Sachdienlicher Hinweis des DLF

Emotionsmaschine auf Hochtouren

Nico Semsrott: »Ihr habt das vielleicht vor der Bühne und auch hier gemerkt: Wir setzen auch ein bisschen auf das Stilmittel der Übertreibung. Wir brauchen jeweils nach dem ersten Satz unserer Bewerbungsreden einen völlig angemessenen Standing-Ovations-Applaus.«

Nico Semsrott hat es kaum ausgesprochen, da macht das Publikum schon mit. Im Saal sitzen vor allem Fans. Kritische Distanz? Null. Auf Semsrotts Handzeichen endet der Applaus so abrupt, wie er angefangen hat.

»Und weil wir es wirklich übertreiben, haben wir auch noch 300 Schilder fürs Publikum.«

Auf den Schildern stehen Wahlkampfslogans und die Namen der Kandidaten. Geboten wird eine Show im amerikanischen Stil – mit Cheerleadern auf der Bühne, Luftballons und einem bereitwillig aufs Stichwort jubelnden Publikum. Die Emotionsmaschine läuft auf hohen Touren – erschreckend effizient.

Sachdienlicher Hinweis von Vice

»Europa ist am Arsch«, öffnet ein Einspieler auf der großen Leinwand.

»An der Spitze steht ein perverser Lüstling« – der busselnde Jean-Claude Juncker wird eingeblendet.

»Zu viele Brandschutzverordnungen« – der Bruchflughafen BER erscheint –, »zu wenig Brandschutzverordnungen« – die brennende Notre-Dame.

Der halbe Saal lacht. Eltern haben ihre Kinder mitgebracht, Kinder ihre Eltern. Metal-Kuttenträger im Rollstuhl mischen sich mit Comedians/Stand-uppern und PARTEI-Mitgliedern.

Sachdienlicher Hinweis von watson

»Unsere Kinder verblöden auf Demos« zu Bildern der Klimastreiks, »Menschen trauen sich nicht mehr ohne Sicherheitswesten auf die Straße« zu Bildern der Gelbwesten in Paris.

Die Tonalität ist stets zwischen alarmistisch und gaga. Aber zum Glück, so wird es verkauft, naht die Rettung: Sonneborn-

Semsrott, zwei mittelalte weiße Männer, die Europa aus den Händen der alten weißen Männer befreien wollen.

Als der Clip endet, betritt das »Politiker«-Duo die Bühne. Sonneborn im biederen grauen »Partei«-Anzug, Semsrott wie immer im schwarzen Hoodie.

Sachdienlicher Hinweis der Süddeutschen Zeitung

Aufgezeichnet wurde das Ganze Ende April mit etwa 800 Menschen in der Berliner Volksbühne – die offensichtlich gebrieft waren. Denn als Martin Sonneborn und Nico Semsrott im Video die Bühne betreten, rasten die Leute im Publikum aus. Sie jubeln und halten Plakate hoch. Dabei steht auf denen eher semibegeistert: »Besser als nix« oder »Für Europa reicht's«. In seiner Bewerbungsrede für den Posten als Präsident der Europäischen Kommission kritisiert Nico Semsrott dann noch einmal den Europawahlkampf: »Jede Klassensprecher-Wahl elektrisiert mehr Menschen als die Europawahl.«

Sachdienlicher Hinweis der taz

Martin Sonneborn zeigt, was er in den vergangenen Jahren getan hat. Wahlplakate mit klugen Sprüchen, das ist für die Lacher, und Videos von seinen Reden im Parlament, meist zu später Stunde, wenn außer dem fraktionslosen Abgeordneten und dem Parlamentspräsidium kaum noch jemand die leeren Abgeordnetenreihen bevölkert.

Es sind Reden für die Generation YouTube, gehalten für irgendwen da draußen, sagen wir: das Volk – manchmal zehntausendfach, manchmal hunderttausendfach geklickt. Irgendeine Stimme, die im Europaparlament Tacheles redet, Zusammenhänge aufzeigt oder Witze reißt; auch wenn dort gar niemand zuhört.

Gut zwei Stunden Show, Gags und politische Witze, zwei Stunden Kabarett und Aufklärung. Da jubeln sie und lachen auf den Rängen. Zwei Stunden und eine Versuchsanordnung: Ist es das nicht vielleicht wert, zwei Abgeordnete ins Europaparlament zu entsenden, die dem Mosaik europäischer Stimmen noch weiteres Kolorit hinzufügen? Vor allem: eine kritische, eigene Öffentlichkeit?

Sachdienlicher Hinweis von Deutschlandfunk Kultur

Provokation und Klamauk als Mittel der Aufklärung
Es ist die Form, die hier den Nerv im Publikum trifft: anarchisch, unerschrocken, albern, kritisch und glaubwürdig. Besonders junge Männer in größeren Städten fühlen sich davon angesprochen.

Sie vereint der Protest gegen drohende Uploadfilter durch die EU-Urheberrechtsreform, gegen militärische Aufrüstung in der EU und für hohen Datenschutz. Und sie nutzen überdurchschnittlich viel das Internet. Kein Wunder, dass dieser Abend mit Kameras aufgezeichnet wird und anschließend in portionierten Clips im Internet landen soll. Die Tour durch 27 Städte ist da fast nebensächlich.

MAI 2019

WESTERNGRUND, SPESSART

Natürlich ist die Tour nicht nebensächlich. Und sollte sie es doch sein, dann ist sie die schönste und anstrengendste Nebensache der Welt. Vor bundesweiten Wahlen ist es Tradition, dass rund zwei Dutzend handverlesener PARTEI-Mitglieder auf eine 14-tägige Wahlkampfreise kreuz & quer durchs ganze Land gehen. Ortsvereine aus Groß- und Kleinstädten bewerben sich um Aufnahme in den Tourkalender und organisieren Wahlkampfaktionen. Die Plätze für Mitfahrer sind begehrt und werden in einem undurchsichtigen parteieigenen Klüngelverfahren vergeben, der Rechtsweg ist ausgeschlossen. Schlaf ist unterwegs nicht vorgesehen und wenn doch, dann unter unwürdigsten Bedingungen in zumeist kostenfreien Unterkünften, die von den Ortsvereinen organisiert werden. Oder in dem fiesen PARTEI-Anzug von

C & A, grau, aus bestem Vollpolyester, der in der PARTEI uniform getragen wird. Wer überlebt, erhält einen beliebten billigen Blechorden und darf nach einer angemessenen Rekonvaleszenzzeit (bis zur nächsten Wahl) wieder mitfahren.

Zum Glück müssen wir Spitzenkandidaten immer nur punktuell anwesend sein.

Unseren EU-Wahlkampf starten wir mit zwei angemieteten schwarzen Mercedes-Transportern (Vollkasko, Strafzettel übernimmt der Bundesvorstand) in voller PARTEI-Beklebung in Westerngrund, Spessart, Bayern. Hier im grünen Nichts ist der geografische Mittelpunkt der EU – bis die Briten gehen, dann wird der Touristenmagnet (Spaß) mit seinen fünf trostlos in der Gegend herumstehenden EU- und Deutschland-, Bayern- und Spessart-Flaggen rund 70 Kilometer Richtung Würzburg wandern. Wir geben der menschenarmen, nassen Gegend das Versprechen, den Mittelpunkt an seinem traditionellen Ort zu belassen, falls wir je Mehrheiten im EU-Parlament stellen sollten. Dann geht's los.

In den heimgesuchten Städten organisieren die Ortsvereine kleine Demonstrationen mit Kommunalthemen. Das geht von nächtlichen »Anwohner nerven! Sperrzeiten abschaffen! Kein Bier ist illegal!«-Demos in der Heidelberger Altstadt bis zu Kranzniederlegungen mit Kniefall an irgendeinem »Denkmal für das Internet« in Słubice, der Partnerstadt von Frankfurt an der Oder.

TÜBINGEN, MARKTPLATZ

In Tübingen erhalten wir eine kompetente Stadtführung, die uns auch am Rathaus vorbeiführt. Nachdem die Aufforderungen eines PARTEI-Freundes mit Megafon – »Achtung, Achtung, Borrris Palmer, das Haus ist umstellt! Komm Sie raus, mit erhobenen Händen und ohne Hosen!« – keinen Erfolg gezeigt haben, gehen wir kurzerhand rein und ich bitte darum, Boris Palmer sprechen zu dürfen. Eine freundliche Vorzimmerdame sagt uns, dass Palmer verreist sei. Aber kurz nachdem wir das Rathaus verlassen haben, hat der Oberbürgermeister offenbar seine Reise beendet und kommt zu uns heraus. Ein bisschen steif fragt er nach dem Zweck unseres Besuchs. Ich drücke ihm einen nicht mehr voll funktionsfähigen Schirm, den ich nicht länger herumschleppen möchte, in die Hand: »Ich möchte Ihnen diesen Schirm überreichen.«

Palmer schaut mich nachdenklich an: »Wegen Shitstorm? Oder was?«

»Ja, genau. In PARTEI-Grau.«

Der Grüne spannt den Schirm prüfend auf, denkt nach, sucht einen Pferdefuß: »Was dagegensprechen könnte, wenn er mehr wert ist als 5 Euro, muss ich …«

Ich kürze die Sache ab: »Ist er garantiert nicht.«

Zum Abschied biete ich ihm noch einen »extrem unsicheren hinteren Listenplatz bei der PARTEI an, für den Fall, dass es mit den Grünen nichts mehr wird«, und verabschiede mich. Die Tübinger PARTEI-Freunde bedanken sich artig, dass Palmer so gut Wahlkampf für sie macht, dann ziehen wir weiter. Nächster Halt ist Karlsruhe. Dort hat der Ortsverein an einer viel befahrenen Straße eine Menge Bierkisten bereitgestellt und ein großes Transparent gespannt: »Du hupst – Die PARTEI trinkt!« Es kommt, wie es kommen muss: Die Autofahrer hupen, PARTEI und Passanten prosten zurück und trinken, Autofahrer hupen mehr, wir trinken mehr.

AUTOBAHNRASTSTÄTTE A 2

Ein Anruf aus der Geschäftsstelle der PARTEI. Das Justiziariat des ZDF hat gerade erklärt, dass man sich weigern werde, unseren zweiten Wahlwerbespot auszustrahlen. Das überrascht mich. Inhaltlich haben wir auf den vier Sendeplätzen, die wir als Kleinpartei vor Wahlen regelmäßig im öffentlich-rechtlichen Rundfunk zugewiesen bekommen, vollkommen freie Hand. Das hatten wir auch schon reichlich ausgenutzt, u. a. durch den Verkauf unserer Spots zur Bundestagswahl 2005.

Nachdem sich damals kurz vor der Wahl herausgestellt hatte, dass ARD und ZDF im Vorabendprogramm Schleichwerbung und Product Placement betrieben, versteigerten wir unsere vier Spots öffentlichkeitswirksam auf eBay. Für 25.000 Euro erwarb sie der sehr, sehr gute Billigflieger HLX (heute TUIfly) – für den wir dann mit jedem Spot penetranter werdende Schleichwerbung zeigten. Das wiederum ärgerte die Herren Bosbach (CDU) und Ramsauer (CSU) so sehr, dass uns Bundeswahlleiter Roderich Eseler (CDU) zur nächsten Bundestagswahl unter fadenscheinigsten Begründungen einfach nicht zuließ. Das wiederum ärgerte uns, und wir konnten so viel Öffentlichkeit herstellen für diesen Skandal, dass im Nachgang das Wahlrecht im Grundgesetz geändert wurde. Heutzutage hat der Bundeswahlleiter bei Zulassungsentscheidungen zwei Juristen an seiner Seite, und eine willkürlich zurückgewiesene Partei kann mit einem Eilantrag sofort vors Bundesverfassungsgericht ziehen. Wir hatten seitdem nie wieder Probleme, zu einer Wahl zugelassen zu werden.

Aber diesmal wollen wir keinen Scherz auf Kosten des Senders machen. Um dem anhaltenden Sterben von Flüchtlingen im Mittelmeer und an den Außengrenzen Europas zumindest etwas mehr Aufmerksamkeit zu verschaffen, hatten wir Sea-Watch gebeten, einen der Spots zu gestalten. Der Kurzfilm, den die Seenotretter produziert haben, ist brutal und bricht radikal mit der Tradition inhaltsleerer Schönwetterclips, die vor Wahlen üblicherweise versendet werden.

Sachdienlicher Hinweis der Welt

48 Sekunden lang kämpft der Junge, dunkle Haare, rote Trainingsjacke, gegen das Ertrinken an. Dann stößt er eine große Luftblase aus, der Blick wird starr, und er gleitet aus dem Bild.

Die Kamera taucht aus dem Wasser auf, der Zuschauer ist auf offener See. Eine Rettungsweste schwimmt einige Meter weiter im Bild. Es erscheint der Schriftzug »Ertrinken dauert so lange wie dieser Film«, also eine Minute und 22 Sekunden.

Da wir das furchtbare Thema nicht für einen plumpen Wahlaufruf nutzen wollen, haben wir auf jegliches PARTEI-Logo verzichtet und der Spot endet mit einem Spendenaufruf für Sea-Watch. Und das ZDF moniert nun, es handele sich nicht um Wahlwerbung.

Sachdienlicher Hinweis der FAZ

Tatsächlich begann das fragliche Video mit der Erklärung: »Die nachfolgende Wahlwerbung ist keine Wahlwerbung. Für den Inhalt dieses Films ist ausschließlich die EU verantwortlich.«

Und weil wir das Verhalten des Senders als ebenso arrogante wie unzulässige Einmischung sehen, stellen wir nachmittags eine kurze Presseerklärung ins Netz. Wenn das ZDF den Spot für seine überalterten Zuschauer deutlicher als Wahlwerbung deklariert haben will – was soll's, können sie bekommen. Wir bieten an, den Spot zu überarbeiten, fügen irgendwo ein Logo ein und noch einen entsprechenden Aufruf ans Ende: »Wählen Sie Die PARTEI. Denn sie gibt den wichtigen Themen Aufmerksamkeit.«

Sachdienlicher Hinweis des Spiegel

Große Empörung in den sozialen Medien folgte prompt. Das ZDF sah sich gezwungen, eine Erklärung abzugeben. So sei »der Spot für den Zuschauer in keiner Weise als Wahlwerbespot zu erkennen gewesen«. Es habe sich daher nicht um Wahlwerbung gehandelt, sondern um einen Aufruf, Sea-Watch zu unterstützen. Nach der Zufügung des PARTEI-Logos strahlte der Sender den Spot am Mittwochabend aus. Sonneborn hat sein Ziel erreicht: Das Thema Seenotrettung ist durch den jetzt noch prominenteren Wahlspot wieder mehr in den Fokus gerückt.«

Sachdienlicher Hinweis des Tagesspiegel

Manche Fernsehzuschauer dürften von dem Programm kalt erwischt worden sein, das ihnen das ZDF am Mittwochabend bot. Angekündigt wurde eine Wahlwerbung. Stattdessen war ein Junge in Sportjacke dabei zu beobachten, wie er ertrank. Eine eingeblendete Botschaft parodierte den üblichen Zusatz, wonach nur die Parteien für die Spots zuständig seien: »Für den Inhalt dieses Films ist ausschließlich die EU verantwortlich.«

Zweifellos eine Pointe – und was für eine. Serviert wurde sie von der für Spaßpolitik bekannten »PARTEI«, verfertigt haben sie die gemeinnützigen zivilen Seenotretter von »Sea Watch«.

Eine Provokation? Selbstverständlich. Muss man das ernst nehmen? Man kann. Eine Satire? Auf jeden Fall. Mit einer Anklage zum Flüchtlingssterben im Mittelmeer in die geschönte Wahlwerbewelt der Parteien einzudringen, bricht Routinen, entzieht sich Kategorien und weitet die Perspektive: Die Verletzung von Anstandsgefühlen, wie sie in instinktiver Abwehr spürbar wird, ist bloß kalkulierte Folge. Die Wahlwerber wollen, dass sich die Wählerinnen und Wähler auf etwas besinnen. Dass sie den Wahlen ihre Aufmerksamkeit schenken. Die »PARTEI« mag dabei schlecht abschneiden, für Europa hat sie etwas erreicht.

Sachdienlicher Hinweis des Spiegel

Auf einmal erscheint alles in diesem Wahlkampf nichtig und albern – nur nicht der Werbespot einer Satirepartei.

Der nächste Spot ist dann wieder etwas konventioneller gehalten. Und auch er findet seine Freunde.

Sachdienlicher Hinweis der Zeit

Beatrice Richter: Ich habe diese Spaßpartei gewählt. Die machen sich lustig über sich selbst und über uns.

Zeit: Sie meinen »Die PARTEI« des Kabarettisten Martin Sonneborn?

Richter: Ja. Ich lache nicht viel, auch nicht über mich, da gibt es nicht viel zu lachen, aber bei einem Wahlwerbespot von denen musste ich lachen. Da saß ein dürrer Mann und präsentierte einen AfD-Blocker, den man installieren kann, wenn man keine AfD-Inhalte sehen will. Das fand ich super, ich wusste: Die wähle ich. Zu meiner Tochter habe ich gesagt, wenn sie die CDU wählt, gebe ich sie zur Adoption frei.

Zeit: Wie alt ist Ihre Tochter?

Richter: Vierzig.

Sachdienlicher Hinweis von watson

Mit dem Blocker sollen Nachrichtenseiten von AfD-Inhalten befreit werden. »Für eine seriösere Nachrichtenlage und ein humaneres Klima im Lande«, heißt es aus der Parteizentrale. Denn: Ein Leben ohne AfD sei möglich.

PARTEI-Chef Martin Sonneborn hat watson vorab erklärt, was es mit dem AfD-Blocker denn genau auf sich hat: Der AfD-Blocker sei eine komplizierte Software, sagt Sonneborn, »ein Plug-in, das die wichtigsten Nachrichtenseiten – außer watson natürlich – von sämtlichen Inhalten der AfD befreit«. Für ausgewählte Nachrichtenseiten gibt es den AfD-Blocker bereits für Firefox und Chrome. »Im Grunde ein AD-Blocker mit einem f dazwischen.«

AUTOBAHN A 2

Auf der Fahrt nach Bielefeld (gibt es wieder) ruft meine Europapolitische Beraterin an: »Es geschehen noch Zeichen und Wunder, der *Spiegel* ruft zur Wahl der PARTEI auf! Also nicht der *Spiegel*, sondern Ferda Ataman in einer Kolumne, und nicht zur Wahl der PARTEI, sondern zur Wahl von Kleinparteien, aber …«

»Wir sind keine Kleinpartei, wir sind die sechst- oder siebtstärkste Partei, je nachdem ob wir gerade vor oder hinter der FDP liegen!«

»… aber immerhin. Lies es dir durch.«

Sachdienlicher Hinweis von Ferda Ataman im Spiegel

Seit 1999 geht nicht einmal die Hälfte der Wahlberechtigten in Deutschland bei der Europawahl an die Urne. Würden die Nichtwähler ins EU-Parlament einziehen, wäre die Leckt-mich-Fraktion die größte. Nur scheint es die meisten Parteien wenig zu jucken, wenn die Leute sie nicht wählen – solange sie ihre Stimme nur niemand anderem geben.

Die Spaßpartei »Die PARTEI« bringt diese Herangehensweise mit ihren apodiktischen Wahlkampfslogans auf den Punkt: »Besser als nix« und »Für Europa reicht's«.

Falls Sie also nicht wissen, ob Sie sich bei der Europawahl nächste Woche aufraffen sollen, weil Ihnen keine der üblichen Parteien zusagt, dann kommt hier meine Empfehlung: Wählen Sie trotzdem, aus Protest. Nur so kommt Ihr politischer Stinkefinger zur Geltung, nur so drängen Sie die Platzhirsche zum Handeln. Machen Sie Ihr Kreuz bei einer sympathischen Kleinpartei. Es lohnt sich: Denn anders als bei Bundestags- oder Landtagswahlen gibt es bei der Europawahl in Deutschland keine Sperrklausel.

BIELEFELD

Gestärkt von der Lektüre und mit leichter Verspätung fahren wir in Bielefeld ein. Die PARTEI-Freunde aus Ostwestfalen haben telefonisch angekündigt, dass schon einige interessierte Bürger vor Ort seien und dass sie uns vorsichtshalber eine weibliche Eskorte mit Wasserpistolen stellen werden.

Sachdienlicher Hinweis des Westfalen-Blatt

Zwischenstopp in Dings

Sein Wahlkampfauftritt am Donnerstag in Bielefeld war wie ein XXL-Sketch in der »heute-show«. Und eines muss man Martin Sonneborn, dem Kopf der Satirepartei »Die PARTEI«, lassen: Er versammelte mit rund 400 Zuhörern auf dem Siggi deutlich mehr Anhänger um sich, als es die etablierten Parteien bei ihren bisherigen Europawahlkampf-Veranstaltungen in der Stadt vermochten.

Er begrüßt sein Volk »in Dings, äh Bielefeld« und schmäht den hiesigen CDU-Europaabgeordneten Elmar Brok unter dem Gejohle des Publikums als »Elmar Brocken«. SED-Kampflieder (»Die Partei, die Partei, die hat immer recht!«) werden adaptiert, geschickt auf die NS-Zeit angespielt. Auf der Liste der PARTEI stehen Menschen mit den Nachnamen alter Nazi-Größen ganz vorn.

Die ausgelassene Stimmung wird nicht merklich schlechter, als ich nach einer kurzen Ansprache und etwas gepflegtem Bürgerdialog 30 oder 40 Bierflaschen signiere und im Publikum verteile. Mit Aufklebern und Wahlkampfflyern haben sich die Bielefelder schon selbst eingedeckt.

INTERNET

Über den gesamten Verlauf der Wahlkampftour stellen wir kleine Berichte, Fotos oder Filme ins Netz. Nach dem Tourstopp in Erfurt kann ich spektakuläre Aufnahmen einer mittäglichen Straßenbahn-Sonderfahrt posten: Sämtliche Fahrgäste, es müssen über 100 sein, schwenken Bierflaschen und skandieren »EU – RO – PA, EU – RO – PA!« und »Man – fred Stre – ber, Kommissions – präsident!«. Ich kann mir ein Lächeln nicht verkneifen bei der Vorstellung, wie fassungslos die etablierten Parteien auf derart ungebrochene Politikeuphorie und EU-Begeisterung reagieren werden.

Sachdienlicher Hinweis von Arte

Als Parteichef gelingt es Sonneborn, besonders junge Leute zu politisieren.

Laut Umfragen liegt die PARTEI mit ihren abstrusen Forderungen sogar bei 2 Prozent.

Natürlich gibt es auch absolute Tiefpunkte auf der Tour. Nach Sachsen kommen wir verkatert und viel zu spät. Es ist kalt und nass.

CHEMNITZ

Sachdienlicher Hinweis von Vice

Johannisplatz, Chemnitz

Die Sohlen der Wartenden graben sich in den feuchten Kiessand auf dem kleinen Platz vor einer Vapiano-Filiale. Es ist 13:42 Uhr, Sonneborn kommt über drei Stunden zu spät. Mehr als hundert haben im Nieselregen ausgeharrt: Lederkutten-Punks, ein beleibter Mann mit Pfeife und zwei Neuntklässler, von einem Vater vor drei Stunden hier abgesetzt.

Sonneborn legt los: »Kennen Sie überhaupt einen Namen aus dem Europaparlament?« – »Martin! Martin!«, schallt es durch die Innenstadt bis zum Spargelfest um die Ecke. »Kennen Sie ZWEI Namen aus dem Europaparlament?«

Schuldbewusst bitte ich bei den Chemnitzern um Entschuldigung für die Verspätung und verspreche ihnen, ihre Stadt nach der Machtübernahme in Karl-Marx-Stadt zurückzubenennen. In Bielefeld schien die Sonne, es gab Musik, die Stimmung war gut, da kann man schon mal zu spät kommen. Hier ist das Wetter fies, und es tut mir leid für die Leute, die hier auf uns gewartet haben.

Sachdienlicher Hinweis von Vice

Guckt man die ganzen ein Meter neunzig an Martin Sonneborn herunter, sieht man, wie wenig er sich mit seinem Job in den letzten fünf Jahren gemein gemacht hat. Sonneborn trägt Boots, immer. Schwarz, mit Stahlkappen, Logo von einem Baumaschinenhersteller, zerkratzt wie eine IKEA-Pfanne nach drei Jahren in einer Studi-WG.

Seit Sonneborn vor elf Jahren für den Film Heimatkunde 250 Kilometer durch Ostdeutschland gewandert ist, trägt er das Modell. Jetzt steht er wieder im Osten und spult sein Wahlkampfprogramm runter, lokal angepasst. Uploadfilter? Hätten hier keine Bedeutung: »Ihr habt ja noch 56K-Modems.« Die NS-Namen auf der Liste? Finden in der Hetzjagd-Stadt Chemnitz sicher mehr Anklang als anderswo in Deutschland. Ausschluss von Ungarn aus der EU? Er arbeite auch am »Säxit«, lässt Sonneborn wissen. Die Sachsen lachen.

HALLE (SAALE)

Sven Giegold und Cem Özdemir werden bei ihrem Wahlkampfbesuch in Halle von einem Social-Media-Spezialisten so geschickt gefilmt, dass man nur die eine Hälfte des Publikums sieht. Ich zähle rund acht Zuschauer, als ich die Bilder auf Facebook ansehe. Auf der anderen Seite sind es vermutlich weniger, die Kamera scheut sich zu schwenken. Am demütigendsten aber finde ich, dass die beiden Spitzenkandidaten der Grünen nicht mal eine ordentliche Gegendemonstration auf sich ziehen!

Sachdienlicher Hinweis von Vice

Die Veranstaltung in Halle ist wohl die euphorischste der ganzen Tour. Sonneborn lächelt über den Marktplatz, als hätte er einen Heizstrahler verschluckt. Gut 300 Menschen strahlen zurück. PARTEI-Genossinnen ballern Konfetti in die Luft.

Aber was sich 50 Meter weiter abspielt, hätte sich nicht mal Sonneborn ausdenken können. Ein lokaler Rechtsextremist ist mit der »Merkeljugend« zur Gegendemo aufmarschiert. Inklusive »HEIL MERKEL«-Banner und roter Fahnen mit weißem Kreis, in dem statt eines Hakenkreuzes das Eurozeichen prangt. Sonneborn greift den wirren Auflauf dankend auf: »Willkommen bei unserer kleinen Nazi-Demo.«

Beim Abendessen im Gasthaus »Zum Schad« bleibt später Zeit zu reflektieren. Die Rechten nennen dieses Theater auch Satire. Ist es das? Nein, auf keinen Fall, sagt Sonneborn. Er hält die Satire für die fünfte Gewalt im Staat. In den 90ern hat er seine Magisterarbeit über die »Wirkungsmöglichkeiten von Satire« geschrieben. Satire, so Sonneborn, brauche einen moralischen Startpunkt, eine künstlerische Umsetzung und eine gewisse Aggression. Aber: Nazis, die Kunst machen? Guter Witz.

BERLIN, SO36

Endlich Wahltag. Nach zehn Tagen Wahlkampftour weiß ich natürlich, wo ich mein Kreuz machen muss. Nachdem ich meine staatsbürgerlichen Pflichten recht fix erfüllt habe – ich kann definitiv sagen, in den heutigen Zeiten erleichtert es die Wahlentscheidung ungemein, wenn man seinen eigenen Namen auf dem Wahlzettel findet –, mache ich mich auf in Richtung Kreuzberg. Ab 17.30 Uhr ist Wahlsiegesfeier im traditionsreichen Punkschuppen SO36, ich bin mit Nico Semsrott verabredet. Als ich in die Oranienstraße einbiege, sehe ich relativ viele Leute mit demselben Ziel.

Sachdienlicher Hinweis der Süddeutschen Zeitung

Die meisten derer, die am Sonntag in den Kreuzberger Club wollen, haben die beiden gewählt. Es sind viele. Gut 200 Meter lang ist die Schlange, sie kommt nur zäh voran. Angesichts der Zuwachszahlen, sagt Sonneborn, »glaube ich schon, dass wir die angehende Volkspartei sind«, mit Betonung auf »die«. Schließlich verlören die großen Volksparteien schon »rein mortal«. »Wir wissen, dass uns die biologische Lösung in die Hände spielt«, doziert Sonneborn. Seine Gleichung geht so: »Die SPD ist tot, die Grünen sind die neue SPD, und wir sind die neuen Grünen.« Im Unterschied zu den Grünen wolle »Die PARTEI« zwei Jahre länger an ihren Prinzipien festhalten.

Eigentlich ist es noch ein bisschen zu früh und frühlingshaft, um in überfüllte dunkle Punkschuppen zu gehen. Ich spaziere noch etwas draußen herum, lasse mich mit gut gelaunten Leuten fotografieren und telefoniere ein bisschen. Die großen Parteien erhalten die Wahlprognosen rund zwei Stunden früher, damit sie in Interviews die passenden Statements aus der (richtigen) Schublade ziehen können. Wir werden mit rund 2,4 Prozent ausgewiesen. Auf jeden Fall unser bestes Ergebnis seit Kriegsende. Wir erhalten zwei Mandate und Nico Semsrott geht mit nach Brüssel!

Sachdienlicher Hinweis der Süddeutschen Zeitung

Die »PARTEI« des Satirikers Martin Sonneborn stellt nun zwei Sitze im Europa-Parlament und sieht sich als »angehende Volkspartei«. Aber das heißt gar nichts.

898386 Menschen haben »Die PARTEI« am Sonntag ihre Stimme gegeben – fast fünfmal so viele wie 2014. Einer Partei, die Satire zum Programm macht, die eine deutsche Atombombe fordert (»Damit wir sie als Erste gefordert haben. Smiley«), die »Letztwählern« für die letzten 18 Lebensjahre das Wahlrecht und Klimaleugnern den Führerschein entziehen will.

Sachdienlicher Hinweis der Berliner Morgenpost

Besonders interessant: In Berlin überholte die Partei mit einem Ergebnis von 4,8 Prozent sogar die FDP, die lediglich 4,7 Prozent holen konnte.

Sachdienlicher Hinweis des Hamburger Abendblatt

Satirepartei liegt in sieben Stadtteilen vor der CDU.

Sachdienlicher Hinweis des Spiegel

Unter den Erstwählern wurde sie mit 9 Prozent drittstärkste Kraft.

Sachdienlicher Hinweis des Tagesspiegel

Auf der Bühne stehen an diesem Abend die beiden Männer. »Schluss mit lustig«, ist hinter ihnen in großen weißen Lettern zu lesen. Doch »lustig« geht es auf der Bühne trotzdem zu.

Dass »Die PARTEI« gestärkt aus dem Wahlabend hervorgeht, ist ohnehin die wichtigste Nachricht. Semsrott werde von nun an die Arbeit für Sonneborn übernehmen, sagt der. Denn er,

Sonneborn, wolle sich in Brüssel zur Ruhe setzen. Es sind die typischen Witze im Stil des Satire-Magazins »Titanic«, die das »PARTEI«-Publikum zuverlässig zum Lachen bringen. Die Zuschauer klatschen, johlen, recken Bierflaschen in die Höhe. Ein Hauch von Punk-Konzert liegt in der Luft.

Sachdienlicher Hinweis des Spiegel

Zum Wählerpotenzial hatte Sonneborn vor der Wahl erklärt, seine Organisation sei »eine Partei für intelligente Protestwähler«. Das seien etwa Menschen, »die eigentlich die SPD wählen würden, wenn diese noch sozialdemokratische Inhalte vertreten würde«. Oder Unterstützer der Grünen, »wenn sie nicht zu einer zu gut gelaunten Partei der Besserverdienenden geworden wären«.

Schülermagazin Einsteins

E: Warum, denken Sie, haben Sie so viele bei der Europawahl gewählt?

MS: Ich habe mich bedankt bei den Kollegen der Groko Haram (Anm. d. Red.: Sonneborns Bezeichnung für die Große Koalition in Deutschland). Die großen Parteien haben viel dafür getan, dass man sie nicht mehr wählen kann: CDU, SPD, FDP, CSU, Grüne, Linke, AfD (er überlegt). Wer möchte die schon wählen? Und dann bleibt einfach nicht mehr viel auf dem Wahlzettel. Wir bemühen uns, relativ substanzlos, standpunktarm und einigermaßen sympathisch in der Öffentlichkeit rüberzukommen. Das ist, glaube ich, eine gute Strategie.

Sachdienlicher Hinweis von Büroleiter Hoffmann

Hätten wir nicht in den letzten Jahren so erfolgreich gegen die Zwei-Prozent-Sperrklausel gekämpft, die die Groko Haram einführen wollte, hätten wir jetzt sogar einen Sitz mehr: Dann wären nämlich Kleinparteien wie Piraten, Familienpartei, Tierschutzpartei und ÖDP gar nicht ins Parlament gekommen.

BERLIN, GASTHAUS LENTZ

Nach der letzten Wahl bin ich frühzeitig nach Brüssel gefahren, diesmal fährt Büroleiter Hoffmann vor, um Nico Semsrott bei den tagelangen Formalitäten im Parlament zu unterstützen. Ist ja doch ein bisschen unübersichtlich, das Ganze, wenn man von außen kommt. Ich bleibe noch ein paar Tage in Berlin.

Und lese in der *Mitteldeutschen Zeitung*, dass zwei stellvertretende Fraktionsvorsitzende der CDU in Sachsen-Anhalt das Szenario für eine Koalition mit der dämlichen AfD entworfen haben: »Es muss wieder gelingen, das Soziale mit dem Nationalen zu versöhnen.« Im Netz gibt es eskalierende Diskussionen. Nun, wenn ich helfen kann, ein zukunftsweisendes Projekt zu unterstützen, immer gern!

Sachdienliche Hinweise aus dem Netz

MS: Ich hätte auch schon einen guten Namen: SOZIAL-NATIONALISMUS … HitlerbärtchenSmiley!

Ruprecht Polenz: Antwort an Martin Sonneborn: Es gibt einen für alle Mitglieder verbindlichen Parteitagsbeschluss d. CDU: keine Zusammenarbeit mit der AfD. Wer dagegen verstößt, verhält sich parteischädigend. Das sollte allen klar sein, die jetzt laut nicht zu Ende denken. #FreiheitstattFaschismus #NoAfD

MS: Antwort an Ruprecht Polenz: Ist ja nur ein einfach… Pardon: sind ja nur zwei einfache stellvertretende Fraktionsvorsitzende Ihrer Partei. Hat wahrscheinlich gar nichts zu sagen … ZwinkerSmiley!

Noch bildstärker weisen die Grünen in diesen Tagen auf den Umbruch hin, den wir gerade erleben. Ein Bild von Cem Özdemir und einem weiteren Bundestagsabgeordneten in Uniform prangt mir entgegen. Die beiden Grünen haben ein viertägiges Praktikum bei der Bundeswehr absolviert und ein paar uniforme Bilder für die Presse sind dabei herausgesprungen. Lustig, das hätte es früher nicht gegeben. Jedenfalls nicht bis Joschka Fischer die seltsame – und in seinen Kreisen bis dato geradezu rufschädigende – Idee hatte, nicht länger Pflastersteinc auf Polizisten zu werfen, sondern NATO-Bomben auf Jugoslawien.

Sachdienlicher Hinweis aus dem Netz

MS: Liebe militäraffine Kollegen von den Grünen, eine Studie der Brown University hat gerade herausgefunden, dass der CO_2-Ausstoß allein des US-Militärs 2017 größer war als der ganzer Industriestaaten (DK, SWE). Friedensbewegungs-Smiley!

BELGIEN

Die unfassbare Hässlichkeit des EU-Sitzes in Brüssel fasziniert mich jedes Mal aufs Neue. Das riesige Konglomerat aus tristen Bürogebäuden und später davorgesetzten Erweiterungsblöcken wurde ab Mitte der 90er-Jahre offensiv in ein historisches Jugendstilviertel gepflanzt. Geplant wurde es offenbar als Einkaufs- oder Kongresszentrum, weil man auf die Langlebigkeit der EU noch nicht so recht vertraute, und so gehe ich seit fünf Jahren mittags in ein »hässliches Monstrum mit Büros und zentraler Glashalle unter einem Tonnendach« (*Bauwelt*). Ein verwirrender, unpraktischer Grundriss, stark veraltete Haustechnik und bedrohliche Risse in den Dachbalken schon nach 15 Jahren haben dazu geführt, dass seit 2012 über Renovierung/Neubau/Luxusneubau diskutiert wird (345/380/500 Millionen).

Risse in irgendwas aus Beton haben Belgier übrigens noch nie bekümmert. Das gilt für die von den Decken der zahlreichen Tunnel herabfallenden Betonbrocken ebenso wie für ihre Atomkraftwerke. In Tihange, nahe der deutschen Grenze, gilt belgischen Behörden alles, durch das noch eben ein Traktor passt, als unbedenklicher Haarriss. Der Reaktordruckbehälter des Kernkraftwerks Tihange 2 hatte Tausende davon. Seit 2012 waren sie bekannt, 2017 wurden in der Region Jodtabletten verteilt, für alle Fälle.

Viel netter wirkt der Standort Brüssel sofort nach Feierabend. Hat man das Parlament abends im Rücken, sieht man vor sich den kleinen Place du Luxembourg. Ein Denkmal für den belgischen Unternehmer John Cockerill thront auf der Rasenfläche in der Mitte und kleine, dreigeschossige, fast britisch anmutende, alte belgische Häuschen mit Restaurants und Bars im Erdgeschoss stehen drumherum.

Im Parlament selbst hat sich nicht viel verändert. Die Gesichter der livrierten Saaldiener sind mir vertraut. Einige Dienstältere unter ihnen dürften aufgrund ihrer Jahrzehnte überdauert habenden alten Verträge über die Höhe meiner Diäten* nur höflich lächeln. Ein bisschen lebendiger scheint es mir zuzugehen als in den letzten Monaten vor der Wahl, in denen das Parlament traditionell wie ausgestorben wirkt.

Jetzt ist die Zeit, in der die Fraktionen mit potenziellen neuen Mitgliedern verhandeln. Die sieben Abgeordneten der anderen Kleinparteien aus Deutschland – Piraten, ÖDP, Freie Wähler, Familienpartei, Volt und Tierschutzpartei – schließen sich alle Fraktionen an. Nico Semsrott und ich vorerst nicht.

BRÜSSEL, PARLAMENT

Kurz vor der EU-Wahl hatte mich in Straßburg der Vorsitzende der Grünen-Fraktion, der nette Belgier Philippe Lamberts, den ich mal für die »heute-show« interviewt habe, eingeladen, seiner Fraktion beizutreten. Jetzt erneuern Sven Giegold und die Co-Vorsitzende Ska Keller diese Einladung nachdrücklich. Hinter-

* Die Diäten und sonstigen Vergünstigungen der Abgeordneten habe ich im ersten Brüssel-Buch detailliert aufgeschlüsselt (»Herr Sonneborn geht nach Brüssel«).

grund ist das Kopf-an-Kopf-Rennen um den Status der viertgrößten Fraktion hinter Konservativen, Sozialdemokraten und Liberalen, das sich die europäischen Grünen gerade mit den rechten Parteien liefern. In deren neu gegründeter Fraktion »Identität und Demokratie« tummeln sich 73 Identitäre, Vertreter von AfD und FPÖ, von Vlaams Belang und den Wahren Finnen, von Marine Le Pens Rassemblement National und der italienischen Lega, vormals Lega Nord. Die Grünen/Europäische Freie Allianz bringen es im Moment mit drei Mandatsträgern der deutschen Kleinparteien ÖDP, Piratenpartei und VOLT ebenfalls auf exakt 73 Abgeordnete. Da es um den ersten Zugriff bei der Übernahme von Berichten, um mehr Redezeit und die Verhinderung von rechtsradikalen Vizepräsidenten in den Ausschüssen geht, tritt Semsrott nach kurzer Bedenkzeit in die Fraktion der europäischen Grünen ein. Sehr zum Ärger der AfD: Obwohl Salvini und die AfD vollmundig eine rechte »Superfraktion« angekündigt hatten, reicht es für die Rechten nur zum fünften Platz.

Sachdienlicher Hinweis von Business Insider

BI: Apropos Grüne, was halten Sie von denen?

Sonneborn: Die Grünen sind so erfolgreich, weil sie unser Konzept kopieren: keine Inhalte, sympathisch, gut aussehend. Nur leider sind sie so krampfhaft gut gelaunt. Mit Nico Semsrott haben wir ja extra einen depressiven Kandidaten aufgestellt, um dieser unbegründeten Fröhlichkeit etwas entgegenzusetzen.

BI: Ihr Parteikollege hat sich ausgerechnet der Grünen-Fraktion angeschlossen. Ist das Verrat?

Sonneborn: Nein, das ist strategische Unterwanderung. Wir nutzen die Möglichkeiten, die das bringt. Wenn wir künftig noch mehr legislativ arbeiten wollen, kann das nur von Vorteil sein.

Ich bewahre mir meine Unabhängigkeit, bitte aber meine gut vernetzte belgische Assistentin, die Information zu streuen, dass ich auch in dieser Legislatur bereitstehe, in jede beliebige Fraktion einzutreten. Für eine Million (netto).

Tatsächlich kommt in letzter Minute vor Transferschluss noch eine Anfrage: Einer der zurechnungsfähigeren Abgeordneten der italienischen Fünf-Sterne-Bewegung bittet um ein Gespräch, ohne allerdings direkt auf meine Ablösesumme einzugehen. Er erklärt mir, dass die Cinque Stelle ihre ungeliebte Zusammenarbeit mit dem Briten Nigel Farage aufgekündigt habe, um eine eigene Fraktion zu gründen. Einen Tag vor Meldeschluss fehlen ihnen noch zwei Mandatsträger zur Mindestgröße. Höflich lehne ich ab. Die Fünf Sterne koalieren in Italien mit der rechtsnationalen Lega von Benito Salvini. Das ist mir selbst für eine Million (netto) zu schmutzig; ich bin ja nicht von der CDU.

Einen Vorteil hat Nicos Eintritt in eine Fraktion: Wir beide erhalten von der Verwaltung Büros auf einem Flur der Grünen zugeteilt. Ich steige auf vom siebten Stock im Nebengebäude in den achten des Hauptgebäudes. Angekommen im Zentrum der Macht! (Spaß) Hier sieht es aus wie im Berliner Bürgeramt, aber der Weg zum Plenarsaal ist drei Minuten kürzer.

Auch die Legionellen in den Leitungen haben den Wiedereinzug geschafft, obwohl sie noch nicht einmal offiziell zur Wahl standen, in den kommenden fünf Jahren wird es daher wie gehabt kein warmes Wasser am Hauptsitz der Europäischen Union geben.

JULI 2019

STRASSBURG, PARLAMENT

Einmal im Monat findet weiterhin der Umzug nach Straßburg statt. Rund 5000 Abgeordnete, Beamte, Mitarbeiter, Journalisten und Lobbyisten machen sich dann montags auf den Weg zur EU-Filiale in Frankreich. Für die Abgeordneten (MEP – Mitglieder des Europäischen Parlaments) geht die Straßburger Arbeitswoche wie üblich von Montagabend bis Donnerstagmittag. Die zwölf Umzüge im Jahr produzieren rund 20.000 Tonnen CO_2 und kosten geschätzte 220 Millionen Euro. Ich darf das nicht kritisieren, ein Teil des Geldes geht in meine Taschen, und der Straßburg-Montag ist mein bestbezahlter Arbeitstag: Für jede Fahrt mit dem eigenen Wagen erhalte ich 53 Cent. Pro Kilometer. Steuerfrei. Zuzüglich einer »Zeitaufwandsvergütung« in Höhe eines halben Tagegeldes* – und eines ganzen Tagegeldes, auf das ich Anspruch erhalte, wenn ich mich bis 22 Uhr in die Anwesenheitslisten im Plenarsaal eintrage – ergibt das eine derartige Menge Geld, dass ich davon meinen 25 Jahre alten Audi A6 am Leben halten kann.

Ein paar Kurven und Ampeln, wenn man von der französischen Autobahn kommt, dann taucht im Europaviertel am Rand von Straßburg das Parlamentsgebäude auf. Optisch steht es in starkem Gegensatz zum EU-Sitz in Brüssel, der von außen, innen, oben und unten eine ästhetische Zumutung ist. Auf der einen Seite schmiegt sich nicht unelegant ein ellipsenförmiger, voll verglaster Flügel direkt an das fast idyllische Flüsschen Ill, auf der anderen ragt ein runder Turm aus Glas und Sandstein 60 Meter in die Höhe, der auf seiner abgestuften Ostseite wirkt, als sei er noch nicht bis zur vollen Höhe fertiggebaut. Er soll ein sich weiterhin im Aufbau befindliches Europa signalisieren, erinnert aber gleichzeitig auch ein wenig an den Turmbau zu Babel von Pieter Bruegel (dem Älteren); je nachdem wie positiv man die Zukunft der EU sieht.

Dazwischen befinden sich sechs oder sieben Etagen mit Büros, Konferenzräumen, Sälen, Besucherbereichen, Souvenirshops, Europaflaggen, Restaurants und Bars. Es gibt viel natürliches Licht, einen lang gestreckten Wintergarten mit einem Philodendronwald auf der unteren Ebene und überhaupt viel Holz und Glas.

* Das Tagegeld wird routinemäßig erhöht, und das ohne jeden Arbeitsstreik. Eine Seltenheit in dieser EU! Zur Zeit, da ich diese Zeilen schreibe, liegt es bei 330 Euro. Steuerfrei, selbstverständlich, was denken Sie denn?

Schlichter Scherz: Ich mogle mich in eine Letztwählerbesuchergruppe von Elmar Brocken (Mitte).

Das Herzstück ist der hölzerne runde Plenarsaal mit Platz für knapp 800 Abgeordnete und über 600 Besucher. Aber nicht nur die Architektur* ist hier freundlicher als in Brüssel, auch die Stimmung in Straßburg ist wesentlich entspannter, es fühlt sich immer ein wenig nach Schulausflug an.

An diesem ersten Sitzungstag der neuen Legislaturperiode ist es ungewöhnlich voll, weil viele nicht wiedergewählte Abgeordnete

* Der Legende nach ist der Sitz in Straßburg so gebaut, dass, wenn er eines Tages nicht mehr benötigt werden sollte, die Universität Straßburg direkt mit ihren Studenten einziehen kann. Das kleine Büro im Turm, das uns in den vergangenen Jahren zur Verfügung stand, erinnerte an ein überdimensioniertes Schlafwagenabteil, es besaß ein Miniaturbadezimmer mit Dusche und eine ausklappbare Schlafstatt.

ein letztes Mal angereist sind, um Abschied zu nehmen. Über 60 Prozent der Abgeordneten sind neu. Meine alten Kumpels Elmar Brocken, Pannen-Jo Leinen, der polnische Monarchist Korwin-Mikke und Alessandra Mussolini haben es leider nicht wieder geschafft. Um »Mister Europa Elmar Brok« (*Mindener Tagblatt*) tut es mir besonders leid, er war mir ans Herz gewachsen, und ich hatte große Freude daran gehabt, den selbst ernannten & ungekrönten König des Europaparlaments in seinem 40. Dienstjahr hier und da ein bisschen zu ärgern.

Sachdienlicher Hinweis aus dem Netz

Michael H: Habe ihn mal im Flieger von Paderborn nach München in der 1. Reihe gehabt. 7.00 Uhr. E. B. pennt und schnarcht den ganzen Flieger zusammen. Die arme Stewardess musste ihn wecken, weil sich andere Fluggäste gestört fühlten. Ich finde, E. B. sollte jetzt endlich Privatier werden.

So freue ich mich schon, als ich vor der MEP-Bar David McAllister von der CDU sehe, den ehemaligen niedersächsischen Ministerpräsidenten, immerhin ein bekanntes Gesicht. Auf seine Frage, ob ich mich diesmal einer Fraktion anschließen will, entgegne ich: »Wenn ich das je tun sollte, dann komme ich zu Ihnen in die EVP.«

Minuten später kommt mir Hans-Olaf Henkel entgegen, vormals AfD, vormals Präsident des BDI. »Hi, Henkel! Auf dem Weg in den verdienten Ruhestand?« »In den Ruhestand? Erst mal werde ich jetzt den ZDF-Skandal recherchieren, aufarbeiten, wie das ZDF Ihnen Wahlkampfhilfe geleistet hat!« Da ich Henkels regungsloses Gesicht auf eine großzügig dosierte Ladung Botox zurückführe, nehme ich das für einen guten Witz und lächle höflich. Ich hatte lediglich ein einziges Mal für ein paar Minuten als Interviewgast in der »heute-show« gesessen, ganz regulär vor Beginn der sechswöchigen Karenzzeit, in der Vertreter obskurer kleiner Oppositionsparteien vor Wahlen dann nicht mehr in Unterhaltungssendungen von ARD & ZDF auftauchen dürfen. Wenn

Henkel wüsste, dass wir diverse Einladungen ausgeschlagen haben, weil wir mit linearem Fernsehen praktisch keine PARTEI-Wähler erreichen!

Sachdienlicher Hinweis der heute-show

Welke: Du hast ja mal gefordert, dass nach dem Brexit in der EU nur noch Deutsch gesprochen werden darf (Publikum lacht) – was ist daraus geworden?

MS: (schaut streng ins Publikum) Was ist komisch daran? Erstens geben wir Deutschen den Takt an in Europa ...

Welke: Auf allen wichtigen Führungsebenen.

MS: Ja. Also die vier wichtigsten Verwaltungsposten zum Beispiel sind mit Deutschen besetzt. Drei von ihnen, den vierten hat ein Däne. Als Nachfolger eines Deutschen. Und als Vorgänger auch, vermute ich. (Lacher)

Welke: Ja.

Sonneborn: Wir sagen da schon recht deutlich, wo es langgeht in Europa. Ich war stolz, Deutscher zu sein im Europaparlament. Die Ausländer brauchen wir im Prinzip nicht.

Welke: (prustet los) Wenn kein Deutsch mehr gesprochen würde, würden wir nie wieder Oettinger Englisch sprechen hören. (Lacher)

MS: Dis iss reit. (Lacher)

STRASSBURG, PLENUM

Leider sitzt Nico Semsrott im Plenarsaal zu weit entfernt zum Tuscheln oder Schiffeversenken unter der Bank (Frontex-Version), weit drüben in der letzten Reihe bei den Grünen. Bevor die Abstimmungen losgehen, kommt er in seinem dunklen Hoodie kurz zu mir herüber für ein Selfie. Während wir in sein Handy schauen, geht Jörg Meuthen, Bundessprecher der AfD, an uns vorbei und zischt: »Da sitzen sie, die Feinde der Demokratie!« Wir sehen uns an und lachen.

Sachdienlicher Hinweis des RND

RND: Welche Vorteile hat es, dass der zweite Partei-Parlamentarier Nico Semsrott in die Grünen-Fraktion eingetreten ist?

MS: Dass wir hoffentlich die Grünen für eine parlamentarische Initiative gegen Polizeigewalt gewinnen können. Wir werden ein EU-Verbot für Gummigeschosse fordern. In Frankreich und Spanien haben in den vergangenen Monaten Dutzende junger Menschen ein Auge verloren, weil sie von Hartgummigeschossen getroffen wurden. Wir wollen die Bilder der Innenminister und der Opfer gegenüberstellen, dann können sich die Abgeordneten positionieren.

Die Verwaltung hat mir einen Platz zugeteilt, der mir gut gefällt, ganz links außen, durch zwei freie Plätze getrennt von meinen zum größten Teil unseriösen Kollegen, mit denen zusammen ich verwaltungstechnisch die Fraktion der Fraktionslosen bilde: Überwiegend Rechtsradikale, Linksradikale und Leute, die keine Fraktion gefunden haben oder aus ihren Fraktionen herausgeflogen sind.

Eigentlich sollten Carles Puigdemont und Antoni Comin neben mir sitzen, zwei seriöse, ordentlich gewählte katalanische Abgeordnete. Ihre Sitze aber bleiben frei. Eine der letzten Amtshandlungen des scheidenden Präsidenten und bekennenden Mussolini-Verehrers Antonio Tajani ist es, ihnen auf Bitten der spanischen Zentralregierung den Zutritt zum Parlament zu verwehren, solange sie nicht in Madrid auf die spanische Verfassung geschworen haben. Diesen Schwur wiederum können sie kaum leisten, weil Madrid in der Durchführung des Unabhängigkeitsreferendums in Katalonien 2017, in das die spanische Guardia Civil blutig eingegriffen hatte, den Straftatbestand der »Rebellion« erfüllt sieht und beider sofortige Festnahme angeordnet hat. DemokratieSmiley!

Damit sich nicht irgendein anderer Abgeordneter aus Versehen auf die beiden Plätze setzt, stelle ich in der Eröffnungssitzung zwei improvisierte katalanische Fähnchen auf ihre Tische. Eine kleine Geste nur, aber sie beschert mir sofort eine Vielzahl herzlicher Einladungen nach Barcelona.

Die Wahl des neuen Parlamentspräsidenten erfolgt im Konsens und ist diesmal recht unspektakulär. Ich twittere im Plenarsaal ein wenig vor mich hin, während der Italiener David-Maria Sassoli von der S&D (Die Abkürzung steht für »Progressive Allianz der Sozialdemokraten im Europäischen Parlament« – die Fraktion der Parteien, die programmatisch der Sozialdemokratie nahestehen. Sie dürfte knapp 150 Mitglieder haben und nach der EVP die zweitstärkste Fraktion sein) für die nächsten zweieinhalb Jahre gewählt wird. Danach wird dann verabredungsgemäß ein Konservativer das Amt übernehmen.

Sachdienlicher Hinweis aus dem Netz

MS: Amazon hat im vergangenen Jahr 11.200.000.000 Gewinn gemacht – und 0 Steuern bezahlt. Zeit für #amazonfreiermittwoch die ganze Woche! Danke dafür, Olaf Scholz #Digitalsteuer

Sassoli ist ein nicht ganz unsympathischer gelernter Journalist, der sich in den 90er-Jahren einen Namen gemacht hatte im Kampf gegen die organisierte Kriminalität in seinem Land. Fun Fact zur Wahl des Parlamentspräsidenten: Nach der Geschäftsordnung gilt bei Stimmengleichheit der Kandidat mit dem höheren Lebensalter als gewählt. Das passt ganz gut zur Altersstruktur unseres überalterten Kontinents.

Sachdienliche Hinweise aus dem Netz

Ron: Warum nicht der, der mehr Follower hat?

MS: Gute Idee, das!

Der Doktor ist da: Wenn beide gleich alt sind, gilt als gewählt, wer mehr Eier hat?

LUXEMBURG, TANKSTELLE

Auf dem Weg nach Brüssel höre ich im Radio, dass die AfD vom Landeswahlausschuss in Sachsen wegen formaler Fehler lediglich mit einer reduzierten Landesliste zur Wahl antreten darf, die Listenplätze 19 bis 61 wurden wegen formaler Mängel gestrichen. Ich muss lächeln. Mit 18 Plätzen soll die AfD antreten dürfen? 18? In Sachsen? 1–8? A–H? Das passt. HitlerbärtchenSmiley!

Sachdienliche Hinweise aus dem Netz

MS: Wie wollen die dämlichen Rechtsradikalen in #Sachsen eigentlich korrekte Todeslisten aufstellen, wenn sie schon an einer einfachen Landesliste scheitern? Smiley. FCKAfD!

Sam Schröder: Am Ende stehen die eigenen Namen drauf.

MS: Aber nur die ersten 18.

STRASSBURG, BÜRO

Ein bisschen Sorge bereitet mir, dass das Zeitalter der deutschen Vormachtstellung in der EU sich offensichtlich dem Ende neigt. Nicht nur, dass die Fraktion der Sozialdemokraten plötzlich nicht mehr von einem Deutschen geführt wird, sondern von einer quirligen Spanierin mit dem artikulatorisch herausfordernden Namen Iratxe García Pérez. Ich kenne sie flüchtig, als Vorsitzende des »Ausschusses für die Rechte der Frau und die Gleichstellung der Geschlechter« war sie seinerzeit aufgesprungen und hatte wütend Gegenrede geführt, als mein Sitznachbar Korwin-Mikke* zum Gender Pay Gap erklärt hatte, es sei vollkommen normal, dass Frauen weniger verdienten, weil sie »kleiner, langsamer und düm-

* Der polnische Monarchist Korwin-Mikke (geboren 1942) wollte als EU-Abgeordneter das Frauenwahlrecht abschaffen, »weil Frauen sich nicht für Politik interessieren«, und mit Polen aus der EU austreten. Für Letzteres hatte er meinen Respekt und meine vollste Unterstützung.

mer« seien als Männer. Bedeutsam scheint mir, dass es bei der Vergabe der vier Spitzenpositionen der EU – Kommissionspräsident, Ratspräsident, Hoher Vertreter für Außen- und Sicherheitspolitik, Präsident der Europäischen Zentralbank EZB – plötzlich nicht mehr wie bisher zuzugehen scheint: mit deutschen Interessen als ultimativem Fluchtpunkt.

So ist es Kanzlerin Merkel nicht möglich, im Europäischen Rat, das sind die 28 europäischen Regierungschefs der Mitgliedstaaten, den Spitzenkandidaten – und Sieger der EU-Wahl – Manfred Streber (CSU) wie verabredet als Kommissionspräsidenten durchzusetzen. Macron ist es, der geschickt Widerstand organisiert. Recht unverhohlen lässt er (1,73 Meter) dabei durchblicken, Weber (1,74 Meter) sei ihm politisch irgendwie nicht groß genug.

Das oberste Ziel des französischen Präsidenten, der vor seiner Politkarriere als Investmentbanker tätig war, scheint dabei die Führung der Europäischen Zentralbank EZB zu sein. Dafür verbündet er sich mit den illiberalen Ostblockstaaten Ungarn & Polen, mit Italiens Salvini und dem korrupten tschechischen Ministerpräsidenten Andrej Babis. Babis, Unternehmer und zweitreichster Mann seines Landes, hat sich gerade 17,4 Millionen Euro aus den Europäischen Sozial-, Kohäsions- und Regionalfonds selbst zugewiesen. Justizverfahren läuft.

Wieso gilt der neoliberale Finanzkapitalist, der in Frankreich die kleinen Leute und den Mittelstand zugunsten von Superreichen finanziell beschneidet und Demonstrationen routiniert von paramilitärischen Polizeieinheiten zusammenprügeln lässt, der das Heil seines Landes in Aufrüstung, Waffenexporten und Autoritarismus sieht, in Deutschland eigentlich als sympathischer Hoffnungsträger eines neuen Europa? Der französische Soziologe Emmanuel Todd sagt über ihn: »Macron, das ist Thatcher, bloß älter und weniger männlich.«

Nach ungewöhnlich langen Verhandlungen steht der Rat endlich vor einer Einigung: Merkel und Macron haben sich auf den bodenständigen niederländischen Sozialdemokraten Timmermans verständigt. Verrückterweise fährt ihnen ausgerechnet ein anderer Sozialdemokrat in die Parade: Pedro Sánchez, Regierungschef Spaniens. Lieber noch als einen sozialdemokratischen Kommissionspräsidenten möchte der einen Spanier auf dem Posten des Außenbeauftragten sehen, einen Parteifreund, dem er persönlich verpflichtet ist. Und beides geht nicht.

Weiter verkompliziert wird die Angelegenheit dadurch, dass die 28 Regierungschefs im Rat den Kommissionspräsidenten zwar vorschlagen, er aber schlussendlich vom EU-Parlament gewählt werden muss. Und das Parlament hat 2018 mit stolzer Zweidrittelmehrheit beschlossen, dass es künftig jeden Kandidaten ablehnen werde, der nicht zuvor Spitzenkandidat gewesen ist. Eigentlich bleiben also nur Streber und Timmermans. Und höchstens noch Nico Semsrott, der semioffizielle Spitzenkandidat der PARTEI.

Völlig überraschend bringt Ratspräsident Donald Tusk nach 50-stündiger Verhandlung schließlich einen weiteren Namen ins Spiel: Ursula vonderLeyen. Wohl auf Macrons Initiative hin, der die deutsche Verteidigungsministerin von einem Fototermin zur Taufe eines milliardenschweren deutsch-französischen Kampfflugzeugprojekts in Erinnerung hatte. Und von der Münchner Sicherheitskonferenz, bei der sie sich für maximale Aufrüstung in Deutschland und der EU eingesetzt hatte. Der Vorschlag kommt selbst mir als altgedientem Parlamentarier (fünf Jahre!) ungewöhnlich unseriös vor. Immerhin, der rechtswidrigen Militarisierung der EU dürfte das einen ordentlichen Schub geben.

Sachdienlicher Hinweis aus dem Netz

MS: #vonderLeyen – Für Europa reicht's. Bei McKinsey, NATO und Heckler & Koch dürften gerade die Korken knallen – die Militarisierung der EU schreitet voran … Wenn das EP diese Knalltüte wählt, kündige ich. ZwinkerSmiley

STRASSBURG, PARLAMENT

Wenn es nicht regnet, gehe ich morgens gern zu Fuß von meiner Airbnb-Wohnung in der pittoresken Straßburger Altstadt ins Parlament. Vom Münster aus dauert es eine gute halbe Stunde. Unser neues Büro hier liegt angenehm abgelegen im vierten Stock des Winston-Churchill-Gebäudes, eines skurrilen 70er-Jahre-Baus aus solidem Asbest, durch einen Arm der Ill sorgsam getrennt vom modernen Hauptkomplex des Parlaments: eine zweckquadratische Raumeinheit mit 1 Schrankwand, 1 Fensterwand, 1 Schreibtisch, 2 Stühlen, 1 geschmacklosem Garderobenständer auf feuerfester Auslegeware (Baumarkt).

Überrascht stelle ich fest, dass sich die großen Fenster mit den 70er-Jahre-Schallousien davor öffnen lassen. Wenn ich mich je irgendwo hinausstürzen sollte, dann aus meinem Straßburger Büro. Zumal man hier mit etwas Glück illustres Publikum hat. Oft halten schwere schwarze Limousinen mit Polizeibegleitfahrzeugen vor dem Haus, Kommissare und Präsidenten nutzen gern den Protokolleingang direkt unter mir.

Steckdosen galten in den 70er-Jahren offenbar als überschätzt, es gibt relativ wenige davon. Mein Büroschreibtisch ist sehr niedrig und zur Hälfte von Computer und Bildschirm belegt. Ich starte die Geräte insgesamt dreimal und dann nie wieder. Endlose Softwareaktualisierungen und Passwortabfragen, ein extrem langsames Internet treiben meinen Blutdruck derart in die Höhe, dass ich fortan lieber mein eigenes MacBook benutze. Und das französische Telefonnetz.

»Wie in allen Parlamentsräumen: bitte keine Wertsachen im Büro lassen«, rät mir Büroleiter Hoffmann, »die Türschlösser kann man mit einem feucht gewordenen Streichholz knacken.«

Tatsächlich haben die Türschlüssel, die uns die Verwaltung gegen eine Unterschrift zur Verfügung stellt, nicht einmal einen richtigen Bart. Es sind kleine Messingschlüsselchen, vorne rund und etwas weniger komplex als der Schlüssel zur Wäschetruhe meiner Oma.

Als ich mich in meinem neuen Büro etwas näher mit den Personalien beschäftigen will, die die Regierungschefs für die vier »Top Jobs« ausgeklügelt haben, klingelt zum ersten Mal das Telefon. Aus dem Hörer lacht empört meine Europapolitische Beraterin: »Hast du gehört? Sie wollen Borrell zu deinem Außenminister machen, Josep Borrell zum Hohen Vertreter der EU für Außen- und Sicherheitspolitik. Ich lache schon seit über einem Jahr über den Mann.« »Borrell? Wie Borreliose?« »Jetzt ist keine Zeit für Späße! Der Mann ist 71, spanischer Sozialdemokrat, und bei denen findet sich noch allerlei frankistisches Gedankengut. Er ist Ultranationalist, will Katalonien einmal durchdesinfizieren lassen und ist Mitglied der spanischen SCC, die mit anderen Faschisten zusammenarbeitet, zum Beispiel mit deinen Nazi-Freunden von der Goldenen Morgenröte* … Ich sammle bereits Material.«

Das Telefon klingelt zum zweiten Mal aufgebracht. »Hör zu: Von der Leyen hat gerade eine Vision für Europa versprochen, die sie in zehn Tagen vorstellen will. IN ZEHN TAGEN! Habermas hat 20 Jahre dafür gebraucht. Politikwissenschaftler rechnen mit ZEHN JAHREN intensiven Studiums, um die inneren Funktionsmechanismen fremder Gesellschaften auch nur ansatzweise zu durchdringen … Und es empört mich richtig, dass Orbán, der Pole Kaczyński und der Italiener Salvini jetzt zu den Taktgebern europäischer Politik werden. Das sollte jenseits jeglichen bürgerlichen Konsenses sein! Genau wie ihre Sturmhaubenfrisur …« »Wenn ich das recht verstehe, empfiehlst du mir, Frau vonderLeyen meine Stimme zu versagen? Gut, überredet.«

Nicht dass ich etwas anderes vorgehabt hätte. Tiemo Wölken, einer der jüngeren SPDler, hatte gerade zwei Äußerungen retweetet, die auf einen eher macchiavellistischen Umgang mit der Wahrheit bei Frau vonderLeyen schließen ließen. Der niederländische EU-

* Vgl. »Herr Sonneborn geht nach Brüssel«: Die griechischen Rechtsradikalen hatten einen Pressesprecher mit Hakenkreuztattoos und singen zu Hause das Horst-Wessel-Lied; nicht korrekt auf Deutsch, sondern nur auf Griechisch – wofür ich sie sehr verachte.

Korrespondent Christoph Schmidt berichtet von ihren Antworten auf die Fragen der liberalen Fraktion »Renew Europe«, der niederländische Abgeordnete Derk Jan Eppink aus ihrer Vorstellung bei den Rechtspopulisten und Europakritikern von der »EKR«.

Sachdienliche Hinweise aus dem Netz

Christoph Schmidt: »Wird Ihre Kommission die Rechtsstaatlichkeit strenger angehen als die vorherige, ja oder nein?« vonderLeyen: »Ja.«

Derk Jan Eppink: vonderLeyen hat in der ECR-Fraktion viel versprochen. Nachsichtiger in Bezug auf Rechtsstaatlichkeit; mehr Zeit und Geld für die Energiewende, Migranten werden den Ländern nicht aufgezwungen. Frage: Was wird sie den Grünen oder Sozialisten versprechen? Das Gegenteil? Was sind ihre Versprechen wert? Wie konsistent sind sie?

Sachdienlicher Hinweis der FAZ

Der Name einer Person, die von der Leyen nicht wählen will, ist jedenfalls schon mal bekannt: Der Abgeordnete der Satire-Partei Die PARTEI, Martin Sonneborn, will nicht für die CDU-Politikerin stimmen. »Ich bin hin- und hergerissen: Einerseits sehe ich nicht gerne Ausländer in Führungspositionen hier in Europa – und die deutsche Vormachtstellung scheint mir tatsächlich gefährdet. Andererseits kann ich von der Leyen nicht wählen. Sie steht für Auslagerung in Beraterkreise, für Deals mit der Waffenindustrie«, sagte Sonneborn am Mittwoch der dpa.

Sonneborn kritisierte, dass mit von der Leyen keine Spitzenkandidatin der Europawahl nominiert worden sei. »Wenn der Rat hier einen Vorschlag serviert, der nicht als Spitzenkandidat ausgemacht war, der einfach nur noch abgenickt wird im Parlament, ist das nicht im Sinne einer demokratischen Entwicklung in dieser EU«, sagte er.

Immerhin sucht sich Frau vonderLeyen sachkundige Unterstützung. Der *Tagesspiegel* vermeldet, dass die Agentur »Story Machine« von Ex-*Bild*-Chefredakteur Kai Diekmann ihren neu erstellten Twitter-Account führt.

Sachdienliche Hinweise aus dem Netz

MS: Kai Diekmann twittert gegen Bezahlung im Namen von Ursula vonderLeyen, wir aus Spaß gegen sie. Smiley!

MS: FunFact: Orbán lässt in Ungarn großspurig erklären, er habe Timmermans verhindert und würde vonderLeyen installieren – eine Mutter von sieben Kindern. VonderLeyens beste Argumente für eins der höchsten Ämter in der EU sind jetzt also: in Brüssel geboren, sieben Kinder.

MS: Gab es in Deutschland nicht mal einen bürgerlichen Kodex, nicht mit Neofaschisten zu paktieren, Frau @vonderleyen?

STRASSBURG, EU-PARLAMENT

Bevor ich zur Wahl in den Plenarsaal gehe, nehme ich noch kurz einen Kaffee in meinem Büro. Unten vor meinem Fenster ist einiges los. Büroleiter Hoffmann macht mich auf ein paar schwarze Limousinen mit Berliner Kennzeichen aufmerksam: »Hat Frau vonderLeyen nicht überall versprochen, als Kommissionspräsidentin Europa bis 2050 klimaneutral zu machen? Mit dem Terzett gepanzerter Drei-Tonnen-Karossen, mit denen sie aus Berlin angereist ist, wird sie das schwerlich schaffen.«

»Moooment, das Parlament hat beschlossen, jeden abzulehnen, der nicht in der Wahl Spitzenkandidat war. Ich war dabei. Smiley!«

Sachdienlicher Hinweis aus dem Netz

Dustin Hoffmann: Macht euch keine Sorgen, das #Europaparlament ist eine ernsthafte Institution und wird heute nicht gegen die eigene Position stimmen.

Der Plenarsaal ist brechend voll, die Pressetribüne ebenso. Heute ist ein großer Tag für Europa, nach ihrer eigenen Bewerbungsrede und den Ansprachen der Abgeordneten wird eine deutsche Ministerin zur Präsidentin der Europäischen Kommission gewählt. Eine Ministerin, die in diversen deutschen Ministerien nichts als »eine

Spur der Verwüstung« hinterlassen hat (*The Spectator*) und die sich noch vor einem Untersuchungsausschuss zu ihrer Rolle in der millionenschweren »Berateraffäre« im Verteidigungsministerium wird verantworten müssen. Sie wird in geheimer Abstimmung gewählt – und mit einem beeindruckend miserablen Ergebnis: Trotz aller Versprechungen zu Transparenz und Initiativrecht, die sie dem Europäischen Parlament macht, trotz Schützenhilfe rechtspopulistischer Polen und nationalistischer Ungarn erhält Frau vonderLeyen lediglich neun Stimmen mehr, als sie benötigt. Neun Stimmen, die sie gegenüber Polen und Ungarn verpflichten.

Sachdienlicher Hinweis des EU-Parlaments

Es wurden 733 Stimmen abgegeben, von denen eine ungültig war. 383 Abgeordnete stimmten für sie, 327 gegen sie und 22 enthielten sich der Stimme. Ursula von der Leyen ist die erste Frau in diesem Amt.

Sachdienlicher Hinweis der Zeit

Wird schon irgendwie werden? Wer das leichtgläubig annimmt, der sollte sich die fast perfekte Bewerbungsrede von der Leyens noch einmal laut anhören. Was hat sie da nicht alles angekündigt: Sie will die Bankenunion vollenden, das europäische Wahlsystem reformieren und dem EU-Parlament durch ein Initiativrecht für Gesetze zu nie da gewesener Macht verhelfen. Sie will die Klimakatastrophe durch eine CO_2-Abgabe abwenden und die Unmenschlichkeit auf dem Mittelmeer durch eine radikale Reform der Flüchtlingspolitik im Einklang mit den EU-Staaten beenden. Das ist nicht nur eine Herkulesaufgabe, es sind gleich viele auf einmal.

Sachdienlicher Hinweis aus dem Netz

MS: Hoppla, das ging schnell: McKinsey trendet bei #Twitter … Smiley!

Während Frau vonderLeyen unten im Plenarsaal in gut einstudierter Pose die Hand aufs Herz legt und strahlt, gratuliert

Parlamentspräsident David Sassoli ihr ungefragt in meinem Namen: »Im Namen des Parlaments beglückwünsche ich Sie zu Ihrer Wahl. Jetzt beginnt eine sehr wichtige Phase für die europäischen Institutionen. Wir müssen uns auf die Anhörungen der designierten Kommissionsmitglieder vorbereiten, die von den Mitgliedern dieses Parlaments sehr gründlich durchgeführt werden.«

STRASSBURG BÜRO

Während sich die Büros um mich herum langsam leeren und das Geschehen sich in die Restaurants und Bars im Stadtzentrum zu verlagern beginnt, setze ich mich noch einmal an den Schreibtisch. Ich verfasse einen kurzen Überblick fürs Netz. Sämtliche Sitzungen des Parlaments werden im Internet gestreamt und aufgezeichnet. Die kurze Begrüßungsrede, die ich für vonderLeyen gehalten habe, hat Büroleiter Hoffmann anschließend beim Audiovisuellen Dienst angefordert, im Laufe der nächsten Stunden erhalten wir per Mail die Datei und können sie dann auf meinem YouTube-Kanal veröffentlichen. Damit sich interessierte Bürger aber auch via Twitter und Facebook auf dem Laufenden halten können, schreibe ich die kurze Analyse der Kandidaten für die Spitzenämter in der EU noch einmal zusammen, mache einen Screenshot und stelle ihn ins Netz.

Sachdienliche Hinweise aus dem Netz

Ralf Ernst: Fachkräftemangel allerortens.

Mario-WL: Jetzt wo ich das so lese, passt von der Leyen ja doch ganz gut zu denen. ZwinkerSmiley

Dr. Philosoph: Klingt wie das neue Drehbuch zur Game-of-thrones-Fortsetzung.

Peter Altmaier: Tja.

Ich muss tatsächlich ein zweites Mal hinschauen. Hat da gerade der amtierende deutsche Wirtschaftsminister seine Zustimmung zu dieser Kritik an seiner Parteifreundin signalisiert? Vorsichtshalber mache ich einen Screenshot. Das erweist sich als gute Idee, denn als ich wenig später noch einmal nachsehe, ist der Tweet weg. Altmaier hat ihn nach einem 25-minütigen Denkvorgang in seinem Kopf inklusive plötzlichen Meinungsumschwungs wieder gelöscht. Nun, Politik ist Geben und Nehmen, eine Hand wäscht die andere, und als Altmaier wenig später Annegret Kramp-Karrenbauer und vonderLeyen gratuliert, revanchiere ich mich selbstverständlich.

Sachdienliche Hinweise aus dem Netz

Peter Altmaier: Glückwunsch an @akk und @vonderleyen! Wir schreiben Geschichte: In Brüssel & Berlin!

MS: Antwort an Peter Altmaier: Tja.

Aber es gibt nicht nur vorbehaltlose Zustimmung von meinen konservativen Kollegen, sondern auch herbe Kritik. Sie kommt aus Bayern.

Sachdienliche Hinweise aus dem Netz

Markus Söder: Gratulation an @vonderleyen. Es war knapp aber verdient. Das Ergebnis ist gut für Europa, toll für Deutschland und blamabel für die SPD. Ihre große Rede hat in ganz Europa Eindruck hinterlassen. Leider bleibt der Nachgeschmack ob des Verhaltens mancher Deutscher Abgeordneter.

Leicht zu verstehen, dass ich das so nicht stehen lassen kann.

Sachdienliche Hinweise aus dem Netz

MS: Antwort an Markus Söder: »Deutscher« schreibt man klein, Söder.

Sabine Leopold: Paradebeispiel einer sachlichen Debatte.

Tobiwahn: Ich mag die Anzahl der likes.

Marc Riegel: Der Moment, wenn die Antwort mehr Likes bekommt (440 / 8027).

OLIVER: 20x so viele Likes wie für das Ursprungs-Posting. #neuland

STRASSBURG, MEP-BAR

Nach den doch recht schroffen Worten gegenüber Frau vonderLeyen gestern schicke ich vorsichtshalber noch ein paar etwas versöhnlichere hinterher. Schließlich ist heute ihr erster Arbeitstag.

Sachdienlicher Hinweis aus dem Ordner »(Nicht ehrlich gemeinte) Glückwunschschreiben«

Sehr geehrte Frau vonderLeyen,
herzlichsten Glückwunsch. Sie haben es geschafft. Und wenn ich es mir ganz genau überlege und dabei ein paar Schmerztabletten nehme, einige wenige Dutzend, dann muss ich sagen: Vielleicht ist das nicht nur ein guter Tag für Sie, sondern sogar auch für Europa.

Schließlich haben Sie in den fünfeinhalb Jahren als Bundesverteidigungsministerin mehr für den Frieden getan als mancher Friedensnobelpreisträger: Sie haben exorbitante Summen in eine Armee aus externen Beratern sowie ein focking altes Segelboot gesteckt. Dadurch wurde die Anschaffung von Kapazitäten verhindert, mit denen man viel effizienter Menschen hätte umnieten können.

Sie hinterlassen die Bundeswehr in einem für den Rest der Welt wünschenswerten Zustand: Die Truppe ist demoralisiert. Sie befindet sich mitsamt Flugzeugen und Helikoptern dermaßen am deutschen Boden, dass nun wirklich niemand mehr fürchtet, von selbigem könnte noch ein Krieg ausgehen. Wenn in Deutschland etwas ausgeht, dann ein Panzer zehn Meter vor dem Parkhaus. Danke dafür – auch wenn man das natürlich hätte sehr viel billiger haben können.

Ich hoffe, das alles war exakt so Ihr Plan. Falls ja, wären Sie bereit, diese Abrüstungsarbeit auf europäischer Ebene zu wiederholen? Die Gemeinschaft braucht an der Spitze nämlich jemanden, der ihrer derzeitigen Militarisierung einen Riegel vorschiebt. Frau vonderLeyen, wenn Sie das Thema in der bewährten Manier zur Chefsache machen, dann wird vielleicht doch noch alles gut. Mit fr. Grüßen etc. etc.

STRASSBURG, PLENUM

Vor dem Plenarsaal kommt mir Büroleiter Hoffmann mit einem beachtlichen Stapel Papier entgegen, den ausgedruckten Abstimmlisten für heute. Sofort wünsche ich mir die ersten beiden Jahre der vergangenen Legislatur zurück, in denen ich einfach abwechselnd mit JA und NEIN stimmen konnte. Bei bis zu handgestoppten 599 Abstimmungen in 90 Minuten – per Handzeichen oder über das kleine Modul zur namentlichen Abstimmung an jedem Sitzplatz – war das eine ungeheure Erleichterung. Damals regierte eine große Koalition aus Europäischer Volkspartei und Sozialdemokraten unter meinem Chef Martin Chulz, und Abstimmungen gingen so gut wie nie knapp aus: Der große konservative Block aus EVP und S&D stimmte mit satter Mehrheit alles in Grund und Boden, was lediglich die Interessen von 500 Millionen Bürgern betraf und nicht die Belange der großen Konzerne und Finanzdienstleister.

Aber als Chulz verabredungsgemäß nach zweieinhalb Jahren zurücktrat, um das Amt für einen Konservativen freizumachen, bestimmte Manfred Streber den nationalistischen Italiener Tajani zum Parlamentspräsidenten und die Groko Haram zerbrach.

Seitdem ist das Abstimmen komplizierter, oft gibt es unübersichtliche Mehrheiten. Mitunter, wenn es mal knapp zu werden droht, informieren mich Linke, Grüne oder Sozialdemokraten und bitten um meine Stimme. Ich gebe sie freizügig, wenn die Sachlage es erlaubt.

Aber heute hat Hoffmann sich getäuscht. Lässig verweigere ich die Annahme des Papierstapels. »Vielen Dank, aber nach über fünf Jahren im Parlament bin ich durchaus in der Lage, intuitiv richtig zu stimmen …« Was ich meinem Büroleiter verschweige, ist die Tatsache, dass ich von meinem Sitz oben im Plenarsaal einen sehr guten Blick auf Ska Keller habe, Co-Vorsitzende der Grünen, auf Martin Schirdewan, den Vorsitzenden der Europäischen Linken, und Manon Aubry, seine Covorsitzende aus der Partei des französischen Kommunisten Jean-Luc Mélenchon. Alle drei geben per

Handzeichen das Abstimmverhalten ihrer Fraktionen vor, wobei die Grünen so gut wie immer geschlossen abstimmen, die Linken selbstverständlich nicht.

15 Semester »Politikwissenschaften« im Nebenfach versetzen mich locker in die Lage, vor jeder Abstimmung die Situation in Sekundenbruchteilen zu analysieren, abzuwägen, notfalls aus den Augenwinkeln noch weitere Informationen aufzunehmen – wie stimmt Manfred Streber mit der EVP ab, wie die S&D-Fraktion? –, nationale Eigenheiten herauszurechnen, Mehrheiten zu überschlagen und danach blitzschnell doch mit den Linken zu stimmen. Die Linken sind am weitesten entfernt von Macht, Absprachen, Lobbyismus und Hinterzimmerdeals, also stimmen sie am ehesten für die Interessen der Bürger in Europa. Sind die Linken gespalten, orientiere ich mich zusätzlich an den Grünen. Dazu muss man wissen, dass die Grünen in Europa lange Zeit etwas jünger, linker und umweltfreundlicher waren als ihre Kollegen in Deutschland. Ausgenommen natürlich Reinhard Bütikofer und alles, was mit China oder Russland zu tun hat.

BRÜSSEL, PARLAMENT

20 Jahre lang hat die EU mit vier lateinamerikanischen Staaten das Mercosur-Abkommen verhandelt, das von Greenpeace als »klimaschädlich, naturfeindlich, veraltet« eingestuft wird. Jetzt kommt es zur Unterzeichnung. Ausgerechnet jetzt, wo in Brasilien der rechtsextreme Spinner Bolsonaro an die Macht gekommen ist. Wie man von Frau vonderLeyen und Kanzlerin Merkel hört, handelt es sich um einen idealen Vertrag, gut für das Klima, gut für die EU. Eigentlich ein Anlass, sich die Sache mal genauer anzuschauen.

Sachdienlicher Hinweis aus dem Netz

MS: »I am fulfilling a mission from God.« Jair Bolsonaro

Vorschlag zur Güte: Statt Iran und den persischen Golf weiter zu destabilisieren, sollten wir lieber Kriegsschiffe nach

Brasilien schicken; für die Erhaltung des Planeten wäre es wesentlich sinnvoller, den dämlichen Faschisten Bolsonaro zu erschrecken. Brasilien ist der viertgrößte CO_2-Verursacher der Welt. Bolsonaro, ein Bewunderer der Militärdiktatur, der von einer Agrarlobby, verrückten Evangelisten & Militärs unterstützt wird, arbeitet hart daran, diese Platzierung zu verbessern, indem er eindrucksvoll große Teile des Regenwalds roden lässt.

Dazu hat der brasilianische Präsident schon in den ersten 100 Tagen nach Amtsantritt 152 neue, zum Teil hochgiftige Pestizide zugelassen; unter der Ägide der Cheflobbyistin der Agrar-Industrie, die er zur Landwirtschaftsministerin machte. Der brasilianische Regenwald setzt jährlich ein Viertel des weltweiten Kohlenstoffs um. Er gilt als eines der »Kipp-Elemente«.

Die staatliche Behörde, die den Umfang der Abholzung dokumentiert hat, seine eigene Behörde also, bezeichnet Bolsi als Verursacher von »Fake News« und droht ihr mit Auflösung.

An die Macht gekommen ist der Irre vom Amazonas, weil sein in der Präsidentschaftswahl favorisierter Konkurrent Lula wegen angeblicher Korruption inhaftiert wurde – ohne rechtsstaatliche Beweise. Glenn Greenwald dokumentiert auf seiner Plattform »The Intercept« die Verstrickungen der Staatsanwaltschaft und des verantwortlichen Richters Moro – der anschließend von Bolsonaro zum Justizminister befördert wurde. Derzeit arbeitet Justizminister Moro an einem Gesetz, das Greenwald »aus dem Land schaffen soll« (Bolsonaro).

Diesen Tüp (Bolsonaro) und seine Politik stützt die EU durch ein umfangreiches Handelsabkommen. Mercosur wird dabei ganz im Trend der Zeit von Kanzlerin Merkel und der EU zu einem »grünen Abkommen« verklärt. Grün? Die Rinderhälften, für die in den gerodeten Gebieten Soja angebaut wird (bereits beim Fällen oder »Bulldozern« der Bäume wird CO_2 freigesetzt, vgl. »Was ist was?«, S. 34), werden kaum auf Segelbooten nach Europa geliefert werden. Die Autos, die im Gegenzug nach Brasilien gehen, noch weniger.

Bolsonaro, neuer bester Freund der EU, in Zitaten:

- »Ich würde dich nie vergewaltigen, weil du es nicht wert bist« – zur Parlamentarierin Maria do Rosario
- »Ich habe fünf Kinder. Vier davon sind Männer. Aber beim fünften hatte ich einen schwachen Moment und es kam eine Frau heraus.«
- B.s Sohn Eduardo ist gerade brasilianischer Botschafter in den USA geworden. Seine Qualifikation: »Er ist mit den Kindern von Trump befreundet und kann Englisch.«
- »Ich könnte einen homosexuellen Sohn nicht lieben. Ich würde es vorziehen, dass mein Sohn bei einem Unfall ums Leben kommt, als dass er hier mit einem Typen mit Schnurrbart auftaucht.«
- »Erst schießen, dann ansprechen!« (Über Polizeiarbeit in den Favelas)
- »Ich bin für Folter, und das Volk ist auch dafür.«
- »Sie tun nichts, ich glaube, sie taugen nicht einmal zur Fortpflanzung.« (Über Schwarze)

BRÜSSEL, BEER FACTORY

»Hast du es mitgekriegt?«, fragt meine Europapolitische Beraterin ohne wirkliche Freude in der Stimme. »Was denn?«

»Kristalina Georgiewa soll Direktorin des Internationalen Währungsfonds werden.«

»Georgiewa? Ich kenne nur eine Georgiewa, bulgarische Kommissarin in der letzten Kommission unter Juncker. Nachgerückt für die ursprünglich nominierte Bulgarin, die von der Presse als Gangsterbraut bezeichnet wurde, weil ihr Mann offenbar mit der Schwarzmeermafia Geschäfte machte …«

»Jaja, das ist sie. Und sie ist schon über 65. Der Posten darf aber nur an unter 65-Jährige vergeben werden, ich habe es gerade nachgeschaut. Sie pfeifen wirklich auf jede Regel.«

»Schon gut, schon gut, ich korrigiere das.«

Sachdienliche Hinweise aus dem Netz

Kristalina Georgiewa: Es ist eine Ehre, als Kandidat für die Position des Geschäftsführers der #IWF nominiert zu werden. Nach Rücksprache mit dem Chief Ethics Officer habe ich Verwaltungsurlaub beantragt und werde meine Aufgaben als @WorldBank CEO für den Nominierungszeitraum aufgeben.

MS: Tut mir leid, war ein Irrtum, Frau Georgieva. Sie werden in 10 Tagen 66 Jahre alt, und den IWF-Statuten gemäß müssen Direktoren unter 65 sein. VonderLeyen, Lagarde, Georgiewa – sind alte weiße Frauen Macrons Konzept für @RenewEurope? Smiley! #IWF

AUGUST 2019

BRÜSSEL, CAFÉ BELGA

Die Sommer sind mitunter erstaunlich heiß in Brüssel. So heiß, dass belgische Brauereien ihre Bierdosen oftmals mit 25 Prozent mehr Inhalt versehen – bei gleich bleibendem Preis. Auch an vielen Theken stehen »Gratuit 25 % plus«-Schilder. Und siehe, nach zwei, drei Bieren fällt das Schreiben gleich viel leichter …

Sachdienliche Hinweise aus dem Netz

MS: Kurzbericht aus Brüssel (40 Grad)

Martin Selmayr, der irre Generalsekretär, der die EU-Kommission (und Juncker) gelenkt hat, lässt sich als EU-Repräsentant nach Wien versetzen. Für die Dauer seiner Amtszeit wird das Salär für diesen Posten von etwa 7.000 auf 17.000 € (monatlich) heraufgesetzt. Die Stelle wurde nicht ausgeschrieben. (Sonst hätte ich mich beworben.)

Bei Mitsotakis, konservativer griechischer Ministerpräsident, der von McKinsey kommt und dessen Partei das Land ruiniert hat, drückt die EU-Kommission offenbar beide Augen zu: Im Gegensatz zu Tsipras muss er keinen (nicht nur politisch) tödlichen Sparkurs fahren. Als Erstes senkt er Unternehmenssteuern und schafft eine Fahndungsgruppe für Steuervergehen ab, die erfolgreich Besitzer von Yachten, Luxusautos und -immobilien auf Steuerhinterziehung überprüfte.

Frau vonderLeyen, die mit den entscheidenden Stimmen von Fidesz und PISS-Partei zur Kommissionspräsidenten gewählt wurde, hat sich seit dem Tag der Wahl mehrfach dagegen ausgesprochen, das Rechtsstaatsverfahren gegen Polen und Ungarn stringent weiterzuführen: »Wir alle müssen lernen, dass volle Rechtsstaatlichkeit immer unser Ziel ist – aber niemand ist perfekt!«, finanzielle Sanktionen kämen immer nur als das »allerallerletzte Mittel nach vielen Stufen, die vorher kommen« ...

HitzeSmiley!

Sherz Berlin: Das ist Wahlbetrug! Als Satire starten und dann fundierte Kommentare liefern – was kommt als Nächstes? Politik?

Daniel Schmidt: Ich fürchte, ich kann Ihnen nicht länger auf Facebook folgen, das ist zu deprimierend. ZwinkerSmiley!

Detlef Wetzeler: Muss ich auswendig lernen für die nächste Polizeikontrolle. »Wir alle müssen lernen, dass volle Rechtsstaatlichkeit immer unser Ziel ist – aber niemand ist perfekt!«, finanzielle Sanktionen kämen immer nur als das »allerallerletzte Mittel nach vielen Stufen, die vorher kommen.« Ich muss jetzt weiter zur Arbeit, schönen Tag noch!

BRÜSSEL, CAFÉ BELGA

Markus Kompa ruft an. Das tut er zweimal im Jahr, und er fordert dann entweder ein »großes Sommerinterview« oder ein »großes Winterinterview« ein. Da er Anwalt ist, Spezialist für Medien- und Parteienrecht, und ich ihn möglicherweise noch mal brauchen werde, mache ich stets gute Miene zum bösen Spiel. Außerdem führt er die einzigen Interviews, in denen die Fragen lustiger sind als die Antworten.

Sachdienlicher Hinweis von Telepolis

TP: Mit Ihrem hinzugewonnenen zweiten Sitz haben Sie die NPD erfolgreich aus dem Parlament gedrängt. Wer sitzt denn heute so in Ihrer Nachbarschaft im EU-Parlament?

MS: Fragen Sie lieber, wer nicht neben mir sitzt. Eigentlich wären die beiden katalanischen Kollegen Carles Puigdemont und Antoni Comin meine Sitznachbarn. Allerdings hat ihnen der alte Parlamentspräsident den Zugang zum Parlament verwehrt. Unter vorgeschobenen formalen Begründungen. Sie repräsentieren die Stimmen von Millionen Katalanen, und der alte Mussolini-Verehrer Tajani lässt sie einfach vom Sicherheitsdienst vor die Tür schieben, hier im Hort der europäischen Demokratie.

TP: Ihr Beifahrer Nico Semsrott hat sich der Grünen-Fraktion angeschlossen. Hat er schon einen Pullover gestrickt, ein Bundeswehrgelöbnis geleistet und Globuli verkostet?

MS: Hahaha, eigentlich bedeutet das doch eher, dass er möglichst viel fliegen muss. Aber Nico ist überzeugter Bahnfahrer.

TP: In der Zone werden in den kommenden Wochen drei neue Landtage gewählt. Was verspricht die PARTEI ihren ostdeutschen Wählerinnen und Wählern?

MS: Wir sind gnadenlose Populisten. Und da lediglich 1,7 Prozent der deutschen Führungskräfte Ostdeutsche sind, haben wir ihnen eine schrittweise Erhöhung auf 1,75 Prozent in den nächsten zwölf Jahren versprochen.

TP: In Thüringen, wo die Linkspartei als Favoritin gilt, könnte die PARTEI bei Überspringen der 5%-Hürde ebenfalls Regierungspartei werden. Ist die PARTEI bereit, Verantwortung zu übernehmen?

MS: Selbstverständlich, schon um Höcke und Konsorten zu ärgern. Höcke würde ich gern ins Lager stecken. Dann wäre die Position als Anführer der dummen Nazis in der Zone auch frei für einen echten Ostdeutschen.

TP: Die FDP wirbt bei Ihren Wählerinnen und Wählern mit einem Steuererlass für Schlossherren. Wie ist die Position der PARTEI zu dieser Frage?

MS: Zum Adel habe ich eine etwas differenziertere Meinung als Olaf Scholz und die FDP. Und wenn ich mir die Hohenzollern-Debatte so anschaue, erinnere ich gern daran, dass auf restaurative Zeiten in der Geschichte auch immer wieder so kleinere … äh … Revolutionen folgten …

TP: Gegen den vormaligen Präsidenten des Bundesamtes für Verfassungsschutz, Herrn Dr. Hans-Georg Maaßen, ist derzeit ein Parteiausschlussverfahren im Gespräch. Werden Sie ihm in der PARTEI Asyl anbieten?

MS: Keineswegs. Ich habe schon im November 2018 einen Tweet veröffentlicht, der die Situation auf den Punkt brachte, aber inhaltlich immer noch ein bisschen umstritten ist: »Würdelos, dieses ewige Hin und Her! Früher hätte man #Maaßen eine geladene 45er auf den Schreibtisch gelegt, ihm noch einmal fest in die Augen gesehen und dann den Raum verlassen: Vorruhestand perfekt!«

TP: Immer mehr Comedians streben in die Politik. Nach Donald Trump und Boris Johnson macht nun auch die Toilettenwitzeerzählerin AKK eine beeindruckende Karriere und ist als Kanzlerkandidatin kaum mehr zu vermeiden. Ist solcher Schabernack mit der Würde der Parlamente vereinbar?

MS: Für mich nicht. Ich wünschte, Politiker würden nicht versuchen, ihren Unterhaltungswert zu steigern, und stattdessen einfach solide Sachpolitik machen. Wir sind gerade auf Staatsbesuch in Bergkarabach. Wussten Sie, dass dieser international nicht anerkannte Staat eine vorbildliche Verfassung hat? Politiker dürfen keine Nebentätigkeiten verrichten, und Ministerposten werden ausschließlich mit Fachleuten und Experten besetzt. Daran werden wir uns nach der Machtübernahme orientieren.

Sachdienlicher Reisebericht von Oliver Maria Schmitt in der Frankfurter Allgemeinen Zeitung

Es war fünf vor zwölf an einem strahlenden Sonnentag, als der EU-Parlamentarier von Ashot Ghulian, dem Präsidenten der Nationalversammlung, empfangen wurde. Selbst einem abgebrühten Erfolgspolitiker wie Sonneborn geschieht es nicht alle Tage, dass er mit den Worten empfangen wird: »Sie zeigen uns, wie ein Politiker im 21. Jahrhundert sein sollte.« Da sparte auch der Jahrhundertpolitiker nicht mit Lob: »Sehr geehrter Herr Parlamentspräsident: Ihr Land hat alles, was ein richtiger Staat braucht: eine Fahne, eine Armee, eine Hymne und ein Parlament mit 33 Sitzen und der höchsten Professorendichte weltweit. Was fehlt noch? Was könnte ich Ihnen bei meinem nächsten Besuch mitbringen?«

»Ein roter Teppich fehlt uns noch«, sagte Ghulian, ein ehemaliger Professor für Rechtsgeschichte, »den wir nach unserer Anerkennung bei offiziellen Staatsbesuchen ausrollen können.« Sonneborn versprach schnelle und unbürokratische Hilfe. Dann ging es weiter in den kleinen Plenarsaal der Nationalversammlung. Unsere hochrangige fünfundzwanzigköpfige Expertenkommission aus Wissenschaftlern, Professoren, Diplomingenieuren, Künstlern und Verfassungsrechtlern hatte bereits Platz genommen, ebenso die EU-Kontaktgruppe des arzachischen Parlamentes.

BRÜSSEL, BÜRO

Namenswitze sind das Allerletzte. Ich habe sie zu meinen *Titanic*-Zeiten jahrelang verachtet und überall gestrichen, wo es nur möglich war. Im EU-Parlament aber drängten sie sich dann plötzlich förmlich auf: Martin Chulz, Elmar Brocken, Manfred Streber, Beatrix von Strolch … Wenn der Weltgeist sich den Spaß machte, Namen und Charakter oder Körperbau in eine Beziehung zu setzen, wer wäre ich, ihm in den Arm zu fallen? Zum Glück stehe ich nicht allein, erst gestern schrieb die *Washington Post* über »Kommissionspräsidentin von der Leyden«.

Aber nun zu etwas ganz anderem. Wieso gehen eigentlich fast alle Abstimmungen im Parlament anders aus, als ich das will? So auch die Wahl der Präsidentin der Europäischen Zentralbank EZB. Damit ich nicht in Gefahr laufe, für diese offenkundige Fehlbesetzung zukünftig mit verantwortlich gemacht zu werden, distanziere ich mich öffentlich.

Sachdienliche Hinweise aus dem Netz

MS: Die Bestellung von Christine Lagarde (kriminell*) zur EZB-Präsidentin wurde heute vom EU-Parlament bestätigt. Ohne meine Stimme, möchte ich zu meiner Ehrenrettung klarstellen.

Lagarde hat eine beispiellose Karriere hinter sich. Als französische Finanzministerin war sie nicht nur für die Veruntreuung von 403 Mio. Euro verantwortlich, sondern hat ihrem Land auch eines der ruinösesten Haushaltsdefizite der Geschichte hinterlassen.

Als IWF-Chefin vertrat sie eine Politik, die Griechenland die dramatischste Rezession aller Zeiten bescherte, & erzeugte ganz nebenbei noch die größten Verluste in der Geschichte des Währungsfonds.

Die »Rettung« Argentiniens, ihr letztes Vorzeigeprojekt, hat das Land in ein derartiges Chaos gestürzt, dass man die verliehenen Milliarden auch gleich abschreiben kann.

Ihre nächste Station ist also die EZB. Einer unabhängigen Institution könnte man eine etwas autonomere Persönlichkeit an die Spitze wünschen als Lagarde, deren devote Briefe an Sarkozy anlässlich einer staatsanwaltlichen Hausdurchsuchung publik wurden: »Benutze mich so lange, wie es dir

* In einer ersten Fassung der Rede hatte ich Christine Lagarde als »vorbestraft« bezeichnet. Aber Büroleiter Dustin Hoffmann ist Jurist und wies mich darauf hin, dass der Gerichtshof der Republik die ehemalige Wirtschaftsministerin in einer Millionenaffäre zwar schuldig gesprochen, jedoch keine Strafe verhängt hatte. Das Gericht begründete das seinerzeit mit der »Persönlichkeit« Lagardes und ihrem »internationalen Ansehen«. Wir rangen zehn Minuten um die Formulierung, dann einigten wir uns darauf, sie fürderhin als »kriminell« zu führen. Das, so Hoffmann, sei juristisch vollkommen korrekt.

passt (...). Wenn du mich brauchst, benötige ich deine Führung und Unterstützung: ohne Führung wäre ich ineffizient. Mit meiner immensen Bewunderung, Christine L.«

Bleibt abzuwarten, welche Spuren sie in den europäischen Volkswirtschaften hinterlassen wird. Ich wünsche viel Spaß in Frankfurt am Main. Es geschieht ihr recht, dass sie dort leben muss. Smiley!

Arbeitsamt: Gibt es bereits Buchmacher, bei denen man sein bald wertloses Vermögen darauf verwetten kann, wie lange sie braucht, die EZB zu ruinieren?

SBi: Frankfurt führte die Kriminalitätsstatistik in Deutschland lange an, nun hat man aus der EU Personal geschickt, um wieder den ersten Platz zu erobern ...

SEPTEMBER 2019

STRASSBURG, PARLAMENT

In der MEP-Bar treffe ich Martin Schirdewan (Die Linke). »Möge die Macht mit dir sein, junger Pada ... äh: Schirdewan! Was macht die Linke in Europa, überwindet ihr den Kapitalismus?«

Schirdewan deutet ein Lächeln an. »Das wäre nicht das Schlechteste, ich veröffentliche gerade einen Bericht über die Wirtschafts- und Sozialpolitik der EU-Kommission.«

Mit dem »Europäischen Semester« unterzieht die EU ihre Mitgliedstaaten regelmäßig einer Revision, erfahre ich. Die Kommission schaut, ob die Staaten haushaltspolitisch auch hübsch artig waren, und spricht dann neoliberale »Empfehlungen« aus. Leider seien nie Vorschläge dabei, doch mal Großunternehmen und Milionäre angemessen zu besteuern, sondern immer nur die Aufforderung, Sozial-, Bildungs- und/oder Gesundheitsausgaben zu kürzen. Schirdewan verspricht, mir den Bericht zu schicken.

Sachdienliche Hinweise aus der Studie »Überwachen und bestrafen: Das Ende des Wegs für den Stabilitäts- und Wachstumspakt der EU«

Seit Einführung des Europäischen Semesters im Jahr 2011 bis 2018 forderte die Kommission die einzelnen Mitgliedstaaten auf, das gesetzliche Renteneintrittsalter anzuheben und/oder die öffentlichen Ausgaben für Renten und Altersvorsorge zu senken. Es gab seither:

- 63 Aufforderungen, dass die Regierungen die Ausgaben für die Gesundheitsversorgung kürzen.
- An die Mitgliedstaaten wurde 50 Mal die Aufforderung gerichtet, das Lohnwachstum zu unterbinden, während Anweisungen zur Verringerung der Arbeitsplatzsicherheit, des Beschäftigungsschutzes vor Entlassungen und der Rechte von Arbeitnehmern und Gewerkschaften auf Tarifverhandlungen 38 Mal erteilt wurden.
- Zusätzlich zu den routinemäßigen Forderungen, die Staatsausgaben für Sozialdienstleistungen generell zu senken, hat die Kommission 45 spezifische Forderungen gestellt, die darauf abzielen, die Leistungen für Arbeitslose, schutzbedürftige Menschen und Menschen mit Behinderungen zu verringern oder zu streichen, unter anderem durch Strafmaßnahmen, um diese Personen in den Arbeitsmarkt zu zwingen.

DEUTSCHLAND

»Fridays for Future« hat für Ende September einen weltweiten Protesttag ausgerufen. In fast 500 deutschen Städten haben Schüler und Aktivisten Demonstrationen angemeldet. Gleichzeitig gibt es eine große Diskussion darüber, ob Schüler einfach so streiken dürfen.

Sachdienlicher Hinweis der FR

Dürfen die Schüler einfach so streiken?

Nein. Da gibt es auch kein Wenn und Aber, denn in Deutschland gilt heute die Schulpflicht. Ein diese Pflicht außer Kraft setzendes Streikrecht existiert nicht.

Unentschuldigte Fehlstunden können im Zeugnis auftauchen, was etwa bei einer Bewerbung schlecht aussieht. Es kann aber auch zu direkten Strafen führen, wie etwa einem sogenannten Verweis.

Zum Glück muss aber wirklich niemand unentschuldigt fehlen.

Sachdienliche Hinweise aus dem Netz

Tagesschau: Martin Sonneborn, Mitglied des Europäischen Parlaments, hat den für den Klimaschutz demonstrierenden Schülerinnen und Schülern eine Entschuldigung geschrieben.

MS: Achtung, Durchsage! Aufgeweckte Schüler, die sich um Klima UND Noten Gedanken machen, laden sich für freitags auf meiner Homepage eine hochoffizielle Entschuldigung herunter. ZwinkerSmiley! #FridayForFuture

Sachdienliche Hinweise aus dem Netz

Zeh Punkt: Erbitte ähnliches offizielles Schreiben zur Vorlage bei meinem Arbeitgeber. Herzlichen Dank.

Sebastian Kreisel: Ich hoffe, dass meine Schüler*innen das jetzt nicht lesen, aber die würde ich so kommentarlos akzeptieren!

George: Für diesen Blödsinn sitzen Sie im EU-Parlament? Zahlen Sie mir bitte meinen Steueranteil an der Finanzierung Ihrer »Tätigkeit« zurück!

MS: Angesichts der multiplen Straffreiheit, die Cum-Ex-Betrügern, korrumpierten Politikern und Managern der Automobilindustrie gewährt wird, fordere ich eine Generalamnestie für #FFF-Schulschwänzer und -schwänzerinnen. Jemand dagegen?

Martin Sonneborn
Mitglied des Europäischen Parlaments

Entschuldigung

Sehr geehrte/r Frau/Herr .... ,

das Fehlen des Schülers/der Schülerin .... am letzten Freitag bitte ich nachträglich zu entschuldigen. Es war nicht böse gemeint. Sollten durch das Fernbleiben irgendwelche Gefühle oder Vorschriften ihrerseits verletzt worden sein: SORRY! Es ging nun mal nicht anders. Dem/der Schüler/in war unwohl. Allerdings nicht etwa beim Gedanken an ihre/seine (und Ihre!) Zukunft in einer vollständig zerstörten, verseuchten, erschöpften und abgenutzten Welt, nein, nein! Also mit Klimademos und sowas hatte das garantiert überhaupt nichts zu tun! Dem/der Schüler/in war einfach nur so privat unwohl. Alles andere wäre ja noch schöner! Und überhaupt.

Mit freundlichen Grüßen

Martin Sonneborn
Mitglied des Europäischen Parlaments
Kulturausschuss

PS: Das kann übrigens jederzeit wieder vorkommen, vor allem freitags. Ist normal in dem Alter.

B-1047 Brüssel - WIB 07M093 - Tel. +32 2 28-45756 - Fax +32 2 28-49756
F-67070 Straßburg - LOW T05032 - Tel. +33 3 881-75756 - Fax +33 3 881-79756
martin.sonneborn@ep.europa.eu - www.europarl.europa.eu

Sachdienlicher Hinweis einer unbekannten Lokalzeitung

Die Rektorin erhielt auch von mehreren Eltern vorgefertigte Entschuldigungen des Satirepolitikers Martin Sonneborn als Erklärung des Fehlens im Unterricht. Dabei fehlte es Rektorin Wurster-Zischler bei dem Politiker an Ernsthaftigkeit. Sie schrieb eine empörte E-Mail an Sonneborn, in der sie ihr Missfallen über die Aktion kundtat. Diese blieb aber unbeantwortet.

OKTOBER 2019

STRASSBURG, PARLAMENT

Ich stehe im Erdgeschoss und warte auf einen der vier 70er-Jahre-Fahrstühle. Jedes Mal, wenn ich hier stehe, muss ich daran denken, dass die französische Parlamentspräsidentin Nicole Fontaine ihrerzeit die neun Stockwerke zu ihrem Büro lieber zu Fuß zurücklegte als in einem der berüchtigten Aufzüge. Kling! Als sich die Fahrstuhltür öffnet, gibt sie überraschend den Blick frei auf die Frisur von Frau vonderLeyen, direkt darunter vonderLeyen selbst, dahinter eine kleine Entourage inklusive Leibwächter. Mir fällt nichts Lustiges ein, also nicke ich ihr zu und sage: »Ah, Frau vonder, ähem Leyen auf dem Weg nach unten!« vonderLeyen lächelt überrascht und schüttelt abwehrend den Kopf: »Nein, nein!« »Doch, doch«, entgegne ich, »ich habe es ganz genau gesehen.« (Entourage ab)

Sachdienlicher Hinweis von t-online

t-online: Sie haben von der Leyen mal als »völlig kenntnisfrei« und »inkompetent« bezeichnet. Es klingt, als sehen Sie das immer noch so?

MS: Ich glaube sogar, dass Frau von der Leyen eine Gefahr für die EU darstellt. So furchtbar wie Ex-Kommissionschef Jean-

Claude Juncker mit seinen steuerpolitischen Entscheidungen in Luxemburg und seiner neoliberalen Ausrichtung in der EU gewesen ist: Er war doch jemand, der Typen wie Viktor Orbán kaltstellen konnte. Notfalls mit einer kleinen Ohrfeige. Das traue ich von der Leyen nicht zu.

t-online: Als eine vernünftige Entscheidung könnte der »Green Deal« der EU gesehen werden – oder was stört Sie am Klimaschutz?

MS: Ich glaube nicht, dass es einen echten »Green Deal« geben wird. Ich glaube, das ist eine Etikettierung, um Wirtschaftswachstum als Umweltschutz zu verkaufen. Aber das ist die falsche Richtung. Der »Green Deal« ist Augenwischerei.

BRÜSSEL, PARLAMENT

Bevor die gesamte Kommission vom Parlament bestätigt wird, müssen sich die 27 von ihren Heimatländern nominierten angehenden Kommissarinnen und Kommissare den Fragen der Parlamentarier stellen und werden dabei von den Abgeordneten auf Herz und Nieren geprüft. Dachte ich jedenfalls, vor fünf Jahren, als ich Günter Oettinger zu befragen hatte, damals noch designierter Digitalkommissar, heute offizieller Lobbyist mit seeeehr vielen Beraterverträgen.

In Wirklichkeit winkt das Parlament die meisten Kommissare, die von den Mitgliedsstaaten entsandt werden, einfach durch. Solange die Kandidaten nicht allzu offensichtlich ungeeignet sind. Aber ein oder zwei, aus Gründen der Ausgewogenheit jeweils ein Vertreter der beiden großen politischen Lager, werden in den Befragungen ein bisschen gegrillt – und manchmal auch zurückgewiesen. Es hat etwas von einem alle fünf Jahre wiederkehrenden Ritual, mit dem sich das Parlament seiner eigenen Existenz versichert.

Mir fällt diesmal die Aufgabe zu, eine konservative Parlamentskollegin zu befragen, die von ihrer Regierung für die Kommission nominiert wurde. Ich kenne Dubravka Suica, eine etwa 60-jährige Kroatin aus Dubrovnic, vom Sehen. Sie erinnert mich an eine ungeliebte alte Mathe- und Physiklehrerin aus der Oberstufe, und ich bin froh, dass diesmal ich die Fragen stellen darf. Auch wenn mir als Hinterbänkler nur 60 Sekunden Zeit dafür eingeräumt werden.

Schon die erste oberflächliche Recherche zeigt, dass wir nicht ganz ohne Mathematik auskommen werden. Dubravka S. ist verblüffend reich. Sicher, sie war ein paar Jahre Bürgermeisterin und anschließend Abgeordnete, aber mit ihrem Mann zusammen, einem pensionierten Seemann, verfügt sie offenbar über ein nicht unbeträchtliches Millionenvermögen – dessen Herkunft allein mit der Addition ihrer Diäten nicht schlüssig erklärbar ist.

Sachdienlicher Hinweis des Standard

In Kroatien fragt man sich, wie die frühere Sprachlehrerin, später langjährige Bürgermeisterin von Dubrovnik und Abgeordnete im kroatischen Parlament, die seit 2013 im EU-Parlament sitzt, zu diesem Vermögen gekommen ist. Oppositionsabgeordnete der SDP haben bei der Anhörung anlässlich ihrer Nominierung Šuica diese Frage gestellt. Sie versicherte, dass alles klar und transparent sei, legte jedoch laut Medien keine Dokumente vor, um das nachzuweisen.

Kroatien ist jetzt nicht das allerletzte Land, das mir in den Sinn kommt, wenn es um Korruption geht. Fast ein Fünftel der Einwohner hat die Heimat in den vergangenen Jahren verlassen – viele von ihnen wegen der verbreiteten Bestechlichkeit. Zwei Minister der Regierungspartei HDZ hatten kürzlich deshalb zurücktreten müssen, vier weitere mussten ausgetauscht werden, der ehemalige Regierungschef sitzt in Haft. Aber ihre Parteifreundin Dubravka S. ist auf freiem Fuß und soll EU-Kommissarin werden – für das neu zu schaffende Ressort »Demografie und Demokratie«, eine sich inhaltlich nicht auf Anhieb erschließende Kombination. Obwohl eine Grippe im Anmarsch ist, freue ich mich auf die Anhörung.

PARLAMENT, SITZUNGSSAAL

Ausgeschlafen und vollgepumpt mit Aspirin betrete ich den mittelgroßen Sitzungssaal des »Ausschusses für konstitutionelle Angelegenheiten«, in dem ich stellvertretendes Mitglied* bin. Meinetwegen könnten alle Sitzungen des Parlaments um 18.30 Uhr beginnen, endlich mal eine Arbeitszeit, die auch erfahrenen Chronobiologen gefallen würde. Ich suche mir einen Platz in der Mitte der vierten Reihe, dort, wo die Parlamentskamera mich nicht übersehen kann. Dann betritt auch schon die designierte Kommissarin den Raum, in Rosa gewandet. Lächelnd lässt sie den Blick über die gut gefüllten Reihen schweifen, begrüßt ihre alten Kollegen, zum Teil mit Handschlag, Umarmung und Küsschen. Auch mir wirft sie ein Lächeln zu, höflich nicke ich zurück. Unter den Augen der Kameraleute und Fotografen wird sie anschließend sehr herzlich vom Ausschussvorsitzenden Antonio Tajani in Empfang genommen. Tajani ist ein enger Freund Berlusconis, Mitbegründer der Forza Italia, und war in der vergangenen Legislatur Parlamentspräsident, Nachfolger meines alten Chefs Martin Chulz. Er stand im Ruf, mit italienischen Monarchisten und Neofaschisten zu sympathisieren. Tajani, nicht Chulz!

Sachdienlicher Hinweis von Wikipedia

Im Februar 2019 sagte Tajani bei einer Rede am Mahnmal für 1943–1945 von jugoslawischen Partisanen getötete Italiener in Basovizza (an der Grenze zu Slowenien): »Es lebe das italienische Istrien, es lebe das italienische Dalmatien und die italienischen Exilierten!« Dabei erklärte er ausdrücklich, er sei nicht nur als Italiener und Patriot hier, sondern als Präsident des Europäischen Parlaments.

* Als Abgeordneter kann man sich zwei oder drei Ausschüsse aussuchen, in denen man mitarbeitet (bzw. seine Assistenten mitarbeiten lässt). Ich habe den Afco-Ausschuss gewählt, weil hier alle Wahlrechtsangelegenheiten verhandelt werden. Wir wollen nicht noch einmal von den antidemokratischen Bestrebungen deutscher Regierungsparteien überrascht werden.

Dubravca S. aus Kroatien – designierte Kommissarin und eine der Besten aus 450 Millionen EU-Bürgern

Im März 2019 erklärte Tajani in einem Interview, Mussolini habe »auch positive Dinge getan«, nämlich unter anderem »Straßen, Brücken, Gebäude, Sportanlagen gebaut«.

Immerhin hat er die sprichwörtlichen Autobahnen nicht erwähnt, sinniere ich, anstatt die Befragung zu verfolgen, geschweige denn die Rednerliste. Auf einmal schaut Tajani mich direkt an und sagt: »Jetzt Martin Sonneborn, fraktionslos!«

Ich warte, bis sich die designierte Kommissarin den Kopfhörer über dem linken Ohr zurechtgeruckelt hat, dann lege ich los:

»Thanks, Chair. Herzlich willkommen, Dubravka S., angehende Vizepräsidentin der Europäischen Kommission. Trotz aller gelegentlichen unintensiven Bemühungen ist es der EU in den vergangenen 20 Jahren nicht gelungen, den Armutssockel von knapp 25 Prozent zu senken. Nach Angaben von Eurostat leben über 100 Millionen EU-Bürger in Armut oder sind von ihr bedroht. Sie hingegen sind ein Beispiel, das den Europäern Hoffnung geben kann – ZwinkerSmiley!

Vor rund 20 Jahren waren Sie Lehrerin mit einem klapprigen Renault und einer 60-Quadratmeter-Wohnung in einer Hochhaussiedlung. Dann wechselten Sie in die Politik. Heute beläuft sich Ihr geschätztes Vermögen auf über fünf Millionen Euro, eine Villa, zwei Häuser, zwei Wohnungen, ein Landhaus, eine Zwölf-Meter-Jacht und drei Autos. Würden Sie Ihr ...«

Hammerschläge. Ein paar kurze, trockene Hammerschläge irritieren mich. Wer hämmert denn da, um diese Zeit, mitten in der Anhörung einer designierten Kommissarin im EU-Parlament, mitten in meinen Schlusswitz? Der Einzige, der hier einen kleinen hölzernen Hammer hat, ist ... der Ausschussvorsitzende Tajani. Tatsächlich, der Italiener lärmt aufgebracht und anhaltend mit einem kleinen Schlagwerkzeug vor sich auf seinem Pult herum. Mir egal, solange er mir das Mikrofon nicht abstellt. Außerdem bleibt mir nur noch eine letzte kleine Bitte, dann bin ich durch:

»... Patentrezept mit uns Europäern teilen?«

Tajani schaltet mir das Mikrofon ab. Mit der erhobenen Linken gestikulierend weist mich der ehemalige Pressesprecher von Bunga-Bunga-Berlusconi zurecht: »Wir sollen hier nicht über Geld oder die Vergangenheit sprechen. Die Frage muss sich auf den Inhalt der Anhörung beziehen. Wir müssen wissen, ob jeder frei ist, aber dies ist keine Frage zum Inhalt des Abends.«

Jetzt reagiert die angehende Spezialistin für Demografie und -kratie, Suica. Ihr dürfte klar geworden sein, dass ein Schweigen an dieser Stelle bei den Abgeordneten keinen sonderlich guten Eindruck hinterlassen würde:

»Ich kann antworten. Es macht mir nichts aus zu antworten. Warum nicht? Wir sind offen. Wie lautete Ihr letzter Satz?«

Tajani gibt mein Mikrofon wieder frei, geduldig wiederhole ich meinen letzten Satz: »Ich habe gefragt, ob Sie Ihr Patentrezept mit uns Europäern teilen würden.«

Die ausgebildete Deutschlehrerin lächelt angestrengt, während sie sich meine Frage vom Deutschen ins Kroatische übersetzen lässt. Das bringt Zeit! Dann versucht sie, ihre beiden Arme zu ordnen, richtet ihr Mikrofon, schiebt die Ärmel ihrer rosafarbenen Bluse hoch, nimmt den Kopfhörer ab, nimmt die Brille ab, fixiert mich und antwortet auf Englisch:

»Danke schön, Herr Sonneborn, für diese Frage. Zunächst einmal sprechen Sie nicht über Fakten. Dies sind keine Fakten. Sie lassen sich von einigen Artikeln inspirieren, die nicht wahr sind. Ich werde mein Bestes tun, um dieses Portfolio zu einer Erfolgsgeschichte zu machen, wie ich in meiner Einführungsrede sagte. Aber wenn Sie über mich und die Zeit vor 20 Jahren sprechen, ist das nicht wahr. Das ist nicht wahr.«

Suica fixiert mich mit unangenehmer Intensität und zwinkert, während sie spricht, auffällig oft mit den kosmetisch überladenen Augenlidern.

»Ich werde jetzt nicht ins Detail gehen, denn das ist nicht Sache dieses Hauses. Ich meine, es wird unter dem Respekt dieses Hauses sein, wenn ich mit Ihnen rede. Ich habe hier gelebt, ich habe dort gelebt. Vor zwanzig Jahren lebte ich in meinem Familienhaus in Dubrovnik mit meinem Mann, der Kapitän ist, der auf Frachtschiffen, Massengutfrachtern, Containerschiffen und neuerdings auch auf Kreuzfahrtschiffen fuhr, und er verdiente ein anständiges Gehalt. Wenn Sie es wissen wollen, meine Interessenerklärung war immer transparent, offen und im Einklang mit den Regeln der Institution, in der ich gearbeitet habe, sei es als Bürgermeisterin der Stadt Dubrovnik, sei es als Abgeordnete des kroatischen Parlaments, sei es als Abgeordnete des Europäischen Parlaments.«

Suica verengt die Augen zu Schlitzen, lässt den Blick einmal durch den ganzen Saal wandern, von links nach rechts.

»Meine Interessenerklärung und was auch immer Sie fragen wollen, war klar, transparent, legal und im Einklang mit den Vorschriften und spiegelt die Opferbereitschaft unserer Familie wider. Sie können sich nicht vorstellen, wie viele Opfer es erfordert, wenn der Ehemann Kapitän ist, und weltweit auf all diesen Arten von Schiffen zu fahren, aber ich brauche hier keine Emotionen von irgendjemandem. Alles ist korrekt, wahr und gesetzeskonform. Ich werde mein Bestes geben, um meine Pflichten zu erfüllen und den europäischen Bürgern, den Bedürftigen, den Armen und den Zurückgebliebenen zu helfen, ein anständiges Leben zu führen. Ich denke, fünf Jahre werden ausreichen, um ihnen zu helfen.«

Nun, dann ist ja alles in Ordnung.

Und immerhin hat die angehende Kommissarin für Demokratie und so gerade ein gutes Versprechen gegeben: einen Fünf-Jahres-Plan gegen die Armut in Europa.

Aber wenn ich die Geschäftsordnung richtig im Kopf habe, habe ich das Recht auf eine kurze Nachfrage. Ich hebe die Hand. Tajani schaut angewidert zu mir und macht eine wegwerfende Bewegung in meine Richtung: »Please …«

»Ich habe eine Nachfrage: War es ein Renault 4 oder ein Renault 9?«

Dubravka S. schaut ganz kurz wie ein Auto, eigentlich eher wie ein Renault 4, will die Brille aufsetzen, lässt sie dann doch lieber sinken, schiebt sich nervös die Ärmel ihres Jacketts nach oben, lacht überspannt und sagt: »Wissen Sie was? Es ging um ein Boot!« Dann wendet sie sich ab. Ohne meine Frage zu beantworten.

Natürlich lassen wir das ungebührliche Verhalten Tajanis nicht auf sich beruhen. Am nächsten Morgen schicken Büroleiter Hoffmann und ich eine förmliche Beschwerde an Parlamentspräsident Sassoli.

Dann schreibe ich noch eine kurze Ankündigung für den kleinen YouTube-Film, den Büroleiter Hoffmann zusammenschneidet, und gehe ins Le Murmure, eine heruntergekommene Studentenkneipe in einer Nebenstraße des Place Flagey, Pardon: ins Wochenende.

Martin Sonneborn
Mitglied des Europäischen Parlaments

Brüssel, den 04.10.2019

BESCHWERDE

Sehr geehrter Herr Präsident Sassoli,

derzeit werden die designierten Mitglieder der Europäischen Kommission in Anhörungen des Europäischen Parlamentes befragt. Weil der 3. Oktober für mich ohnehin kein Feiertag ist, war ich bereit - trotz Grippe -, mich in diesem Rahmen mit Dubravka S. aus Kroatien auseinanderzusetzen, der das merkwürdige Portfolio „Demokratie und Demographie" übertragen wurde.

Die Sitzung am 3.10.2019 wurde von Ihrem Amtsvorgänger geleitet, Antonio Tajani, dem ehemaligen Pressesprecher Silvio Berlusconis. Tajani hat nicht nur den Duce Benito Mussolini krass gefeiert (für den Bau von Brücken, Turnhallen und *Autobahnen*, ZwinkerSmiley!), sondern erst vor wenigen Tagen an einem Treffen der rechtsradikalen Fratelli d' Italia teilgenommen, um seinem Kumpel „Victator" Orban zu applaudieren.

Aufgabe des Parlamentes in diesen Anhörungen ist laut Art. 1 Abs. 1 Anlage VII zur Geschäftsordnung des Europäischen Parlamentes die Bewertung der Kandidaten im Hinblick auf ihre „allgemeine Befähigung", ihren „Einsatz für Europa" und ihre „persönliche Unabhängigkeit".

Seit Jahren rätseln NGOs und breite Öffentlichkeit in Kroatien, wie Dubravka S. als Bürgermeisterin von Dubrovnik zu einem derart beachtlichen Vermögen gelangt sein kann. Laut eigener Deklaration beläuft es sich immerhin auf etwa fünf Millionen Euro, hüstel.

Bisher konnte sie keine stichhaltige Erklärung dazu abgeben, woher ihre Vermögenswerte stammen. In Anbetracht der Tatsache, dass in den letzten Wochen zwei Minister ihrer Partei zurücktreten und zwei weitere entlassen werden mussten - alle wegen Korruptionsvorwürfen in Kombination mit hohen Vermögenswerten ungeklärter Herkunft-, ist meine Frage nach der persönlichen Integrität und Unabhängigkeit der Kandidatin keineswegs gegenstandslos.

Als ich Dubravka S. in der Anhörung befragte, störte Tajani mit seinem Holzhämmerchen meinen Vortrag, drehte mir das Mikrophon ab und erklärte meine Einlassung für unzulässig. Dabei ging es offensichtlich nicht um Überschreitung der Redezeit, auf deren Einhaltung während der gesamten Sitzung wenig geachtet wurde. Dem Vorsitzenden der rechtsextremen Partei Vlaams Belang etwa räumte Herr Tajani statt 60 sogar 130 Sekunden Redezeit ein.

Tajanis Umgang mit durch Sachhintergrund gerechtfertigte Fragen eines gewählten Abgeordneten unseres Parlamentes ist nicht nur unangemessen, sondern ein aktiver Angriff auf die Demokratie, die freie Ausübung des Mandats und die Würde des Hauses.

Das Gebaren von dem Tüp (Tajani) steht jedenfalls nicht im Einklang mit den Verhaltensregeln des Art. 10 der Geschäftsordnung. Deshalb ersuche ich in aller Höflichkeit um Ergreifung ~~von Tajani~~ von Maßnahmen, die geeignet sind, den Herrn zu einem respektvolleren Umgang mit der Würde des Hauses zu veranlassen.

Hochachtungsvoll

PS: Außerdem wäre es nett, wenn Sie meinen beiden Sitznachbarn im Plenum, Carles Puigdemont und Antoni Comin, mit Millionen Stimmen europäischer Bürger gewählte Abgeordnete, endlich Zutritt zum Parlament verschaffen könnten. Ihr Vorgänger (Tajani) hatte ihnen diesen verweigert. Jetzt sind neben mir ständig zwei leere Plätze. Ich kann mit niemandem tuscheln.

www.martinsonneborn.de – martin.sonneborn@europarl.europa.eu - +32 2 28 45756

Sachdienlicher Hinweis aus dem Netz

MS: Programmtipp für Montagmorgen: »Die Vernehmung der Dubravka S.« – 5 Minuten EU-Slapstick; in den Hauptrollen ein italienischer Mussolini-Freund, eine kroatische Millionärin und ein deutscher äh, Spaßvogel ... Smiley!

PS: Und jetzt kümmern wir uns um Borrell (72), designierter Außenbeauftragter der EU.

BRÜSSEL, PARLAMENT

Der Audiovisuelle Dienst des Parlaments bietet allen Abgeordneten die Möglichkeit, im Parlament kurze Reden aufzunehmen. In beiden Parlamenten, in Straßburg wie in Brüssel, gibt es jeweils in der Nähe des Plenarsaals kleine Aufnahmestudios und ein halbes Dutzend separater Stand-up-Kameras. Man macht einen halbstündigen Termin aus und wird dann von einer Kamerafrau und einem Tonmann erwartet. Während der Tonmann mich verkabelt und mir ein kleines schwarzes Mikrofon ins Hemd klemmt, schlägt die Kamerafrau mir einen Bildausschnitt vor, dann kann ich loslegen und mich über eine der bizarrsten Personalentscheidungen in der EU ereifern.

Sachdienlicher Hinweis von YouTube

»Guten Tag draußen an den Geräten! Der 72-jährige Sepp Borrell (angeblich Sozialdemokrat) wird von meinen Kollegen hier im Parlament gleich als Kommissar und Außenbeauftragter der EU bestätigt. Das mag ein Erfolg für Spanien sein, für den Rest der Welt ist Borrell eine Zumutung, denn Charakter & Kompetenzen prädestinieren ihn noch weniger zum Chefdiplomaten als mich: Borrell ist ein greiser, reaktionärer, außenpolitischer Pyromane, frei vom geringsten sprachlichen und diplomatischen Talent, der sein Weltbild und seine Umgangsformen seit den Tagen des Kalten Krieges nicht mehr überarbeitet hat. Gemäß vonderLeyens Auftrag soll er Europa außenpolitisch einen, stärken und als geopolitische Weltmacht etablieren. Dieser Spaniel ...

Pardon: Spanier ist nicht nur verantwortlich – Stichwort Katalonien – für die nachrichtendienstliche Überwachung von Abgeordneten, Journalisten und einfachen Bürgern – Typen wie Sie – in Deutschland, Großbritannien und der Schweiz.

Borrell verteidigt auch spanische Waffenlieferungen an Saudi-Arabien: 400 lasergelenkte Bomben, die im Jemen zum Angriff auf zivile Ziele wie Hochzeitsfeiern und Beerdigungen verwendet werden – laut Borrell Präzisionswaffen ohne jeglichen Kollateralschaden.

Nachdem er den Studenten der Universität Madrid kürzlich noch erklärte, dass die Amerikaner zum »Nation Building« lediglich vier Indianer hätten umnieten müssen, will nun sogar sein Geburtsort nichts mehr mit ihm zu tun haben. Aber für Europa reicht's!«

Die Aufnahme ist beendet. Während ich mich freundlich bei Film und Ton bedanke, geht plötzlich nur zwei Meter entfernt zu meiner Rechten ein greiser, reaktionärer, außenpolitischer Pyromane vorbei, gar nicht mal so unsympathisch wirkend, gebräunt und mit weißen Haaren.

»Herr Borrell, ich hab gerade von Ihnen gesprochen. Darf ich ein Foto mit Ihnen machen?« Borrell bejaht gut gelaunt, also nehme ich mein Smartphone, wir schauen gemeinsam hinein, lächeln falsch, ich löse aus. Wer weiß, ob sich die Gelegenheit dazu nach Veröffentlichung meiner Rede jemals wieder bieten wird.

BRÜSSEL, PARLAMENT

Dann stellt sich Sylvie Goulard, Macrons Vorschlag für den französischen Kommissarsposten der Anhörung. Goulard ist eine alte Kollegin von mir, sie saß von 2009 bis 2017 hier im Parlament. Schon damals ist sie aufgefallen, weil sie im Wirtschaftsausschuss Änderungsanträge zur Bankenregulierung einbrachte, die wortgleich waren mit den Formulierungen des »Verbands der deutschen Kreditwirtschaft«.

Sachdienlicher Hinweis von Wikipedia

Im Sommer 2019 musste sie 45.000 Euro an das EU-Parlament zurückzahlen, weil sie nicht nachweisen konnte, dass einer ihrer Mitarbeiter tatsächlich für sie in ihrer Funktion als Parlamentarierin gearbeitet hatte.

Mit Scheinbeschäftigung kennt sich Sylvie aus. In ihrer Zeit als Abgeordnete erhielt sie über 300.000 Euro von einem amerikanischen Thinktank, gegründet vom »milliardenschweren Finanzgeier« (Forbes) Nicolas Berggruen, der allen Karstadt-Mitarbeitern noch in lebhafter Erinnerung sein dürfte. Völlig unklar bleibt allerdings, was sie selbst für 12.000 im Monat getan oder gedacht hat. Sie kann es nicht erklären, selbst auf dezidierte Nachfrage nicht. In 27 Monaten hat sie lediglich zwei 15-seitige Papiere co-redigiert und an einer Konferenz teilgenommen. Das sind ja weniger nachprüfbare Arbeitsnachweise als bei mir!

In der Anhörung läuft es nicht gut für die Französin. Gerade enthüllte die französische Zeitschrift »Marianne«, wer neben ihr Co-Autorin der hoch bezahlten Thinktank-Papiere war: ihre eigene Assistentin. Die Zahl der co-redigierten Seiten ist von 30 auf 28 Seiten zusammengeschrumpft, inklusive Inhaltsverzeichnis.

Gleichzeitig rangeln hinter den Kulissen die Mitgliedsstaaten um die wichtigsten Portfolios. Ein ungarischer Korrespondent offenbart, auf welches Ressort es Orbán abgesehen hat.

Sachdienlicher Hinweis aus dem Netz

Sándor Zsíros: Ministerpräsident Orbán spricht beim Türkischen Rat in Baku: Wir kämpfen für das Erweiterungsportfolio der EU. Unsere Chancen stehen nicht schlecht, aber es ist ein harter Kampf. Wenn wir es bekommen, stehen wir Aserbaidschan für die Östliche Partnerschaft und Türkei für die Beitrittsverhandlungen zur Verfügung.

SYRIEN, ROJAVA

Die Nachrichten aus Syrien werden immer bedrückender. Schon länger lässt der türkische Präsident im Nachbarland kurdische Kämpfer und zivile Ziele bombardieren. Und nachdem aus Deutschland und von der EU kein wirklicher Einspruch kommt, beginnt die offen angekündigte Bodenoffensive: Erdoğan schickt seine »Armee Mohammeds« (Erdoğan) unter »Allahu Akbar«-Rufen mit NATO-Flugzeugen und in Deutschland gebauten Panzern über die Grenze.

Sachdienlicher Hinweis des türkischen Verteidigungsministeriums

Unsere heldenhaften türkischen Streitkräfte haben im Rahmen der Operation Friedensquelle ihre Bodenoffensive im Osten des Euphrat begonnen.

Sachdienlicher Hinweis des türkischen Präsidenten

Unser Ziel ist es, den Terrorkorridor, den man an unserer südlichen Grenze aufbauen will, zu zerstören und Frieden und Ruhe in die Region zu bringen.

Sachdienlicher Hinweis der Zeit

Mustafa Bali sprach von einer »großen Panik« in der Region, ausgelöst durch türkische Luftangriffe auf »zivile Gebiete«.

In Aufnahmen, die Twitter gar nicht schnell genug löschen kann, sieht man die furchtbaren Folgen. Das rückgratlose Verhalten von EU und NATO muss man in dieser Situation als Beihilfe werten.

Sachdienlicher Hinweis der Zeit

Nato-Generalsekretär Jens Stoltenberg sagte, die Türkei müsse sicherstellen, dass ihr Vorgehen verhältnismäßig und maßvoll sei. Er will am Freitag in Istanbul mit Erdoğan über die Militäroffensive sprechen. Die Türkei ist Nato-Mitglied.

In Brüssel verhindern CDU und SPD ein europaweites Waffenembargo gegen die Türkei. Neben den wirtschaftlichen Folgen für die Waffenindustrie fürchten sie, Erdoğan könnte aus dem zynischen Flüchtlingsabkommen mit der EU aussteigen – sechs Milliarden Euro sind ihm versprochen für die Rücknahme und das Zurückhalten vor allem syrischer Flüchtlinge.

So notwendig ein Embargo wäre, es käme ein bisschen spät. 1999 hatten SPD und Grüne knapp 300 Leopard-II-Panzer an die Türkei geliefert, Merkels Regierung später noch einmal weitere 56 Exemplare. Die jetzt zum Einsatz kommen.

BERLIN, KREUZBERG

Bei einem abendlichen Besuch in den Räumen des *Titanic*-Verlages treffe ich Christoph, der dort den Shop betreut. Er war gerade ein paar Wochen lang in Rojava, einem autonomen Gebiet in Nordostsyrien mit über vier Millionen Menschen, die versuchten, basisdemokratisch, nachhaltig und gleichberechtigt unabhängig von Religion, Geschlecht und Ethnie zu leben. Wortkarg berichtet er von den völkerrechtswidrigen türkischen Angriffen und der fehlenden Unterstützung. Die Versorgung sei zusammengebrochen, der Kurdische Rote Halbmond die einzige Organisation, die noch medizinische Versorgung leisten und sich um Vertriebene kümmern würde. Als ich ihn frage, was am meisten fehlt, überlegt er nicht lange: »Geld.«

Geld? Besitzen wir eigentlich mehr als genug. Wir müssen Hunderttausende auf dem Konto haben, aus der (unseriösen) Parteienfinanzierung. Seitdem CDU/SPD diese im vergangenen Jahr – verfassungswidrig – um 30 Millionen Euro erhöht haben, fließen witzige irrwitzige 190 Millionen jährlich an die Parteien. Für jede Wählerstimme erhält eine Partei zwischen 45 Cent und einem Euro – je nachdem, wie viel Geld sie selbst einnimmt.*

* Die Ansprüche, die wir stellen können – knapp ein Euro pro Wählerstimme pro Jahr –, werden nur in der Höhe bedient, in der wir auch eigene Einnahmen nachweisen können. Theoretisch haben wir bei 900.000 Stimmen in der Europawahl fünf Jahre lang den Anspruch auf etwa 900.000 Euro, allerdings gedeckelt durch unsere wesentlich geringeren Einnahmen aus Mitgliedsbeiträgen, Materialverkauf und Spenden.

Der Bundesvorstand ist sofort bereit, 10.000 Euro nach Syrien zu spenden. Aber das wäre natürlich nur ein Tropfen auf den heißen Stein …

Nachts liege ich noch länger wach. Was, wenn man die Sache über die (unseriöse) Parteienfinanzierung laufen ließe? Für jeden Euro, den wir heute an Spendengeld einnehmen, erhalten wir in zwei Jahren zusätzlich rund einen Euro aus Steuergeldern. Bisher hatten wir dem nie so rechte Beachtung beigemessen.

Dabei hatten Leute schon öfter angeboten, uns etwas zu spenden. Wir waren nicht darauf eingegangen, weil Parteiarbeit ohne Geld viel mehr kreative Energie freisetzt. In diesem Falle lag die Sache anders. Wenn wir Menschen spenden ließen, könnten wir die Summe der eingegangenen Spenden noch einmal drauflegen, ohne dass uns das viel kosten würde.

Bevor ich einschlafe, zuckt mir noch ein Gedanke durch den Kopf. Der bedauerliche Nebeneffekt einer Spendenaktion für die Kurden wäre, dass alle übrigen Parteien mitspenden müssten. Der Parteienfinanzierungstopf ist gedeckelt, und alles, auf das wir Ansprüche anmelden, kann nicht an die anderen Parteien ausbezahlt werden.

Sachdienlicher Hinweis der FR

Nach Berechnungen der PARTEI hat diese für jeden an die PARTEI gespendeten Euro Anspruch auf 30 Cent zulasten jeweils der CDU und der SPD. Den Grünen entziehe man 10 Cent, den »Liberalen« 8 Cent, »Seehofers irrer regionaler Splitterpartei und der Linken je 7 Cent« und die »verfickte AfD« gäbe ihren »Senf« mit 5 Cent dazu.

Schatzmeister Gravius sieht die Sache ähnlich, aber zur Sicherheit konsultieren wir noch einen Wirtschaftsprüfer, der sich beruflich mit dem schmutzigen Geschäft befasst. Nachdem er grünes Licht gegeben hat, geht unter der verheißungsvollen Überschrift »Kurden helfen – Groko Haram ärgern!« ein Aufruf online.

MS: Die PARTEI spendet. Wenn Sie mitspenden, spenden auch CDU & SPD!

Der Kurdische Rote Halbmond kümmert sich um die Versorgung von Verletzten und Vertriebenen – und braucht dringend GELD. Deshalb spendet die PARTEI 10.000 Euro (ist ja nur Steuergeld).

Und bittet um Ihre Unterstützung. Wenn SIE uns nämlich spenden, können wir deutlich mehr Geld nach Rojava schicken. Denn dank der lustigen deutschen Parteienfinanzierung können wir jeden einzelnen von Ihnen gespendeten Euro verdoppeln – auf Kosten von CDU, SPD und Co.

Bei einer Spende in Höhe von 100 Euro beteiligen sich CDU und SPD schon mit je 30 Euro, bei 1000 mit 300, bei 100 Millio... Pardon, aber wir müssen die Aktion auf 100.000 Euro begrenzen. Sonst ist die PARTEI vorübergehend pleite; wir spenden sofort, erhalten die Gelder aus der (unseriösen) Parteienfinanzierung aber erst in zwei Jahren. Bitte spenden Sie auf das PARTEI-Konto, jeder Euro hilft und ärgert.

Gomze: CDU hasst diesen Trick

GHabiger: Schöne Aktion, direkt mitgemacht. Vielen Dank auch an @cducsubt, @spdbt uvm. für die großzügige Unterstützung. Die AFD mag ich jetzt nicht markieren, hab mir grad erst die Hände frisch gewaschen

BRÜSSEL, PARLAMENT, AUSSCHUSSRAUM

Die Woche fängt gut an. Heute Abend darf ich die konstituierende Sitzung der »Delegation für die Beziehungen zur Halbinsel Korea« unfeierlich eröffnen, in der ich nach wie vor Mitglied bin. Unter den etwa zwei Dutzend Delegationsmitgliedern sind praktisch nur neue Abgeordnete, was mich – zu meiner eigenen Überraschung – zum Dienstältesten dieses Clubs macht. Ausnahmsweise erscheine ich überpünktlich zur Sitzung und nehme erstmals offiziell oben auf dem Podium für die Vorsitzenden Platz, direkt neben einer Europaflagge. Ein älterer Verwaltungsbeamter mit Anzug, Krawatte und EU-Badge um den Hals begrüßt mich höflich, setzt sich neben mich und erklärt mir das anstehende Prozedere. Im Prinzip müsse ich nur eröffnen, sagt er, und dann die Leitung an ihn übergeben.

Langsam wird es auch Zeit dafür, will mir ja nicht den Vorwurf südländischer Unpünktlichkeit machen lassen. Ich greife mir das Holzhämmerchen und schlage beherzt auf die zugehörige Unterlage. Vielleicht ein paarmal zu oft, aber der Klang gefällt mir und ich hatte ja kürzlich in Tajani noch einen guten Lehrmeister. Sofort wird es ruhig im Saal, alles schaut zu mir nach oben. Dann erteile ich mir selbst das Wort: »Bitte stellen Sie das Tuscheln ein! Herzlich willkommen zur ersten Sitzung der Delegation, nehmen Sie Ihre Plätze ein. Wir werden heute den Vorsitz wählen. Ich beabsichtige nicht, jemandem das Wort abzuschneiden – so wie es der ehemalige Präsident Tajani kürzlich in einer Anhörung der kroatischen Kommissarin bei mir gemacht hat –, wenn Sie sich an die Spielregeln halten und benehmen.«

Gefällt mir eigentlich gut, meine neue Rolle. Leider werde ich sie nicht allzu lange ausfüllen können, denn ich habe keine Chance, die anstehende Wahl zu gewinnen. Die streberhafte österreichische Kollegin Frau Magister Edtstadler, Vorsitzende der ÖVP-Delegation, hat ihren Machtanspruch angemeldet. Da die Konservativen wie in den meisten Delegationen in der Überzahl sind, will ich es nicht auf eine Kampfabstimmung ankommen lassen, in der ich höchstens eine Stimme sicher habe.

So, weiter fällt mir gerade nichts ein, ich übergebe an den Verwaltungsbeamten, der neben wir sitzt und langsam nervös zu werden droht. Kräftig setze ich noch ein letztes Mal den Hammer auf die Unterlage, ein satter Knall ertönt, und erkläre die Sitzung für eröffnet: »Ich erkläre die Sitzung für eröffnet!«

»Das war ein astreiner performativer Sprechakt, wenn ich im Grundkurs Germanistik richtig aufgepasst habe«, erläutere ich dem Beamten. Ohne eine Antwort zu erhalten, begebe ich mich zum Fußvolk, hinunter auf die billigen Plätze.

Wenig später wird überraschungsfrei eine strahlende Österreicherin zur Delegationsleiterin gewählt. Hätten sie mal lieber mich gefragt, schon in ein paar Wochen wird Frau Magister abdampfen und in Wien EU-Ministerin unter Kanzler Kurz werden. Da die Sitzungen von einer Parlamentskamera aufgezeichnet werden, kann ich meinen 33-sekündigen Vorsitz wenigstens noch als Arbeitsnachweis ins Netz stellen.

Sachdienliche Hinweise aus dem Netz

P wie Pepe: Die beste Eröffnung seit langem

Rolo Tomassi: Warum klopft Martin während einer Sitzung Koteletts?

Dunn Gyllite: Habe den letzten Satz jetzt als Jingle im Bad installiert, das startet, sobald man den Klodeckel hochklappt. Grosser Erfolg. Danke

Der Name von Schatzmeister Gravius leuchtet im iPhone auf. Ich bete, dass wir beim Spendenaufruf die richtige Kontonummer angegeben haben, dann nehme ich den Anruf an.

»Hallo, Martin. (Pause) Hast du gerade Zeit?«

»Scheiße, keiner hat gespendet?!«

Gravius lacht. »Nein, das kann man gerade nicht sagen …«

»5.000 Euro? In kleinen, nicht nummerierten Scheinen?«

»Über 110.000. Die Leute haben am Wochenende mehr als einhundertzehntausend Euro auf unser Konto überwiesen. Aber es könnte noch ein bisschen was nachkommen, die Eingänge von heute kann ich gerade nicht sehen. Ich würde vorschlagen, dass wir die Spende an den Kurdischen Roten Halbmond aufrunden, auf eine runde Summe.«

»Wock, zosch, glinka! Also ich habe nichts dagegen.«

Sachdienlicher Hinweis der PARTEI-Homepage

Vielen DAAAAAAANK an Sie! Ja, Sie!

Die PARTEI spendet 10.000 Euro an den Kurdischen Roten Halbmond – und dank Ihrer Spenden und der Hilfe von CDU

& SPD (und AfD, hihihi) können wir jetzt 250.000 Euro übergeben.

Unser Verbindungsmann im *Titanic*-Verlag kann es kaum fassen, als er hört, wie viel Geld nach Syrien gehen wird. Wir verabreden uns für morgen mit zwei Vertretern des Halbmondes, schreiben eine kurze Pressemitteilung, die direkt von der Geschäftsstelle der PARTEI versandt wird.

Das Treffen mit zwei zum Teil beeindruckend schnauzbärtigen älteren Herren der kurdischen Hilfsorganisation, die in jedem zweitklassigen Mafiastück als plakative Schurken durchgehen würden, findet vor der CDU-Zentrale in Berlin statt und ist von großer Herzlichkeit geprägt. Uns scheint das Konrad-Adenauer-Haus der rechte Ort für die Übergabe des Geldes, schließlich ist die CDU mit 35.000 Euro an der Sache beteiligt.

Unter den interessierten Blicken von drei Vertretern der vierten Gewalt – Redaktionsnetzwerk Deutschland, t-online & *Neues Deutschland* – wechselt ein selbst gebastelter 1,50 Meter großer Verrechnungsscheck (ungedeckt) (Spaß) den Besitzer. Zum Dank schenken mir die beiden Kurden gerührt ein schweres handgearbeitetes Tuch aus Rojava. Nachdem die Presse ein paar Fotos gemacht hat, wünsche ich den beiden alles Glück, das sie gebrauchen können, dann verabschieden wir uns voneinander. »Das Tuch ist doch keine 250.000 wert, du hast dich schön übers Ohr hauen lassen«, wird es später im Bundesvorstand heißen.

Sachdienlicher Hinweis von t-online

Die Aktion des EU-Abgeordneten kostet ausgerechnet die anderen Parteien viel Geld. Darunter auch CDU, SPD und AfD. Bestimmt ist der Scheck für Heyva Sor a Kurdistane, den Kurdischen Roten Halbmond, eine humanitäre Hilfsorganisation, die medizinische Hilfe in der Krisenregion leistet. Die Übergabe ist symbolisch, das Geld wird eigentlich überwiesen.

Diese Scheckübergabe erfolgt in der sicheren Überzeugung, dass die unseriösen Geschäfte hinter der Glasfassade stattfinden.

Sachdienlicher Hinweis des ND

Die CDU reagierte bis zur Veröffentlichung nicht auf eine Anfrage des »nd«. Der PARTEI-Parteichef ist davon überzeugt, dass die Spendenaktion im Rahmen der Gesetze liegt: »Ich freue mich, dass von den 190 Millionen Euro, die jedes Jahr den Parteien über das Parteienfinanzierungsgesetz ausgeschüttet werden, ein Teil an eine gute Sache geht.«

Auch wenn sich die EU-Staaten bisher nicht auf einen Stopp von Geld- oder Waffenlieferungen einigen können, soll es zumindest doch eine gemeinsame Erklärung geben. In Syrien sitzen nämlich offenbar rund 10.000 IS-Kämpfer fest, die jetzt von den Kurden nicht länger bewacht und in Schach gehalten werden können. Und viele von ihnen haben einen EU-Pass.

Sachdienlicher Hinweis der FAZ

»Erneute bewaffnete Auseinandersetzungen im Nordosten werden die Stabilität in der ganzen Region weiter untergraben, das Leiden der Zivilisten verschlimmern und zusätzliche Vertreibungen provozieren«, hieß es in der gemeinsamen Erklärung der EU-Staaten am Mittwochabend.

Immerhin ruft die Erklärung Empörung hervor. Bei Erdoğan nämlich.

Sachdienlicher Hinweis der Berliner Morgenpost

Der türkische Präsident Erdoğan droht der EU damit, Millionen Flüchtlinge in Richtung Europa ziehen zu lassen. »Hey, Europäische Union. Reißt euch zusammen. Seht, ich sage es noch einmal: Wenn ihr versucht, unsere aktuelle Operation als Besatzung zu bezeichnen, dann öffnen wir die Türen und schicken euch 3,6 Millionen Flüchtlinge«, sagte Erdoğan in einer Rede vor seiner Regierungspartei AKP am Donnerstag.

Fein, dass ich zumindest eine Minute Redezeit in der Türkeidebatte des Parlaments habe, am Montagabend. Im Übrigen würde ich natürlich Erdoğans Besatzung nie »Besatzung« nennen.

Sachdienlicher Hinweis aus dem Netz

MS: Der wahrscheinlich konstruktivste Beitrag heute in der Debatte über den Irren vom Bosporus im EU-Parlament kam – für mich selbst überraschend – von mir … Smiley

PS: Erdoğan: Invasion. Invasion. INVASION. Ich nenne es eine INVASION.

STRASSBURG, PLENARSAAL

Vizepräsidentin McGuinness erteilt mir das Wort. Ich verschränke die Hände hinter dem Rücken und lege los:

»Frau Vorsitzende, liebe Kollegen,

wenn ich derzeit irgendwo gefragt werde, was ich beruflich mache, erkläre ich, dass ich gerade aus dem Gefängnis komme und mich noch orientieren muss. Dass ich etwas mit der EU zu tun habe, ist mir zu peinlich, in Zeiten wie diesen, in denen der Irre vom Bosporus ungestraft Angriffskriege führt, Zivilisten mit deutschen Waffen töten lässt – und man das Verhalten von EU, NATO und Bundesregierung nur als Beihilfe werten kann.

Mit dem türkischen Diktator müsse man eine Sprache sprechen, die er versteht, heißt es. Und deshalb sage ich: Wenn Erdoğan mit drei Millionen Flüchtlingen droht, dann drohen wir mit drei Millionen Türken – aus Kreuzberg. ZwinkerSmiley!

Und wenn das nicht reicht, schicken wir noch drei Millionen deutsche Rentner hinterher.

Beide Maßnahmen dürften zudem den Wohnungsmarkt entspannen, die deutsche Rentenkasse entlasten und der Letztwählerpartei CDU eine empfindliche Wahlniederlage bescheren. Vielen Dank.«

Sachdienlicher Hinweis der FR

Sonneborn konterte die Drohung Erdoğans, drei Millionen weitere Flüchtlinge nach Europa zu schicken, mit der Entsendung von drei Millionen Türken aus Kreuzberg, insbesondere solche, die bei Fußballspielen militärisch grüßen. Falls der türkische Präsident daraufhin noch Beschwerden haben sollte, drohte Sonneborn die strategische Entsendung von drei Millionen deutschen Rentnern an.

Nach den Reden kommen die Abstimmungen. Ah, ein Entschließungsantrag zu Such- und Rettungsoperationen im Mittelmeer steht auf der Tagesordnung. Er kommt aus meinem zweiten Ausschuss, dem »Ausschuss für bürgerliche Freiheiten, Justiz und Inneres« (LIBE). Nichts Spektakuläres, die Resolution des Parlaments soll den Seenotrettern den Rücken stärken, ihre Kriminalisierung in einzelnen Ländern verhindern und die Staaten darauf hinweisen, dass die Verpflichtung zur Rettung von Menschen in Seenot völkerrechtlich & unionsrechtlich verankert ist und internationalem Seerecht entspricht. Außerdem soll die umstrittene »Grenzschutzagentur« Frontex transparenter arbeiten.

»Wir stimmen über die gesamte Resolution ab«, sagt Präsident Sassoli, der mittlerweile die Sitzung leitet, und kratzt sich an der geröteten Nase, »Vote ist offen.« Ich drücke den grünen Knopf, um für die Resolution zu stimmen. Sekunden später schließt Präsident Sassoli die namentliche Abstimmung. Einen kurzen Moment ist es still, dann zuckt er leicht und verkündet das Ergebnis: »Respinto!« Abgelehnt! 288 Ja-Stimmen, 290 Nein-Stimmen, 36 Enthaltungen. Erst ist es nur ein Raunen, dann wird offen geklatscht. Rechte und Konservative freuen sich, gemeinsam jubeln Europaabgeordnete von AfD und CDU. Ich sehe die beiden leeren Plätze neben mir. Die katalanischen Abgeordneten konnten nicht abstimmen, weil sie das Parlament nicht betreten durften.

Mitten in einen Anfall schlechter Laune kommt eine Nachricht von Büroleiter Hoffmann, er hat die Übertragung der Abstimmungen im Büro verfolgt: »Wir machen eine Graphik, eine Übersicht über die deutschen Abgeordneten. Wir zeigen den Leuten, wer dagegen gestimmt hat.«

Wer Menschen vor dem Ertrinken retten will – und wer nicht …

Martin Sonneborn	Die PARTEI	+
Nico Semsrott	Die PARTEI	+
Hildegard Bentele	CDU	–
Stefan Berger	CDU	
Daniel Caspary	CDU	
Lena Düpont	CDU	–
Jan Christian Ehler	CDU	–
Michael Gahler	CDU	–
Jens Gieseke	CDU	–
Niclas Herbst	CDU	–
Peter Jahr	CDU	–
Peter Liese	CDU	–
Norbert Lins	CDU	–
David McAllister	CDU	–
Markus Pieper	CDU	–
Dennis Radtke	CDU	–
Christine Schneider	CDU	–
Sven Schulze	CDU	–
Andreas Schwab	CDU	–
Ralf Seekatz	CDU	–
Sven Simon	CDU	–
Sabine Verheyen	CDU	–
Axel Voss	CDU	–
Marion Walsmann	CDU	–
Rainer Wieland	CDU	–

Christian Doleschal	CSU	–
Markus Ferber	CSU	–
Monika Hohlmeier	CSU	–
Marlene Mortler	CSU	
Angelika Niebler	CSU	–
Manfred Weber	CSU	–
Katarina Barley	SPD	+
Gabriele Bischoff	SPD	+
Udo Bullmann	SPD	
Delara Burkhardt	SPD	+
Ismail Ertug	SPD	+
Evelyne Gebhardt	SPD	+
Jens Geier	SPD	+
Petra Kammerevert	SPD	+
Dietmar Köster	SPD	+
Constanze Krehl	SPD	+
Bernd Lange	SPD	+
Norbert Neuser	SPD	+
Maria Noichl	SPD	+
Joachim Schuster	SPD	+
Birgit Sippel	SPD	+
Tiemo Wölken	SPD	
Rasmus Andresen	BÜNDNIS 90 DIE GRÜNEN	+
Michael Bloss	BÜNDNIS 90 DIE GRÜNEN	+
Reinhard Bütikofer	BÜNDNIS 90 DIE GRÜNEN	+

Martin Sonneborn
Fraktionsloses Mitglied des Europäischen Parlaments

Abstimmung über eine Resolution zur Stärkung der Rechte von Nichtregierungsorganisationen bei der Seenotrettung im Europaparlament am 24. Oktober 2019

Name	Partei	Stimme
Anna Cavazzini	BÜNDNIS 90 DIE GRÜNEN	abwesend
Viola von Cramon-Taubadel	BÜNDNIS 90 DIE GRÜNEN	+
Anna Deparnay-Grunenberg	BÜNDNIS 90 DIE GRÜNEN	+
Romeo Franz	BÜNDNIS 90 DIE GRÜNEN	+
Daniel Freund	BÜNDNIS 90 DIE GRÜNEN	+
Alexandra Geese	BÜNDNIS 90 DIE GRÜNEN	+
Sven Giegold	BÜNDNIS 90 DIE GRÜNEN	+
Henrike Hahn	BÜNDNIS 90 DIE GRÜNEN	abwesend
Martin Häusling	BÜNDNIS 90 DIE GRÜNEN	+
Pierrette Herzberger-Fofana	BÜNDNIS 90 DIE GRÜNEN	+
Ska Keller	BÜNDNIS 90 DIE GRÜNEN	+
Sergey Lagodinsky	BÜNDNIS 90 DIE GRÜNEN	+
Katrin Langensiepen	BÜNDNIS 90 DIE GRÜNEN	+
Erik Marquardt	BÜNDNIS 90 DIE GRÜNEN	+
Hannah Neumann	BÜNDNIS 90 DIE GRÜNEN	abwesend
Niklas Nienaß	BÜNDNIS 90 DIE GRÜNEN	+
Jutta Paulus	BÜNDNIS 90 DIE GRÜNEN	+
Theresa Reintke	BÜNDNIS 90 DIE GRÜNEN	+
Klaus Buchner	ödp	+
Patrick Breyer	PIRATEN PARTEI	+
Özlem Alev Demirel	DIE LINKE.	+
Cornelia Ernst	DIE LINKE.	+
Martina Michels	DIE LINKE.	+
Martin Schirdewan	DIE LINKE.	abwesend
Helmut Scholz	DIE LINKE.	+

Name	Partei	Stimme
Damian F. von Boeselager	VOLT	+
Martin Buschmann	PARTEI MENSCH UMWELT TIERSCHUTZ	+
Engin Eroglu	FREIE WÄHLER	0
Ulrike Müller	FREIE WÄHLER	0
Helmut Geuking	Familien-Partei	–
Nicola Beer	Freie Demokraten FDP	+
Andreas Glück	Freie Demokraten FDP	+
Svenja Hahn	Freie Demokraten FDP	abwesend
Moritz Körner	Freie Demokraten FDP	abwesend
Jan-Christoph Oetjen	Freie Demokraten FDP	abwesend
Christine Anderson	AfD	–
Gunnar Beck	AfD	–
Lars Patrick Berg	AfD	–
Markus Buchheit	AfD	–
Nicolaus Fest	AfD	abwesend
Maximilian Krah	AfD	–
Joachim Kuhs	AfD	–
Sylvia Limmer	AfD	–
Jörg Meuthen	AfD	–
Guido Reil	AfD	–
Bernhard Zimniok	AfD	–

 dafür  dagegen  enthalten  abwesend

Wer würde sich schon von CDU, AfD und Familienpartei retten lassen wollen?

Sachdienliche Hinweise aus dem Netz

MS: Bitter: Mit 2 Stimmen Mehrheit abgelehnt im EP – die Resolution, die NGOs den Rücken stärken & Staaten auffordern sollte, mehr für die Rettung von Sterbenden im Mittelmeer zu tun. Ein Service Ihrer PARTEI im EP – vollzählig anwesend & korrekt abstimmend, FCK-Smiley!

Masaru: Und da gehen sie hin, die christlichen Werte der Nächstenliebe, Barmherzigkeit und Gerechtigkeit.

Marcel Jahn: Solche Events sollten se mal bei Tipico einbauen.

Christof Huschens: Service aus diesem Parlament! Für Bürger! Wem fällt auch auf, wie einmalig das ist?

Sachdienlicher Hinweis des RND

RND: Sie twittern jetzt regelmäßig das Abstimmungsverhalten der deutschen EU-Parlamentarier – was löst das aus?

MS: Das schafft eine Öffentlichkeit, die es bislang nicht gibt. Die konservativen Abgeordneten beklagen zwar gerne, dass sie nicht wahrgenommen werden – aber sie wollen auf keinen Fall, dass ihr Abstimmungsverhalten öffentlich wird. Also werden wir weitermachen.

NOVEMBER 2019

BRÜSSEL, BÜRO

Das Telefon klingelt. Ich schaue auf mein iPad, ob ich überhaupt schon Sprechstunde habe. Es ist 8 Uhr 43, also muss ich nicht drangehen. Außerdem bin ich nur zufällig schon so früh im Büro. Seit den Brüsseler Terroranschlägen vom März 2016, bei denen sich um 9 Uhr morgens im EU-Viertel ein Selbstmordattentäter in die Luft sprengte, gehe ich aus Sicherheitsgründen nicht vor 11 Uhr ins Parlament.

Das Telefon klingelt anhaltend. Die BBC ist dran, hätte gern einen Kontakt zu Max Aschenbach, unserem Stadtrat in Dresden. »Bin ich die Telefonauskunft?«

Dann brüte ich weiter über ein paar Sätze von Ulf Poschardt.

Sachdienlicher Hinweis der Welt

Die Partei ist ein Ergebnis – man könnte auch sagen: die Rendite – der luxuriösen politischen Stabilität der Bundesrepublik. Systemtheoretisch ist sie eine Fundamentalkritik des Status quo im Geiste seiner historischen Ursprünge. Sie steht ganz auf dem Boden des Grundgesetzes und erinnert mit dem heiligen Unernst ihres Gründers Martin Sonneborn an den Kern der Verfassung: an Meinungs-, Kunst- und Medienfreiheit.

Wenn wir die Rendite sind, müsste der Bundesrepublik nicht daran gelegen sein, uns auf mindestens zehn Prozent hochzuschrauben?

Das Telefon klingelt. CNN, man hätte gern einen Kontakt zu Max Aschenbach. »Würde es Ihnen etwas ausmachen, selbst zu googlen?«

Das Telefon klingelt. Wenn ich richtig verstehe, ist es die *Japan Times*. Ich lege kommentarlos auf. Einen Kontakt zu Max Aschenbach, den hätte ich jetzt selbst gern. Ich schreibe Max eine Mail und bitte um Aufklärung.

Sachdienliche Hinweise von Max Aschenbach

Guten Morgen, Martin, es ist hart, das Ganze kurz zu fassen. So viele lustige Nebengeschichten. Seufz. Grüße! Max

Wie ich den Nazinotstand ausrufen ließ: Als ich 2019 in den Dresdner Stadtrat gewählt wurde, hetzte PEGIDA seit gut fünf Jahren durch die Landeshauptstadt. Phänotypisch nicht eindeutig Deutsche mieden montags die Innenstadt, und rassistische Übergriffe / Hitlergrüße gehören seit jeher zum regionalen Brauchtum. Vernehmbare Gegenwehr aus Politik und Bevölkerung blieb aus. Mit mir wurden auch 22,5 % Rechtsextreme (17,1 % AfD, 5,4 % Freie Wähler) ins Kommunalparlament gewählt. Ganz neu im Politbusiness schien es mir eine gute Idee, mal zu fragen, wer in diesem Stadtrat noch ein Problem mit Nazis hätte. Zu meiner Überraschung reichten ein paar Bier mit der SPD-Fraktionsvorsitzenden, um auch sie vom »Nazinotstand« zu überzeugen. Also schrieben wir einen Antrag, der nach einigem Hin und Her mit dem Titel »Nazinotstand? – Grundsatzerklärung zum Gegenwirken antidemokratischer, antipluralistischer, menschenfeindlicher und rechtsextremistischer Entwicklungen in der Dresdner Stadtgesellschaft – Stärkung der Zivilgesellschaft« überschrieben wurde und reichten ihn zur ersten Sitzung des Stadtrates gemeinsam ein.

In den folgenden »Ausschussberatungen« lernte ich u.a. den CDU-Fraktionsvorsitzenden kennen, als er, mich leise beschimpfend, an meinem Stuhl rüttelte und dagegen trat. Schnell war klar, dass Grüne und LINKE zwar überhaupt keinen Bock hatten, aber niemand es wagte, der Feststellung zu widersprechen, dass Dresden ein handfestes Naziproblem hat. Na ja, außer der CDU. Selbst Teile der FDP sahen sich genötigt, dem Antrag zuzustimmen.

In Dutzenden Mails wurden von jedem kleine Änderungen eingefordert, damit man einen gemeinsamen Ersetzungsantrag von SPD, Grünen, LINKEn und FDP zur entscheidenden Sitzung zur Abstimmung stellen konnte. Der Clou: Der Inhalt eines Antrags kann komplett ausgetauscht werden, der Titel aber ist unveränderlich. Es kam also, wie es kommen musste, und nach zweistündiger Debatte rief der Stadtrat mit 39 Ja-, 29-Neinstimmen und einer Enthaltung den »Nazinotstand« aus.

Mit begeistertem Entsetzen greifen jetzt bundesdeutsche Medien, aber auch die weltweite Presse die Meldung auf, dass in Deutschland wieder alles seinen gewohnten Gang geht. BBC, CNN, Al-Dschasira, FOX News, Times of Israel, Japan Times, The New Zealand Herald, La Republica, NTV Russia, NTV Ukraine und, und, und berichten vom »Nazi Emergency«. Medien auf der ganzen Welt verbreiten die frohe Kunde aus der »Hauptstadt der Bewegung«.

In Dresden distanziert sich derweil der FDP-Oberbürgermeister Dick Hilbert von dem Beschluss, der FDP-Fraktionsvorsitzende versucht, ihn auf dem Rechtsweg für ungültig erklären zu lassen, die Grünen schämen sich ob der »unzulänglichen Überschrift« und die sog. LINKE erklärte den Nazinotstand rundheraus für unnötig. Immerhin steht Dresdens, gar Deutschlands, guter Ruf auf dem Spiel! Zeit & Spiegel rudern bereits zurück und echauffieren sich über den »populistischen Titel«. Nicht über das Naziproblem. Dass ohne das schöne Wort »Nazinotstand« kein Schwein sich für einen Stadtratsbeschluss interessiert, verschweigt man beherzt.

So weit die Geschichte, wie ich in Dresden den Nazinotstand ausrufen ließ. Der Antrag ist Geschichte, PEGIDA auch bald, der Nazinotstand ist es nicht.

BRÜSSEL, BUNKER

In wenigen Wochen hat sich die Kommissionspräsidentin einen Namen gemacht in Brüssel.

»Von der Kommission Juncker zur Kommission Bunker«, spottet die europäische Presse über Frau vonderLeyen und ihren kleinen deutschen Beraterstab. Die Gruppe verschanzt sich in einem ans Paranoide grenzenden Isolationismus im 13. Stock des Dienstgebäudes der Europäischen Kommission – und pflegt kaum Kontakt zu den über Jahrzehnte gewachsenen Strukturen der Institutionen selbst, auch nicht zu ihrer eigenen, zu nicht deutschsprachigen Europäern, zu Medien und zur Öffentlichkeit.

Leider ist die Leiterin der Kommission Bunker mit der Inneneinrichtung ihres Appartements offenbar nicht komplett ausgelastet, sie renoviert die Portfolios der EU-Kommission* gleich mit. Während die Mitgliedsstaaten noch dabei sind, ihre Kommissare zu nominieren, strukturiert vonderLeyen deren Arbeits-

* Eigentlich sollte die Anzahl der Kommissare – laut EU-Vertrag – schon 2014 auf 18 reduziert werden, allerdings hatte der Rat diese Regelung bisher schon zweimal ausgesetzt: Weiterhin stellt jeder Mitgliedsstaat einen Kommissar, 27 Ressorts wollen für sie erfunden werden.

bereiche komplett neu und unterzieht die gesamte Kommission einem offenbar »modern« gemeinten Rebranding. Alle Bereiche werden euphemistisch & marketingkompatibel umbenannt, Migrantenabwehr heißt ab sofort »Protecting our European Way of Life«. Bzw. nach dem – ja durchaus erwartbaren – Shitstorm dann immerhin »*Promoting* our European Way of Life«.

Sachdienlicher Hinweis der New York Times

Andrew Stroehlein, der europäische Mediendirektor von Human Rights Watch, sagte: »Das Thema Migration unter das Ressort ›Schutz unserer europäischen Lebensweise‹ zu stellen, ist ein weiteres Beispiel dafür, wie sehr Mainstream-Politiker in Europa das Framing der extremen Rechten übernehmen.«

Nach außen werden von den Kommissionssprechern zwei Schwerpunkte offensiv kommuniziert: Digitalisierung und Green Deal. Ein dritter eher nicht. Obwohl der Vertrag von Lissabon eigene Rüstungsanstrengungen der EU explizit verbietet, führt Frau vonderLeyen – als oberste Hüterin der EU-Verträge – eine Generaldirektion »Verteidigungsindustrie« ein.

Sachdienlicher Hinweis aus dem Netz

MS: Der neue Haushaltsplan der vonderLeyen-Kommission ist nicht ganz uninteressant, es gibt eine Schwerpunktverlagerung: Die Kommission Juncker hatte – sowohl vom Zuschnitt der Portfolios als auch von der Haushaltsplanung – einen ihrer Schwerpunkte im Bereich Forschung & Bildung gesetzt. Bei vonderLeyen fehlen nicht nur die Begriffe »Forschung«, »Bildung« und »Kultur«, sondern es sind auch die entsprechenden finanziellen Mittel im Haushalt nicht mehr ausgewiesen.

Es überrascht kaum, dass 10.000 europäische Wissenschaftler Frau vonderLeyen in einem offenen Brief auffordern, die sinnentstellenden Neuetikettierungen unverzüglich zurückzunehmen. Da die Kommissionspräsidentin nicht reagiert, gehe ich davon aus, dass der Brief möglicherweise gar nicht zugestellt wurde, in

Deutschland wird die Post ja auch gar nicht mehr so häufig und zuverlässig ausgeliefert wie früher. Macht nix, ich habe zufällig eine Minute Redezeit und kann die Botschaft im Plenarsaal offiziell übermitteln.

BRÜSSEL, PLENARSAAL

»Liebe Kollegen, ich habe hier einen offenen Brief, den 10.000 verrückte Wissenschaftler – darunter 19 Nobelpreisträger – an Frau vonderLeyen geschrieben haben. Leider unfrankiert, deshalb hat er sie vermutlich gar nicht erreicht. Also ein zweiter Zustellversuch auf diesem Wege.

vonderLeyens Berater haben versehentlich die Bereiche ›Wissenschaft‹ und ›Bildung‹ aus dem Portfolio der EU-Kommission gestrichen – und sie hat das gar nicht gemerkt, weil sie gerade die Raufasertapete aussucht für das neue Penthouse, das sie sich im Kommissionsgebäude einbauen lässt.

Jetzt werden diese Inhalte dem seltsamen Bereich ›Innovation and Youth‹ zugeordnet – in einer Zeit, in der Schüler jeden Freitag auf die Straße gehen mit der Forderung, die Erkenntnisse der Wissenschaft doch endlich einmal zur Kenntnis zu nehmen.

Ich fände es innovativer und jünger – geradezu funky – und übrigens auch zukunftsträchtiger, wenn die Alte den krassen Quatsch wieder rückgängig machen würde. Vielen Dank!«

Ein paar Briten, die die Reihen vor mir bevölkern, grummeln zustimmend. Ich nicke ihnen zu, als ich den Plenarsaal verlasse. Als ich an den Bildern der Parlamentspräsidenten vorbeikomme, klingelt mein Telefon. Meine Europapolitische Beraterin ruft an: »Heee, der Europäische Gerichtshof hat gerade erklärt, dass deinem Sitznachbar Carles Puigdemont und seinen beiden katalanischen Kollegen der Zugang zum Europaparlament zu Unrecht verwehrt wird. Eine Ohrfeige für Spanien und deinen alten Freund, Antonio Tajani!«

STRASSBURG, VOR DEM PLENARSAAL

Tätärääå, unser alter Prozessgegner Wolfgang Schäuble kommt ins Parlament! Zu einer Feierstunde »30 Jahre Mauerfall«. Auch wenn die PARTEI diesen Jahrestag traditionell zurückhaltend begeht, meldet mein Büro natürlich Redezeit an. Nach dem üblichen Geplänkel mit dem Generalsekretariat erhalte ich – keine. Obwohl ich derzeit der einzige Deutsche unter den Fraktionslosen bin und ein ungeschriebenes Gesetz mir deshalb in diesem Fall Rederecht garantiert. Wir sind uns nicht einig, ob Schäuble tatsächlich Einfluss genommen hat oder ob der Generalsekretär in vorauseilendem Gehorsam handelt, aber ein paar Sätze will ich natürlich auf jeden Fall sagen. Und in der Zeit, in der Schäuble im Plenarsaal den Abgeordneten erklärt, dass vor 30 Jahren ostdeutsche Bürger ihr Geschick selbst in die Hand nahmen, nehme ich 30 Meter weiter mein Geschick selbst in die Hände und spreche in eine Kamera des Audiovisuellen Dienstes.

»Liebe Zuschauer draußen an den Geräten, eigentlich würde ich jetzt zu Wolfgang Schäuble sprechen, der vor wenigen Minuten in den Plenarsaal des Europäischen Parlamentes gerollt wurde. Das Rederecht, das zur Begrüßung eines deutschen Gastes traditionell einem deutschen Gastgeber zusteht, wurde kurzfristig einem kroatischen Kollegen übertragen.

Ob die Entscheidungsfindung anders ausgefallen wäre, wenn ich Schäuble einen schwarzen Koffer mit 100.000 in gebrauchten Scheinen mitgebracht hätte, wie der vorbestrafte Waffenhändler Schreiber seinerzeit, wer weiß.

Dabei wollte ich weder Schäubles Rolle in der Affäre um Cum-Ex-Geschäfte ansprechen noch seinen Kampf *für* Steuerhinterzieher und Geldwäscher, *für* den finalen Rettungsschuss, *für* den Einsatz der Bundeswehr im Inneren – Stichwort: Abschuss von Zivilflugzeugen. Genauso wenig wie seine Anregung, bei Terror-Ermittlungen Foltergeständnisse zu nutzen, oder alle weiteren Frontalangriffe des christdemokratischen Dogmatikers auf das deutsche Grundgesetz.

Auf gar keinen Fall erwähnen wollte ich auch seine verfassungswidrige Brennelemente-Steuer, die die Bürger letztlich 7 Milliarden Euro kosten wird. Da kann selbst der dämliche Andy B. Scheuert nur staunen. Smiley

In höfliches Schweigen zu hüllen gedachte ich sogar Schäubles autistisches Beharren auf einer Austeritäts-Doktrin, deren erpresserische Spardiktate ganze europäische Sozialstaatswesen in die Knie gezwungen haben.

Nein, ich wollte uns anlässlich der Feierstunde zu 30 Jahren Mauerfall eigentlich nur gratulieren: gratulieren dazu, dass wir die DDR 1990 billig übernommen, kolonisiert, filetiert und nach allen Regeln der kapitalistischen Kunst ausgeschlachtet haben.«

BRÜSSEL, PARLAMENT

Sylvie Goulard, Macrons Vorschlag für den französischen Kommissarsposten, ist vom EU-Parlament abgelehnt worden. Sauber! Wie sich herausstellt, haben sich zu viele Abgeordnete über ihre leicht patzige Erklärung geärgert, dass es zwar in Frankreich üblich sei, bei Erhebung einer Anklage zurückzutreten, das aber bei EU-Ämtern keine Tradition habe.

BRÜSSEL, MEP-BAR

»Journalisten haben berechnet, dass Macrons Steuergesetze die 100 reichsten Franzosen jährlich um je 1,6 Millionen entlasten«, faucht die Europapolitische Beraterin. »In einer Zeit, in der zigtausend Menschen wöchentlich demonstrieren gehen, weil zum Ende des Monats ihr Kühlschrank leer ist. Und jetzt schlägt Macron auch noch Breton als französischen Kommissar vor!«

»Beton? Klingt, äh, hart …«

»Breton, Thierry Brrrreton. Wie Beton, nur mit R. Ich habe hier mal die Fakten zusammengetragen.«

MS: Triggerwarnung: Achtung, bitte nur bei pathologischem Interesse für EU-Institutionen & kaputte Kommissare ansehen. Mit neuen Randgruppen-Beleidigungen! Knapp 6 Minuten bitterer Stoff & wenig Witz. Nichts für Depressive. Millionäre bitte wegschauen!

Liebe Nichtmillionäre draußen an den Geräten,

auch wenn man heutzutage vorsichtig formulieren sollte, um nicht die Gefühle irgendeiner gesellschaftlichen Minderheit zu verletzen, möchte ich hier einmal deutlich sagen: Ich halte Millionäre grundsätzlich für ungeeignet, öffentliche Ämter auszuüben.

Ursula vonderLeyen sieht das anders. Nach der kroatischen Kommissarin Dubravca S. mit einem Vermögen im EINSTELLIGEN Millionenbereich und dem durchgeknallten spanischen Rentner-Tüp Sepp Borell, ZWEISTELLIGES Millionenvermögen, kommt jetzt – Tätärää! – mit dem Franzosen Thierry Breton der DREISTELLIGE Millionenbereich. Der Mann sprüht sich morgens nicht nur 20 kg Polyester ins Haar, er ist auch – nach vorsichtiger Schätzung – 200 Millionen Euro schwer.

Bretons nächstes Hobby wird die Nachlassverwaltung des viertgrößten Privatvermögens der Welt. (Es gehört Bernard Arnault, Mehrheitseigner des Luxusgüterkonzerns LVMH, Louis Vuitton Moet Hennessy etc., und ist praktischerweise hier in Belgien geparkt.) Beruflich pendelte er zwischen CEO-Stellen und politischen Posten – mit allen Vorteilen, die das für beide Seiten mit sich bringt: Manager, Regionalratsmitglied, Manager, Regierungsberater, Manager, Wirtschafts- und Finanzminister, Manager, EU-Kommissar.

Lassen wir der Übersichtlichkeit halber die Vorwürfe beiseite, mit denen Breton in seinen verschiedenen Funktionen konfrontiert war – sie reichen von Vetternwirtschaft über illegale Preisabsprachen und illegale Vorteilsnahmen bis hin zu schweren Verletzungen der Treue- und Sorgfaltspflichten im Aufsichtsrat.

Erfahrung hat der flotte Mittsechziger zweifellos. Leider hauptsächlich darin, die Interessen einiger weniger zulasten aller anderen durchzusetzen. Als Wirtschaftsboss fiel Breton durch gnadenlose Profitmaximierung, kreative Steuervermeidung und serielle Massenentlassungen auf – Maßnahmen also, die eher nicht danach aussehen, als hätten die Interessen der Bevölkerungsmehrheit ihn je auch nur für eine Sekunde gejuckt.

Als Wirtschaftsminister fiel er durch forcierte Privatisierung von Staatsbetrieben auf – weit unter Wert, versteht sich –, bedingungslose Befürwortung von Unternehmensfusionen und ultraliberalen Extremismus – verkörpert in der idiotischen Idee, staatliche Monopole zu zerschlagen, um sie durch privatwirtschaftliche zu ersetzen. Daneben hat der Austeritäts-Junkie nicht nur großzügige Steuerentlastungen für Spitzenverdiener durchgesetzt, sondern auch einen systematischen Rückbau des Sozialwesens betrieben – Maßnahmen also, die eher nicht danach aussahen, als hätten die Interessen der Bevölkerungsmehrheit ihn je auch nur einen Scheiß ... Ach, Sie wissen schon.

In der Geschichte des Kapitalismus hat der Franzmann bereits Spuren hinterlassen – und zwar als Schöpfer eines relativ kaputten Konzepts:

Im Zuge der Privatisierung des Telekommunikationsriesen France Telekom prägte er den berüchtigten »Plan NEXT«. Grundgedanke war dabei: Kostenreduktion durch drastischen Stellenabbau – flankiert von einer so drastischen psychologischen Kriegsführung gegen die eigenen Mitarbeiter, dass eine bis dahin beispiellose Suizidwelle einsetzte: Es gab 74 Selbstmorde in vier Jahren. Das sind mehr als in meinem Büro.

Sein Nachfolger Lombard, der derzeit vor Gericht steht, erklärte in einer Audio-Aufnahme von 2006: »Ich werde für 22.000 Abgänge sorgen – durchs Fenster oder durch die Tür.«

Wirtschaftswissenschaftler haben dieser unternehmerischen Kunstfertigkeit den Ehrennamen »toxischer Kapitalismus« verliehen.

Lassen wir – weil ich jetzt wieder in die MEP-Bar will – die aktuell gegenüber Bretons Unternehmen ATOS erhobenen Vorwürfe beiseite, sensible Informationen aus EU-Datenbanken missbraucht zu haben. Die Hinweise verdichten sich, dass ATOS den britischen Behörden dabei behilflich war, Daten aus dem Schengener Informationssystem zu kopieren und in (von ATOS betriebenen) Datenzentren zu speichern. Ein kleiner Skandal, der die EU-Kommission allerdings nur insoweit beschäftigt, als sie ihn lautlos unter ihren hässlichen Polyesterteppich kehrt.

In seiner Anhörung letzte Woche hat Breton geschworen, er werde sich als Kommissar von allem fernhalten, was mit seinem ehemaligen Unternehmen zu tun hat. Wenn er das wahrmacht, wird der Mann nur zwei Tage in der Woche arbeiten müssen, nämlich Samstag und Sonntag. Dann tut er noch weniger als ich, Smiley.

Es gibt in seinem aufgeblähten Ressort – Binnenmarkt, Verteidigung, Weltraum, Digitalisierung – nämlich nichts, das nichts mit seinem Unternehmen zu tun hätte.

Nahezu alle Bereiche, in denen das von ihm über zehn Jahre geführte Unternehmen (marktführend oder monopolistisch) tätig ist, wird Breton als EU-Kommissar nun selbst regulieren – die Vergabe von EU-Fördergeldern und -Großaufträgen eingeschlossen. Interessenkonflikte vermochte der Rechtsausschuss des EU-Parlaments darin nicht zu erkennen.

Vielleicht könnte Breton den Pfeifen von CDU und SPD einmal die Funktionsgesetze des Marktes stecken. Und ihnen erklären, was es bedeutet, wenn eine Unternehmensaktie am Tag seiner Nominierung ihre monatelange Talfahrt beendet, den Jahrestiefststand verlässt und sich auf einen eindrucksvollen Höhenflug begibt.

Ursula vonderLeyen sagt in ihrem »Mission letter« an die designierten Kommissare, dass sie »auf den höchsten Grad an Transparenz und Ethos des gesamten Kollegs bestehen« werde. Es dürfe »keinen Raum für Zweifel an unserem Verhalten oder unserer Integrität« geben.

Ich sage: Europa nicht den Leyen & Millionären überlassen!

BRÜSSEL, CAFÉ BELGA

Traditionell haben wir in Wahlkampfzeiten immer einige PARTEI-Plakate, die sich mit Rechtsextremismus auseinandersetzen. Zum Beispiel »Nazis töten.« – mit Punkt wohlgemerkt, nicht mit Ausrufezeichen. Der kurze Satz ist also eine Feststellung, keine Aufforderung. Die Feststellung einer Tatsache, die man den Leuten ruhig ab und an mal ins Gedächtnis rufen darf.

Sachdienlicher Hinweis der Münchner Abendzeitung

Ist ein Aufruf zum Mord wieder gesellschaftsfähig? Darf Wahlkampf wirklich alles? Das hat sich eine AZ-Leserin gefragt, als sie dieses Plakat sah: »Nazis töten« steht darauf. Es hängt in Grünwald, dem Münchner Vorort, wo eigentlich die Reichen und Schönen leben, und stammt von der Satirepartei »Die PARTEI«.

Ein zweites Beispiel ist unsere Reaktion auf das Plakat einer kleinen Neonazi-Partei. »Die Rechte« verbreitet im Wahlkampf Plakate mit der Drohung »Wir hängen nicht nur Plakate!« in sehr großen Lettern – und in ganz kleinen darunter »Wir kleben auch Aufkleber«. Aufgehängt werden die Plakate vor Synagogen und Flüchtlingsunterkünften. Ortsvereine der PARTEI kontern dann gern mit dem Plakat »Hier könnte ein Nazi hängen!«. Das gefällt nicht jedem. In Hannover beschwert sich die CDU, diese Plakate seien »unethisch«. Und in einigen Städten nimmt die Polizei unsere Plakate ab.

Sachdienliche Hinweise aus dem Netz

Ralph Ruthe: Huhu, @polizei_nrw_bi – stimmt das? Und wenn ja, dürfen wir bitte erfahren, was ihr an der Aussage »Nazis töten.« so entfernenswert findet?

Infozentrale: Die Polizei entfernt Plakate von Die PARTEI »Bielefeld du hast Rechte«, »Nazis töten.«

Rüdiger Winter: Ob Sonneborn das wirklich lustig findet?

MS: Sonneborn findet lustig, dass die Polizei die Plakate dann wieder aufhängen darf; genau wie kürzlich in Sachsen und Thüringen ... Smiley.

MS: Heda, @polizei_nrw_bi, würden Sie bitte unsere Plakate »HIER KÖNNTE EIN NAZI HÄNGEN« und »NAZIS TÖTEN.« wieder aufhängen? Ihr Chef, Herbert Reul, war einer meiner besten Kumpels im EU-Parlament.

Polizei NRW BI: In Bezug auf die Plakate wurde durch die Bundespolizei Strafanzeige erstattet. Die Plakate wurden im Rahmen der laufenden Ermittlungen als Beweismittel sichergestellt. Die Staatsanwaltschaft prüft die strafrechtliche Relevanz. Sie ist Herrin des Strafverfahrens.

Jan Esser: Vielleicht könnte der Herr Bereitschaftsstaatsanwalt ganz schnell mal in Art 5 GG und in § 190 StGB hineinschauen und sich dann noch kurz den Punkt am Ende des Satzes auf dem Plakat vergegenwärtigen. Liebe Grüße!

JasperPrigge: Beschlagnahme von DiePartei Plakaten in Bielefeld war rechtswidrig. Das hat die @polizei_nrw_bi nun auch gerichtlich. #Meinungsfreiheit #Grundrechte #nonazis

MS: Ihre Kollegen in Thüringen und Sachsen erklären Ihnen sicherlich gerne, wie man PARTEI-Plakate nach einem verlorenen Verfahren wieder aufhängt. Smiley.

Sachdienlicher Hinweis der FAZ

Die Beschlagnahme von Plakaten, mit denen »Die Partei« in Bielefeld gegen rechtsextremistische Aufmärsche Front gemacht hatte, war rechtswidrig: für eine satiregeschulte Partei und ihren Vorsitzenden ein so leicht wie verdientermaßen errungener Sieg. Diese Entscheidung des Bielefelder Amtsgerichts war so absehbar, wie sie im Übrigen auch nur richtig ist.

BRÜSSEL, PARLAMENT

Der Berliner *Tagesspiegel* fragt nach meiner Einstellung der EU-Kommission gegenüber, die das Europaparlament am kommenden Mittwoch wählen wird. Ich fürchte, ich werde für einen Artikel das Wahlgeheimnis brechen. Zu viel Verstörendes haben wir mittlerweile über die 27 Kommissarinnen und Kommissare gefunden.

Sachdienlicher Hinweis des Tagesspiegel

Martin Sonneborn wirbt für moralische Integrität: Warum ich die EU-Kommission ablehnen werde

VonderLeyen will Geschlechterparität für ihr Kommissionsteam. Nötiger wäre eine Quote für Nichtvorbestrafte und Millionäre ohne Interessenkonflikte.

Am Mittwoch stimmt das Europäische Parlament in Straßburg über die neue EU-Kommission ab. Wenn bis Dienstagabend, 23.59 Uhr, keine Angebote in Millionenhöhe eingehen, werde ich gegen sie votieren.

Die designierte Kommissionspräsidentin Ursula von der Leyen hat erklärt, sie wolle ihre Kommission paritätisch mit Männern und Frauen besetzen. Wichtiger wäre, paritätisch dahin gehend zu besetzen, dass zumindest die Hälfte der Kommissare über ausreichende moralische Integrität verfügt, nicht vorbestraft ist, sich nicht gerade vor einem Untersuchungsausschuss verantworten muss und kein Millionenvermögen besitzt, das zu Interessenkonflikten führen könnte.

Es besteht eine bestürzende Deckungsungleichheit zwischen den offiziellen Verlautbarungen der EU-Kommission und dem, was sich im öffentlichen Diskurs der Entsendestaaten über die designierten Kommissare findet. Die fehlende gesamteuropäische Öffentlichkeit verhindert fundierte Kritik.

Meine französische Kollegin Manon Aubry berichtet aus dem Justizausschuss, der traditionell den finanziellen Hintergrund sämtlicher Kandidaten prüft, bei der geforderten »Erklärung der finanziellen Interessen« hätten neun Kommissare »unvollständige, verdächtige oder geradezu schockierende Erklärungen« abgegeben, vier lediglich einen leeren Zettel, weitere vier besitzen Anteile an Unternehmen, die als Lobbyisten Einfluss auf die EU-Politik zu nehmen versuchen (Bayer*, ENI). Zwei Erklärungen stehen in offenem Widerspruch zu früheren Erklärungen.

Als vonderLeyen kürzlich vor die Presse trat, um eine Eloge auf Macrons Personalvorschlag Sylvie Goulard zu halten, eine ehemalige Parlamentskollegin von mir, wurde diese gerade auf einer Polizeiwache in Nanterre verhört. Es ging um eine gesetzwidrige Bezahlung fiktiver Assistenten aus EU-Mitteln. Als die Affäre 2017 publik wurde, musste Goulard als frisch ernannte Verteidigungsministerin nach nur vier Wochen im Amt zurücktreten. Merke: Für die französische Politik ist Sylvie nicht sauber genug, für Europa reicht's! Beziehungsweise auch nicht, denn das Parlament lehnte sie ab.

Wie auch den früheren ungarischen Justizminister László Trócsányi, der den Parlamentariern beim besten Willen nicht zu vermitteln war, und Rovana Plumb (Rumänien), die u.a. dadurch auffiel, dass sie als Umweltministerin ihren Luxus-SUV in Bulgarien registrieren ließ, um einer von ihr selbst erlassenen Umweltsteuer zu entgehen.

Der polnische Kandidat für das Agrarressort dagegen wurde durchgewinkt, obwohl er durch glänzendes Unwissen auffiel: Glyphosat? Eine interessante Frage, er werde sich da mal einarbeiten ...

Marija Gabriel (Bulgarien) löste 2017 als Digitalkommissarin Günther Oettinger ab und steht diesem an Ahnungslosigkeit

* Die Bayer-Aktien gehören unserem charmanten Freund Borrell. Das sei »nur ein kleiner unbedeutender Teil seines Portfolios«, entschuldigt sich der flotte spanische Mittsiebziger. »Ich habe es nicht in Betracht gezogen, weil es nur einen sehr kleinen Teil meines Vermögens ausmacht.« Sein großes Glück: Rovana Plump, ebenfalls S&D – einer wird traditionell auf beiden Seiten abgeschossen –, hatte eine noch kaputtere Erklärung abgegeben: Sie vergaß, zwei Kredite über rund eine Mio. Euro (u.a. zum Hauskauf) anzugeben.

kaum nach. In ihrem Lebenslauf führt sie unter Computerfähigkeiten »Microsoft Office Tools« und »Internet« an. Folgerichtig entwickelte sie auch etwas seltsame Haltungen zur Verschlüsselung (»Hintertür für Sicherheitsbehörden«) und zur digitalen Zukunft Europas (»Wir brauchen kein europäisches Google«).

(...)

STRASSBURG, EU-PARLAMENT

Trotz meiner Gegenstimme wird vonderLeyens Kommission im EU-Parlament mit großer Mehrheit bestätigt.

Sachdienlicher Hinweis von meiner Homepage

Nach der Wahl Thierry Bretons zum Kommissar (für Digitalisierung etc.) hat der Digitalkonzern ATOS, dem Breton ein Jahrzehnt lang als CEO vorstand, rückwirkend die Angaben zu Lobbyausgaben in Brüssel im Jahr 2018 korrigiert: von »zwischen 25.000 und 49.999« auf »zwischen 900.000 und 999.999«. Smiley.

In der ersten Erklärung, vor Bretons Anhörung, hatte ATOS außerdem angegeben, keine Finanzierung aus den europäischen Institutionen erhalten zu haben. In der korrigierten Fassung reicht der Platz nicht aus, um alle Finanzierungen aufzuführen, deshalb gibt ATOS lediglich die Top 5 seiner EU-finanzierten Projekte an.

DEZEMBER 2019

BRÜSSEL, MEP-BAR

Au, au, mein alter EU-Kumpel Herbert Reul, bekannt aus »Herr Sonneborn geht nach Brüssel«, einer der nettesten und dümmsten Menschen, die ich im Parlament je kennengelernt habe, hat Schwierigkeiten. Damals, als wir in der Korea-Delegation nebeneinandersaßen, habe ich noch überlegt, ihm abzuraten: Herbert, hätte ich sagen sollen, lass die Finger vom NRW-Innenministerium, dafür bist du nicht schlau genug …

Sachdienliche Hinweise von Heise.de

Hambacher Forst: Innenministerium bot RWE Polizeidaten zur Räumung an

Der Verwaltungsrechtsexperte Robert Hotstegs bezeichnete den Vorgang gegenüber FragDenStaat als offenbar einmalig: »Eine Behörde assistiert ohne jegliche rechtliche Verpflichtung oder Ermächtigung einem privaten Unternehmen dabei, privatrechtlich gegen Dritte vorzugehen.«

Zwei Rechtsgutachten zeigen, dass Innenminister Reul den Forst auf jeden Fall und um jeden Preis geräumt wissen wollte. Aus den Akten geht aber auch hervor, dass RWE an der Umsetzbarkeit des Plans aus dem Innenministerium zweifelte und sich nicht darauf einließ.

Öffentlich hatte Reul behauptet, dass der Forst unabhängig von den RWE-Bauplänen geräumt werden müsse.

Bei Kaffee & subventionierter Torte sichte ich PARTEI-Aktivitäten im Netz und freue mich über ein Plakat der PARTEI Freiburg: »Steuertricks verhindern: Bon-Pflicht für Cum-Ex-Deals!« Das wird Olaf Scholz nicht gefall… »Mr. Sonneborn?« Ich blicke auf: »Wer will das wissen?« Zwei untersetzte, insgesamt leicht unseriös wirkende Herren stehen vor mir und lächeln mich sympathieheischend an: »Wir sind aus Aserbaidschan.« »Herzlichen Glückwunsch. Ich bin ein Bewunderer Ihrer autoritären Staatsform.« »Oh, ja, gut. Wir möchten Sie gern einladen, nach Baku.« Das überrascht mich, immerhin stehe ich seit unserer ersten Bergkarabach-Reise auf Diktator Aliyevs Schwarzer Liste und vermeide bei Reisen Zwischenlandungen in Baku genauso wie in der Türkei. »Interessante Idee. Würde ich zurückkommen?« Die beiden Herren schauen sich an, grinsen vielsagend, dann sagt der eine: »Also, wenn Ihnen soooooo gut gefällt, können Sie auch dort bleiben!« Ein guter Witz, finde ich, zumindest wenn man weiß, dass der Reiseblogger Alexander Lapshin nach einem öffentlichkeitswirksamen Besuch in Bergkarabach von einer aserbaidschanischen Sondereinheit entführt und in Baku im Gefängnis fast zu Tode geprügelt wurde.

»Wir können gerne in Brüssel darüber sprechen, bitte mailen Sie einfach meinem Assistenten.« Dann widme ich mich wieder meiner Torte und denke noch ein wenig über die Einladung nach. Wahrscheinlich geht es ja doch eher um Bestechung als um eine handgreifliche Revanche für unseren Arzachbesuch, eine geschmackvolle Gucci-Herrenhandtasche voller Geld vielleicht. Ich sollte mich mal mit Karin Strenz von der CDU austauschen, im Europarat genießt die hoch korrupte Bundestagsabgeordnete aus Mecklenburg-Vorpommern zwar längst lebenslanges Hausverbot, der Deutsche Bundestag aber hat bisher keinerlei Sanktionen gegen sie erlassen. Oder ich rede mal mit unserem neuen Justizkommissar. Von dem heißt es in Belgien, er kenne sich auch mit größeren Summen gut aus.

Sachdienlicher Hinweis von meiner Homepage

Falls zuletzt der Eindruck entstanden sein sollte, die durch Affären um Scheinbeschäftigung und amerikanische Thinktanks beschädigte Französin Sylvie Goulard sei der unverschämteste Personalvorschlag der europäischen Liberalen gewesen: Dieser Eindruck ist falsch.

Von nun an ist nämlich ein wallonischer Liberaler Ihr Justizkommissar. Die Belgier nennen ihn Frank Underwood, alle anderen Didier Reynders.

Wie alles andere auch verläuft die Vergangenheitsbewältigung in Belgien eher schleppend. Die koloniale, von ihrem grenzdebilen König Leopold II. erzeugte Ausbeutungs- und Verbrechensgeschichte im Kongo ist in ihrer Bestialität weltweit ohne Beispiel geblieben.

Reynders hielt es als Außenminister dennoch für eine gute Idee, bei den »Noirauds« einzusteigen, einem gewöhnungsbedürftigen Projekt der belgischen Upper Class, das darin besteht, Spenden für einen guten Zweck zu sammeln, indem man als afrikanischer König verkleidet mit schwarz angepinseltem Gesicht durch die Straßen Brüssels zieht.

Weit verstörender noch als dies sind jedoch die Vorwürfe, denen sich Reynders neuerdings gegenübersieht. Drei Wochen vor EU-Amtsübernahme trat der Whistleblower Nicolas Ulmen de Schooten an die Öffentlichkeit, ein langjähriger Mitarbeiter der Wirtschaftsabteilung des belgischen Geheimdienstes. Er wiederholte, was er zuvor schon der Staatsanwaltschaft gesteckt hatte, allerdings ergebnislos. Nämlich, dass Didier Reynders sich – in nahezu allen von ihm seit 25 Jahren bekleideten öffentlichen Ämtern – nicht nur in langweilige Fälle banaler Korruption und gewöhnlicher Geldwäsche verstrickt habe, sondern in internationale Skandale großen Kalibers.

Allem Anschein nach könnte Reynders – der Untersuchungsausschuss des belgischen Parlaments kam jedenfalls zu demselben Ergebnis – ein entscheidender Akteur in der sogenannten Kazakhgate-Affäre sein. 2011 hatte er höchstselbst die parlamentarische Mehrheit für ein Gesetz organisiert, das es dem belgokasachischen Milliardärstrio um Patrokh Chodiev ermöglichte, sich von allen durch die belgische Justiz eröffneten Geldwäscheverfahren einfach freizukaufen: für 26 Millionen Euro. Dies sei einerseits geschehen, so der Whistleblower, um Reynders' straffälligem Jugendfreund, dem französischen Präsidenten Nicolas Sakozy, zu Diensten zu sein. (Reynders' Aufnahme in die Legion d'Honneur folgte postwendend.) Und andererseits, um eine Vorbedingung zu erfüllen, die der kasachische Potentat Nursultan Nasarbajew vor seiner Einwilligung in einen gigantischen Waffendeal mit Frankreich erfüllt haben wollte. Nach der – angeblich durch Mithilfe von Reynders organisierten – Freilassung des in Belgien inhaftierten Trios wurde der Deal zwischen Sarkozy und Nasarbajew prompt geschlossen.

Reynders wird auch mit dem Verschwinden libyscher Geldeinlagen in Verbindung gebracht, die Revolutionsführer Muammar al-Gaddafi, mutmaßlicher Finanzier Sarkozys, bei belgischen Banken geparkt hatte. Von den 16 Milliarden Euro, die vom UN-Sicherheitsrat nach seiner Ermordung eingefroren worden waren, hatten sich – unter Reynders' Aufsicht als Finanzminister – leider ein paar in Luft aufgelöst. Ganz sicher zwei, eventuell auch fünf, bestimmt nicht mehr als elf. (Die Experten streiten noch.)

Um nicht ganz so große Summen geht es bei der Untersuchung, die von der belgischen Staatsanwaltschaft gerade eingeleitet wurde, wegen des Verdachts der Korruption & Geldwäsche in mehreren Fällen. Dem Vernehmen nach geht es um Kickback-Geschäfte u.a. im Zusammenhang mit dem Neubau der belgischen Botschaft in Kinshasa. Das Geld floss z.T. über Immobiliengeschäfte & Scheinfirmen in Steueroasen an Reynders zurück. Funfact: Die kongolesischen Beteiligten – vom Waffenhändler bis zum Präsidentschaftskandidaten – revanchierten sich, indem sie von Reynders zu einem einvernehmlich überteuerten Preis wertlose »Antiquitäten« und »Kunstwerke« erwarben.

Ich weiß nicht, wie Sie über so etwas denken. Manchem soll ja der Verdacht genügen, dass ein Jurist genau DAS Recht, dessen Schutz ihm EU-weit anvertraut werden soll, gravierend entstellt, gebeugt oder gebrochen haben könnte, um in ihm alles andere als eine Idealbesetzung zu sehen.

Reynders' letzte Amtshandlung als Minister war übrigens die Ausarbeitung eines Gesetzes, das die Tätigkeit von Whistleblowern unter Gefängnisstrafe stellt. Eingefallen ist es ihm, kurz nachdem der Whistleblower Ulmen de Schooten, ähm, wie soll ich sagen, tätig geworden war.

DEUTSCHLAND

Die Tagesschau vermeldet, dass Frau vonderLeyen leider nichts zur Aufklärung der von ihr verantworteten Beraterafffäre bei der Bundeswehr beitragen kann: Ihre Handydaten seien »versehentlich« gelöscht worden.

Sachdienliche Hinweise aus dem Netz

MS: Politik nicht den Leyen überlassen!

»ES GIBT KEIN RICHTIGES GRÜN IM FALSCHEN.«

2020

BRÜSSEL, BÜRO

Chris Schiller, neuer parlamentarischer Assistent in meinem Büro, will einen Vortrag technisch vorbereiten, den ich gleich vor einer Schülergruppe halten soll. »Dustin, wie logge ich mich am Parlamentscomputer im Besucherbereich ein?« »Mit dem Parlamentsaccount. Das Passwort ist ›Welcome 2008‹. Steht da aber auch auf der Tastatur.« Großer Lacher.

BRÜSSEL, CAFÉ BELGA

Der belgische Barmann ist heute nicht gut gelaunt. Er weist mich darauf hin, dass Alkohol erst ab zwölf Uhr mittags ausgeschenkt werde. Erstens ist es 11.47 Uhr und zweitens habe ich keinen Alkohol bestellt, sondern ein großes Bier, blanche, ein weißbierähnliches Getränk, das mit gesunder Zitronenscheibe serviert wird. Ich kann es gebrauchen, die Tageszeitung *Die Welt* will mich vernichten. Erst gab es in den deutschen Zeitungen so gut wie keine Rezension von »Herr Sonneborn geht nach Brüssel«, obwohl es auf Platz zwei der Jahresbestsellerliste war, und jetzt schreibt ausgerechnet die *Welt*, über die wir uns bei *Titanic* immer lustig gemacht haben, eine gemeine Kritik.

Sachdienlicher Hinweis der Welt

Das Buch hat den Witz und die Beobachtungsgenauigkeit einer angelsächsischen Politik-Serie. Der Autor ist im Prinzip ein absoluter Gutmensch: gegen rechts, gegen Korruption, gegen Waffenexporte, für Flüchtlinge. Aber er ist es eben auf die politisch denkbar unkorrekteste und daher äußerst unterhaltsame Weise.

»Gutmensch«, wenn das die *Titanic*-Redaktion in Frankfurt sieht, streicht sie mich aus dem Impressum. Geschrieben hat den Artikel Susanne Gaschke, früher bei der *Zeit*, dann bei der SPD. Ihre eigene Partei hatte sie als Oberbürgermeisterin in Kiel aus dem Amt gemobbt, um den SPD-Ministerpräsidenten von Schleswig-Holstein zu schützen, der einem Klinikunternehmer geholfen hatte, Gewerbesteuer in Höhe von mindestens vier Millionen Euro zu sparen. Lustig, ich hatte schon fast vergessen, wie moralisch bankrott die SPD im Norden war.

Viel erbaulicher liest sich eine Auseinandersetzung zwischen den Twitter-Accounts von Alice Weidel und der Russischen Botschaft in Deutschland. Lustigerweise hat die Antwort der Russen schon deutlich mehr Likes als der ursprüngliche Tweet. Um die Ulknudel von der AfD ein wenig zu ärgern und der Sache noch mehr Öffentlichkeit zu verschaffen, schreibe ich ebenfalls einen Kommentar, freundlich, der Sache angemessen.

Sachdienliche Hinweise aus dem Netz

Alice Weidel: Vor 75 Jahren flohen 2,5 Millionen Deutsche vor der vorrückenden Roten Armee, völlig überhastet nur mit dem Notwendigsten auf Pferdewagen oder mit Schubkarren in den minus 20 Grad kalten Winter. Heute gedenken wir der Opfer von Flucht und Vertreibung #AfD

Botschaft der Russischen Föderation: Da sollte man sich vielleicht auch daran erinnern, weswegen die Rote Armee vorrücken musste.

MS: Antwort an Alice Weidel: #HitlerbärtchenSmiley

Wenig später liegt Weidel weit abgeschlagen auf einem ehrenvollen dritten Platz, die Zahlen der Likes unter beiden Antworten steigen derart schnell an, dass sie einfach alles löscht.

Auch andere schwelgen dieser Tage in Erinnerungen. Eine Woche später ist in der Botschaft der Vereinigten Staaten in Dänemark zum Jahrestag der Befreiung des Vernichtungslagers Auschwitz Gedenken angesagt.

U. S. Embassy Denmark: Heute ist der Internationale Holocaust-Gedenktag. Vor 75 Jahren befreiten amerikanische Soldaten das Lager Auschwitz-Birkenau. #WeRemember

Schlag Sahne: #WeCantRemember

Rob_Frantic: Westfront, Ostfront, dies das. Ist ja auch schon 75 Jahre her …

Hajo Thelen: Die Kurden haben auf jeden Fall nicht geholfen !!!111111elf

Hermes Shollock: Ist so was damit gemeint, wenn man sagt, dass die Sieger die Geschichtsbücher schreiben?

Walter Ruhetag: Haben die beim »Spiegel« abgeschrieben?

Tatsächlich, ein Kontrollblick auf Twitter zeigt, der *Spiegel* hatte vermeldet »Auschwitz war das größte Vernichtungslager der Nazis. Vor 75 Jahren wurde es von der amerikanischen Armee befreit«, damit noch 576 Likes sowie 122 Retweets kassiert und sich dann umgehend entschuldigt. Da die dänische US-Botschaft vermutlich nicht zu den verbliebenen drei *Spiegel*-Abonnenten zählt, vermute ich hinter dem Tweet eine weitere Ausprägung des in Europa um sich greifenden geschichtsrevisionistischen Aktionismus. Auch die Präsidenten von EU-Parlament, -Rat und -Kommission, Sassoli, Michel und vonderLeyen, hatten gerade offiziell & feierlich erklärt, »alliierte Truppen« hätten Auschwitz befreit. Zum 70. Jahrestag unter Präsident Chulz waren es noch russische Truppen gewesen, zum 75. sind es alliierte, in der Mehrzahl.

Dann aber belehrt mich eine einfache Google-Recherche eines Besseren: Die US-Botschafterin in Dänemark heißt Carla Sands und hat weder ihr Kunststudium in Pennsylvania abgeschlossen noch den Pre-Med-Kurs, der auf ein (tier-)ärztliches Studium vorbereiten soll. Nach einer Handvoll Gastauftritten in der Soap »Reich und schön« war ihr größter beruflicher Erfolg eine Hauptrolle in dem Film »Deathstalker and the Warriors from Hell«, dritter Teil einer Fantasy-Serie, »die sich wie ihre Vorgänger durch mystischen Firlefanz, martialisches Schwertergerassel und unfreiwillige Komik auszeichnet« (Lexikon des int. Films). Wenig später heiratete sie den 150 Millionen Dollar schwereren Immobilienhändler Fred, beförderte sich nach dessen Tod zum CEO seiner Firma und spendete rund 350.000 Dollar an Donald Trump. Der ernannte sie im Gegenzug zur Botschafterin in Kopenhagen. Unter Dänen war sie bisher nur mit ein paar ungeschickteren Äußerungen aufgefallen sowie der lauthals propagierten Forderung, das Land sollte gefälligst mehr amerikanische F-35-Kampfjets kaufen.

»Kassieren eigentlich US-Botschafter Provisionen, wenn sie den Verkauf amerikanischer Rüstungsgüter ankurbeln?«, frage ich meine Europapolitische Beraterin. »Dieser fiese Botschafter Grenell in Berlin befiehlt der Bundesregierung doch auch ständig die Erhöhung der deutschen Rüstungsausgaben.« Sie zuckt mit den Schultern: »Na und? Es regt ja auch niemanden mehr auf, was Trump nach Erdoğans Invasion in Syrien gesagt hat: Er habe seine Truppen abgezogen außer denen, die die Ölquellen unter Kontrolle haben. Er hat mehrfach getönt: ›But we have the oil!‹«

»Heee, Moment, Öl scheint wichtig zu sein heutzutag…«

»Und dass viele US-Soldaten neu in Saudi-Arabien stationiert wurden, obwohl sie eigentlich aus der Region abgezogen werden sollten. Trump hat wörtlich gesagt: ›We're sending more troops to Saudi Arabia, and Saudi Arabia is paying us for it, they're paying us. They've already deposited $1 billion in the bank.‹ Man darf die US Forces jetzt offiziell eine Söldner-Armee nennen, Trump selbst sagt, dass man sie kaufen kann. Wer es sich leisten kann, kann sie einfach mieten. Zum Kindergeburtstag. Vor 20 Jahren wäre das noch eine Schlagzeile gewesen, aber heute?«

BRÜSSEL, RATSGEBÄUDE

Stolz veröffentlicht Ratspräsident Charles Michel ein Bild, auf dem zu sehen ist, wie er neben Frau vonderLeyen sitzt und den Brexit-Vertrag unterzeichnet. Dazu ein paar handelsübliche Floskeln, »starten neu als Partner und Verbündete«, blablabla, »Freundschaft bleibt bestehen«. Leider muss ich ihn zur Ordnung rufen.

Sachdienlicher Hinweis aus dem Netz

MS: Ups, da haben wohl ein paar Knallchargen den Austrittsvertrag ein wenig vorschnell unterzeichnet ... Abstimmung im Parlament ist erst heute Abend. Smiley!

»Das Abkommen wird nach Artikel 218 Absatz 3 des Vertrags über die Arbeitsweise der Europäischen Union ausgehandelt. Es wird vom Rat im Namen der Union geschlossen; der Rat beschließt mit qualifizierter Mehrheit NACH Zustimmung des Europäischen Parlaments.«

BRÜSSEL, PARLAMENT

Aber wir vom Parlament sind ja gar nicht so. Nach einer noch mal recht emotionalen Debatte stimmen die Abgeordneten mit 35 Minuten Verspätung dem Brexit-Vertrag zu. Die Erleichterung darüber, dass die zähen Verhandlungen nun endlich zu einem Ende kommen, ist deutlich zu spüren. Lautstärker offenbart sich die Freude der britischen Abgeordneten, die den Brexit betrieben haben. Sie feixen und jubeln. Ihr Vorsitzender Nigel Farage umarmt eine jüngere Abgeordnete, die ihm im Wege steht, dann baut er sich vor mir auf, grinst und wedelt stürmisch mit einer kleinen britischen Flagge, die man für zwei Euro unten im Parlamentsshop kaufen kann, ruft »Bye, bye, everybody, bye, bye!«, und geht fähnchenschwenkend ab. Ab sofort bin ich der einzige Politclown hier. Meine drei Jahre alte Analyse des Brexits, denke ich, hat bis heute nichts von ihrer Überflüssigkeit verloren: Die Briten waren einfach nie mit dem Herzen Europäer, so wie Napoleon, Hitler, H. Kohl und ich.

Sachdienlicher Hinweis aus dem Netz

MS: Die kürzeste Analyse kommt von uns: 1 down, 26 to go. Smiley

BRÜSSEL, PLACE LUX

Eine junge Frau mit langen blonden Haaren kommt auf mich zu, sagt lächelnd auf Englisch: »Sie kennen mich nicht, aber ich kenne Sie. Aus dem Fernsehen!« Ich murmele verwirrt etwas wie »Sollte es nicht umgekehrt sein?«, dann verabschiede ich mich. Büroleiter Hoffmann hat die Szene beobachtet: »Das ist Eva Kaili aus Griechenland, Sozialdemokratin. Hast du übrigens den Tweet von Hunko gesehen?« Hoffmann hält mir sein Smartphone hin.

Sachdienlicher Hinweis aus dem Netz

Andrej Hunko: Es ist schon beachtlich: Die wichtigste Institution zum Schutz von Demokratie, Rechtsstaatlichkeit & Menschenrechten in Europa (der Europarat) fordert die unverzügliche Freilassung von Julian Assange und bei nahezu allen großen Medien in D ist Schweigen im Blätterwald.

FEBRUAR 2020

BRÜSSEL, SCHUMAN-KREISEL

Eigentlich ist der Weg vom Parlament zur EU-Kommission gar nicht weit, etwa zehn Minuten zu Fuß – wenn man die Straßenüberquerungen überlebt. Das ist keine Übertreibung. Der Verkehr in Brüssel ist wahnsinnig. Die Stadt gibt sich traditionell autofreundlich – wenn man einmal von schmalen Einbahnstraßen & fußballfeldgroßen Schlaglöchern absieht; Belgien hat die höchsten Steuerrabatte für Firmenwagen, jeden Tag fahren rund 100.000 Geschäftsfahrzeuge in die Stadt und wieder hinaus.

Die Bevölkerungsdichte pro Quadratkilometer ist über ein Drittel höher als in Berlin, und die 19 Verwaltungsbezirke arbeiten in allen Belangen gegeneinander, auch in der Verkehrspolitik. Die Belgier fahren wie die Pariser, das heißt, man drängelt sich einfach irgendwie durch, beherrschen aber die Kunst des Autofahrens nicht annähernd so gut wie ihre französischen Nachbarn. Andernorts gängige Grundregeln wie »rechts vor links« sind unbekannt. Der einzige Tag, an dem ich den Verkehr in Brüssel für einigermaßen normal hielt, war ein Sonntag im September 2014. Ein autofreier Sonntag. Ich fuhr mit meinem Audi ins Parlament, wunderte mich, dass ich fast ohne Stau durchkam, und freute mich, dass viele Passanten mir freundlich zuwinken.

Die Europapolitische Beraterin und ich haben knapp überlebt und stehen vor dem 14-stöckigen Berlaymont-Hochhaus, einem der größten Verwaltungsgebäude Europas. In den 60er-Jahren gebaut, bietet es heute Platz für die Spitze der EU-Kommission mit ihren über 30.000 Beamten.

Sachdienlicher Hinweis des BRF

47 Aufzüge, 33 Konferenzsäle, 880 Besprechungsräume: Sein Gigantismus hat dem heutigen Berlaymont-Gebäude den Namen »Berlaymonster« eingebracht. Wegen der 1500 Tonnen Asbest, die hier einst verbaut worden sind, blieb das Gebäude 13 Jahre geschlossen.

»Da oben sitzt vonderLeyen und gewöhnt sich ein«, spottet meine Begleitung, »vielleicht erhält sie nur den halben Zuschuss, sie betont doch immer, dass sie in Brüssel geboren wurde …«

Sachdienlicher Hinweis des Handelsblatt

Den Statuten der EU zufolge müssen sich die Kommissare und der Kommissionspräsident ebenso wie ihre Beamten in Brüssel niederlassen. Bei ihrer Ankunft in der EU-Hauptstadt erhalten sie einen üppigen »Eingewöhnungszuschuss«, der zwei Monatseinkommen entspricht.

»Auf jeden Fall wird sie uns nicht allzu oft im Delirium* über den Weg laufen, sie wird nämlich ihre Nächte hier verbringen: Sie will auf ihrer Büroetage auch wohnen.« »Hm, Juncker hat ganz normal im Luxushotel gewohnt, wahrscheinlich wegen der Minibar, Smiley. Zeit, sich das alles mal etwas genauer anzusehen.«

Sachdienlicher Hinweis der WirtschaftsWoche

Ursula von der Leyen (60) will als Präsidentin der EU-Kommission in einem 25 Quadratmeter großen Zimmer direkt neben ihrem Büro im Brüsseler Amtssitz Berlaymont wohnen. Vorteil sei, dass der Kommissionssitz ohnehin stark gesichert werde und es deswegen keinen zusätzlichen Sicherungsaufwand für eine andere Unterkunft in Brüssel brauche, erklärte ihr Sprecher am Donnerstag. Zudem werde von der Leyen nicht morgens und abends mit ihrem Fahrer im Stau stehen.

Sachdienlicher Hinweis von YouTube

MS: Liebe EU-Bürger draußen an den Geräten, wohnen Sie eigentlich? Na klar, wohnen Sie, wir wohnen doch alle. Irgendwie. Manche besser, manche schlechter. Manche bezahlen ein Wahnsinnsgeld für ein paar Quadratmeter, andere wohnen kostenfrei unter der Brücke oder in neu gestalteten Raufaser-Lofts in den Räumen der EU-Kommission.

Und einige wohnen und verdienen sogar noch Geld damit. Nehmen wir eine beliebige EU-Kommissionspräsidentin, die kürzlich einen berufsbedingten Umzug antreten musste, von der Wohnung, die sie sich im Bendlerblock in Berlin hatte einbauen lassen – ungeachtet der Kritik des Bundesrechnungshofes –, in die Wohnung, die sie sich gerade im Gebäude der EU-Kommission einbauen lässt.

Einige deutsche Parlamentskollegen haben mich mal gebeten, nicht über Geld zu sprechen. Deswegen will ich heute über Geld sprechen. Aber nicht über das Geld der Parlamentarier, sondern über Ihr Geld. Steuergeld. Frau vonderLeyens

* Touristen-Absturzkneipe in der Innenstadt. Wird gern genutzt, wenn wir Studentengruppen der Bucerius Law School in Brüssel empfangen.

Ankündigung, sie werde sich zur privaten Nutzung ein putziges Penthouse in den dreizehnten Stock der Kommission einbauen lassen, wurde in Brüssel mit leichter Verwunderung aufgenommen. Zwar hatte sie dies Szenario im deutschen Verteidigungsministerium schon exerziert – in der Sittengeschichte der europäischen Institutionen aber war das ein absolutes Novum. Kommissionssprecher Eric Mamer, dessen Job es ist, jede noch so lächerliche Marotte seiner Vorgesetzten nach außen zu vertreten, erklärte mit gespielter Begeisterung, Frau vonderLeyen könne jetzt nicht nur – Gott behüte – Tag UND Nacht arbeiten, sondern werde durch ihr innovatives Wohnkonzept sogar den europäischen Haushalt entlasten.

Hm, mal sehen: Der Einbau ihres 25-Quadratmeter-Lofts in das depressionsfreundliche Dienstgebäude der Kommission hat das Budget der Europäischen Union (offiziell) mit bislang 72.000,– Euro belastet. Nicht eingerechnet Unterhalts- und Wartungskosten, die Erstausstattung (Möbel, Wäsche, Topflappen usw.) sowie eine auf 3.500 Mücken geschätzte schwere Kaffeemaschine. Allgemein war erwartet worden, dass vonderLeyen im Gegenzug für die kostenfreie Nutzung dieser aus Steuergeldern finanzierten (und in einem öffentlichen Verwaltungsgebäude befindlichen) Hütte auf die ihr (zweckgebunden) zustehende Residenzzulage von 4.185,– Euro verzichten würde.

Das tut sie natürlich nicht direkt.

Denn obwohl sie in ihrem Kommissionsappartement keinerlei Unterkunftskosten hat, lässt sie sich (nach Abzug von 1.500 Euro) monatlich 2.685 Euro Unterkunftszulage auszahlen. Ein Fall für den Mieterschutzbund ist das jedenfalls nicht. Vermutlich fällt es sogar irgendwie unter das schmierige Stichwort »Deutsche wohnen«. Smiley.

Nun hat ein (seriöser) französischer Journalist in Erfahrung gebracht, dass die Kommissionspräsidentin sich all ihre Mahlzeiten – morgens, mittags & abends – im ausschließlich Kommissaren vorbehaltenen Restaurant des 13. Stocks kostenfrei zusammenschnorrt. Die monatliche Verpflegungszulage von 1.418 Euro streicht sie selbstverständlich trotzdem ein.

Mit buchhalterischer Akribie rechnet derselbe Journalist aus, dass vonderLeyen sich auf diese Weise – zusätzlich zu ihrem Gehalt von 28.000,– Euro – monatlich 4.103 Euro unbegründet und unversteuert in ihre eigene Präsidentinnentasche steckt. 4.103 Euro entsprechen übrigens den Monatsbezügen eines jungen EU-Beamten. Oder den Jahresbezügen eines alten Hartz-IV-Regelsatzempfängers.

Für vonderLeyen bedeuten sie jedenfalls ein jährliches Zubrot von knapp 50.000 Euro, die sich – über die gesamte Legislatur gerechnet – auf eine glatte Viertelmillion summieren werden. Einfach so. Obendrauf. So steuerfrei wie mein Kilometergeld.

Zu einer Verringerung der Sicherheitskosten kommt es de facto übrigens nicht.

Während die beiden Leibwächter der vorherigen Kommissionspräsidenten abends und nachts freigestellt waren, müssen sie sich jetzt rund um die Uhr in der Nähe des Präsidentenstudios aufhalten, um jederzeit die ordnungsgemäße Evakuierung Frau vonderLeyens aus dem riesigen, als Wohnraum gar nicht zugelassenen Verwaltungslabyrinth sicherzustellen.

Falls mal irgendwo ein paar Sicherungen durchbrennen. Oder so.

BRÜSSEL, PARKBANK

»Weißt du, was der Unterschied zwischen Franzosen und Deutschen ist?«, fragt meine Europapolitische Beraterin und fährt fort, ohne dass ich es ihr erklären könnte: »In Frankreich stürmen Demonstranten die Blackrock-Zentrale, in Deutschland wird diskutiert, ob ein Blackrock-Mann Kanzlerkandidat werden soll.«

Sachdienliche Hinweise aus dem Netz

Aktenjongleur: Was geht eigentlich mit der Fotzenfritz-URL?

MS: Ich fürchte, das Friedrich-Merz-Team interveniert da ständig …

Sachdienlicher Hinweis von Titanic

Der 35. Chaos Communication Congress in Leipzig steht passenderweise unter dem Titel »Refreshing Memories«. Und garantiert angenehme Arbeitszeiten. Nachdem Büroleiter Hoffmann gegen Mitternacht 4500 Nerds eine Stunde lang die theoretischen Strukturen der EU erläutert hat, darf ich noch einige praktische Erfahrungen beisteuern.

Bevor ich meinen Vortrag beginne, frage ich, ob noch jemand den Ehrennamen kennt, den Merz vor rund 20 Jahren von Titanic erhalten hat. Fünf, sechs Leute rufen sofort »Fotzenfritz«. Das ist korrekt. Angesichts der Vielzahl fragender Blicke erläutere ich den Übrigen kurz, wie es dazu kam:

Im Frühjahr 2000 wurden einige deutsche Politiker von dem Bedürfnis überwältigt, der Öffentlichkeit zu gestehen, dass sie trotz aller konservativen Behäbigkeit einst eine aufregende, revolutionäre Phase durchgemacht hätten. Friedrich Merz beichtete, er sei einmal mit langen Haaren und ohne Helm verwegen mit dem Mofa durchs Sauerland gebrettert. Leider fand die Zeit ein paar Klassenkameraden, die sich ebenfalls an die gemeinsame Jugendzeit erinnerten. Aber etwas differenzierter:

Sachdienlicher Hinweis der Zeit

»Schulterlange Haare? Merz? Nie im Leben!«, meint Ernst Ferdinand, der gemeinsam mit Merz das Briloner Gymnasium besuchte. »Unser Kumpel hatte schon immer die Frisur, die er heutzutage trägt. Dafür hätte der alte Merz schon gesorgt, dass die Haare nicht zu lang wurden!« Die wilden Rasereien mit dem Motorrad, von denen Merz berichtete, habe es ebenfalls nicht gegeben. »Uli hatte zeitweise ein Zündapp-Mofa, ich irgendein französisches Fabrikat, Friedrich hatte gar keines.« An die Pommesbude auf dem Marktplatz, an der Friedrich Merz angefangen haben will, zu rauchen und Bier zu trinken, erinnert sich sein alter Freund folgendermaßen: »In Brilon hat es noch nie eine Pommesbude auf dem Marktplatz gegeben, es sei denn vielleicht zur Michaeliskirmes – für drei Tage im Jahr.«

Ich nahm das damals zum Anlass, die legendären Titanic-Reportagenfälscher Gärtner/Nagel um eine Investigativrecherche in Merz' Heimat zu bitten; und ohne dass die beiden ihren Schreibtisch für einen bemerkenswerten Zeitraum verlassen hätten, wurde mir bald darauf eine solche präsentiert. Den verwegensten Satz nahm ich heraus und setzte ihn als Überschrift darüber: »Sie nannten ihn Fotzen-Fritz«.

Einige Jahre später saßen wir abends bei ein paar Bieren in der Titanic-Redaktion herum, warteten auf die letzten Texte, die noch Korrektur gelesen werden mussten, und vertrieben uns die Zeit mit einem kleinen Wettbewerb: Internetadressen aufzurufen, die möglichst ins Leere führen sollten. Wenn ich mich recht erinnere, begann Redakteur Schiffner mit www.penisbruch.de – und verlor, denn dahinter verbarg sich die Seite eines Schachvereins. Ich zog nach und tippte im sicheren Gefühl der Überlegenheit www.fotzenfritz.de ein. Sie können sich meine sehr, sehr große Überraschung vorstellen, als sich ohne Umschweife die Homepage von Friedrich Merz öffnete. Offenbar hatte ein fachkundiger Titanic-Leser – und das war im Jahr 2000 noch ein wenig aufwendiger – die Seite gesichert und zu seinem persönlichen Vergnügen eine Weiterleitung eingerichtet.

Nachdem wir diesen nützlichen Service im Editorial der nächsten Ausgabe öffentlich gemacht hatten, erhöhten sich die Besucherzahlen auf Merz' Seite auffällig. So auffällig, dass irgendwann ein Anwalt forderte, den kleinen Spaß doch bitte fix wieder zu beenden. Was wir allerdings nicht so schnell taten, als dass es die Verbreitung des Spitznamens hätte verhindern können; vertraulichen Informationen aus dem Büro eines Bundestagsabgeordneten zufolge wurde der Sauerländer bereits fraktionsübergreifend »Fotzenfritz« gerufen – hinter seinem Rücken natürlich, Merz ist groß und gilt als einflussreich.

Eine Woche später wurde ich per Mail darüber informiert,

dass, wenn es mal schnell gehen müsste, man auch über die URL www.fotzenfritz.tk auf Merzens Seite käme. Selbstverständlich gab ich diese Information an die Titanic-Leser weiter, Tokelau liefert nicht aus. Ich schließe die kleine Geschichtsstunde mit der Bitte an Deutschlands Hacker, den Spitznamen nie, niemals zu vergessen und parat zu haben, falls Merz noch einmal aus der Kiste springen sollte.

Als ich 50 Minuten später von der Bühne gehe, rufen mir aus dem Publikum fünf oder sechs Leute fotzenfritz-Adressen zu, über die man jetzt auch auf Merzens Seite gelangt.

Sachdienliche Hinweise aus dem Netz

CryptoPunkrock: POLITISCHES Wissen des Tages: www.fotzenfritz.com und www.fotzen-fritz.de führen direkt zur offiziellen Internetseite von Friedrich Merz (CDU), jüngst CDU-Partei-Chef-Kandidat.

Die PARTEI: fotzen-fritz.tk geht auch

Marc von Beichmann: Vergiss nicht fotzenfritz.icu

PHP And Cigars: Warum kommt bei Google nicht sofort die Homepage von Friedrich Merz, wenn man »Fotzen-Fritz« eingibt?

Maunzi P: Krass. Funktioniert immer noch!

Deine Tante Horst: Lasst das mal bloß nicht @fritzkola lesen …

fritz-kola: Moin, man sollte nicht alle fritzen über einen Kamm scheren. Differenziert betrachtet haben wir da nichts gegen. Vieleviele Grüße.

BRÜSSEL, HOMEOFFICE

Wer ist eigentlich … Ratspräsident? Gute Frage, die Mitgliedsstaaten wechseln sich ab, jedes halbe Jahr, immer zum 1. Januar und zum 1. Juli wechselt der Vorsitz im Rat. Das vorsitzende Land organisiert die Tagungen des Rates inhaltlich, setzt Themen auf die Tagesordnung, bereitet Kompromisse vor (oder hält unliebsame Abstimmungen von der Tagesordnung fern).

Eine kurze Recherche bei DuckDuckGo ergibt, dass Kroatien am Ruder ist, das jüngste und unerfahrenste EU-Mitglied. Mitglieder der Regierungspartei HDZ, die auf freiem Fuß waren, hatten versprochen, sich in ihrer ersten Präsidentschaft strikt an deutschen Ratschlägen zu orientieren.

Sachdienlicher Hinweis der taz

Im Land selbst war die Popularität der EU-Mitgliedschaft vor allem in den ersten Jahren nach dem Beitritt sogar gesunken. Denn die Bevölkerung hatte mit dem Eintritt in die EU erwartet, dass die Lebensverhältnisse sich schlagartig denen in den westeuropäischen Ländern angleichen würden.

Die kroatische Gesellschaft ist nach rechts gerückt und kümmert sich wenig um europäische Werte. Menschenrechte werden von den Rechtsaußen und sogar der katholischen Kirche bekämpft, die sich vehement gegen das Istanbul-Abkommen zum Schutz von Frauen eingesetzt hat.

Außerdem bedeutete der Ratsvorsitz, zumindest in osteuropäischen Staaten, riesige Werbebanner von Coca-Cola & Co. Als ich 2019 zwei Tage zu einem steuerfinanzierten Kontrollbesuch in einem Bukarester »Luxushotel« weilte, durfte ich überrascht feststellen, dass die Rumänen sich ihre Präsidentschaft mit Sponsorengeldern vergolden ließen. Mercedes-Benz, Renault und Coca-Cola hatten fünf- bis sechsstellige Summen bezahlt, dafür sah man riesige EU-Coca-Cola-Werbebanner allerorten und ihre Logos prangten überall, wo EU-Flaggen wehten. Aber die Kroaten sind noch etwas offensiver.

Sachdienliche Hinweise aus dem Netz

Lobbycontrol: Die kroatische Ratspräsidentschaft lässt sich ausgerechnet von ihrem heimischen Ölkonzern sponsern. Das erweckt nicht gerade Vertrauen, dass sie den Absprung von fossilen Energien vorantreibt. Sponsoring von Ratspräsidentschaften schafft schlechtes Klima.

MS: Die erste wirkliche »Green Deal«-Handlung der EU ist die

Beschneidung der Fluggastrechte – Entschädigung erst bei Verspätung über 4 Stunden (bisher 2 h), Langstrecke ab 12 h –, welche die kroatische Ratspräsidentschaft gerade vorantreibt. Smiley!

Aber es gibt ein paar noch wesentlich und grundlegend klimaschädlichere Entwicklungen in der EU.

Sachdienlicher Hinweis von Telepolis

Brüssel will weiter Öl- und Gaskonzerne subventionieren
EU-Kommission will erneut Importe aus der Fracking-Förderung unterstützen. Einfuhren von US-Flüssiggas steigen schnell an

Mitte Februar sollen die Abgeordneten im EU-Parlament pauschal ein besonderes Förderprogramm absegnen. Mithilfe der »Vorhaben im gemeinsamen Interesse« hat die Kommission in den vergangenen Jahren bereits Milliarden von Steuermitteln an Öl- und Gasunternehmen weitergeleitet. Zu einem großen Teil handelt es sich um Gelder, mit denen der Import von verflüssigtem Erdgas (LNG) aus Übersee angekurbelt werden soll.

Umweltaktivisten fanden allein 55 Erdgas- und mindestens zwei Ölprojekte, die aus Steuermitteln unterstützt werden sollen. Andy Gheorghiu, Politikberater der NGO Food & Water Europe, hält das Vorgehen für einen einzigen Skandal. Der Aktivist verweist etwa auf das geplante LNG-Terminal im irischen Shannon. Das Projekt beweist laut Andy Gheorghiu, wie die EU-Kommission zugunsten der Gas-Lobby alle Grundsätze über Bord wirft. Kritiker führen an, dass Irland durch das Projekt zu einem wichtigen Einstiegspunkt für US-amerikanisches Fracking-Gas in die EU würde. Obwohl die EU-Staaten allerlei Selbstverpflichtungen unterzeichnet haben, mit denen sie sich darauf festlegen, nur noch Technologien zu unterstützen, die klimaneutral sind, subventionieren sie mit den Infrastrukturen für gefracktes Erdgas einen der gefährlichsten Emittenten von klimaaktiven Gasen.

Selbst die New York Times, bislang eher als unkritische Begleiterin des Fracking-Booms aufgefallen, veröffentlichte kürzlich eine aufwendige Reportage über den massiven Gasschlupf in der amerikanischen Gasindustrie. Darin beschreiben die Autoren die seit 2007 steigenden Methanwerte in der Atmosphäre. Die Fracking-Erdgasproduktion, die sich ebenso wie der Anstieg der atmosphärischen Methanwerte beschleunigte, ist der Hauptverdächtige, so die späte Erkenntnis der New York Times.

Der EU-Kommission scheinen derartige Fragen unbekannt. Weiterhin sponsert sie quer durch die EU und bis in die Ukraine Infrastrukturen, die es ermöglichen sollen, Erdgas aus Übersee einzuspeisen. Die aktuelle Förderliste enthält LNG-Projekte in Polen, Griechenland und Kroatien. Wer glaubt, im vergangenen Jahr 2019 habe es einen Durchbruch für das kritische Bewusstsein beim Thema Klima gegeben, findet sich in Brüssel in einer verkehrten Welt wieder. Unverdrossen folgen die Energiekommissare der Kommission den Lobbyisten der Öl- und Gasindustrie. Wie Analysten von Bloomberg berechneten, verkauften die in den USA aktiven Unternehmen den größten Teil ihres verflüssigten Erdgases in die EU.

Gleichzeitig stellen sich die Branchenexperten wie Britisch Petroleum und die Internationale Energieagentur darauf ein, dass mit den neuen LNG-Infrastrukturen an Europas Küsten die Einfuhren von US-Gas weiterhin schnell steigen werden. Im Namen der EU-Kommission freute sich kürzlich Handelskommissar Phil Hogan über diese Prognose. Bei einem Auftritt in Washington beschrieb er die LNG-Exporte aus den USA nach Europa als »Win-win-Situation«. Die transatlantischen Beziehungen seien »erfrischend«, so der europäische Handelskommissar.

STRASSBURG, PARLAMENT

Die Abstimmung geht deutlich für Fuckin' Gas* & Öl aus, gegen die Umwelt: Nur 169 Abgeordnete stimmen für den Antrag, die Liste der »Projects of common interests« abzulehnen, mit der die Förderungswürdigkeit sogenannter Green-Deal-Investitionen festgeschrieben wird. 443 waren dagegen, 36 drücken den mittleren Knopf an der Abstimmkonsole »Mir doch egal!«. Um die Natur zu rächen, halten wir zumindest das Abstimmungsergebnis der deutschen Abgeordneten für die Nachwelt fest.

Sachdienliche Hinweise aus dem Netz

Thorsten Klein: Vielen Dank für die Übersicht! Müsste man viel öfter sehen! Gibt es eine Seite, wo man sich über das Abstimmungsverhalten der Abgeordneten informieren kann?

MS: Nein, jedenfalls nicht aufbereitet. So groß ist das Interesse der EU an Öffentlichkeit dann doch nicht.

FFF Iserlohn: Witzig ist ja immer, wenn wir CDU-Abgeordnete im EU Parlament auf ihr Abstimmungsverhalten ansprechen. Es kommt immer folgende Ausrede: Ich war nur kurz abgelenkt und habe deswegen falsch abgestimmt ... Fazit: Die komplette CDU muss im EU-Parlament wohl ständig abgelenkt sein.

Noch ein Hinweis von Telepolis

Bereits Ende Oktober letzten Jahres hatte Gheorghiu den EU-Bürgerbeauftragten informiert, dass die Kommission die zwingend vorgeschriebene Nachhaltigkeitsprüfung überhaupt nicht hatte durchführen lassen, bevor sie Öl- und Gasprojekte auf die PCI-Liste hatte setzen lassen: »Soweit ich herausfinden konnte, wurde kein einziges Projekt auf der Liste vorher überprüft.«

Dies sei den Vertretern der Kommission durchaus bewusst gewesen, berichtet Gheorghiu. So habe der stellvertretende Direk-

* In seinen Bestrebungen, uns Europäern sein extrem schmutziges US-Gas zu verkaufen, hatte sich Donald Trump einen sehr guten Trick ausgedacht und das Zeugs in »Freedom-Gas« umgetauft.

Wer will verhindern, dass Öl- und Gaskonzerne EU-Geld bekommen?

Martin Sonneborn	Die PARTEI	+
Nico Semsrott	Die PARTEI	
Hildegard Bentele	CDU	–
Stefan Berger	CDU	–
Daniel Caspary	CDU	–
Lena Düpont	CDU	–
Jan Christian Ehler	CDU	–
Michael Gahler	CDU	–
Jens Gieseke	CDU	–
Niclas Herbst	CDU	–
Peter Jahr	CDU	–
Peter Liese	CDU	–
Norbert Lins	CDU	–
David McAllister	CDU	–
Markus Pieper	CDU	–
Dennis Radtke	CDU	–
Christine Schneider	CDU	–
Sven Schulze	CDU	–
Andreas Schwab	CDU	–
Ralf Seekatz	CDU	–
Sven Simon	CDU	–
Sabine Verheyen	CDU	–
Axel Voss	CDU	–
Marion Walsmann	CDU	–
Rainer Wieland	CDU	–
Christian Doleschal	CSU	–
Markus Ferber	CSU	–
Monika Hohlmeier	CSU	–
Marlene Mortler	CSU	–
Angelika Niebler	CSU	–
Manfred Weber	CSU	
Katarina Barley	SPD	+
Gabriele Bischoff	SPD	+
Udo Bullmann	SPD	+
Delara Burkhardt	SPD	+
Ismail Ertug	SPD	+
Evelyne Gebhardt	SPD	+
Jens Geier	SPD	+
Petra Kammerevert	SPD	+
Dietmar Köster	SPD	+
Constanze Krehl	SPD	+
Bernd Lange	SPD	+
Norbert Neuser	SPD	0
Maria Noichl	SPD	+
Joachim Schuster	SPD	+
Birgit Sippel	SPD	+
Tiemo Wölken	SPD	+
Rasmus Andresen	BÜNDNIS 90 DIE GRÜNEN	+
Michael Bloss	BÜNDNIS 90 DIE GRÜNEN	+
Reinhard Bütikofer	BÜNDNIS 90 DIE GRÜNEN	+

Martin Sonneborn
Fraktionsloses Mitglied des Europäischen Parlaments

Abstimmung über die Ablehnung der Unionsliste der Vorhaben von gemeinsamem Interesse am 12.02.2020, die auch eine finanzielle Förderung von Infrastruktur für Frackinggas vorsieht.

Name	Partei	Stimme
Anna Cavazzini	BÜNDNIS 90 DIE GRÜNEN	+
Viola von Cramon-Taubadel	BÜNDNIS 90 DIE GRÜNEN	+
Anna Deparnay-Grunenberg	BÜNDNIS 90 DIE GRÜNEN	+
Romeo Franz	BÜNDNIS 90 DIE GRÜNEN	+
Daniel Freund	BÜNDNIS 90 DIE GRÜNEN	+
Alexandra Geese	BÜNDNIS 90 DIE GRÜNEN	+
Sven Giegold	BÜNDNIS 90 DIE GRÜNEN	+
Henrike Hahn	BÜNDNIS 90 DIE GRÜNEN	+
Martin Häusling	BÜNDNIS 90 DIE GRÜNEN	+
Pierrette Herzberger-Fofana	BÜNDNIS 90 DIE GRÜNEN	+
Ska Keller	BÜNDNIS 90 DIE GRÜNEN	+
Sergey Lagodinsky	BÜNDNIS 90 DIE GRÜNEN	+
Katrin Langensiepen	BÜNDNIS 90 DIE GRÜNEN	abwesend
Erik Marquardt	BÜNDNIS 90 DIE GRÜNEN	+
Hannah Neumann	BÜNDNIS 90 DIE GRÜNEN	+
Niklas Nienaß	BÜNDNIS 90 DIE GRÜNEN	+
Jutta Paulus	BÜNDNIS 90 DIE GRÜNEN	+
Theresa Reintke	BÜNDNIS 90 DIE GRÜNEN	+
Klaus Buchner	ödp	+
Patrick Breyer	PIRATEN PARTEI	+
Özlem Alev Demirel	DIE LINKE.	abwesend
Cornelia Ernst	DIE LINKE.	+
Martina Michels	DIE LINKE.	abwesend
Martin Schirdewan	DIE LINKE.	+
Helmut Scholz	DIE LINKE.	+

Name	Partei	Stimme
Damian F. von Boeselager	VOLT	+
Martin Buschmann	PARTEI MENSCH UMWELT TIERSCHUTZ	+
Engin Eroglu	FREIE WÄHLER	–
Ulrike Müller	FREIE WÄHLER	–
Helmut Geuking	Familien-Partei	–
Nicola Beer	Freie Demokraten FDP	–
Andreas Glück	Freie Demokraten FDP	–
Svenja Hahn	Freie Demokraten FDP	–
Moritz Körner	Freie Demokraten FDP	–
Jan-Christoph Oetjen	Freie Demokraten FDP	–
Christine Anderson	AfD	–
Gunnar Beck	AfD	–
Lars Patrick Berg	AfD	–
Markus Buchheit	AfD	–
Nicolaus Fest	AfD	–
Maximilian Krah	AfD	–
Joachim Kuhs	AfD	–
Sylvia Limmer	AfD	–
Jörg Meuthen	AfD	–
Guido Reil	AfD	–
Bernhard Zimniok	AfD	–

+ dafür 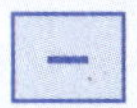 dagegen  enthalten  abwesend

Für diese Art von »Green Deal« kann sich der Planet bei vonderLeyen, CDU/CSU, FDP & AfD bedanken.

tor Klaus-Dieter Borchardt auf der Sitzung des »Ausschusses für Industrie, Forschung und Energie« am 17. Oktober 2019 offen zugegeben, dass das Fehlen der vorgeschriebenen Klima- und Umweltbewertung seit über sechs Jahren ignoriert wird. »Das stellt natürlich die Rechtmäßigkeit aller bisherigen PCI-Listen infrage.«

In vielen Fällen, etwa bei den Importterminals für LNG in Polen, Kroatien und Griechenland, zweifeln Kritiker ohnehin an der Wirtschaftlichkeit. Ohne öffentliche Subventionen aus EU-Töpfen hätten die Unternehmen teilweise gar nicht begonnen, neue Infrastrukturen zu bauen.

Verglichen mit konventionell gefördertem Erdgas, das mit Pipelines transportiert wird, ist der Transport von verflüssigtem Erdgas über den Atlantik nicht nur extrem klimaschädlich, sondern auch unverhältnismäßig teuer. Der europäische Steuerzahler nehme den Öl- und Gaskonzernen ihre Risiken ab und schaffe damit langfristige Infrastrukturen, die in den kommenden Jahrzehnten die Energiewende behindern, so Kritiker wie Food and Water Europe. (Malte Daniljuk)

STRASSBURG, PLENARSAAL

Wegen einer emotionalen Debatte um die kleinen Nationalflaggen auf den Tischen von Osteuropäern und Lega-Italienern verzögern sich die Abstimmungen. Egal, lese ich noch ein bisschen im Netz herum. Und habe gleich sehr viel bessere Laune, als ich im *Tagesspiegel* sehe, dass über 100 Beamte der Staatsanwaltschaft diverse Räumlichkeiten von MdB Karin Strenz (CDU) und ihrem Kompagnon Eduard Lintner (CSU) durchsucht haben. Lintner, der den Aserbaidschanern als Leiter einer Wahlbeobachtungsdelegation offiziell bescheinigt hatte, ihre doch sehr grob gefälschten Wahlgänge hätten »deutschen Standards entsprochen«, hatte aus Baku über 800.000 Euro kassiert.

Ebenso erfreulich finde ich, dass das »heute journal« sich ausnahmsweise einmal zum Fall Assange geäußert hat.

Sachdienlicher Hinweis aus dem Netz

ZDF heute journal: Im Verfahren gegen den #Wikileaks-Gründer #Assange seien Vergewaltigungen erfunden und Beweise manipuliert worden. Das meint #UN-Sonderberichterstatter für Folter, @NilsMelzer. Die USA und andere wollten #Whistleblower abschrecken. Melzer sieht den #Rechtsstaat in Gefahr.

Bestens gestimmt verlasse ich nach den Abstimmungen den Plenarsaal, werde dabei von der neuen Vizepräsidentin Katarina Barley überholt, die mit einer Assistentin schnellen Schrittes an mir vorbeizieht. »Wo ist der Fototermin? Im dritten Stock?«, fragt die Assistentin energisch, bleibt stehen, schaut sich in dem doch recht komplexen Gebäude um, richtet den Blick dann nach oben: »Wo ist der dritte Stock?« Auch wenn die Damen zur politischen Konkurrenz gehören, will ich nicht unhöflich sein: »Der dritte Stock ist zwischen dem zweiten und dem vierten. Aber: Es ist zu spät für Fototermine!« Während die Assistentin streng an mir vorbeischaut, lächelt Barley mich an und sagt mit leichter Resignation in der Stimme: »Es ist zu spät für alles.«

BRÜSSEL, BÜRO

Stimmt doch gar nicht! Die *Berliner Zeitung* veröffentlicht neue Umfragewerte. Laut Forsa kommt die FDP in Berlin, wo sie in der EU-Wahl noch hinter uns gelegen hatte, auf überraschende sechs Prozent; allerdings kann man dem Kleingedruckten entnehmen, dass die Umfrage noch vor der Zirkusnummer mit ihrem Dreitageministerpräsidenten in Thüringen durchgeführt worden war. Der graue Balken der PARTEI steht bei soliden zehn Prozent, irritierenderweise steht allerdings »Sonstige« darüber.

AUTOBAHN BRÜSSEL–STRASSBURG

Als ich im Deutschlandfunk den Vorschlag Christian Lindners höre, in Thüringen jetzt eine Expertenregierung einzusetzen, ein Vorschlag, den zuvor schon Höcke von der AfD gemacht hatte, verliere ich die Kontrolle und schreibe bei Tempo 140 einen Tweet.

Sachdienliche Hinweise aus dem Netz

MS: Nach all dem, was er angerichtet hat mit seinen machtlüsternen Markt-Radikalinskis – könnte Christian Lindner jetzt bitte einfach mal drei Tage die Fresse halten? KeinSmiley

STRASSBURG, PARLAMENT

Die Vorgänge in Thüringen, das permanente Gleichsetzen von links und rechts (deren gesellschaftliche & politische Zielvorstellungen unterschiedlicher nicht sein könnten), vom Sozialdemokraten Bodo Ramelow (Die Linke) mit Neonazis wie Höcke ist ein Anlass, einmal mit der ebenso unsinnigen wie wirkungsvollen »Hufeisen-Theorie« aufzuräumen. In einer 60-Sekunden-Rede ist dieses Thema nicht zu schaffen, deswegen beantragt Büroleiter Hoffmann einen 30-Minuten-Slot vor einer Parlamentskamera.

Zur Illustration einer kleinen Kritik des Hufeisen-Theorems hat Praktikantin Amelie mir zwei repräsentative rote Armbinden gebastelt. Schwierigkeiten erwarten wir nicht, Hammer & Sichel auf der rechten Seite werden von einem Hakenkreuz auf der linken locker wieder ausgeglichen.

Leider ist die letzte Kameraposition hinten in der Ecke besetzt, ich muss vorne am Gang sprechen, in Sichtweite aller MEPs, die zwischen Plenarsaal und MEP-Bar verkehren. Büroleiter Hoffmann erklärt den beiden Technikern die Situation, dann legen wir los.

Ein bisschen irritieren mich die bösen Blicke einer osteuropäischen MEP, die gerade an der Kamera nebenan eine kurze

Stellungnahme aufzeichnen lässt. Ich lächle unböse zurück und konzentriere mich dann auf meinen Text; der ist nicht ganz einfach und enthält zudem zwei Regieanweisungen: Nach der Frage »Was ist das eigentlich für ein Land, in dem einem auf Anhieb mindestens fünf gefährliche Rechtsextremisten einfallen, aber kein einziger gefährlicher Linksextremist außer Johannes Kahrs?« reiße ich die Hammer-und-Sichel-Binde herunter, drei Sätze später auch das Hakenkreuz.

Sachdienliche Hinweise aus dem Netz

Johannes Kahrs: »Was ist das eigentlich für ein Land geworden, in dem einem auf Anhieb fünf gefährliche Rechtsextremisten einfallen – aber kein einziger gefährlicher Linksextremist? Außer Johannes Kahrs.« Gerade im Stern Online gelesen. Ist von Sonneborn

MS: Ich bitte um Verzeihung, lieber Johannes Kahrs, ich wollte Ihnen nicht schmeicheln.

German IoD: Wie Du bist von @kahrs nicht geblockt? ANFÄNGER!

Normalerweise erhält man seine Filmdatei vom Mediendienst des EP ein, zwei Stunden nach der Aufzeichnung per Mail zugestellt. Diesmal nicht. Büroleiter Hoffmann fragt mehrfach telefonisch nach, wird mit fadenscheinigen Ausreden immer wieder vertröstet. Schließlich wird er persönlich vorstellig beim Leiter des Audiovisuellen Dienstes und erfährt, dass ausgerechnet in dem Moment, als ich lediglich noch mit einer Binde geschmückt vor der Kamera stand, Parlamentspräsident Sassoli vorbeilief. Er habe wenig Verständnis gezeigt für Deutsche, die mit Hakenkreuz am Arm Reden schwingen, und sofort die Auslieferung der Datei untersagt. Hoffmann knurrt, das sei Zensur, und bittet das Büro des Präsidenten um eine Stellungnahme. Lustig, seinen Vorgänger, Mussolini-Verehrer Tajani, hätte meine Hakenkreuzbinde wohl nicht gestört. Höchstens, dass ich sie zerrissen habe …

Die Stellungnahme erhalten wir am nächsten Morgen schriftlich: Präsident Sassoli befürchtet, unsere kleine Rede würde »die

Würde des Hauses beschädigen«. Smiley. Wir verfassen eine kurze Pressemitteilung und beschließen, die Rede am Freitag in Brüssel einfach auf dem Gang vor unserem Büro mit dem Handy selbst noch einmal aufzunehmen.

Sachdienlicher Hinweis von YouTube

MS: Das dämliche Hufeisen-Theorem

Liebe Extremistinnen und Extremisten draußen an den Geräten,

in Thüringen, dem Kernland von Rostbratwurst und nationalsozialistischer Machtergreifung, hat sich ein windiger AFDP-Friseur mit Cowboy-Stiefeln und voller Absicht aus Versehen zum Ministerpräsidenten wählen lassen – bevor er sein Amt nur Stunden später widerwilligst wieder aufgab.

Ich gehe davon aus, dass die EU-Kommissionspräsidentin in Kürze nachziehen wird, denn die Blaupause für einen derartigen Kulturbruch stammt aus Brüssel. Nicht umsonst hat Ursula vonderLeyen – gerade endlich selbst einmal zu Gast in dem ihr zu Ehren eingerichteten Untersuchungsausschuss zur Berater-Affäre – erst vor ein paar Monaten offensiv um die Unterstützung von Rechtsradikalen geworben.

Und nun zu etwas ganz anderem: In den öffentlichen Debatten kursiert dieser Tage ein lustiges kleines Theorem, das vermutlich als das erbärmlichste politische Analyseangebot des 21. Jahrhunderts in die Geschichte der Demokratie eingehen wird: die sogenannte Hufeisen-Theorie.

Sie behauptet, dass es im politischen Raum so etwas wie eine »Mitte« gibt – gutartige Vertreter der liberalen Demokratie – und »Ränder« aus bösartigen Extremisten, die sich irgendwie gegen diese Mitte richten. Und das war's auch schon. Geistreicher wird es nicht.

Die Vertreter der Mitte, deren analytisches Elementarwissen eigentlich in der Phrase gipfelt, in einer »komplexen Welt« könne es so »einfache Antworten« gar nicht geben, scheinen selbst auch nicht die feurigsten Vorkämpfer differenzierten Denkens zu sein.

Maßgeblicher Stützpfeiler der – wissenschaftlich höchst problematischen – Hufeisenidee ist ein von neurechten Vordenkern als »Extremismustheorie« entwickeltes Konzept, das v. a. von Uwe Backes & Eckhard Jesse in Umlauf gebracht wurde.

Jesses augenfällige Schlagseite zeigt sich nicht allein in der fortgesetzten Verbreitung nationalistischer und geschichtsrevisionistischer Thesen, sie ist auch im Verbotsverfahren gegen die dämliche NPD deutlich geworden. Seiner faschismusverniedlichenden Ansicht, die NPD sei für ein Verbot doch viel zu unbedeutend, schloss sich das Verfassungsgericht bekanntlich an – zur Überraschung und Freude meines damaligen Sitznachbarn. Sie erinnern sich an den senilen Udo Voigt. (Finger aufs Hakenkreuz)

Wenn man AfD und Linkspartei neuerdings also gleichsetzen muss – gilt das dann auch für Hitler und Stauffenberg? AKK und PKK? Trichlorethylen und Tick, Trick und Track? Hufeisentheorien mögen auf der Trabrennbahn von Nutzen sein – als vereinfachende Welterklärungsformeln sind sie völlig ungeeignet.

Ein Hufeisen unterschlägt nicht nur den – zugegebenermaßen feinen, aber ausschlaggebenden – Unterschied zwischen Kapitalismuskritik und Naziterrorismus, sondern auch alle Extremismen, die sich in der – angeblich extremismusfreien – Mitte selbst verbergen. Und die reichen immerhin vom neoliberalen Marktextremismus der Spaßpartei FDP über den extremistischen Opportunismus eines Olaf Scholz (angeblich SPD) bis zur – ohne jeden Zweifel – extremistischen Selbstüberschätzung eines kompetenzfreien Provinzpolitikers im Bundesverkehrsministerium. (Unter uns: Ich meine Andi B. Scheuert)

Über die Extremisten der verfickten AfD ist mittlerweile genug gesagt, geschrieben und berichtet worden. Alles davon stimmt.

Die sozialdemokratisierte Linkspartei vertritt ähnlich gefährliche Positionen wie die SPD vor Gerhard Schröder oder die CDU im Ahlener Programm, Zitat: »Das kapitalistische

Wirtschaftssystem ist den staatlichen und sozialen Lebensinteressen des deutschen Volkes nicht gerecht geworden …«

Wäre die Linkspartei mittlerweile nicht völlig überfordert, wenn man sie auch nur um einen Hauch Linksextremismus bäte? Doch, doch, das wäre sie.

Was ist das eigentlich für ein Land geworden, in dem einem auf Anhieb mindestens fünf gefährliche Rechtsextremisten einfallen, aber kein einziger gefährlicher Linksextremist außer Johannes Kahrs?

Um die allenthalben entstandene Verwirrung endlich aufzulösen, möchte ich allen, die die Linke tatsächlich für irgendein Spiegelbild der Piiiiiiiiieeeep! AfD halten, Folgendes ankündigen: Bei Gelegenheit werde ich persönlich eine richtig gefährliche, durch und durch stalinistische, maoistische oder noch verdorbenere Partei gründen, die es sich zum obersten, nicht verhandelbaren Ziel setzt, die überlebenden Reste unseres Planeten einem fett kommunistischen Terrorregime zu unterwerfen.

Ich würde mir zum Beispiel vornehmen, das Vermögen des reichsten Prozents zu konfiszieren, um es auf die restlichen 99 Prozent der Menschheit – und mich – zu verteilen, Facebook und Amazon verstaatlichen, derivative Finanzinstrumente verbieten, Heckler & Koch & Kollegen abwickeln, »Super Umwelt Vicker«-Aufkleber auf alle SUVs kleben und jeden tagelang foltern, der dabei auch nur vorsichtig blinzelt. Und DAS, liebe Freunde der Hufeisentheorie, wäre dann das echte Korrelat zu den Faschisten, die Sie auf der anderen Seite Ihrer unterkomplexen Weltsicht finden.

AUGSBURG, SCHWABENHALLE

Das Wahlrecht in Bayern ist von einer Partei ausbuchstabiert worden, die wirklich sehr, sehr gerne an der Macht ist. Während die nicht im Bundestag vertretenen Parteien in fast allen Bundesländern bei Landtagswahlen höchstens 2.000 Unterstützerunterschriften sammeln müssen, braucht man, um in Bayern antreten zu können, über 9.000 Stück. Während man in anderen Bundesländern vor der Kommunalwahl in Fußgängerzonen Leute bitten kann, die abschreckend gestalteten Formblätter auszufüllen, müssen sie in Bayern persönlich im Rathaus unterschrieben werden. In Augsburg brauchen wir nur 470 Unterschriften. 470 Bürger, die zu den Öffnungszeiten ins Rathaus gehen, sich von einem Beamten fragen lassen, ob wir wirklich noch eine Partei mehr auf dem Stimmzettel brauchen, und dann fehlerfrei ihre persönlichen Daten nieder- und unterschreiben.

Als Deichkind in der Schwabenhalle auftritt, erlaubt die Band der PARTEI netterweise, einen Informationsstand in der Vorhalle aufzubauen, an dem Lisa McQueen, unsere Oberbürgermeisterin in spe, Sticker und Wahlprogramme verteilen kann. Das kommt dem amtierenden CSU-OB Kurt Gribl zu Ohren – er übt das Hausrecht in der Halle aus und untersagt den Stand höchstpersönlich. Die PARTEI ist enttäuscht und Deichkind richtig sauer. Lisa McQueen wird auf die Bühne eingeladen, zwei Mitglieder dürfen dort während des Konzerts mit PARTEI-Fahnen tanzen, »FCK AfD«- und »FCK CSU«-Aufkleber ins Publikum schmeißen. Zum Abschluss erscheint ein Bild riesig auf der Hallenwand: »Nicht denken, einfach wählen: Die PARTEI«

Sachdienliche Hinweise aus dem Netz

Deichkind: Augsburg, was ist hier los!? An einem Dienstag solch einen Abriss anzubieten, haut den stärksten Nordmann aus den Socken. Ein herzliches Dankeschön auch an Euren Oberbürgermeister Kurt Gribl, CSU. Danke, dass Sie der PARTEI die Plattform gegeben haben, bei uns auf der Bühne zu stehen, indem Sie ihr den Zutritt zum Foyer verboten haben. Viel Spaß noch bei der Kommunalwahl und bei der baldigen Rente. #pennerohnegrenzen

MS: Danke, Deichkind! Servus, Kurt Gribl ...

Leider vergesse ich, mich auch bei Kurt Gribl zu bedanken, denn Lisa McQueen wird tatsächlich Stadträtin in Augsburg. Und zwar nicht, wie der Augsburger AfD-Chef Müller anschließend tobt, weil sie »maximalpigmentiert« sei und nur aufgrund von »Hautfarbe und Geschlecht« gewählt werde. Deswegen gibt es auf die Anzeige der PARTEI hin auch eine überraschende Reaktion: Schon am Tag danach wird Müllers Haus durchsucht, werden Handy und Computer beschlagnahmt. Das hätten wir nach unseren bisherigen Erfahrungen mit der bayerischen Justiz nicht erwartet. Ein Jahr später wird AfD-Müller wegen Beleidigung verurteilt. Und wiederum zwei Jahre später in der Berufungsverhandlung freigesprochen werden. Alles wieder normal in Bayern!

BRÜSSEL, CAFÉ BELGA

So kann der Tag beginnen: zwei Cappuccino, ein frisch gepresster Orangensaft, ein Telepolis-Interview, dann ein bisschen im Internet herumblättern ... Nach den Morden von Hanau zeigt vonderLeyens PR-Agentur »Storymachine« einmal mehr, dass sie ihr Geld wert ist.

Sachdienliche Hinweise aus dem Netz

Ursula von der Leyen: Die Tragödie, die sich gestern Nacht in Hanau ereignet hat, hat mich zutiefst erschüttert. Meine Gedanken sind bei den Familien und Freunden der Opfer, denen ich mein aufrichtiges Beileid aussprechen möchte. Wir trauern heute mit Ihnen.

Nico Semsrott: Es ist keine Tragödie. Tragödie bedeutet immer: schicksalhaft, unausweichlich. Rassistischer Terror kommt nicht aus dem Nix. Tu doch nicht so, als ob die CDU nix mit der rassismusverharmlosenden Politik in dieser Gesellschaft zu tun hätte.

Ursula von der Leyen: Mit dem Wort »Tragödie« haben wir ohne die Präsidentin (in Terminen zur Vorbereitung des Europäischen Councils) das falsche Wort gewählt. Es handelt sich um eine »feige, brutale Straftat«! Wir – das Social-Media-Team – entschuldigen uns dafür.

Stefan Leifert: Wann hört endlich das Team-Twittern von Spitzenpolitikern auf? Das ist keine Kommunikation, sondern die Simulation von Kommunikation.

MS: Smiley! (Team Sonneborn)

Stefan Leifert: Ich sagte ja: Spitzenpolitiker. ZwinkerSmiley! (Team Leifert)

Sachdienlicher Hinweis von Telepolis

T: Neulich haben Sie den Deutschen von Europa aus die Hufeisen-Theorie erklärt. Fehlt der politischen Mitte ein terroristischer Arm?

MS: Zwei, man braucht immer zwei terroristische Arme. Ich dachte eigentlich, wenn ich Hammer & Sichel und Hakenkreuz trage, gleicht sich das wieder aus. Mein Chef, Parlamentspräsident Sassoli, sah das anders und hat die Rede zensiert. Wenn ich das nächste Mal in Brüssel bin, werde ich Sassoli deswegen einbestellen.

T: AKK hat zuerst ihren Auftritt beim Saarbrücker Karneval und dann als Kanzlerkandidatin abgesagt. Da die CDU derzeit niemanden von Format aufbieten kann – stünden Sie als routinierter Politprofi zur Verfügung?

MS: Nein, die CDU ist ein zerstrittenes Auslaufmodell. Die gesellschaftliche Aufgabe, die die Christdemokraten einmal erfüllten, war es ja, die Idee einer sozialen Marktwirtschaft zu vertreten. Aber diese Position haben sie inzwischen bedenkenlos geräumt, um sie Sahra Wagenknecht zu überlassen. Außerdem: Ich mag straff führerzentrierte Organisationen ohne Flügel und Werteunionen.

T: Sie werden demnächst als Beobachter des EU-Parlaments zum Prozess gegen Julian Assange nach London fahren. Werden Sie den Tommys mit Ausschluss aus der EU drohen?

MS: Der Prozessbeginn wird kürzer ausfallen als gedacht, ich werde erst im Mai zur Wiederaufnahme fahren. Aber mein Büro begleitet die Vorgänge in London. Seitdem die Schweizer Seite republik.ch ein ausführliches Interview mit dem UN-Sonderbeauftragten für Folter publiziert hat, geht es rund. Die Menschen verstehen allmählich, dass hier elementare Bürger- und Menschenrechte auf dem Spiel stehen, dass es eine Stabsstelle der CIA gibt, die sich nur damit beschäftigt, den Namen und das öffentliche Bild von Assange negativ zu gestalten. Ich war noch nie so enttäuscht von SZ, FAZ, Spiegel, Zeit, ARD und ZDF, die ihrem gesellschaftlichen Auftrag und propagierten Selbstverständnis zuwider diesen Skandal offensiv verschwiegen haben.

T: Sind Ihre spanischen Sitznachbarn inzwischen eingetroffen?

MS: Ja, mit Puigdemont war ich gerade Kaffee trinken. Aber mit Oriol Junqueras sitzt immer noch ein gewählter EU-Parlamentarier im spanischen Gefängnis, weil die Spanier seine Immunität und die Urteile des EUGH einfach ignorieren. Was ist da eigentlich für ein Hühnerhaufen hier in der EU? Polen, Ungarn, Spanier, Slowaken, Tschechen, Rumänen und Bulgaren machen einfach, was sie wollen, und ignorieren EU-Recht. Fast wie Franzosen und Deutsche!

T: Wären Leihstimmen grüner Wählerinnen eine Option?

MS: Solange sie die nicht irgendwann zurückhaben wollen, na klar!

T: Apropos Grüne: Wie stehen Sie zum Thema ökologische Kriegsführung?

MS: Im Gegensatz zu den Grünen sind wir gegen Krieg. Und ich habe auch ein gutes Argument für die FFF-Generation: Soldaten sind Klimaschweine. Die US-Truppen haben eine schlechtere CO_2-Bilanz als einige europäische Staaten, namentlich Dänemark und Schweden.

T: Verteidigungsministerin Kramp-Karrenbauer will den Bundeswehreinsatz im Irak auch nach der Liquidation des iranischen Generals Soleimani fortsetzen und hier im Herbst das gigantische NATO-Manöver »Defender« durchführen. Werden wir dem Iwan endlich seine Grenzen aufzeigen?

MS: Wir halten es da eher mit dem freudschen Versprecher der Sprecherin des Auswärtigen Amtes in der Bundespressekonferenz und sprechen von »Ermordung Soleimanis«. Aber die Grenzen zeigen wir dem Iwan schon länger auf. Nicht nur dadurch, dass die NATO an die Grenzen Russlands herangerückt ist, auch durch das militärische Übergewicht. Jährliche Ausgaben Russlands für Militär: 60 Milliarden. Jährliche Ausgaben NATO für Militär: 1000 Milliarden. Ich hoffe, dass auch hier die Schüler von FFF irgendwann draufkommen, dass man das Geld sinnvoller einsetzen könnte. Für die Bundesbahn, Umweltschutz, Computerspiele, Alkohol etc.

BERLIN, GASTSTÄTTE ZUM HECHT

»Ist dir eigentlich klar, dass dieser dämliche Green Deal ein ganz perfides Betrugs- und Ablenkungsmanöver ist?«, fragt meine Europapolitische Beraterin. »Ja, klar, ist klar«, antworte ich, »wovon übrigens?«

»Es ist eine gigantische Umetikettierung. Was unserer Welt helfen würde, ist eine wesentliche Reduktion unseres Energieverbrauchs, aber nicht das Ersetzen sämtlicher Geräte durch neue grüne Geräte, die dann einen Hauch energieeffizienter arbeiten. Diese Fixierung auf eine massenhafte, systematische Produktsubstituierung ist durch die damit einhergehende Ressourcen- und Umweltvernichtung ein sogar für Idioten erkennbar falscher Denkansatz!«

»Du meinst, es gibt kein richtiges Grün im falschen?«

»Natürlich nicht!«

Sachdienlicher Hinweis von meiner Homepage

Where is my Green Deal, Frau vonderLeyen?

Liebe CO_2-Emittenten und -Emittentinnen draußen an den Geräten,

als Ursula vonderLeyen Kommissionspräsidentin wurde, befand die EU sich in einer Krise. Es war die schwerste, tiefste, längste, höchste und breiteste Krise seit ein paar Wochen.

Zuvor war nämlich von allen, die etwas in der Birne haben, konsensual festgestellt worden, die EU habe – grob geschätzt – etwa 1 Selbstreflexions-, 1 Finalitäts- sowie 1 Renovierungsdefizit und könne sich daher nur durch etwas total Neues erneuern – z. B. 1 neues Narrativ, 1 neue Strukturreform, 1 schicken Claim und 1 halbes Dutzend noch nie da gewesener Ideen.

Nichts kam den europäischen Institutionen – und vonderLeyen – also gelegener als der Zug, der zufällig gerade gefahren kam und auf den man aufspringen konnte. Der Zug war grün, und es gab keine Fahrkartenkontrolle.

Heere von superteuren Topberatern mit Krawatte waren minutenlang damit beschäftigt, jenen Schlachtplan zu entwerfen, der – wenn schon nicht gegen die übliche Polemik, so doch gegen jede Kritik – von Anbeginn an und für alle Zeiten immunisiert wäre.

Es war die Geburtsstunde des GREEN DEAL.

Plötzlich wurde alles grün. Alles. Einfach alles, wovon die Kommission schrieb und sprach, alles, was sie beiläufig erwähnte, berührte, sah oder roch, und alles, woran zu denken sie in Zukunft auch nur vage würde erwägen wollen.

Grün, was für eine beschissene Farbe! Die Farbberater der Kommission erfanden plötzlich lauter grüne Dinge, von denen vorher – zu Recht – noch nie jemand geträumt hatte: z. B. 1 grünen Haushalt, 1 grünen Wehretat, 1 Palette grüner Dekorationsideen und 1 großen grünen Konsumexzess.

Damit eines klar ist: Die EU-Politik selbst verändert sich kaum. Die bleibt rein wirtschafts- und industriefixiert. Aber ihre Wahrnehmung wird verändert. Hat vonderLeyen denn neben McKinsey-Tüpen nicht auch einen Wissenschaftler in der Familie, auf den sie mal hören könnte?

Der »grüne Pakt« sollte – so vonderLeyens protziges Inauguralversprechen – in ihrem Mandat die »allerhöchste Priorität« genießen und – das war der Knaller – der Kommission künftig als »Kompass« für die Ausrichtung ALLER europäischen Politiken dienen: Energie, Industrie, Verkehr, Landwirtschaft, Rüstung, Spinat, Internet, Weltraum – einfach alles.

Tut er aber nicht. In einer Abstimmung des Parlaments wurde gerade die »PCI-Liste« gebilligt. Obwohl die Kommission weiß, dass der europäische Gasverbrauch bis 2030 um ein ganzes Drittel sinken muss, sieht ein ganzes Drittel der PCI-Liste neue Gas- und Ölprojekte vor: im Gesamtwert von 29 Mrd. Euro. Das ist mehr als mein komplettes Tagegeld in diesem Monat. Da klingt ja selbst die alte PARTEI-Idee appetitlicher, Peter Altmaier zu fracken, um das Land auf Jahre hinaus unabhängig zu machen vom Russen-Gas.

LONDON, HELLMARSH

Die frühere Justizministerin Herta Däubler-Gmelin fordert die Bundesregierung auf, Julian Assange endlich Asyl anzubieten, aber praktisch niemand berichtet darüber. Zeit, mal wieder an den Mann im britischen Hochsicherheitsgefängnis Belmarsh zu erinnern, für dessen Freilassung sich jetzt selbst seine zum Teil schwerverbrecherischen Mitinsassen einsetzen.

Sachdienliche Hinweise aus dem Netz

MS: Jedes Schwein in der Massentierhaltung wird besser behandelt als Julian Assange in Belmarsh.

A human: Zu flach gesagt, wenn man die Massentierhaltung der letzten Jahrzehnte betrachtet. Sehr schlechtes Beispiel. Sorry

MS: Yep. Ich habe etwas überzeichnet; allerdings erhält er vermutlich das schlechtere Essen ... Smiley.

Leichte Beute: Es ist kein Skandal, wie sich die Briten und Amerikaner verhalten – dass in diesen Ländern nicht mehr alles rechtsstaatlich ist, wissen wir schon. Der Skandal ist, wie das vor den Augen der europäischen Öffentlichkeit ablaufen kann.

gcK.TM: Immerhin werden ihm nicht ohne Betäubung die Klöten entfernt. Stimmts Frau Julia Kloeckner? Trotzdem unmenschlich wie er behandelt wird.

Feiste_geste: Vergesst den Schweinevergleich! Lest den verlinkten Prozessbericht:

www.martinsonneborn.de/assange/*

* Wir haben auf EU-Kosten eine Drucksache zum Fall Assange erstellt. Das PDF kann auf meiner Homepage heruntergeladen werden: 30 gut recherchierte Seiten +++ nicht lustig +++ schwer zu lesen +++ hypotaktischer Satzbau +++ Alles, was in den deutschen Zeitungen fehlt – trotz GEZ!1!! +++ einzige (semi-)offizielle EU-Drucksache, in der SPD / CDU / GRÜNE / FDP den Namen Assange nicht streichen konnten +++ Vorsicht, Lektüre macht depressiv!

GRIECHENLAND

Die *Legal Tribune Online* konstatiert, dass die Würde des Parlaments durch das Tragen einer Hakenkreuzbinde bei meiner Rede nicht verletzt werden konnte. Leider liest Präsident Sassoli die *LTO* nicht. Und Frau vonderLeyen offensichtlich auch nicht. Per Mail erhalte ich einen Link zu Filmaufnahmen einer türkischen Nachrichtenagentur: »… als MdEP aus meiner Stadt, Berlin, frage ich Sie voller Schmerz und Wut: Stimmt es, dass die griechische Küstenwache Warnschüsse vor den Bug von Schlauchbooten voll mit Menschen abfeuert?«

In dem verlinkten Film ist eine große Yacht der griechischen Küstenwache zu sehen, die mehrfach haarscharf an einem überfüllten Schlauchboot vorbeifährt und es fast zum Kentern bringt. Mit Gewehren bewaffnete Soldaten richten ihre Waffen auf die Flüchtlinge. Zwei Warnschüsse gehen ein paar Meter vor ihnen ins Wasser. Dann schiebt ein kleineres Motorboot das Schlauchboot zurück in Richtung offenes Meer.

Ich mache einen Screenshot und leite die Anfrage über Twitter und Facebook offen an die Kommissionspräsidentin weiter.

Wir erhalten keine Antwort. Aber immerhin schießen sie nicht auf uns.

BELGIEN

Am Anfang nehmen wir Corona sehr ernst.

Sachdienlicher Hinweis aus dem Netz

Die PARTEI Freiburg veröffentlicht ein Plakat: »Hand in Hand gegen das Coronavirus: Menschenkette am 30.02. Wählt die PARTEI – Begeisterung, die ansteckt!«

Brüssel ist menschenleer, auf dem Place Flagey stehen Militärfahrzeuge.

Die gesamte Belegschaft meines Büros sitzt im Homeoffice und desinfiziert sich regelmäßig innen drin mit Alkohol. Außerhalb der eigenen vier Wände tragen wir Masken, benutzen zehnmal am Tag Desinfektionsspray, das es in belgischen Apotheken schnell zu interessanten Preisen zu kaufen gibt, planen alle Treffen für draußen und kaufen nur über Vorbestellungen ein, die viele belgische Supermärkte dann abholbereit zusammengepackt auf ihren Parkplätzen ausgeben.

Noch ernster nimmt es höchstens die Brüsseler Polizei, die Jogger und Spaziergänger mit Drohnen anfliegt, um sie dann per Minilautsprecher auf einzuhaltende Abstände hinzuweisen. Auf den Parkbänken vor meiner Haustür darf jeweils nur eine Person sitzen. Zuwidersetzungen werden mit eindrucksvollen Geldstrafen belegt.

Wir lesen alles, was man im Netz über Corona finden kann, und das ist verwirrend. Anfangs gibt es keine europäische Öffentlichkeit, und je nachdem auf welche Mentalität und welchen Erfahrungshintergrund das Virus trifft, gibt es sehr unterschiedliche Umgangsweisen damit in den EU-Staaten.

Es erinnert ein wenig an den Umgang mit der Explosion im Atomkraftwerk Tschernobyl, nach der in Deutschland der Weltuntergang ausgerufen wurde (zu Recht), während die Bedrohung ab der französischen Grenze in den Medien zwei Tage später kein Thema mehr war (auch zu Recht).

Aus Gesprächen mit einigen Medizinern, die ich kenne, ergibt sich ein eigenes Bild. In einem Punkt sind sich alle einig: Man sollte die Finger von SARS-CoV-2 lassen, besonders, wenn man gesundheitlich vorbelastet ist, alt und dick. Oder trinkt und raucht. Oder alles zusammen. Vor Intensivstationen wird allgemein gewarnt, vor den deutschen ganz besonders. Mein belgischer Parlamentsarzt sagt: wer erst mal intubiert wird, hat alles so gut wie hinter sich.

Da bei mir mehrere Risikofaktoren zusammentreffen – ich rauche ab und zu beim Trinken –, beschließen wir, uns die Hände ab sofort so vorbildlich zu waschen, wie Kommissionspräsidentin vonderLeyen das in einem ebenso vielfach geteilten wie karikierten Video vormacht. Aber wir tolerieren andere Meinungen.

Was sollen wir tun, in dieser Situation? Das, was wir am besten können. Große Reden schreiben & schwingen.

MÄRZ 2020

BRÜSSEL, PARLAMENT

Freitagnachmittag treffe ich mich mit Büroleiter Hoffmann im Parlament. Ganz nett, das Gebäude für sich allein zu haben. Die Mitarbeiter des Audiovisuellen Diensts sind wie alle anderen in Homeoffice oder Wochenende, aber wir können inzwischen mittels iPhone und einem Ansteckmikrofon Filme in gehobener 56-Pixel-Qualität erstellen.

Sachdienlicher Hinweis von YouTube

MS: Notbesetzung im EU-Parlament: 704 Abgeordnete sind in Quarantäne oder beurlaubt – ein Mann hält die Stellung. Umgeben von unendlichen Vorräten an Cola Zero, Snickers, EU-Drucksachen, Dosenerdnüssen & Toilettenpapier. Und an Redezeit, Smiley! Hinweis für Leute ohne Tagesfreizeit & EU-Interesse: Anfang schauen, Ende schauen, Mittelteil vorspulen (von »Pupskopf« bis »Agamben«).

Liebe Durchseuchte und noch zu Durchseuchende draußen an den Geräten,

die Lage ist – nach allem, was man im Internet so sieht – vermutlich eher ernst.

Nachdem sich die Hoffnung, das Coronavirus könne sich durch den Kontakt mit Johannes B. Kerner selbst deaktiviert haben, zerschlagen hat, tat nun Friedrich Merz zum ersten –

vielleicht auch letzten – Mal in seinem Leben etwas Selbstloses und stellte sich der Seuche in den Weg. Vermutlich ist es aber einfach schnöder Populismus, der ihn bewogen hat, sich der rasch wachsenden Covid-19-Bewegung anzuschließen.

Wir planen nicht, es ihm gleichzutun, deswegen haben wir das EU-Parlament übernommen, nachdem mein Chef, der Italiener Sassoli, sich selbst in Quarantäne und alle meine Kollegen nach Hause geschickt hat.

Das war eine gute Entscheidung: Man kann problemlos 200 Meter Abstand halten, wir sind umzingelt von (diebstahlungesicherten) Desinfektionsmittelspendern, die Toilettenpapiervorräte sind spektakulär. (Angebote bitte über die Kommentarspalte)

Während für Italien in der vergangenen Woche die spannungsreichste Zeit seit der Erschießung Mussolinis begann, begann in Brüssel ein weiterer spannungsloser Tag mit einer weiteren Pressekonferenz.

Vor genau 100 Tagen hatte Frau vonderLeyen alles Mögliche für den Fall versprochen, dass sie DIESEN Tag, ihren hundertsten im Amt, noch erleben würde: bunte Pläne für ein krass cooles Europa, das klimaneutral, sozial & digital, allerdings nicht: viral geht.

Während Millionen Europäer das Drastischste erlebten, das sie je erleben würden, trat die erste EU-Kommissionspräsidentin der Welt mit routinierter Geschäftsmäßigkeit vor die Presse und informierte über die besondere Brillanz ihrer Bilanz – nicht weniger abgebrüht, als ein durchschnittlicher Vorstandsvorsitzender über irgendein Quartal gesprochen hätte. Als wäre nichts gewesen.

VonderLeyen las auch an diesem Tag jede vorformulierte Phrase vor, die auf ihrem Sprechzettel stand. Zur Lage in Italien, dessen Premier Conte gerade angekündigt hatte, die Grenzen zu schließen und das Land vollständig abzuriegeln, hatte man hinter den Kulissen noch keine geeignete Floskel produziert und ihr daher auch keine aufgeschrieben.

Natürlich muss man mit den europäischen Institutionen nachsichtig sein, denn eine Situation wie diese haben sie ja auch noch nie erlebt. Woher sollte eine gelernte Medizinerin an der Spitze einer Kommission denn auch wissen, was eine Pandemie ist?

Und wie sollte die eigens für die Bekämpfung infektiöser Krankheiten gegründete EU-Agentur auch nur ahnen, was zu tun wäre, wenn exakt die Situation eintritt, die sie seit 15 Jahren erforscht? Die Behörde mit Sitz im fernen Schweden hört auf den vielversprechenden Namen »Europäisches Zentrum für die Prävention und die Kontrolle von Krankheiten« und wird im Englischen mit ECDC abgekürzt. Größter Hit: »Highway to Hell«.

Von ECDC und ihrer Koordination des europäischen Vorgehens hat man so wenig gehört, dass andere das Geschäft der öffentlichen Meinungsbildung übernehmen mussten. Aus Notwehr. Virologen, Epidemiologen und der konvertierte Chinese Christian Y. Schmidt widersprachen einander zuverlässig: anwendungswissenschaftlich oder evidenzbasiert, je nach Lehrmeinung, Denktradition & Tagesform. Selbst die, die einer Meinung waren, bewerteten ihren Konsens unterschiedlich und brachten die prognostische Meisterleistung zustande, aus identischen Datenbasen entgegengesetzte Schlüsse zu ziehen.

In Brüssel war man sich immerhin einig, dass dieser Corona-Tüp ein echter Global Player sei. Die von Eurokraten über Jahrzehnte vervollkommneten Tricks taktischer Verhandlungsführung beeindruckten ihn allerdings ebenso wenig wie die Androhung scharfer Einfuhrzölle, kontingentierter Abnahmevolumina oder einer Klage vor dem EuGH.

Wenigstens wird uns während der Ausgangssperre (wir sind hier in Belgien) nicht langweilig, solange internationale Unterhaltungskanonen auf Sendung bleiben: Trump hält diese Corona für eine radikalkommunistische Vettel aus China, der noch nicht einmal er im Dunkeln unter den Rock fassen würde. Der Irre vom Bosporus hat eine wasserdichte Beweiskette entwickelt, hinter allem stecke wie immer ein zionistisches Manöver. Der lupenreine Faschist Bolsonaro behält es sich vor, gar nicht erst an die Existenz von diesem Ding zu glauben.

Spanische und ungarische Rechtsextremisten dagegen setzen (aus historisch nicht immer nachvollziehbaren Gründen) auf systematische Selbstüberschätzung und die Überlegenheit ihrer eigenen Gene gegenüber so einem billigen China-Knaller.

Manche entdecken jetzt eher beiläufig, wie die eigene Familie eigentlich aus der Nähe aussieht. Andere, zum Beispiel 98 Prozent der Franzosen, träumen laut einer Umfrage davon, ihrem fiesesten Feind mal in die Visage zu husten, und alle, wirklich alle, horten, was auch immer sie für wertvoll halten: Cannabis, Rotwein, Kondome, Feuerwaffen und Toilettenpapier.

Manche übrigens sprechen in Ermangelung eines treffenderen semantischen Feldes zielsicher von so etwas wie einem Kriegszustand. Prima, dass die Hunderte Milliarden Steuergelder, die in Europa in militärische Ausrüstung gepumpt werden, endlich mal für etwas gut sind.

Kurze Fußnote: Anstatt in Europa Grenzen zu schließen und 40-Stunden-Staus zu produzieren, hätte man lieber Corona-Hot-Spots wie Bergamo, Madrid und die Schatzi-Bar in Ischgl bombardieren sollen – oder zumindest ein NATO-Großmanöver veranstalten, zur Einkesselung der Après-Ski-Scheiße in Tirol: »Defender 2020. Zwei Punkt null«

Manche hören das Virus gar die Systemfrage stellen. Zum Beispiel Conte, der die Fluggesellschaft Alitalia ohne jede Vorwarnung verstaatlicht hat, oder Sánchez, der alle spanischen Privatkliniken frech unter öffentliche Obhut und Verwaltung stellt. Oder der komische kleine Ketzer Macron, der plötzlich lauter sozialistische Forderungen in die Kameras säuselt, die Stundung von Mieten, Strom- und Wasserrechnungen dekretieren will und damit einräumt, das Gemeinwesen habe eben Bereiche, die zu bedeutend seien, um sie den verantwortungslosen Profitmaximalisten aus der Privatwirtschaft zu überlassen. Hört, hört. Und merken für später!

Ganz andere wieder empfehlen philosophische Lektüre. Für den Fall, dass irgendein Mensch nicht nur nach Hygieneartikeln und einem Zeitvertreib, sondern nach Trost sucht. Zum Beispiel »Die Pest« von Albert Camus. Die erschreckende Aktualität des Existenzialismus, die Absurdität von allem, das Ausgeliefertsein. Die Isolation als letzte Gemeinschaftserfahrung. BÄÄÄMM!

Derweil haben alle lebenden Philosophen (außer Habermas) völlig unkoordiniert schwerstes Diskursgeschütz auf ihre Sonnenterrassen gestellt. Angefangen hat Giorgio Agamben, dem als langjährigen Erforscher des Ausnahmezustands das Rederecht natürlich auch zustand, und der in allen staatlicherseits ergriffenen Maßnahmen nichts anderes wittert als den notdürftig verschleierten Versuch, blutig erkämpfte Bürgerrechte mit einem Schlag niederzumetzeln. Ein wehrloses Virus als billiger Vorwand und narrativer Ersatzplatzhalter für das öffentlich ja arg in die Jahre gekommene Terrorismusmotiv.

Andere widersprechen natürlich, etwa Slavoj Dschiedschidsch, der vorhersagt, dass sowieso nichts und keiner von uns hinterher mehr so sein werde wie zuvor.

Die eigentliche Herausforderung für Europa bestehe erst einmal darin zu zeigen, dass mit den Mitteln von Demokratie, Liberalismus und Transparenz ein ähnlicher Erfolg bei der Bekämpfung des Virus erreicht werden kann wie in China.

Im bestmöglichen Fall wird es in einer postkatastrophalen EU jedenfalls nicht mehr möglich sein, mit routinierter Geschäftsmäßigkeit vor die Presse zu treten, um so zu tun, als wäre nichts gewesen.

Für die erste Pressekonferenz empfiehlt sich eine umfassende Selbstkritik bezüglich aller von den EU-Institutionen kürzlich verratenen Grundwerte & Prinzipien: die Aussetzung des Asylrechts durch Griechenland, bei dem die Kommissions-Chefin – oberste Hüterin der Verträge – lächelnd assistierte. Nicht zu vergessen die Verletzung von Solidaritätsgebot (Artikel 222 AEUV oder so), Multilateralismus und Freizügigkeit im Personen- und Warenverkehr.

Apropos Verkehr: Krisengewinner dürfte der dümmste deutsche Minister sein, den wir je hatten, Autominister Andi B. Scheuert. Sämtliche Daten auf seinem Diensthandy sind gerade »aus Versehen« gelöscht worden, und das interessiert derzeit natürlich niemanden. Könnten alle Überlebenden sich das bitte für nach der Katastrophe merken?

Schließen möchte ich mit den zukunftsweisenden Worten von Donald Trump: »Werden wir das Virus einfach los – das ist das Beste für die Märkte.« ZwinkerSmiley!

Sachdienliche Hinweise aus dem Netz

Dennis Radtke: Ein Mann hält die Stellung und trägt sich tapfer für das Tagegeld ein. Wie selbstlos.

MS: Freitag gab's kein Tagegeld, Dickie. Ich habe die Rede aus Spaß aufgenommen, ZwinkerSmiley!

BRÜSSEL, BÜRO

Denke kurz über meinen CDU-Kollegen Dennis Radtke nach. Radtke stammt aus Bochum und war nachgerückt, als Herbert Reul überraschend Innenminister in NRW wurde. Wahrscheinlich gehört er als ehemaliger Gewerkschaftssekretär zum etwas weniger unsympathischen Teil der CDU. Er war mich auf Twitter angegangen und mir dabei aufgrund seiner eigenartigen Rechtschreibung aufgefallen. Kurz hatte ich sogar überlegt, ob er der neue Elmar Brocken werden könnte, aber schnell einsehen müssen, dass ihm dazu das Format fehlt.

Sachdienlicher Hinweis irgendeines Instagram-Nutzers zu Dennis Radtke

Zum ersten Mal beim Europaparlament. Trotzdem hatten wir noch ein Interview mit einem Politiker von der CDU. Der hat sich über die PARTEI aufgeregt. Er hat rumgeschrien und sie bourgeoise Arschlöcher genannt.

Zum Glück hat man als Abgeordneter ein 50.000-Euro-Budget für Dinge, die sonst wohl niemals das Licht der Welt erblicken würden.

BRÜSSEL, PARKBANK

Die Bundesregierung wird es nicht mehr lernen, der Antrag für »unbürokratische Grundsicherung« von Künstlern & Kleingewerblern muss natürlich auf einen BIERDECKEL passen, nicht auf 60 Seiten. Zufällig haben wir gerade zwei produzieren lassen auf Kosten der EU.

Sachdienlicher Hinweis aus dem Netz

MS: Banken, BMW & Lufthansa interessieren mich nicht – ich fordere einen Rettungsschirm für Kneipen & Kaffeehäuser. TrinkerSmiley!

LONDON, BERLIN

Boris Johnson hat Corona. Das ist nicht ganz unkomisch, weil er gerade noch damit geprahlt hat, dass er im Krankenhaus natürlich auch Patienten mit Coronavirus die Hand geschüttelt habe. Diese Briten haben doch wirklich Humor!

Sachdienliche Hinweise aus dem Netz

MS: Boris Johnson im Krankenhaus; British Humour. Zwinker-Smiley!

Stephan Oeller: Das hat nichts mit Satire zu tun, beschämend

Torsten Heinrich: Kretin

DaRo: Arschloch

Konstantin Kuhle: Martin Sonneborn ist der Xavier Naidoo der politischen Satire. Er war schon immer furchtbar.

Bigredone: Göbbels hätte seine wahre Freude an Ihnen gehabt #PrayForBoris

bwspezi: Der hässliche Deutsche. Da ist er wieder.

MeineMeinung: Was bist du nur für ein kranker Typ. Menschlicher Abschaum.

AlexaOh: Ist das peinlich und ekelhaft. Hoffentlich geht die EU den Bach runter und Sie verschwinden endlich in der Versenkung, Sie menschliche Null!

Peter Steinert: Pietätlos.

Ulf Poschardt: ZE GERMAN schadenfreude daissiewieder: kein herz, kein stil, keine klasse. so wie man deutschland kennt.

?: Wird er für diese (als Satire getarnten) linkspopulistischen Kommentare bezahlt? Oder was ist genau sein Job? Wo sind wir hier?

Prophet: Ethisch & Moralisch unterscheiden sie sich jetzt nicht mehr von ihren Kollegen im EU Parlament.

Frank Schellinger: Dass Sie sich auf Twitter öffentlich darüber freuen, dass Boris Johnson auf der Intensivstation liegt: ist das kein Hatespeech? Mit welchem Maß wird hier gemessen auf Twitter und in Deutschland? Mit dem berühmten »zweierlei«?

Indy: kann er sich den Zustand der NHS selber mal ansehen.

Jordan: »I shook hands with everybody.« Boris Johnson proudly boasting he shook the hands of coronavirus patients on March 3.

Bienetag: goodbye England's rose *summ

BRÜSSEL, PARLAMENT

Frau vonderLeyen, die es sich zur Angewohnheit gemacht hat, den Europäern ihre EU-Pläne ausschließlich über deutsche Medien wie dpa oder »Bild«-»Zeitung« zu kommunizieren, hat gerade Kohortenisolierung vorgeschlagen: Ausgangssperre für Senioren bis Dezember. Und wer soll dann bitte schön die EU-Kommission leiten? Smiley!

Dafür ist Boris Johnson wieder gesundet. Ein Glück für ihn. Und für uns auch. Mein Büro hatte bereits ein Meme vorbereitet: »Je suis Boris«.

DEUTSCHLAND

Frühlingszeit, Abizeit! Ein Abitur ist erfahrungsgemäß wichtig, um nach der Schule ein paar Jahre lang im Studium herumlümmeln zu können. Schließlich braucht man Zeit, um herauszufinden, was man im Leben auf keinen Fall machen will. Nichts geht über eine korrekte Negativauslese. Damit Schüler, die der Bundesregierung im Gegensatz zu Banken, BMW & Lufthansa traditionell am Arsch vorbeigehen, unter den Coronabedingungen nicht noch mehr leiden müssen, springe ich ein: »Liebe Schüler, dieses ABITUR zum Herunterladen & Selbstausfüllen findet Ihr ab sofort auf meiner Homepage. NOTABI 2020«

Kleiner **PARTEI**-Service für Erstwähler. Nichts zu danken!

Zeugnis

der Allgemeinen Hochschulreife (Notabitur)*

Vorname / Name ______________________________

geboren am ____________________ **in** ____________________

hat sich am Ende der Oberstufe ~~der Abiturprüfung~~ Kontaktbeschränkungen unterzogen.

SPRACHLICH-LITERARISCH-KÜNSTLERISCHES AUFGABENFELD

WhatsApp: _____ Nachrichten pro Minute

Netflix: _____ Staffeln pro Woche

Playstation: _____ Stunden pro Stunde

Youporn: _____ Videos mit höchstens zwei Darstellern bzw. solchen, die in einem Haushalt leben

GESELLSCHAFTSWISSENSCHAFTLICHES AUFGABENFELD

Social Distancing: _______ Kilometer Entfernung von aktiven Lehrkörpern (sicherheitshalber z.T. auch schon vor 03/2020) und Influencern

Lösung des sog. Toilettenpapier-Problems: ☐ BILD-»Zeitung« ☐ Klausuren aus dem Vorjahr ☐ ausgedruckt (3D-Drucker)

Händewaschen: _____ Zehntelsekunden

Füßewaschen: ☐ ja ☐ nein ☐ warum?

Niesen bzw. Husten in die Armbeuge: ☐ ja ☐ hä? ☐ Sorry, Bizeps zu ausgeprägt

Reinigung der Armbeuge: ☐ nein ☐ alle _______ Monate

MATHEMATISCH-NATURWISSENSCHAFTLICH-TECHNISCHES AUFGABENFELD

Virologie nach ☐ Prof. Drosten ☐ Prof. Kekulé ☐ Prof. Kaspersky

Schutzmaske: ☐ Staubsaugerbeutel ☐ Quark mit Gurke ☐ Garnier Hautklar 3 in 1 Tonerde

Desinfektion (Leistungskurs): Ethanol (innere Anwendung), mit insgesamt _____ Hektolitern »Sternburg Export«, »Sonnebräu«, »Corona Extra« o. ä.

Vorname / Name ______________________________

hat erfolgreich an der Covid-19-Pandemie teilgenommen und damit die Befähigung zum Studium an einer Hochschule der Bundesrepublik Deutschland erworben.

Europa, den ____________________

Martin Sonneborn, Vorsitzender der Prufungskommission

* gleichwertig mit dem bisherigen Berliner Regel-Abitur bzw. sog. »Andi B. Scheuert«-Test

MAI 2020

BRÜSSEL, PARKBANK

Mit Wehmut lese ich, dass meine alte Kollegin Federica Mogherini, ehemalige Außenbeauftragte der EU, Rektorin der Exzellenz-Universität Collège d'Europe wird. Ohne offizielle Bewerbung und ohne auch nur einen Bruchteil der geforderten Qualifikationen nachweisen zu können.

Die Stelle ist mit 14.000 Euro plus dotiert, Anforderungen an die Bewerber waren: substanzielle akademische Qualitäten im Bereich der Europäischen Studien, nachgewiesene Erfahrung in der Führung einer komplexen akademischen Struktur und die Fähigkeit, die internationale Exzellenzforschung mit gesunder Haushaltsführung zu verbinden.

Die höchste akademische Qualifikation von Mogherini war ein Erasmus-Jahr an der Universität von Aix-en-Provence.

Frau vonderLeyen, deren Kommission die Kaderschmiede der EU zu 50 Prozent finanziert, hat offiziell ihre Zustimmung gegeben. Obwohl die Kommission kein Vorschlagsrecht hat, dürfte das nicht karriereschädlich gewesen sein. (Die Ethikregeln für ehemalige Kommissionsmitglieder sind ein wenig, hüstel, schwammig formuliert.)

»Ein bestürzender Fall von Vetternwirtschaft«, fasst die französische *Libération* den Vorgang ungläubig zusammen. Ich aber freue mich, dass die EU ihre Mitarbeiter nach einem Mandat nicht hängen lässt; und vertraue auf eine 17.000-Euro-Position (gerne mit Ausschlafen) an irgendeinem Institut für Quantenphysik in Rom oder Wien in vier Jahren.

Klaus Versin: Es ist so traurig, dass eine so große Idee wie die EU in Klüngelei versumpft.

Sebastian Wilhelm: 2024 – Sonneborn Vorstandsvorsitzender am CERN – »Damit sich nicht mehr alles nur im Kreis dreht!«

Immanuel Brand: In den Wikipedia-Artikeln zu ihr ist der Ausbildungsteil maximal 4 Zeilen lang (egal in welcher Sprache).

BRÜSSEL, HOMEOFFICE

Umfragen zufolge fühlen sich 49 Prozent der Italiener im Stich gelassen und würden für einen EU-Austritt stimmen. Vielleicht sollte man in Deutschland & den Niederlanden doch noch mal über solidarische Krisenhilfe nachdenken. Und wenn nur aus ganz egoistischen, wirtschaftlichen Gründen. Wir beschließen, den Niederländern einen offenen Brief zu schreiben.

BRÜSSEL, PARKBANK

Hihihi, jetzt hat das Ethik-Komitee der Kommission F. Mogherini untersagt, sich in ihrem neuen Job als Rektorin in Brügge mit Finanzfragen zu beschäftigen; da hat die Gute wohl nachmittags frei. Vormittags auch, denn die wissenschaftliche Expertise fehlt ihr ja ebenfalls.

Martin Sonneborn
Mitglied des Europäischen Parlaments

Brüssel, den 09.04.2020

Liebe Holländer und Holländererinnen,

Ihr christdemokratischer Finanzminister „Wopke Hoekstra", der es von 2011 bis 2017 fertigbrachte, die Interessen McKinseys und der niederländischen Bürger im Parlament gleichzeitig zu bedienen, hat beim Treffen der Euro-Finanzminister „dem Süden den Stinkefinger gezeigt" (de Volkskrant).

Er forderte die EU-Kommission nämlich förmlich dazu auf, vor einer Diskussion über gemeinsame Mittelbeschaffung gefälligst erst einmal eine Untersuchung darüber einzuleiten, warum Versagerstaaten wie Italien oder Spanien die wirtschaftlichen Folgen der Virus-Krise nicht aus ihrem eigenen Haushalt bestreiten könnten.

Um die zurzeit leicht orientierungslos wirkende Frau vonderLeyen zu entlasten, wollen wir Ihnen die Frage einmal in aller Kürze beantworten: Es ist wegen dem Geld!

Wie ein gestern vom Tax Justice Network veröffentlichter Bericht zeigt, kostet Ihre doofe niederländische Steueroase (Platz 4 bei den World Championships der Steuerschurkenstaaten 2019, hinter den British Virgin Islands, dem Bermudadreieck und den Cayman-Inseln – herzl. Glückw.) die solidarischen Bruderstaaten der EU rund 10 Milliarden Euro. Im Jahr.

Die Steuersätze für amerikanische Großkonzerne, die die Gewinne ihres gesamten Europageschäfts in Ihr verkommenes System verschieben, liegen de facto unter 5 Prozent. Italien hat dadurch jährlich Steuerausfälle in Höhe von 1,5 Milliarden Euro, Spanien von 1 Milliarde, Frankreich von 2,7 Milliarden und selbst die, hüstel, Steueroase Deutschland verliert noch 1,5 Milliarden. Grrrr.

Nichts zu danken, Wop!*

Mit freundlichen Grüßen

PS: Die EU-Fördergelder für Ihre Scheißtulpenindustrie können Sie sich übrigens abschminken. Wir werden erst mal eine förmliche Untersuchung einleiten, warum Ihr Land nicht auf der Schwarzen Liste der EU geführt wird...

* Wop = US-Slang für Spaghettifresser

B-1047 Brüssel - ASP 08G354 - Tel. +32 2 28-45756 - Fax +32 2 28-49756
F-67070 Straßburg - WIC M04008 - Tel. +33 3 881-75756 - Fax +33 3 881-79756
martin.sonneborn@ep.europa.eu - www.europarl.europa.eu

BERLIN, LEIPZIG

Normalerweise würde ich eine Mail, die mir den Gewinn einer halben Million Euro in Aussicht stellt, kommentarlos löschen. Aber diese stammt aus der PARTEI-Geschäftsstelle und informiert mich darüber, dass wir unseren dritten »Geld«-Prozess gegen die Bundestagsverwaltung gewonnen haben – vor dem Bundesverwaltungsgericht in Leipzig und endgültig.

Sachdienlicher Hinweis der FAZ

Das Bundesverwaltungsgericht wies die Klage der Bundesrepublik Deutschland zurück. »Die PARTEI« hatte Ende 2014 Geldscheine zum Verkauf angeboten. Da die Parteienfinanzierung an die Einnahmen der Parteien gebunden ist, konnte sie dem Bericht zufolge über die zusätzlichen Einnahmen von 204.000 Euro ihre Staatszuschüsse um mehr als 80.000 Euro erhöhen.

Die von Satiriker Martin Sonneborn geführte Partei persiflierte damit den von der AfD betriebenen Goldverkauf. Die AfD erzielte daraus zwar ebenfalls praktisch keinen Gewinn, konnte aber aufgrund der damit erzielten Einnahmen im Jahr 2015 ihre Staatszuschüsse um rund zwei Millionen Euro erhöhen.

Um der (unseriösen) Parteienfinanzierung und dem Trick der AfD etwas mehr Öffentlichkeit zu verschaffen, hatten wir im ersten Jahr 100-Euro-Scheine für 105 Euro verkauft und gezeigt, dass man damit eindrucksvolle Einnahmen erzielen kann. Im zweiten Jahr boten wir 100-Euro-Scheine für 80 Euro an. Unsere Server gingen in die Knie, viele Deutsche interessieren sich für Geld und kaufen, wenn der Preis stimmt. Als die Bundestagsverwaltung immer noch nicht reagierte, kündigte ich in Interviews an, im nächsten Jahr 200-Euro-Scheine zum Kilopreis zu verkaufen.

In der Folge änderte der Bundestag das Parteiengesetz.

2016 aber rügte der damalige Bundestagspräsident Norbert Lammert »Die PARTEI« wegen »Unrichtigkeit des Rechenschaftsberichts« und verlangte die vermeintlich zu viel erhaltenen Zuschüsse zurück, zuzüglich etwa 380.000 Euro Strafe.

Nachfolger Wolfgang Schäuble trieb das Verfahren trotz einer Niederlage weiter – und scheiterte nun endgültig. Die Prozesskosten für die Bundesrepublik belaufen sich nach Berechnungen des Kölner Rechtsanwalts Sebastian Roßner, der »Die PARTEI« vertrat, auf etwa 100.000 Euro. PARTEI-Chef Sonneborn zufolge hatte Lammert zu ihm gesagt, seine Beamten hätten noch nie einen solchen Prozess verloren. Der Satiriker will damals entgegnet haben: »Dann lernen sie das jetzt.«

Zwei Millionen weniger pro Jahr. Kein Wunder, denke ich, dass mich AfD-Chef Jörg Meuthen im Plenarsaal immer so unfreundlich ansieht.

JULI 2020

BRÜSSEL, PARLAMENT

»Schnallt euch an, Europäer«, rufe ich in die menschenleeren Gänge, »wir sind wieder da! Nach 80 Jahr... Pardon: nach 13,5 Jahren sind die Deutschen wieder am Ruder!«

Meine Europapolitische Beraterin öffnet unfeierlich eine Dose Bofferding: »Weißt du eigentlich, dass Merkel der erste Mensch auf der Welt ist, der zweimal die Ratspräsidentschaft vertritt? Das letzte Mal, Anfang 2007, war die Kanzlerin blutjung, brauchte das Geld und peitschte ein von raffinierten Juristen endgefertigtes Vertragswerk durch, den Vertrag von Lissabon. Je nach gewählter Schriftgröße, 3.000 bis 5.000 Seiten stark.«

»Vielleicht tritt sie in dieser Legislatur wieder vom Vertrag zurück, wer weiß?«

»Schön wär's! Die Mitgliedsstaaten haben ihre blöde europäische Verfassung damals nicht an den EU-Bürgern, für die sie angeblich geschrieben worden war, vorbeibekommen. Weil aber der Text zu schön war, um ihn wegzuschmeißen, hat der letzte deutsche Ratsvorsitz einfach das Deckblatt ausgewechselt, überall ›Verfassungsvertrag‹ herausgekillert und symbolisch etwas anderes draufgeschrieben: VERTRAG VON LISSABON ZUR ÄNDERUNG DES VERTRAGS ÜBER DIE EUROPÄISCHE UNION UND DES VERTRAGS ZUR GRÜNDUNG DER EUROPÄISCHEN GEMEINSCHAFT.«

»Verstehe, mit einem so gut klingenden Titel musste er nicht mehr durch nervige Volksabstimmungen, sondern konnte einfach von den Staatschefs im Rat beschlossen und abgezeichnet werden.«

»Yep. Derselbe Text, den die Bürger, für die er angeblich geschrieben wurde, zwei Jahre vorher in ersten Referenden in Frankreich und Holland unmissverständlich abgelehnt hatten, mit immerhin 69 und 63 Prozent.«

»Recht deutlich eigentlich.«

»Europarechtler fürchteten – nicht ohne Grund –, dass mit dem Vertrag etwas in ihr Leben geschmuggelt würde, das ihre eigenen Staatsverfassungen aus gutem Grund NICHT vorsehen: nämlich die Festschreibung auf eine kapitalistische Wirtschaftsordnung. Damals dachte man, der Kapitalismus würde nicht nur zu einer unwiderruflichen Spaltung der Gesellschaften und zur mittelfristigen Explosion des Planeten Erde führen, sondern 95 Prozent der Bewohner ÜBERHAUPT NICHTS nützen.«

»Vollkommen übertrieben aus heutiger Sicht. ProstSmiley!«

»Dass der Vertrag nicht ›Vertrag von Bonn‹, sondern ›von Lissabon‹ heißt, liegt übrigens nur daran, dass der von den Deutschen klargemachte Deal erst in der folgenden Ratspräsidentschaft unterzeichnet werden konnte. Und die hatte Portugal inne. Die Drecksarbeit lassen wir natürlich wie immer im Süden erledigen …«

BRÜSSEL, CAFÉ BELGA

Erstaunlich, die Frau, die in einem kroatischen Wahlwerbespot für die konservative Regierungspartei HDZ irgendetwas schwer Verständliches auf Kroatisch sagt, sieht aus wie unsere Kommissionspräsidentin! Um Frau vonderLeyen kann es sich aber eigentlich nicht handeln, denn die Meinungsforscher in Kroatien prognostizieren ein Kopf-an-Kopf-Rennen, und die Kommission hat einen Verhaltenskodex, der ihren Mitgliedern jede öffentliche Intervention für politische Parteien ausdrücklich verbietet.

Sachdienlicher Hinweis aus dem Netz

MS: Wer eine Kommissionspräsidentin hat, die unzulässig mit einer Empfehlung (für die korrupte Regierungspartei HDZ) in nationale Wahlen mit knappem Ausgang eingreift, braucht sich vor Russland & China eigentlich nicht zu fürchten …

Sachdienlicher Hinweis der Rheinischen Post

Hat Ursula von der Leyen gegen den Verhaltenskodex der EU-Kommission verstoßen? Auf diese Idee könnte man zumindest kommen, wenn man ihren Auftritt im Wahlkampfvideo der konservativen kroatischen Partei HDZ sieht. Darin sagt sie den Slogan der Partei auf: »Sigurna Hrvatska« – auf Deutsch »Sicheres Kroatien«.

Inzwischen hat von der Leyen über ihren Sprecher Eric Mamer erklärt, dass sie in dem Video als Privatperson auftrete, nicht als Kommissionspräsidentin. Damit wäre der Verhaltenskodex nicht verletzt. Doch Martin Sonneborn reicht das als Entschuldigung nicht aus.

Warum auch? Mit Entschuldigungen kenne ich mich aus. In der Schule war ich Spezialist in dieser Disziplin, und ich erkenne eine gut gemachte aus drei Metern Entfernung. Dies ist keine, und deshalb stellen wir jetzt auch eine Anfrage an die Kommission.

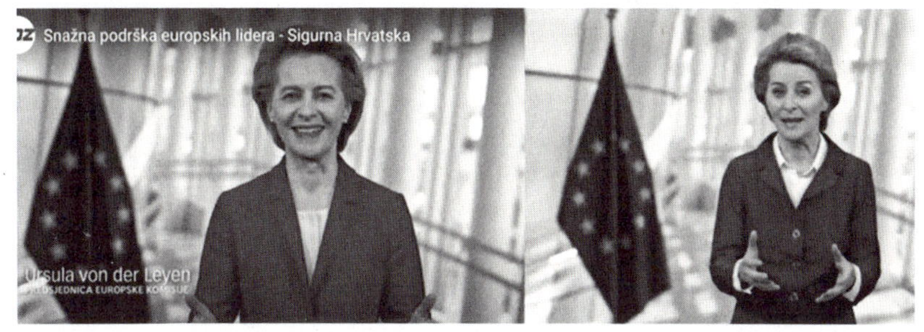

Links Frau vonderLeyen privat,
rechts offiziell in ihrem letzten EU-Video auf der Arbeit

Sachdienlicher Hinweis der Rheinischen Post

Von der Leyens Sprecher sagte derweil, dass es gut für Europa sei, wenn auch die Mitglieder der Kommission ein aktives politisches Leben führen könnten. »Es muss möglich sein, solche Dinge zu tun«, sagte Mamer. Aber dabei müssten die nötigen Bedingungen eingehalten werden. Ob das beim zur Diskussion stehenden Video der Fall war, wird jetzt – auch durch das Tätigwerden von Martin Sonneborn – untersucht.

BRÜSSEL, PARLAMENT

Kanzlerin Merkel kommt nach Brüssel. Komisch, ich hatte mich doch bereits anlässlich ihres letzten Besuchs im Plenum in Straßburg so höflich, wie es mir nur möglich war, von ihr verabschiedet. (»Wenn Sie gehen, hinterlassen Sie unser Land bitte besenrein. Und jetzt können Sie gehen, vielen Dank …«). Kommt die jetzt dauernd? Büroleiter Hoffmann beruhigt mich: »Das ist nur wegen der Ratspräsidentschaft. Es ist üblich, dass der jeweilige Regierungschef dann in Brüssel vor das Parlament tritt. Soll ich Redezeit beantragen?«

Ich überlege kurz und bejahe. Zwischendurch mal 60 Sekunden

Martin Sonneborn
Mitglied des Europäischen Parlaments

Brüssel, den 06.07.2020

Anfrage zur schriftlichen Beantwortung
an die Kommission
Artikel 138 der Geschäftsordnung

Am 3.7. hat die HDZ, kroatische Regierungspartei mit Hang zu Korruption & Illiberalität, zu den (wegen kurzfristig gestiegener Umfragewerte) vorgezogenen Parlamentswahlen 1 Video veröffentlicht, in dem EVP-Politiker den HDZ-Slogan „Sigurna Hrvatska" aufzusagen versuchen. Darunter ist auch eine in Deutschland vor allem durch die sog. „Berateraffäre" bekannt gewordene Frau vonder ähem Leyen, die bei Ihnen als Präsidentin arbeitet.

Der Verhaltenskodex der Kommission besagt: „Kommissionsmitglieder enthalten sich jeglicher öffentlicher Äußerung und jeglichen Auftritts im Namen einer politischen Partei [...]"

(Von Artikel 17 Abs. 3 EU-Vertrag ganz zu schweigen!)

Kommissionssprecher Mamer hat auf Twitter mitgeteilt, es habe sich um „einen persönlichen Beitrag" vonderLeyens gehandelt. Smiley!

Dabei ist er von den offiziellen Videobotschaften der Kommissionspräsidentin nicht zu unterscheiden: dieselbe Perspektive, dasselbe Kommissionsgebäude; dieselbe EU-Flagge, dieselbe Bildunterschrift („Präsidentin der EU-Kommission"), dieselbe Jacke, derselbe Lippenstift, dieselbe Betonfrisur.

Folgende Fragen an die Kommission ergeben sich:

1. Wer hat den Videobeitrag aufgenommen, wer hat die Dreharbeiten genehmigt und bezahlt?
2. Wenn das Video von EU-Bediensteten für persönliche Zwecke erstellt wurde: Wird die Kommission untersuchen, ob eine strafbare Veruntreuung von EU-Haushaltsmitteln zugunsten persönlicher Vorteile vorliegt?
3. Wenn das Video in ihrer offiziellen Funktion als Präsidentin erstellt wurde: Welche Maßnahmen werden zur Sanktionierung der Verstöße gegen den Verhaltenskodex eingeleitet?

B-1047 Brüssel - ASP 08G354 - Tel. +32 2 28-45756 - Fax +32 2 28-49756
F-67070 Straßburg - WIC M04008 - Tel. +33 3 881-75756 - Fax +33 3 881-79756
martin.sonneborn@ep.europa.eu - www.europarl.europa.eu

solider Arbeit in diesen unübersichtlichen Zeiten, das wäre nicht verkehrt. Und als Ratspräsident geben wir zur Abwechslung auch ganz offiziell den Ton an in der EU. Man spricht jetzt deutsh, das hatten wir all den Ausländern schon in der virtuellen Eröffnungspressekonferenz klargemacht. Immerhin hatten Merkel und vonderLeyen in ihrem Livestream gedroht, dass die nächsten sechs Monate »sich als entscheidend für die Zukunft Europas erweisen« würden. Verstanden hatte das zum Glück nur eine Minderheit des zugeschalteten Kontinents. Die 13,5-jährige Vorbereitungszeit war zu knapp gewesen, aufgrund einer technischen Panne gab es bei der Übertragung europaweit lediglich zwei Tonkanäle: »Deutsch« und »Originalsprache«.

Leider hatte sich die offizielle Hegemonie noch nicht überall im EU-Parlament herumgesprochen. In dieser Legislaturperiode ist unsere parlamentarische Arbeit von bisher ungekannten Auseinandersetzungen mit der Verwaltung geprägt. Dass Parlamentspräsident Sassoli durch meine Rede zur Hufeisentheorie »die Würde des Parlaments verletzt« sah – geschenkt. Als Nächstes wurde überraschend unserer gut vernetzten belgischen Assistentin gekündigt, Rechnungen für Filmarbeiten in Bergkarabach durften nicht aus dem für so etwas vorgesehenen Etat bezahlt werden, und ich hatte plötzlich Schwierigkeiten, einen Slot vor den Parlamentskameras zu erhalten. Für Redezeit bei Plenarsitzungen galt das Gleiche. Würde ich beim Besuch der Bundeskanzlerin überhaupt sprechen dürfen? Für alle Fälle bat ich meinen (depressiven) Redenschreiber um ein paar Zeilen zu Merkel und zur Ratspräsidentschaft.

BRÜSSEL, BÜRO

»Habe ich Redezeit, Hoffmann?« – »Das weiß ich noch nicht, es kam bisher keine Antwort auf meine Mail. Ich habe versucht anzurufen, aber der Generalsekretär geht nicht ans Telefon.« – »Merkels Auftritt ist übermorgen, es wäre nett, wenn ich bis morgen

Abend Bescheid wüsste. Ich muss ja auch noch schreiben, mein (depressiver) Redenschreiber hat bisher nur deprimierendes Material geschickt.«

Sachdienlicher Hinweis aus dem Ordner »Ungehaltene Reden II«

1 Rede für Ratspräsidentschaft

It's coming home, it's coming home, it's coming ... EU-Ratspräsidentschaft is coming home!

Ab heute 5 Uhr 45 wird zurückregiert. Das heißt, für die nächsten sechs Monate hat neben der irren Maschinenfrau Ursula von der, äh, Namevergessen, auch der sympathisch-tapsige Peter Altmaier ein bisschen was zu melden. (Hauptsächlich wohl ein hohes Jahreseinkommen.) Es hat eben jeder Hitler seinen Heß. Achtung, dieser Vergleich war – wie selbstverständlich alle Hitlervergleiche – vollkommen unangemessen. Der Führer wird es mir nachsehen. Hoffentlich. Die deutsche Ratspräs. steht unter dem Motto: »Gemeinsam PUNKT Europa wieder stark machen.« Das heißt auf gut Deutsch: Bla PUNKT Blabla. Wichtigstes PUNKT ist dabei die Bewältigung der Covid-19-Krise, sprich: gegenseitiges Händewaschen.

1 Rede für Merkel

Als wir uns das letzte Mal gesehen haben, Frau Merkel, hatte ich Sie ja höflich in den Ruhestand verabschiedet, und jetzt sitzen Sie wieder hier. Offenbar geht es Ihnen wie vielen alten Menschen in Europa: Die Rente reicht nicht aus. Das Modell der Arbeitszeitverlängerung hat aber Grenzen, biologische; ich zitiere aus der Tagespresse: »Frontal-Crash auf A 11! Geisterfahrer (82) prallt in Autos – tot«. Das ist selbstverständlich rein symbolisch aufzufassen. Ich weiß ja gar nicht, ob Sie überhaupt selber Auto fahren können oder wollen oder müssen ...

BRÜSSEL, HOMEOFFICE

Heute Nachmittag um 14 Uhr kommt Merkel. Der französische Generalsekretär ist nicht zu erreichen. Allmählich werde ich ungehalten. Als um 8.37 Uhr noch keine Nachricht da ist, werde ich sehr ungehalten. Und twittere.

Sachdienlicher Hinweis aus dem Netz

MS: Um 14.15 kommt Merkel ins EU-Parlament. Die Verwaltung konnte mir bisher nicht mitteilen, ob ich eine Minute Redezeit habe. Ob der zuständige Generalsekretär Bordez wieder während der Arbeitszeit zum Shoppen nach Paris gefahren ist? ZwinkerSmiley!

Kurz darauf ruft Büroleiter Hoffmann an, eine Mail aus dem Sekretariat sei gestern Abend noch ein- und in einer Flut von anderen Mails untergegangen: Ich habe Sprechzeit. Eine Minute. Während ich überlege, ob die chickeren Boutiquen in Paris derzeit überhaupt geöffnet sind und was ich Merkel in knapp fünf Stunden zu sagen habe, tippe ich schnell eine Art Entschuldigung ins Twitter.

Sachdienliche Hinweise aus dem Netz

MS: Ich entschuldige mich höflichst bei Generalsekretär Bordez – seine Mail von gestern Abend ist in 1000 anderen, die über den offiziellen Account eingehen, untergegangen. Ich habe Redezeit. Eine Minute. Hat jemand Fragen an Frau Merkel?

lydschi: Ist der Tönnies-Clan schon verhaftet und warum nicht?

Marc Nesium: Wer hatte in der Baseball-Liga 58 die meisten Homeruns?

Docugraf: War das nicht Home-er Simpson?

Wie sich schnell herausstellt, habe ich meine Entschuldigung verfrüht formuliert. Büroleiter Hoffmann bringt in Erfahrung, dass das Generalsekretariat mir absolut keine Redezeit bewilligen wollte. Bei Besuchen dieser Art darf traditionell einer der zurzeit zwei fraktionslosen deutschen Abgeordneten sprechen. In der vergangenen Legislaturperiode, als Merkel im Parlament in Straßburg zu Besuch war, hatte die Verwaltung uns die Redezeit, die den Fraktionslosen zusteht, noch nahezu aufgedrängt. Man wollte Merkel damals davor bewahren, in Dialog mit dem senilen Udo Voigt (NPD) treten zu müssen. Gestern aber hatte die Verwaltung nun den anderen deutschen Fraktionslosen gebeten zu sprechen; einen ehemaligen NPD-Mann. Da der aber überhaupt kein' Bock hatte, blieb es dann doch wieder an mir hängen.

BRÜSSEL, PARLAMENT

Der Plenarsaal ist zu etwa einem Drittel besetzt, in Coronazeiten sind längst nicht alle MEPs vor Ort, und zwischen den Abgeordneten bleiben jeweils zwei Plätze frei. Natürlich leitet Präsident David Sassoli diese Sitzung selbst. Heute wird er von uns Deutschen in die Zange genommen: Frau vonderLeyen, wie oft in zartestem Rosa, nimmt links vorne Platz, die Kanzlerin vorne rechts. Die Maske steht Merkel gut.

Für die Ratspräsidentschaft war das deutsche Personal in Brüssel von 200 auf 600 Leute aufgestockt worden, ein Gebäude wurde zusätzlich angemietet. Wer hätte gedacht, dass man mit einer derart kleinen Armee Europa beherrschen kann?

Nachdem Sassoli Merkel begrüßt und ihr Mikrofon freigeschaltet hat, leert sie ihr Wasserglas auf ex und legt los. Dass sie aus Überzeugung und mit ganzem Herzen nach Brüssel gekommen sei, lügt sie, dass wir ein bedeutendes Parlament seien und für wichtige Aufgaben gebraucht würden, dass es ihr eine besondere Ehre sei, uns eben mal die fünf Schwerpunkte der deutschen Ratspräsidentschaft vorzustellen: »Unsere Grundrechte, der Zusammenhalt, der Klimaschutz, die Digitalisierung und Europas Verantwortung in der Welt …«

Ein bisschen gelangweilt schaue ich mich um. In der Reihe

hinter mir hat unser alter schwäbischer Freund Rainer Wieland (CDU) Platz genommen. Der Vizepräsident des EU-Parlaments hatte in den vergangenen Jahren viel Zeit und Mühe in die von der Groko Haram angestrebte Wahlrechtsänderung investiert. Ich erinnere mich an sein Versprechen, dass »eine Zwei-Prozent-Hürde in der EU-Wahl schon viel gegen Spaß- und Splitterparteien helfen« würde; eine Überzeugung, die wir von der PARTEI (2,4 Prozent in der EU-Wahl) natürlich teilen.

»Ich glaube an Europa«, liest die Bundeskanzlerin gerade vor, »ich bin überzeugt von Europa – nicht nur als Erbe der Vergangenheit, sondern als Hoffnung und Vision für die Zukunft.«

Nach sechs oder sieben mehr oder minder berührenden Fraktionsvorsitzenden-Reden erteilt Präsident Sassoli mit einem indignierten Blick dann mir das Wort.

»Vielen Dank, Präsident«, sage ich artig und wende mich unserem Besuch zu. »Mahlzeit, Frau Bundeskanzlerin Merkel! Wer, wenn nicht SIE könnte die Europäische Union aus der Krise führen? Das fragen Millionen von Leitartiklern, denen in aller Regel niemand anderes einfällt. Anscheinend verspürt Europa eine unbändige Sehnsucht, sich deutscher Führung zu unterwerfen. Warum erst jetzt und nicht schon vor 80 Jahren? Dem Kontinent wäre einiges erspart geblieben, ZwinkerSmiley!

Wenn ich richtig las, planen Sie, das Coronavirus mit viel Geld zu ersticken; übrigens etwas, das der EU mit dem nicht minder schäbigen Viktator Orbán leider nicht geglückt ist.

Sie werden den Klimawandel verbieten und die Chinesen bewegen, uns künftig etwas leiser auszulachen.

Sie werden die Migration bewältigen, indem Sie sicherstellen, dass die Gemeinheiten dort geschehen, wo sie nicht so auffallen.

Ihre Macht kennt nur eine Grenze: Selbst Sie und Ihre 750 Milliarden können nicht dafür sorgen, dass der Hamburger SV jemals wieder in die Bundesliga aufsteigt.«

Anke Stein: Sorry, aber das war sehr arm und nur albern, nicht mal lustig.

NicolasKolossos: Dafür habe ich ihn in dieses Parlament gewählt; ein lästiges Furunkel im selbstgerechten Sitzfleisch

Mic Black: 29.08 BERLIN!!!! KOMMT ALLE, ES GEHT UM ALLES!!!!!

Während ich bei Merkel wie üblich absolut keine Regung ausmache, gestikuliert hinter mir ein kopfschüttelnder Osteuropäer, der offenbar kaum zu glauben vermag, dass ein einzelner Hamburger Sportverein allein so schlecht sein kann. Rainer Wieland ist nicht mehr zu sehen, der alte Politfuchs dürfte gerade fluchtartig seinen Platz gewechselt haben, um nicht von der Parlamentskamera direkt neben mir abgebildet zu werden, während ich zu seiner Chefin spreche.

Direkt nach mir erhält Merkel das Wort, verweigert jedoch die Antwort auf meine Analysen. Stattdessen kommt sie auf das Rechtsstaatlichkeitsprinzip zu sprechen, das Frau vonderLeyen in ihrer bereits jetzt zu langen Kommissionskarriere so schmählich missachtet: »Ich will deutlich machen, und ich hab ja nicht umsonst über die Rechtsstaatlichkeit und die Grundrechte gesprochen, dass diese in Europa – und das gilt auch für die deutsche Ratspräsidentschaft – absolute Priorität genießen.«

Ich bin irritiert. Sollten wir Frau Merkel unterschätzt haben? Sollte den demokratiefernen Polen der PISS-Partei und den in Demokratie-Indizes gerade offiziell als erstes Hybridregime in der EU anerkannten Ungarn tatsächlich signalisiert werden, dass es ohne demokratische Mindeststandards keine ungehinderte Auszahlung von EU-Milliarden mehr geben wird?

BRÜSSEL, PARLAMENT, LIBE-AUSSCHUSS

Auch die deutschen Minister machen jetzt Antrittsbesuche, um ihre Vorstellungen für das kommende halbe Jahr zu diktieren. Zum Glück fast alle nur per Videoübertragung aus Berlin. In meinem neuen »Ausschuss für bürgerliche Freiheiten, Justiz und Inneres« (LIBE) hat sich für heute Heimatminister Horst Seehofer angesagt. Büroleiter Hoffmann hatte im Ausschuss eine Frage für mich angemeldet und keine abschlägige Antwort erhalten.

Ich suche mir einen guten Platz im Saal, mittig vor Juan F. López-Aguilar, dem spanischen Ausschussvorsitzenden.*

Knapp 40 Leute sind gekommen, alle tragen Masken, die Abstandsregeln werden eingehalten. Das ist mir nur recht, ich komme aus Norddeutschland. López-Aguilar lässt Seehofer auf seinem großen Bildschirm eine Zeit lang vor sich hin salbadern, über »die zentralen Zukunftsfragen Migration und Terrorismusbekämpfung«. Dann dürfen die Ausschussmitglieder Fragen stellen. Ich bin als Letzter dran. Das ist gar nicht schlecht, mit etwas Glück kann sich Seehofer anschließend nur noch an meine Frage erinnern, und ich habe diesmal eine größere Chance auf Antwort.

Als der Spanier mir das Wort erteilt, schalte ich mein Mikrofon ein und lasse die Maske fallen. Und beginne sehr langsam und gut verständlich zu sprechen:

»Herr Kollege See … ähm … hofer, Sie bezeichneten die Migrationspolitik als ›Herrschaft des Unrechts‹ und gelobten, gegen die ›Zuwanderung in deutsche Sozialsysteme‹ zu kämpfen – ich zitiere: ›BIS ZUR LETZTEN PATRONE!‹

* Mein alter Banknachbar! Vgl. »Herr Sonneborn geht nach Brüssel«: Ein paar Sitzungswochen lang habe ich Herrn López Aguilar neben mir, einen höflichen und gut gekleideten Spanier. Der ehemalige Justizminister, der sich zu seiner Zeit für Frauenrechte und »Null Toleranz«-Gesetze gegen häusliche Gewalt eingesetzt hatte, war aus der S&D-Fraktion ausgeschlossen worden und zu uns Fraktionslosen gekommen, weil er sich vor Gericht mit dem Vorwurf auseinandersetzen musste, seiner Frau ein blaues Auge verpasst zu haben.

Mehrfach haben Sie, treuer Spezl von Viktator Orbán, sich demonstrativ vor, hinter und neben den Kryptofaschisten Hans-Georg Maaßen gestellt, die Streichung der verfickten AfD aus dem Verfassungsschutzbericht betrieben und sich zum 69. Geburtstag über 69 menschenrechtswidrige Abschiebungen nach Afghanistan gefreut.

Um auf Ihr billiges ›Bonmot‹ von der Migration als ›MUTTER aller politischen Probleme‹ zurückzukommen: Wer, glauben Sie, könnte wohl der VATER sein? ZwinkerSmiley!«

López-Aguilar beschließt die Fragerunde, wahrscheinlich ohne allzu viel von der Simultanübersetzung verstanden zu haben oder sich an der verfickten AfD zu stören, und bittet den deutschen Innenminister um ein Statement.

Auf dem Bildschirm schüttelt Seehofer seinen massigen Quadratschädel. »Ähm, von Herrn Sonneborn sage ich nur … Herr Sonneborn, äh … Sie wiederholen jetzt ein Zitat von mir ausschnittartig, ohne das Gesamtzitat wiederzugeben, ich äh … habe viel dazu gesagt in diesem Interview, es wird aber immer wieder falsch wiedergegeben und leider äh … sind Sie auch darauf, auf diese … Fake News äh … angesprungen. Ich habe genau erklärt, warum ich zu diesem Urteil komme, nämlich äh … auch deshalb, weil für das Aufblühen von Rechten in äh … unserem Lande äh … ja auch diese ganze Entwicklung der letzten Jahre äh … mit ursächlich war.«

Sachdienliche Hinweise aus dem Netz

Neomoeddi: Thumbs up, weil »verfickt« nun endlich in dutzende Sprachen übersetzt wurde.

Constanze von Haller: Was hat Herr Seehofer gesagt? Ich konnte keinen Zusammenhang erkennen.

Ralf Schneider: Spinner VS Spinner

MiKe: Ich finde die Wörter zwischen den »Ähs« ein wenig irritierend.

FIE 1: Also … Wer ist denn nun der Vater???

Sachdienlicher Hinweis aus der Zukunft

MS: Ein paar Monate später werden nicht nur seine politischen Gegner von SPD und Grünen, sondern die gesamte EU seine Vorschläge zur Asypolitik vollumfänglich übernommen haben.

BRÜSSEL, HOMEOFFICE

Ratstreffen. Die Regierungschefs verhandeln ein 750-Milliarden-Paket. Vier oder fünf »sparsame« Staaten blockieren die notwendigen Einigungen, sind beim Austeilen von Geldern nicht ganz so großzügig wie vorher jahrelang beim Einstreichen. Österreich ist natürlich dabei. Nur ein paar Wochen, nachdem ich – offenbar vollkommen folgenlos – eine fundierte Trillionenklage gegen Ischgl und die Bombardierung der gesamten Tiroler Après-Ski-Scheiße empfohlen habe, wird der österreichische Kanzler frech. Ausgerechnet der!

Sachdienliche Hinweise aus dem Netz

MS: Europas führender Operettenkanzler Kurz hat in Südeuropa »kaputte Systeme« diagnostiziert. Steile These für jemanden, der 1 versoffenen Neonazi zum Vizekanzler beförderte, nachdem der den verfilztesten Teil der Alpen an eine falsche russische Oligarchennichte verscherbeln wollte ... Smiley!

Agentur GRADEXT: Interlektuell können Sie Kurz nicht das Wasser reichen.

Nach fünf Tagen Streitereien wird im Rat ein Kompromiss geschlossen – auf Kosten des Rechtsstaatlichkeitsprinzips, das Merkel in ihrer Rede im Parlament offensichtlich lediglich zur Verhandlungsmasse aufgebaut hatte und im Austausch gegen die Zustimmung der Visegrád-Staaten zum Corona-Rettungspaket fallen ließ. Orbán und seinen Freunden zaubert es jedenfalls ein Lächeln ins Gesicht.

BRÜSSEL, BOIS DE LA CAMBRE

Büroleiter Hoffmann ruft an. Das Parlament, das offensichtlich alle Anfragen an die Kommission vor Weiterleitung überprüft, hat meine kleine Anfrage zu Frau vonderLeyens kroatischem Wahlkampfvideo einbehalten. Und moniert, sie enthalte »language which could be considered as offensive (›die bei Ihnen als Präsidentin arbeitet‹)« und wir sollten doch bitte den Begriff »Betonfrisur« überarbeiten.

Sachdienliche Hinweise aus dem Netz

MS: Hat jemand Verbesserungsvorschläge?

Rainer Bruns: Biochemische Verbundfasermatte

Camillo2010: niedersächische Borste? Erstarrte Coronawolle? Versteifeter Haarputz, dann vermutlich nach DIN EN 13279 aus 50 % Calciumsulfat als aktives Hauptbindemittel und nicht mehr als 5 % Baukalk?

Noah: Einfach nur »Frisur« – inklusive Anführungszeichen.

Jakob Felser: zeitlose Haarkomposition

Fratercula: Stahlbetonfrisur.

Norbert Zillatron: Haarskulptur, Keratinimmobilie

Ballooning on Mars: Ich finde »Bottroper Palme« den schönsten aller Frisurennamen, noch vor »Fassongschnitt«.

Noel: Fönunfall

Philip Jay Fry: die selbe wunderschöne, zu jederzeit perfekt sitzende, Generationen überdauernde, wie ein Fels in der Brandung stehende, uns in schlechten und fragwürdigen Zeiten trost spendende, das Licht in der Dunkelheit und die Leuchtboje auf unserer stürmischen See seiende Frisur.

BRÜSSEL, BÜRO

Wir schicken ein zweites, korrigiertes Schreiben an die Kommission. Obendrüber steht im Fettdruck: »Auf Ihren Wunsch hin überarbeitete Anfrage zur schriftlichen Beantwortung (ohne das Wort ›Betonfrisur‹)«. Im Text haben wir das inkriminierte B-Wort entsprechend ersetzt: »… dieselbe tipptoppe Haarfrisur«.

AUGUST 2020

BUDAPEST

Die ungarische Regierung verkündet nicht ohne Stolz, dass sie ein »Nationales Komitee zur Unterstützung des Stillens« zusammengestellt hat. Das offizielle Foto zeigt allerdings, in repräsentativer Kulisse neben fünf ungarischen Fahnen sieben … nun ja, wie soll ich schreiben, sieben … äh … absolute Experten, die, die … alle schon mal gestillt worden sind. Drei etwas größer, vier etwas kleiner, alle in dunklen Anzügen und alles … Männer. Sieben Männer.

Sachdienliche Hinweise aus dem Netz

Tom V: Voll die Milchbubis.

COU_Deutschland: Die alle schon mal gestillt wurden … vom Vadder!

ErikMaronde: Sportsfreunde Stiller

BERLIN

Fast genauso absurd scheint mir die Besetzung der Stelle des Kanzlerkandidaten der SPD. Die Sozialdemokraten nominieren Olaf Scholz.

Sachdienlicher Hinweis der Frankfurter Rundschau

MS: Olaf Scholz wird der beste CDU-Kanzler werden. Er ist auch am gefährlichsten, weil er skrupellos, unmoralisch, banken- & industrieverbunden und menschenverachtend agiert – aber unter dem Deckmantel der ehemaligen Sozialdemokratie. Das ist wie bei Schröder. Laschet könnte sich als Konservativer vieles nicht leisten.

Sachdienlicher Hinweis aus dem Netz

MS: Olaf Scholz wurde einstimmig nominiert. Kevin Kühnert dürfte als der Juso-Vorsitzende in die SPD-Geschichte eingehen, der seine Metamorphose am schnellsten vollzogen hat.

Konstantin von Notz, stellvertretender Fraktionsvorsitzender der Grünen im Bundestag, retweetet diese Analyse, denkt kurz über seine politische Zukunft nach und löscht dann alles wieder. Ein paar Tage später sehe ich einen Tweet von Kevin Kühnert, der mir nicht gefällt.

Sachdienlicher Hinweis aus dem Netz

Kühnert: Ich weiß nicht, wie Euer Tag so war, aber ich habe grad @spdde-Neumitglied @Nilzenburger sein Parteibuch übergeben und eventuell bin ich grad sehr happy

Ich mag es nicht, wenn jemand, der sich in neuer Rekordzeit vom linken Juso-Vorsitzenden zum angepassten SPD-Vorständler gewandelt hat, »happy« ist. Aber eventuell ist Kühnert auch einfach nur sehr betrunken, denn er hat einen ziemlich roten Kopf und kleine Augen auf dem angehängten Foto. Schuld daran sind wahrscheinlich ein paar Flaschen Heineken, Berliner Pilsener und irgendwelche Whisky- bzw. Schnapsflaschen, die zwischen ihm und Neumitglied Nilzenburger stehen. Dass man einer Partei, wie die SPD eine geworden ist, nicht mehr nach nüchterner politischer Analyse beitreten kann, sondern nur noch voll wie eine Strandhaubitze, wundert mich nicht. Gegen die Trunkenheit kann ich nichts tun, gegen die erhöhte Anzahl von SPD-Parteibüchern schon.

Sachdienliche Hinweise aus dem Netz

MS: Achtung, Durchsage: Am 28.8. (13 Uhr) können interessierte Bürger bei mir vor dem Willy-Brandt-Haus ihr SPD-Parteibuch zurückgeben – im Tausch gegen eine (eisgekühlte) Flasche SONNEBRÄU. Denken Sie drüber nach; mehr wird Ihnen vermutlich nicht mehr geboten werden. Smiley!

ZoraZola: Frech zu unterstellen, wir hätten ein SPD Parteibuch. Wir sind doch Sozis und Linke, lieber Genosse!

Evelyn Schmidt: Gibt es auch einen Kasten, wenn ich mehr mitbringe?

Neponip: Wo kriege ich jetzt noch schnell so ein SPD Parteibuch her?

Mr. Pink: Der erste gute Grund, in die SPD einzutreten.

BRÜSSEL, PARK DINGS

Mit ein paar Bofferding-Dosen sitzen die Europapolitische Beraterin und ich versteckt im Park und twittern.

Sachdienliche Hinweise aus dem Netz

RND: Mit einer Langzeitstudie soll die Wirkung eines bedingungslosen Grundeinkommens erstmals in der Praxis untersucht werden. SPD-Kanzlerkandidat Olaf Scholz spricht sich gegen ein solches #Grundeinkommen aus.

MS: Ich teste das bedingungslose Grundeinkommen nun schon seit über fünf Jahren und konnte bisher keinen einzigen

Nachteil entdecken. Deswegen sollten SPD-Politiker sich auch nicht dagegen aussprechen.

MS: Frank Appel, Vorstandsvorsitzender der Postboten, erhielt 2018 7.000.000 Euro dafür, dass er morgens ins Büro ging. Wollen wir nicht das Briefporto um 10 Cent erhöhen, damit der Mann demnächst auf eine runde Summe kommt? ZwinkerSmiley!

Hasnain Kazim: Lieber Martin Sonneborn, wäre Die PARTEI bereit, in meinem Kalifat DIE ISLAMISCHE EINHEITSPARTEI (DIE) zu werden? Überlegt es euch gut, die Chance bekommt ihr nur einmal!

MS: Lieber Hasnain, jederzeit & gern!

BERLIN, WILHELMSTRASSE

Pünktlich um 13 Uhr stehe ich in meinem alten Hausmeisterkittel mit PARTEI-Logo vor dem Haupteingang der SPD-Zentrale. Die Geschäftsstelle der PARTEI hat einen Stehtisch und eine Kiste Bier aufgebaut. »Sonnebräu« ist zurzeit aus, deswegen gibt es kleine 0,33-Liter-Fläschchen mit Berliner Plörre. Für ein SPD-Parteibuch muss das reichen. Außerdem verbirgt ein schwarzer »LOL SPD«-Aufkleber, dass es sich nur um Schultheiß handelt. Aber der Inhalt ist den meisten angehenden Ex-SPDlern egal. Nach einer Stunde netter Gespräche mit zufällig vorbeikommenden Passanten und gezielt angereisten Sozialdemokraten – zum Teil aus dem Ruhrgebiet – ist die Bierkiste leer. Dafür bin ich jetzt im Besitz von sieben roten SPD-Parteibüchern. Und einer Urkunde für 31 Jahre treue Mitgliedschaft in der ehemaligen Volkspartei.

Als ein Reisebus hält und eine Busladung Jusos freigibt, die sofort ein Gruppenfoto mit uns machen wollen, sage ich gern zu. Sie sind auf dem Weg zu einem Treffen mit Kevin Kühnert und versprechen mir, die frohe Botschaft – sieben Parteibücher weniger – zu überbringen. Hochzufrieden mache ich mich auf den Weg zurück nach Brüssel.

Kleine Parteibuchhandlung vor dem Willy-Brandt-Haus in Berlin

IRRLAND

Lieber nicht auf den Weg gemacht hätte sich der amtierende EU-Kommissar für Handel, Phil Hogan, und zwar auf den an die irische Westküste, wo die Teilnahme an einem coronaregelwidrigen Golfclub-Dinner mit Schnaps, 3-Gänge-Menü inklusive Tombola und viel zu vielen Gästen (81 statt der derzeit erlaubten: 6) ihn gerade sein Kommissariat kostet. Zum Trost besitzt er jetzt immerhin einen hübschen George-Foreman-Kontaktgrill (Tombolagewinn, Gerät ab 31 Euro im qualifizierten Fachhandel).

Zwei hochrangige irische Politiker sind wegen ihrer Teilnahme sofort zurückgetreten, darunter der Landwirtschaftsminister, das macht es für Hogan nicht einfacher. Wenig hilft wohl auch, dass er seine Rechtfertigungen, wann er aus welchem Grunde wo gewesen sei, korrigieren muss. Zum Beispiel weil er von der örtlichen Polizei beim Telefonieren am Steuer erwischt wurde, allerdings in einer irischen Provinz, die wegen der massiven Corona-Fälle vollständig abgeriegelt ist und in der Hogan sich gar nicht hätte aufhalten dürfen.

Als der Druck zu groß wird, tritt Hogan zurück. Mit sichtlichem Bedauern über den Arbeitsplatzverlust. Schöner wäre es gewesen, wenn er bedauert hätte, was er in der letzten Legislaturperiode als Agrarkommissar und Garant der Interessen der landwirtschaftlichen & agrochemischen Großindustrie oder mit der Forcierung des Mercosur-Abkommens in EU und Welt angerichtet hat.

SEPTEMBER 2020

BRÜSSEL, PARLAMENT

Büroleiter Hoffmann drückt mir einen Schlüssel in die Hand. Nur ein paar Monate nach Beginn einer fortwährenden Einbruchserie im EU-Parlament hat der Sicherheitsdienst das Schloss an meinem Büro ausgetauscht. Nicht jedoch an Hoffmanns benachbartem Büro – das durch eine offene Tür ohne Schließzylinder mit meinem verbunden ist. Hm.

Um mich abzulenken, lese ich im *Spiegel* einen Kommentar von Wolfgang Ischinger, der den EU-Außenbeauftragten Borrell lobt.

Sachdienliche Hinweise aus dem Netz

Christoph Cölner: »Kluger EU-Außenbeauftragter«. Können Sie den Vorwurf bestätigen, @MartinSonneborn?

MS: Nein. Der Außenbeauftragte der EU Sepp Borrell ist alt, senil, unehrlich, vorbestraft, bekommt Analysen in einfacher Sprache vorgelegt und hat ein Weltbild aus dem kalten Krieg.

Rainer Daeschler: »... alt, senil, unehr...« Stammt das alles aus seinem Bewerbungsschreiben?

GRIECHENLAND, LESBOS

Das Flüchtlingslager Moria ist abgebrannt. Über 13.000 Flüchtlinge vegetierten hier in einem Lager, das ursprünglich für 3.100 Menschen ausgelegt war. Hinter Stacheldraht auf engstem Raum zwischen Zeltplanen, Müll und Ratten; ohne ausreichende medizinische Versorgung und Heizmöglichkeiten im Winter, mit einem Wasserhahn für bis zu 1.300 Menschen, Stromausfällen, ungesicherten Elektrokabeln – man kann sich das Lager nicht furchtbar genug vorstellen.

Die Europäische Union stört sich nicht weiter an den Zuständen. Griechenland wird bei diesem Problem im Stich gelassen, vermutlich verspricht man sich eine abschreckende Wirkung auf potenzielle Flüchtlinge.

Wir schreiben den zuständigen EU-Kommissar an, den Griechen Margaritis Schinas.

Martin Sonneborn
Mitglied des Europäischen Parlaments

Brüssel, den 10.09.2020

Anfrage zur schriftlichen Beantwortung
an die Kommission
Artikel 138 der Geschäftsordnung

Lieber Margaritis Schinas,

zu Beginn der aktuellen Spielzeit der Europäischen Kommission wurde Ihnen ein Portfolio zugeteilt, das „Protecting our European Way of Life" getauft worden war, obwohl es erkennbar nichts Metaphysischeres zum Inhalt hatte als die Organisation und Infrastrukturierung einer zu forcierenden Migrantenabwehr.

Proteste von Parlamentariern und Menschenrechtsfans führten zur oberflächlichen UMTAUFUNG Ihres Portfolios von „PROTECTING our blablabla" in „PROMOTING our blablabla".

In ihrem Mission Letter präzisiert Ihre Chefin – die kleine mit der tiptoppen Haarfrisur – gewohnt stilsicher, die europäische Lebensweise fuße aus ihrer Sicht auf „Solidarität, Seelenruhe und Sicherheit".

Sie selbst führten in Ihrer Anhörung im EU-Parlament aus, im Amt die europäischen Grundwerte - Menschenwürde, Freiheit, Demokratie - schützen zu wollen & stellten begeistert fest, die EU sei „ein Leuchtturm in einer Welt, die immer dunkler wird". Erst kürzlich ließen Sie sich zu der beruhigenden Beteuerung hinreißen, EUROPA sei in der olympischen Disziplin „Menschenrechte" noch immer Weltmarktführer: "world champions on human rights". WORLD CHAMPION, Schinas? ZwinkerSmiley!

Mit Verweis auf Artikel 2 des EU-Vertrages („Die Werte, auf die sich die Union gründet, sind die Achtung der Menschenwürde, Freiheit, Demokratie, Gleichheit, Rechtsstaatlichkeit und die Wahrung der Menschenrechte einschließlich der Rechte der Personen, die Minderheiten angehören. Diese Werte sind allen Mitgliedstaaten in einer Gesellschaft gemeinsam, die sich durch Pluralismus, Nichtdiskriminierung, Toleranz, Gerechtigkeit, Solidarität und die Gleichheit von Frauen und Männern auszeichnet.") fordere ich Sie hiermit dazu auf, konkret darzulegen, welchen unserer Grundwerte Sie in den Ruinen des europäischen Flüchtlingslagers Moria auf welche Weise und durch welche Maßnahmen zu schützen gedenken.

B-1047 Brüssel - ASP 08G354 - Tel. +32 2 28-45756 - Fax +32 2 28-49756
F-67070 Straßburg - WIC M04008 - Tel. +33 3 881-75756 - Fax +33 3 881-79756
martin.sonneborn@ep.europa.eu - www.europarl.europa.eu

Sachdienlicher Hinweis aus dem Netz

Heiko Hoch: Lieber Sonneborn, bekommen Sie auf solche Papiere auch Antworten?

MS: Aber selbstverständlich. Die Kommission ist ja verpflichtet, auf die Fragen von Abgeordneten zu reagieren. Zeit läuft.

Sachdienliche Hinweise von Wikipedia

Als Kleine Anfrage bezeichnet man eine auf wenige Punkte begrenzte Fragestellung eines Parlamentariers an die Exekutive. Sie ist ein Instrument der parlamentarischen Kontrolle. Es wird unterschieden zwischen »Anfragen mit Vorrang«, die keine eingehenden Nachforschungen erfordern und innerhalb von drei Wochen beantwortet werden, sowie schriftlichen Anfragen ohne Vorrang, die innerhalb von sechs Wochen beantwortet werden müssen.

DÜSSELDORF

Kommunalwahlen in Nordrhein-Westfalen. Ich habe ein gutes Gefühl. Wie vor jeder Wahl. Schließlich verdoppeln sich unsere Wahlergebnisse in schöner Regelmäßigkeit. In Münster fand 2005 unser erster Parteitag statt, den uns zwei Parteifreunde in einem schönen alten Jagdsaal in der Innenstadt organisierten. Und in NRW war es auch, wo wir zum ersten Mal an einer Landtagswahl teilnahmen. Im Mai 2005 wurden wir auf Anhieb sechzehntstärkste Partei und holten 1.338 Stimmen oder 0,02 Prozent. Unser bestes Ergebnis seit Kriegsende! Nach wie vor stellen die NRWler unter ihrem langjährigen Landesvorsitzenden Dr. Mark Benecke eine starke Fraktion in der PARTEI.

Sachdienliche Hinweise von der PARTEI-Seite

Auch im bevölkerungsreichsten Bundesland gibt es keine Anzeichen einer Trendwende: Die PARTEI hat es auch in NRW nicht vermocht, ihren bundesweiten Aufwärtstrend zu stoppen! Ein Prozent landesweit, Ergebnis von 2015 (peinliche Nullkommanullirgendwas Prozent) verzehnfacht, Stimmenanteil mit 76.317 Stimmen mehr als verfünfzehnfacht, 34 neue MandatsträgerInnen, mehrfaches Knacken der psychologisch unwichtigen 10 %-Marke. Herzlichen Glückwunsch! Der Bundesvorstand gratuliert PARTEI-Freundinnen & Helfern, neuen & alten Mandatsträgern & allen, die in den vergangenen Wochen Blut, Schweiß & Lachtränen investiert haben.

PS: In Schermbeck – wo zur Hölle ist das denn? – liegt Die PARTEI (10,34 %) vor der SPD (9,22 %).

STRASSBURG, PLENUM

Vor zehn Jahren hat der damalige Kommissionspräsident Barroso die erste Rede zum »State of the Union« gehalten. Eine unverhohlene Kopie der »Rede zur Lage der Nation« der US-Präsidenten, die alljährlich ein wenig Glanz & Glamour für die EU generieren soll. Aber was hat Frau vonderLeyen eigentlich zu vermelden in ihrer ersten großen Rede?

Sachdienlicher Hinweis der EU-Kommission

In ihrer Rede zur Lage der Union präsentierte EU-Kommissionspräsidentin Ursula von der Leyen ihre Vision eines Europas, das gestärkt aus der Pandemie hervorgeht und den Weg hin zu neuer Lebenskraft weist. Europa hat die Vision, den Plan und die Investitionen.

Sachdienlicher Hinweis von t-online

Lesen Sie hier die Replik von EU-Parlamentarier und Satiriker Martin Sonneborn:

Liebe Frau vonderLeyen,

niemand weiß, ob Sie wirklich daran glauben, in Ihrer aktuellen Spielzeit irgendetwas erreicht zu haben, oder ob Sie nur so tun, als ob. Wahrscheinlich beides.

Seit Sie im Amt sind, hat die Europäische Union sichtlich an Erbärmlichkeit gewonnen.

Den – kalkulierten – Niedergang Ihrer eigenen Behörde, der EU-Kommission, werden Sie und Ihr zwangsoptimistischer deutscher Beraterstab absehbar als Errungenschaft verkaufen. Und das einzige semidemokratische EU-Organ, mein Europäisches Parlament, ist mal wieder so bedeutungslos wie schon lange nicht mehr. Den großen Wurf zu seiner Stärkung (begonnen mit der Institutionalisierung des Spitzenkandidatenprinzips) sind Sie jedenfalls schuldig geblieben. Ebenso wie den für Februar zugesagten Kommissionsentwurf für eine gemeinsame Asyl- und Migrationspolitik.

Dafür haben Sie und Ihre womöglich gut bezahlten Wirtschaftsberater die gerade angesagten dämlichen Schlagworte »grün« und »digital« schamlos gekapert und ruckzuck zu den dollsten Wachstumsmotoren seit Kolumbus umetikettiert. Fortwährend deklarieren Sie, eine erdverträgliche Wirtschaftsordnung dürfe keinesfalls in Wachstumsverzicht oder Konsumrückbau münden, sondern in einen gigantischen europäischen Kaufrausch, der jedes überflüssigerweise vorhandene Produkt durch irgendein neues ersetzen soll – in Grün und mit WLAN-Kabel.

Und da Ihr »NEXT GENERATION« getauftes Rettungsprogramm weder die nächste Generation noch unsere pulverisierten europäischen Grundwerte retten wird, mobilisieren Sie freundlicherweise gigantische Geldsummen zur Wiederbelebung einer überholten Wirtschaftsstruktur. Während Mittelstand, Kleinbetriebe, Künstlergesocks und Wirtsleute, die maßgeblichen Stützpfeiler von Wirtschaft und europäischer Lebensart, zugrunde gehen, schreibt die Wirtschaftspolitik der Kommission ihre verheerende Fixierung auf die großen Unternehmen fort. Und: auf das große Kapital.

Bei den rückständigen Chinesen befiehlt Bankenregulator Guo Shuqing o. s. ä. zur Bewältigung der coronabedingten Wirtschaftskrise derweil den Staatsbanken einen massiven Gewinnverzicht. Gute Güte! Viel zukunftsweisender ist das Erfolgsrezept der EU, mit breitem Lächeln auf die Rettung von Unternehmen zu setzen, die schon immer mehr Dividenden und Boni gezahlt haben als Löhne oder Steuern.

Seit Sie, Frau vonderLeyen, im Amt sind, faseln Sie metaphernüberladen von einer »Sprache der Macht«, die die EU erlernen müsse. Die einzige Macht, über die unsere gute alte EU wirklich verfügt, ist ihre wirtschaftliche. Sie kann sie zwar bis auf 25 Stellen hinter dem Komma ökonometrisch exakt berechnen, setzt sie aber nie, nie, wirklich niemals ein, aus Angst, ihre schönen Wachstumsziele & die noch schöneren Gewinnerwartungen der Exportindustrie zu gefährden.

Seit geraumer Zeit bedroht der Irre vom Bosporus offen zwei Mitgliedsstaaten, Griechenland und Zypern, ohne dass irgendjemandem bisher eingefallen wäre, wie man sich als geopolitischer Akteur zu so etwas zu verhalten hat. Ein bellizistischer Imperialist direkt vor der Haustür, und die EU denkt noch nicht einmal darüber nach, ihre famose Wirtschaftsmacht einzusetzen.

Sie halten es in ideologisch gleichbleibender Fantasielosigkeit und schablonenhafter Realitätsverleugnung noch immer für angemessen, mit Ihrer »East StratCom Task Force« – zu Deutsch: Heeresgruppe OstSüd – ausschließlich »Desinformation« russischer und chinesischer Provenienz zu bekämpfen, dasselbe Maß an Unsinn aus den USA, Grobbritannien oder Ungarn aber ungeprüft durchzuwinken. Die Außenminister der beiden Diktaturen – gemeint sind jetzt China und Russland – haben jetzt übrigens ihrerseits eine Initiative zur Bekämpfung der Desinformation ausgerufen. Lustiger kann man sich über die EU nun wirklich nicht lustig machen als mit diesem metaphilosophischen Quidproquo. Chapeau.

Und während Sie in Brüssel lauthals »Nawalny« skandieren und darauf hoffen, dass niemand Sie fragt, warum Sie sich um einen fremdenfeindlichen & homophoben russischen Rechtspopulisten sorgen, findet auf der anderen Seite des Kanals die lautlose Beerdigung statt von Wikileaks, Julian Assange und der Veröffentlichungs- & Pressefreiheit. Und die EU schickt noch nicht einmal Blumen.

Das ist der Real State of da Union. TrauerSmiley!

Anm. der Red.
Was ist eine Meinung? Die subjektive Sicht des Autors auf das Thema. Niemand muss diese Meinung übernehmen, aber sie kann zum Nachdenken anregen.

BRÜSSEL, BÜRO

Einen überraschend langen Moment freue ich mich bei meiner morgendlichen Presseschau im Netz an der Überschrift »Ich hätte nicht geglaubt, dass ich Juncker so heftig vermissen würde« – dann fällt mir ein, dass ich den Satz selbst gesagt habe, vor ein paar Tagen, zu Markus Kompa von Telepolis, im großen Sommerinterview.

Sachdienlicher Hinweis von Telepolis

T: Wie haben Sie in Brüssel die Zeit seit Corona überstanden?

MS: Danke der Nachfrage. Ich war ausreichend damit beschäftigt, einen Überblick zu behalten, welche Länder, Städte oder Landstriche einer in ihre Einzelteile zerfallenen EU gerade zu roten, grünen, orangefarbenen Coronazonen mutierten. Oder einseitig Reisewarnungen verhängten. Und mich zu ärgern, dass keine europaweite Datenbasis geschaffen wurde – Infektionen, Intensiv-Patienten, Tote –, mittels derer man die Situation wesentlich besser hätte einschätzen können.

T: Frau von der Leyen hat nach ihrem Wehrdienst als Präsidentin der EU-Kommission angeheuert. Wie macht sich die Neue bei Ihnen in Brüssel?

MS: Ich hätte nicht gedacht, dass ich Jean-Claude Juncker so heftig vermissen würde. Eine orientierungslose Präsidentin, die in ihren schlecht choreografierten Reden den Eindruck erweckt, es sei alles bestens bestellt in der EU, sie habe die ultimative Problemlösungskompetenz und befördere die Belange im Sinne der Bürger – das ist schon bizarr.

T: Knapp drei Jahrzehnte nach Ende des Apartheid-Regimes in Südafrika fordern die Schwarzen nun auch in den USA, nicht mehr wegen ihrer Hautfarbe erschossen oder erwürgt zu werden. Sollte sich Europa wieder politisch engagieren, etwa durch Sanktionen wie das Boykottieren von Fracking?

MS: Ich bin eigentlich eher für den Einsatz von Bodentruppen. Sepp Borrell, der 178-jährige Außenbeauftragte der EU, fordert doch immer, Europa müsse »die Sprache der Macht erlernen«, dies wäre eine Gelegenheit. Und auch eine gute Antwort auf den enormen Druck, den die Amerikaner auf

Deutschland ausüben, um ihre atomwaffenfähigen Kampfflugzeuge und ihr schmutziges Fracking-Gas zu verkaufen.

T: US-Präsident Trump räumte letzte Woche ein, Mordanschläge auf Assad und das Oberhaupt des Islamischen Staates geplant zu haben – was in Deutschland weder in der Presse noch in der Politik auf ein kritisches Echo stieß. Wäre für Sie politischer Mord, der offenbar hierzulande sozial akzeptiert ist, ein gangbares Konzept für eine PARTEI-geführte Regierung?

MS: Auf internationaler Ebene ist so etwas schon länger in Mode, denken wir an diverse zu autonomieverliebte afrikanische Staatschefs. Aber auf nationaler Ebene wäre das eine interessante neue Handlungsoption. Spontan würde ich es für extrem hoffnungslose Fälle in Erwägung ziehen, etwa bei Verkehrsminister Andi B. Scheuert. Aber die Vor- und Nachteile würde ich vorher gern ausführlich diskutieren, ebenso die ethische Komponente.

T: Der kommende Bundestagswahlkampf wird absehbar noch bescheidener als der letzte. Den (ehemaligen) Volksparteien fehlen durchweg Charismatiker. Kann die PARTEI einen Bundeskanzler Habeck noch realistisch verhindern?

MS: Kein Problem, wir setzen voll auf Annalena Baerbock. Sie hat die kräftigeren Oberarme.

T: Die Firma Augustus Intelligence hat CDU-Küken Philipp Amthor offenbar Aktien im Wert von 250.000,– € geboten, verdiente Politiker wie Siegmar Gabriel hingegen müssen beim Metzger für schäbige 10.000,– € im Monat malochen. Fehlt im Lobbysektor ein fairer Mindestlohn?

MS: Ja, in dem Falle schon. Gabriel bekam das Geld vom Schlächter Tönnies, dessen mensch- und tierverachtende Aktivitäten in Serbien er zuvor als Wirtschaftsminister unterstützt hatte. Wir haben ein PARTEI-Plakat dazu: »Wer hat uns beraten? Sozialdemokraten!«

Als ich abends in Richtung Ausgang gehe, kann ich es nicht fassen: Nach Monaten der Untätigkeit greift die Parlamentsverwaltung wegen der Diebstähle aus den MEP-Büros – endlich – durch: Vor mir steht ein mannsgroßes Plakat in Grün. Unter der Überschrift

»Theft prevention campaign« lese ich in großen Buchstaben die Aufforderung: »Don't look at this poster. Look out for thieves instead.« Leider zu spät, ich hab schon hingeschaut.

Die Präsidenten der Visegrád-Staaten (Polen, Tschechien, Ungarn und Slowakei) geben eine Pressekonferenz in Brüssel, um zu erklären, dass sie den EU-Migrationspakt ablehnen. Sie fordern »Hotspots« in Nordafrika und Syrien statt Lager innerhalb der EU. Nach einem Treffen veröffentlichen Orbán und vonderLeyen ein merkwürdiges Foto, auf dem sie sich gegenüberstehen. Die Kommissionspräsidentin verschränkt dabei leicht devot beide Arme vor dem Oberkörper. Wir lassen die Leute im Netz raten, wofür sich Frau vonderLeyen hier bei einem zwielichtigen Tüpen wie Orban wohl bedankt:

- Für die 13 Stimmen seiner Fidesz-Abgeordneten, ohne die sie nicht Kommissionspräsidentin geworden wäre
- Für die zuverlässige Abnahme von »Gütern« der deutschen Waffenindustrie, allein 2019 im Wert von 1,8 Milliarden (im Rahmen des gigantischen ungarischen Aufrüstungsprogramms), und die Abnahme von 50 Leopard-2-Panzern »zur Verteidigung des christlichen Europas«
- Für die Kiste Ottakringer Gold Fassl, auf der vonderLeyen (1,52 Meter) steht
- Für direkte & indirekte Subventionen (mind. 700 Mio. Euro seit 2011) zugunsten der deutschen Automobilindustrie (Mercedes, Audi, BMW, Bosch) nebst der gnadenlosesten »Flexibilisierung« des Arbeitsmarktes & der Installation des geringsten Körperschaftssteuersatzes der EU (9 %)
- Für die Auszeichnung mit dem ungarischen Mutterkreuz in Bronze (für bis zu 37-fache Maternität)
- Für die sympathische Härte der Visegrád-Staaten, die es der Kommission ermöglicht, eine Position in der Flüchtlings- & Migrationspolitik einzunehmen, die Mio. Menschenrechts-Fans ihr sonst um die Ohren hauen würden

(Auflösung: Alle Antworten sind irgendwie richtig.)

BRÜSSEL/KAUKASUS

Es ist Sonntag. Als ich erwache, wird die Zivilbevölkerung in Bergkarabach bereits seit drei Stunden bombardiert. Aserbaidschan (Diktatur) betreibt zusammen mit der Türkei (Diktatur) einen surrealen Angriffskrieg gegen die kleine Republik Arzach (Demokratie), die wir in den vergangenen Jahren zweimal besucht haben.

Es ist ein verstörendes Schaulaufen modernster Vernichtungstechnik, das auf Twitter in Echtzeit zu verfolgen ist: Wo früher noch irgendeine Art von Gleichgewicht herrschte – ein paar veraltete Panzer & Kanonen, Schützengräben mit Soldaten auf beiden Seiten –, dominiert jetzt eine Seite absolut, hochgerüstet mit Killerdrohnen & Raketen israelischer, türkischer & russischer Fabrikation, die – mit freundlicher Unterstützung der deutschen Waffenindustrie – Tag & Nacht auf friedfertige Bürger niedergehen.

Bis zum Ende des 44-tägigen Krieges werden hier über 5.000 Menschen gestorben sein.

Amnesty International & Human Rights Watch bestätigen den Einsatz völkerrechtlich verbotener Streumunition gegen die armenische Zivilbevölkerung.

Bellingcat & die Internationale Gesellschaft für Menschenrechte bestätigen jede Menge aserbaidschanischer Kriegsverbrechen: Hinrichtungen & Enthauptungen von Kriegsgefangenen, gezielter Beschuss der zivilen Infrastruktur, von Krankenhäusern, Kindergärten und Schulen.

Die UNESCO bestätigt die systematische Vernichtung armenischen und hellenistischen Kulturerbes durch Aserbaidschan (in Tigranakert und Shushi).

Genozidwatch & Leibniz-Zentrum Moderner Orient bestätigen ethnische Säuberungen durch Aserbaidschan & warnen eindringlich vor einem zweiten Völkermord an den Armeniern.

Die EU schweigt. Bundesregierung & deutsche Medien sind auf »Äquidistanz« zu den Akteuren bedacht. Aserbaidschan ist ein wichtiger Gaslieferant.

Sachdienlicher Hinweis von meiner Homepage

Die Hintergründe dieses Konflikts an der multiplen Nahtstelle zwischen Europa und Asien, Christentum und Islam, Demokratie und Diktatur sind komplex. Das seit Urzeiten von Armeniern bewohnte Gebiet von der Größe einiger Fußballplätze geriet im 20. Jahrhundert in den Sog der Sowjetisierung des Südkaukasus durch die Rote Armee.

1921 verfügte das Kaukasische Büro des ZK die Zusammenführung des zu 94 Prozent von Armeniern bewohnten Gebietes Arzach mit der neu gegründeten armenischen Sowjetrepublik, denn was die sowjetischen Funktionäre seinerzeit vorfanden, nennt man heute ein zusammenhängendes (armenisches) Siedlungsgebiet.

Und das wäre es auch geblieben, hätte sich nicht ein Schnurrbart aus Georgien eingemischt. Sein Name war Iosseb Bessarionis Dschughaschwili – was seine Mutter sich verständlicherweise nicht merken konnte und ihn deshalb zärtlich mit seinem späteren Kampfnamen anbrüllte: »Staliiiiin, komm ruff!«

In seiner damaligen Funktion als »Volkskommissar für Nationalitätenfragen« reiste er höchstpersönlich an, um den ergangenen ZK-Beschluss zu revidieren, und verschenkte Arzach an einen Irren aus Baku. Damit schlug Stalin ein Gebiet, das überwiegend von Überlebenden des Völkermords an den Armeniern durch das Osmanische Reich 1915/16 bewohnt war, der Hoheit des mit diesem aufs Engste verbundenen Bruderstaates der aserbaidschanischen Türken zu. Eine – schon auf den ersten Blick – brillante Idee.

Jedenfalls gehörten Arzach und Armenien vor 100 Jahren für knapp 24 Stunden zusammen, bevor sie vom internationalen Sympathieträger Stalin wieder getrennt wurden. (So hatten wir uns die deutsche Einheit eigentlich auch vorgestellt. Smiley)

Der alte Fuchs hatte sich mit einem Schlag die Muslime Zentralasiens (vor allem den aufstrebenden Atatürk) gewogen gemacht und durch die (programmierten) Gebietsstreitigkeiten die Perspektive auf eine unterhaltsame Machtsicherung begründet (Hashtag divide et impera).

Über die gesamte Sowjetzeit bat die »Autonome Region Nagorno-Karabakh« wiederholt um (die ihr zugesagte) Wiedervereinigung mit Armenien, was Moskau wiederholt ablehnte (»Njet, nee, lieber nich!«).

Drei Tage nachdem Aserbaidschan seine Unabhängigkeit von der Sowjetunion erklärt hatte, erklärte Arzach schließlich seine Unabhängigkeit von Aserbaidschan (2.9.1991) – in völliger Übereinstimmung mit dem noch geltenden sowjetischen Gesetz, das jeder autonomen Region das Recht einräumte, sich von einem neu gegründeten Staat loszulösen.

Überraschungsfrei reagierte Baku mit der Aufhebung der arzachischen Autonomie. Arzach konterte mit der Organisation eines Referendums: 108.615 Wähler stimmten der Unabhängigkeit zu. Bei 24 Gegenstimmen.

Darauf folgte ein drei- oder vierjähriger Krieg, der von Arzach durch militärstrategisches Geschick (und mit armenischer & russischer Unterstützung) unverhofft gewonnen wurde. Seither war die Situation um die Waffenstillstandsvereinbarung von 1994 herum eingefroren, ohne je aufgelöst worden zu sein.

Nach dem Zerfall der Sowjetunion war es eine Leitlinie der (vom Westen dominierten) internationalen Politik, die unter Sowjetherrschaft entstandenen Staaten in ihren überkommenen Zuschnitten festzuschreiben. Mit der Anerkennung des Status quo legalisierte die Staatengemeinschaft nachträglich jede willkürliche Gebiets- und Grenzentscheidung eines von ihr selbst als nicht satisfaktionsfähig eingestuften Terrorregimes.

Das Völkerrecht der Staatengemeinschaft stößt genau hier an seine offensichtliche Sinngehaltsgrenze, wenn es mit den willkürlichen, bösartigen oder machtpolitisch motivierten Territorialzuteilungen irrer Diktatoren wie Stalin oder Chruschtschow nichts anderes anzufangen weiß, als sie in den Status verbindlichen »Völkerrechts« zu überführen. Zu einem solchen Zweck wurde das Völkerrecht nämlich nicht geschaffen. Dieses Völkerrecht, auf das ausgerechnet das Menschenrechtsparadies Aserbaidschan (Spaß) sich nun beruft, wurde als Freiheits- und Friedensinstrument geschaffen, nicht als Mittel zur Wiederherstellung der autoritären Herrschafts- und Unterdrückungsstrukturen eines undemokratischen Bananenregimes. Und erst recht nicht als deren wohlfeiler Kriegsvorwand.

Wenn unser Völkerrecht nämlich nicht mehr zum Schutz derer taugt, die ein selbstbestimmtes Leben in Freiheit, Frieden und Demokratie führen wollen, sondern jenen den unwiderlegbaren Vorwand liefert, diese nach religiösem, ethnischem oder ideologischem Gutdünken einfach platt zu machen, dann ist es kaputt.

Und wenn die EU nicht weiß, auf wessen »Seite« sie in diesem »Konflikt« zu stehen hat, dann ist sie auch kaputt.

In der von der sogenannten Völkergemeinschaft (im Gegensatz zum Kosovo) nicht anerkannten Republik Arzach leben auf 11.458 km² 150.000 Menschen, die sich der Prekarität ihrer Existenz bewusster nicht sein könnten. Die Annahme, diese kleine Oase der Demokratie in einer Wüste aus lauter unseriösen Autokratien könnte das tausendfach größere, millionenfach stärker bevölkerte, milliardenfach besser bewaffnete (Huhu, Rheinmetall!) Aserbaidschan zur jüngsten Konflikteskalation provoziert haben, hat einen ähnlichen Plausibilitätsgrad wie die These, Polen hätte durch einen Überfall auf den Sender Gleiwitz 1939 tatsächlich seine eigene Besetzung ausgelöst.

Aserbaidschan ist eine kleptokratische, korrupte, durch und durch rückständige Diktatur, die der Tüp Alijev von seinem Vater geerbt hat & in der seine Ehefrau (2017 zur Vizepräsidentin ernannt) die stärkste Opposition darstellt, mit einem durch Erdölerlöse hochgerüsteten Militär (1,7 Mrd. Dollar jährlich).

Und deshalb sind Zeitungsberichte von einem »Ausbruch« kriegerischer Handlungen ein Fall für den Presserat. Vulkane mögen in der Tat »ausbrechen«, ebenso wie ein Sommerregen oder die Dalton-Brüder. Doch nach bisherigem Stand der Menschheitsgeschichte ist noch kein einziger KRIEG auf der Welt jemals einfach »ausgebrochen«.

OKTOBER 2020

BRÜSSEL, PLENARSAAL

Vizepräsident Othmar Karas ruft mich auf. Er ist Österreicher und nicht ganz so pedantisch, wenn es um die Einhaltung der Redezeit geht. Mein Text ist irgendwie fünfzehn Sekunden zu lang geraten, aber es geht ja auch um die offizielle Anerkennung eines Staates, da kommt es auf jeden Satz an:

»Herr Präsident, ich möchte nicht vom Coronavirus ablenken. Aber gesundheitsgefährdender erscheint mir, ein friedliebendes, demokratisches Gemeinwesen zu überfallen und seine Wohngebiete mit verbotener Streumunition zu beschießen.

Genau das praktizieren derzeit die Irren vom Bosporus und aus Baku in Bergkarabach.

Sie killen die Risikogruppe der Armenier, unabhängig von Alter, Gewicht und Vorerkrankungen.

Ich möchte mich nicht mit Aserbaidschan aufhalten. Der Kaputtnik-Staat ist mit den europäischen Werten allein über Erdölleitungen verbunden. Was immer Baku dort verbricht, verbricht es dank Erdoğan, der sich wild entschlossen zeigt, einen vor 100 Jahren begonnenen Genozid nun zu vollenden. Unfassbar, dass die EU, dass wir ihn noch immer als Partner sehen – während er mit dschihadistischen Söldnern Terror verbreitet – im Kaukasus, Irak, Syrien, Libyen und im Mittelmeer.

Als inoffizieller Sprecher der fraktionslosen Abgeordneten erkenne ich hiermit die Republik Arzach offiziell an. Mögen andere folgen und ihr den Schutz der Völkergemeinschaft verschaffen, der ihr viel zu lang versagt geblieben ist. Die EU aber sollte den Friedensnobelpreis zurückgeben und sich – als Lohn beharrlichen Appeasements ...«

Jetzt wird es dem Vizepräsidenten doch zu bunt, er hebt sein Hämmerchen, klopft lautstark und weist auf die Zeitüberschreitung hin. Aber ich bin auch schon am Ende: »… um die Neville-Chamberlain-Gedächtnismedaille bewerben.«

Sachdienlicher Hinweis aus dem Netz

PV DNS: Jetzt haben die am Ende einfach den tosenden Beifall weggeschnitten :(

NOVEMBER 2020

USA/SLOWENIEN

In den USA sind die Präsidentschaftswahlen gelaufen. Das Ergebnis steht noch nicht fest, in einigen Staaten muss noch tagelang ausgezählt werden. Während europäische Spitzenpolitiker sich mit Glückwünschen zurückhalten, reagiert der (wegen Korruption vorbestrafte) Ministerpräsident von Slowenien Janez Jansa blitzschnell.

Sachdienliche Hinweise aus dem Netz

JJansaSDS: It's pretty clear that American people have elected @realDonaldTrump @Mike_Pence for #4moreyears. More delays and facts denying from #MSM, bigger the final triumph for #POTUS. Congratulations @GOP for strong results across the #US

MS: Antwort an @JJansaSDS , @realDonaldTrump und 3 weitere Personen
Hi, Jansa, seit wann sind Sie wieder auf freiem Fuß? Smiley!

BRÜSSEL, CAFÉ BELGA

Während man in Deutschland gelangweilt dabei zusehen konnte, wie die mit Frau vonderLeyens Berateraffäre verbundenen Ungeheuerlichkeiten sich folgenlos in Luft auflösten, arbeitete unsere Frau in Brüssel in aller Ruhe an einer neuen.

Sachdienlicher Hinweis von meiner Homepage

Noch jemand ohne 20.000-Euro-Job? Frau vonderLeyen hätte da evtl. etwas für Sie!

Der gelernte Journalist Jens Flosdorff gehört zu den engsten Vertrauten der Kommissionspräsidentin. Er schrieb für ein großes deutsches Schmierblatt, wechselte dann von einer auf die andere dunkle Seite der Macht und folgt seiner neuen Herrin, seit sie 2003 mit der Privatisierung niedersächsischer Krankenhäuser – laut Landesrechnungshof weit unter Wert – ihre ersten politischen Schritte tat.

Schnell arbeitete sich Flosdorff vom profanen Pressesprecherstellvertreter zu etwas herauf, das man seinerzeit Spin-Doctor nannte. Nach Auskunft von »Zeit«-Redakteur und Leyen-Biograf Peter Dausend ist Flosdorff im »System von der Leyen« kein Geringerer als »der beinharte Taktiker, der seine Chefin nach ganz oben coacht«. Sein bestes Rezept war offenbar: weg vom Text, hin zum Bild. VonderLeyen sollte fortan mehr durch smart komponierte Bilder wirken als durch verbale Interaktion mit möglicherweise kritischen Journalisten.

Nun hat die Europäische Kommission keine Organisationsstruktur, die es erlaubt, Tüpen einfach so zu beschäftigen, deren einzige Kompetenz darin besteht, ihre Chefin im Amt irgendwie gut aussehen zu lassen. Gern hätte sie mit Flosdorff wohl gemacht, was sie immer gemacht hat. Und ihm die gut dotierte Stelle des Pressesprechers zugeschanzt. Doch – leider, leider, leider – sind wir hier nicht in Berlin, sondern in Brüssel. Willkommen, bienvenue, welcome!

Und hier kann man eine der fundamentalsten Regeln der Brüsseler Bürokratie nicht einfach außer Kraft setzen. Pressesprecher der Kommission kann nur werden, wer zumindest drei Amtssprachen beherrscht: Englisch, Französisch und Deutsch. Flosdorff ist des größeren Teils dieser Ausdrucksformen nicht mächtig. Leider. Und damit wäre er eigentlich raus. Servus, adieu, good-bye!

Da Frau von der Leyen ihren privaten Coach – und alten Kumpel – mangels Qualifikation also nicht in einer der verfügbaren Positionen installieren konnte, tat sie Folgendes: Sie erfand einfach eine neue. Eine Position, die es in der streng hierarchisierten Kommissionsbürokratie gar nicht gibt. Nur um einen Gefolgsmann, der die allgemeinen Einstellungsvoraussetzungen nicht erfüllt, auf EU-Kosten beschäftigen zu können.

Die für Flosdorff geschaffene Stelle trägt die Bezeichnung »Berater für Kommunikation des Kabinetts«. Und weist dem in allen europäischen Belangen völlig unbeschlagenen PR-Coach als einzige Aufgabe zu zu tun, was er immer getan hat: seine Chefin gut aussehen zu lassen. (Höflicher Hinweis: Eine Vorratspackung Drei-Wetter-Taft wäre billiger gewesen.)

Unvorsichtigerweise hat von der Leyen – noblesse oblige – sich hier nicht lumpen lassen und ihren – nach den Einstellungskriterien für EU-Beamte gänzlich ungeeigneten – Bild-Berater aus dem Stand in den zweithöchsten Dienstgrad (AD15) von sechzehn möglichen katapultiert & und ihm den Rang eines stellvertretenden Generaldirektors (DGA) zugewiesen. Eine Stellung, die hoch qualifizierte EU-Beamte mit Glück nach zehn Studien- und zwanzig Arbeitsjahren in schlecht klimatisierten Großraumbüros erreichen.

VonderLeyens persönlicher Imageberater erhält monatliche Bezüge in Höhe von 20.000 Euro – und verdient damit genau so viel wie der deutsche Regierungschef. Das europäische Budget, also Sie, wird dieser Spaß mit insgesamt rund 1,2 Millionen Euro belasten.

Aus den Fluren in Brüssel wird derzeit über die Wiederkehr des »Santer-Momentums« gemunkelt. Die Kommission Santer hatte 1999 geschlossen zurücktreten müssen – und zwar wegen einer Berateraffäre. Die französische Kommissarin Edith Cresson hatte ihren Zahnarzt – nebenberuflich Kartenleger –

als hochrangigen EU-Berater angestellt und sich beharrlich geweigert, ihn zu entlassen. Eine interne Untersuchung hatte ergeben, dass er weder über die Ausbildung noch über die einschlägigen Qualifikationen für seine Position verfügte.

BRÜSSEL, PLENARSAAL

Mitten in der Plenarsitzung ergreift mein CSU-Kollege Markus Ferber das Wort und fordert Präsident Sassoli unwirsch auf, den Fahrdienst für die Abgeordneten trotz Coronaregeln sofort wieder anzubieten. So energisch habe ich den Mann noch nie gesehen: »Sie haben Privilegien, Sie haben einen Fahrer, wir müssen hier Pablic Tränsport benutzen, Sie bekommen jeden Tag Tagegelder, wir bekommen sie nicht! Sie behindern unsere Arbeit!« Der gut genährte Bayer sitzt seit 26 Jahren im Parlament und ist bekannt dafür, seine Praktikanten finanziell extrem kurz zu halten. Die Forderung, uns zusätzlich zu den Diäten, mit denen man im extremen Notfall schon finanziell überleben kann, das Tagegeld in Coronazeiten auch für die Tage im Homeoffice auszuzahlen, macht ihn mir schlagartig sympathisch. Obwohl sie nicht soooo originell war, Nicola Beer, die Ulknudel von der FDP, hatte sie natürlich auch schon gestellt.

Sachdienliche Hinweise aus dem Netz

alibaba79: Anekdote von 2008: Herr Ferber hat seine Praktis morgens losgeschickt, um aus den eingedeckten Sitzungssälen Wasserflaschen abzuräumen. Er sah nicht ein, warum er das Wasser, das im Büro getrunken wird, selbst finanzieren soll.

MS: Kann dem mal jemand im Bus »aus Versehen« auf den Fuß treten? ZwinkerSmiley!

BERLIN, REICHSTAG

An einem nieseligen Novembertag geht ein uralter Wählertraum in Erfüllung: Es ist P-DAY, die PARTEI zieht in den Bundestag ein, ganz offiziell, mit Pressekonferenz direkt vor dem Reichstagsgebäude. Kamerawirksam übergebe ich einen überdimensionierten Parteiausweis mit der Mitgliedsnummer 50.000 an einen *echten* Sozialdemokraten.

Sachdienlicher Hinweis der Stuttgarter Zeitung

Kein Witz: Satirepartei sitzt im Bundestag

Im Nieselregen steht Martin Sonneborn vor dem Reichstagsgebäude in Berlin und hat Großes zu verkünden: »Das ist ein Meilenstein in unserer Parteigeschichte.« Die Ankündigung ist keiner der üblichen Scherze des Politsatirikers, seine Spaßpartei ist künftig tatsächlich mit einem Abgeordneten im Bundestag vertreten. Möglich gemacht hat das Marco Bülow, 49 Jahre, aus Dortmund.

Bülow gehörte zum linken Flügel der SPD, er engagierte sich in der Sozial- und Umweltpolitik, war einer der Kritiker der großen Koalition. Als »ernüchtert und auch traurig« beschrieb er sich bei seinem Abschied von den Genossen. Den Parteiaustritt begründete Bülow unter anderem damit, dass die SPD sozialdemokratische Werte verrate.

16 Jahre lang saß Marco Bülow als direkt gewählter Abgeordneter für die SPD im Bundestag. Er kämpfte mutig, engagiert und völlig chancenlos gegen Gerhard Schröders Agenda 2010 und den asozialen Klassenverrat der ehemaligen Arbeiter- & Kleine-Leute-Partei in der Groko Haram.

Sachdienlicher Hinweis der Stuttgarter Zeitung

Bülow sieht hier die Verbindung zur Satirepartei: Viele Menschen fühlten sich von der klassischen Politik und den Parteien im Bundestag nicht mehr angesprochen und repräsentiert. Über Satire, Zuspitzung und Spott sei es Sonneborn und seinen Mit-

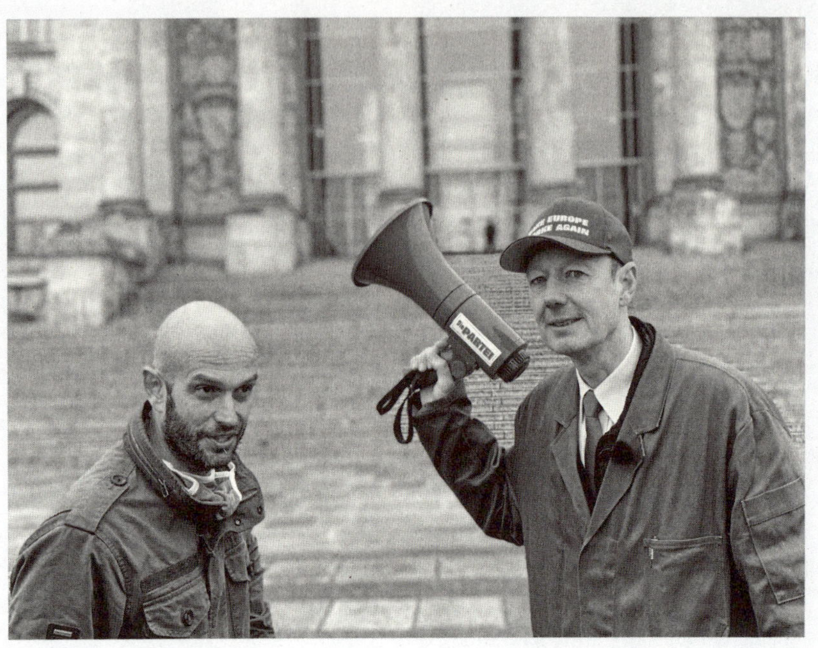

Last Sozialdemokrat standing (links); die Kappe »MAKE EUROPE KNORKE AGAIN« (rechts) wurde auf Kosten der EU produziert.

streitern aber gelungen, Aufmerksamkeit für Politik zu wecken. Zudem wirft Bülow den meisten Abgeordneten im Bundestag vor, sich dem Diktat einer »Lobbyrepublik« unterworfen zu haben, anstatt für Busfahrer oder Krankenpfleger da zu sein oder über Klimawandel und soziale Ungleichheit zu sprechen. »Das ist demokratieverachtend.«

BRÜSSEL, HOMEOFFICE

Das Netz lacht. Über die europäischen Verteidigungsminister. Ihre Konferenz tagt online und hochgeheim. Als die niederländische Ministerin stolz einen Screenshot von ihrer Teilnahme postet, erkennen Leute über den Gesichtern von einem Dutzend Verteidigungsministern die Webadresse, die Meeting-ID und offen angezeigte fünf Stellen des sechsstelligen Zugangscodes. Die sechste Zahl ist da recht fix gefunden, ein junger niederländischer Redakteur loggt sich als Erster in die Konferenz ein und grüßt fröhlich winkend in die Runde.

Sachdienlicher Hinweis von Euronews

»Wer sind Sie denn?«

Dann fragt der EU-Außenbeauftragte Josep Borrell, wer der junge Mann denn sei. »Ich bin ein Journalist aus den Niederlanden«, erklärt Daniël Verlaan den 27 EU-Verteidigungsministern. »Sie wissen, dass Sie an einem geheimen Treffen des Rates teilnehmen?«, habe Borrell noch gefragt. Daraufhin entschuldigt sich Verlaan für die Störung und verabschiedet sich aus der Videokonferenz.

Sachdienlicher Hinweis des Standard

Der Vorfall ist deshalb brisant, weil die Minister eine Analyse über gegenwärtige Bedrohungen und Herausforderungen für die Europäische Union in den kommenden fünf bis zehn Jahren besprachen, darunter künstliche Intelligenz (KI), hybride Bedrohungen und »neue, disruptive Technologien«. Das Dokument ist mit dem zweiten Geheimhaltungsgrad »EU Secret« eingestuft.

Sachdienlicher Hinweis aus dem Netz

Daniël Verlaan: »Ich war selbst ein bisschen schockiert, dass das funktioniert hat. Ich hatte nicht erwartet, dass es keine andere Form der Sicherheit oder Validierung gibt.«

Ich bin zufällig einer der Ersten, die das Debakel verfolgen, und kann den Ausgangstweet schnell verlinken. Falls noch jemand Lust hat, direkt an der hochgeheimen Konferenz der europäischen Verteidigungsminister teilzunehmen. Währenddessen ist in Deutschland der wohlverdiente Abstieg der SPD an keiner politischen Front mehr aufzuhalten.

Sachdienlicher Hinweis des Westfalen-Blatts

Schlangen – Der Schlänger Gemeinderat ist mit einem Paukenschlag in die neue Legislaturperiode gestartet. »Die PARTEI«, die zum ersten Mal in den Rat eingezogen ist, stellt auf Anhieb auch gleich den zweiten stellvertretenden Bürgermeister. In geheimer Abstimmung wurde der 21-jährige Maximilian Scholz gewählt. Für Freude sorgte diese Wahl bei den vier Fraktionsmitgliedern der »PARTEI«, Überraschung und Entsetzen herrschten hingegen bei den Sozialdemokraten. Ein Wahlvorschlag hatte vorgesehen, dass Anke Steinmeier (SPD) den Posten der zweiten stellvertretenden Schlänger Bürgermeisterin übernimmt.

Das ist die späte Rache für Noske, Kriegskredite, NATO-Doppelbeschluss und alle sozialen Kahlschläge der SPD. Und für Lars Klingbeil.

BERLIN, ARD

Klingbeil ist im »Bericht aus Berlin«, die Redaktion möchte ihm gern kritische Fragen stellen, weiß aber nicht, wie das geht.

Sachdienliche Hinweise aus dem Netz

SPD Parteivorstand: Bei ARD »Bericht aus Berlin« gilt: Das Beste zum Schluss.

Bericht aus Berlin: Anschließend könnt ihr Lars Klingbeil eure Fragen stellen. Im »Nach-Bericht aus Berlin« mit Tina Hassel. Sonntag, ab 18:40 Uhr auf den Social-Kanälen der tagesschau

MS: Gern: Was treibt der Tüp eigentlich seit Jahren in den schmierigsten Lobbyverbänden der Rüstungsindustrie? Förderkreis Deutsches Heer, Dt. Ges. für Wehrtechnik, Ges. für Sicherheitspolitik … PS: Liebe SPD, am Schluss kommt nicht »das Beste«, sondern das Letzte. Smiley.

BRÜSSEL, HOMEOFFICE

Büroleiter Hoffmann ruft an und fragt, ob ich ein Alibi habe. »Selbstverständlich. Für wann?« Offenbar war es nachts in der Nähe des Grand Place zu einem Verstoß gegen die Ausgangssperre gekommen, die in Brüssel zwischen 22 Uhr und 6 Uhr gilt.

Sachdienlicher Hinweis des Spiegel

In Brüssel wurde ein ungarischer Abgeordneter bei einer Orgie mit nackten Männern aufgegriffen. Das Problem daran: Es herrscht Coronalockdown – und der Politiker gilt als nationalkonservativer Vordenker.

Mein Parlamentskollege Józef Szájer, Stellvertreter von Manfred Streber als Vorsitzender der christlich-konservativen EVP, wurde weitgehend unbekleidet und mit Drogen im Gepäck nach einer Flucht über die Dächer Brüssels am Ende einer Regenrinne von der belgischen Polizei festgenommen.

Nach Beschwerden über den Lärm aus einer kleinen Wohnung über einer Bar schräg gegenüber ihrem Revier hatte die belgische Polizei dort einen Gangbang aufgelöst – bzw. eine Orgie, Fachleute streiten noch um die korrekten Begriffe – und bei rund zwei Dutzend männlichen Teilnehmern, überwiegend unbekleidet, die Personalien festgestellt.

Höflicher Hinweis: Brüssel hat den härtesten Lockdown Europas, die Abhaltung von Orgien ist derzeit untersagt.

Einige Teilnehmer hatten Diplomatenpässe dabei, andere nicht. Szájer zum Beispiel nicht, einer der engsten Vertrauten von Viktator Orbán. Gemeinsam gründeten sie 1988 die Fidesz-Partei, seit 2004 ist er Orbáns entscheidender Mann in Brüssel.

Nachdem Orbán 2010 Ministerpräsident geworden war, stieg Józef Szájer zum strategischen Architekten seines Regimes auf, indem er das juristische Fundament des ungarischen Kulturkampfes gegen den Werteverfall des liberaldemokratischen Westens schuf.

Er entwarf die neue ungarische Verfassung, in der neben dem Bezug auf Gott und Krone v. a. die Begriffe Vaterland, Nationalstolz, Christentum, Liebe, Treue, Gangbang und Familie prominent verankert sind. (Gangbang war Spaß.)

Obwohl Szájer verheiratet ist (mit seiner Frau, einer Verfassungsrichterin), kursierten in Ungarn stets Gerüchte über seine Homosexualität. Und während er seit 16 Jahren in Brüsseler Bars und Hinterzimmern seinen verzweifelten Kulturkampf führt (z. T. unbekleidet), sorgte er zu Hause in Ungarn »im Namen des Christentums« für die systematische Beschneidung von LGBTQ-Rechten. Bis hin zu so seltsamen Entscheidungen wie der Absage der ungarischen Teilnahme am Eurovision Song Contest; das transnationale Gehüpfe da sei einfach »zu schwul« (Zitat Regierungserklärung).

Sachdienliche Hinweise aus dem Netz

MS: Ich möchte betonen, dass ich mich derzeit nicht in Brüssel aufhalte.

Jan Böhmermann: Wer noch nie bei einer all-male-Gangbangparty mit Extasy im Rucksack auf der Flucht vor der Polizei an der Regenrinne aus dem Fenster geklettert ist, damit sein »untraditioneller« Lifestyle der eigenen Faschopartei und ihrem Führer nicht auf die Füße fällt ... HAT NICHT GELEBT!

MS: Hören Sie auf, sich über meinen ungar. Kollegen Szajer lustig zu machen! Der ist immerhin stellvertr. Vorsitzender der christlich-konservativen EVP, Kumpel von Seehofer, Manfred Streber, Frau vonderLeyen ... PS: Ich war nicht dabei! Ehrenwort!

Olli_Ohh: Da wählt man Die PARTEI und die gehen nicht mal zum All Men Gangbang incl. Drogen. Betrug am Wähler nenne ich das. Und dann wundert man sich über Politikverdrossenheit.

Lorenzo von Matterhorn: War der depressive Redenschreiber

nicht dabei? Der hätte die Stimmung etwas dämpfen können, dann wäre bestimmt nicht die Polizei gekommen.

Schlaufuchs: Schon das zweite Mal betont Herr Sonneborn, nicht dabei gewesen zu sein. So langsam bekomme ich das Gefühl, dass er dabei war.

Dirk Ludwig: Warum werden Sie zu solchen Events der Völkerverständigung nicht eingeladen? Sitzen Sie in den falschen Ausschüssen? Sind Sie nicht im Mail-Verteiler? Ich möchte dass Sie, als mein gewählter Vertreter in der EU, künftig bei solchen Anlässen zugegen sind.

BRÜSSEL, PLACE FLAGEY

Meine Europapolitische Beraterin ist auf 180: »Wenn ich noch von einem CDU-Tüpen höre, Merkels ›Rechtsstaatskompromiss‹ sei ein ›kluger Kompromiss‹, nehme ich meine Axt. Es ist eher die Kapitulation vor Ungarn und Polen. Und eine Bankrotterklärung der EU!«

Sachdienlicher Hinweis von meiner Homepage

Es ist nämlich so: Eines Tages war im Parlament aufgefallen, dass die EU infolge ihrer zügellosen Ausdehnung mittlerweile ein paar ziemlich komische Mitglieder enthält. Solche, die man dem Europarechtler von nebenan nicht mehr als »wertekonforme Rechtsstaaten« vorstellen kann, ohne rot zu werden: ganz vorn natürlich Ungarn mit Orbáns Fidesz, Polen unter der doofen PISS-Partei, aber auch Bulgarien, Rumänien, Slowakei und etliche andere.

Nach ihrem jeweils pünktlich zum Beitrittsstichtag fertig gewordenen Rechtsstaatsaufbau waren sie auf dem dornenreichen Weg zur gefestigten Demokratie dann ein paarmal zu oft falsch abgebogen und hatten sich, ohne dass das von der Kommission je ernsthaft moniert worden wäre, in illiberale Kaputtnik-Staaten (zurück-) verwandelt. Mit kleinen, dicken, hässlichen Oligarchen an ihrer Spitze, deren Machtsicherung nicht zuletzt darauf beruhte, dass sie EU-Gelder in Milliardenhöhe an Brüder, Schwestern, Vettern & Vattern, Freunde & Söhne, Söhne von Freunden, Parteigänger und willfährige Dorfbürgermeister ausschütten konnten. (Und über Subventionen wiederum an deutsche Unternehmen wie Audi, Mercedes, Bosch, BMW ... aber das würde jetzt zu weit führen.)

In mehreren Entschließungen seit 2016 hatte das EU-Parlament die Kommission aufgefordert, einen Mechanismus zu entwickeln, um drastische Verstöße gegen die Rechtsstaatlichkeit mit etwas als schmerzhaft Angesehenem zu ahnden: dem Entzug von Geld.

Und zwei Jahre später – noch unter meinem alten Kumpel Jean-Claude Drunker, der nicht nur sein Handwerk verstand, sondern sogar ein paar eigene Überzeugungen hatte – legte die Kommission den Prototypen des von ihr entwickelten Folterwerkzeugs vor: ein Instrument, das nach der Feststellung grundlegender Rechtsstaatlichkeitsverstöße automatisch zur Kürzung von EU-Geldern führen und vom betroffenen Staat nur noch durch Mobilisierung einer qualifizierten Mehrheit im Rat abwendbar sein sollte, eine hohe Hürde.

Auf der ersten Ratssitzung im Juli 2020 stellte Deutschland stattdessen jedoch einen eigenen »Kompromiss« vor. Europarechtlern trieb er Tränen in die Augen. Denn er enthielt nicht nur deutliche Abschwächungen, sondern veränderte das Instrument auch in seinem Wesenskern. Durch eine prozedurale Verfahrensumkehr sollte der Mechanismus nun nicht mehr automatisch, sondern erst dann ausgelöst werden, wenn eine qualifizierte Mehrheit im Rat dafür stimmen würde. Ein langwieriges, umständliches Verfahren.

Was ursprünglich als Sanktion für die Missachtung von Grundwerten gedacht war, wurde in der deutschen Fassung stattdessen an die Verletzung »finanzieller Interessen der EU« gebunden. Das weite Feld der Rechtsstaatlichkeit, deren Abbau verschiedenerorts seit Jahren eindrucksvoll zu besichtigen ist, ist somit gar nicht mehr betroffen. Die Unterdrückung und Beschneidung von Pressefreiheit, Meinungsfreiheit, Persönlichkeitsrechten, Versammlungsfreiheit (einschließlich einer zunehmend bedrückenden Polizeigewalt) ebenso wie die fehlende Unabhängigkeit oder Politisierung der Justiz sind mit diesem Instrument schlicht nicht zu fassen. Nichtsdestotrotz hört man Michael Roth, Europa-Staatsminister der SPD, seine selbstgewissen Angeberphrasen – »Das Instrument wird ein scharfes Schwert sein!« – in die Fernsehkameras schleudern.

DEUTSCHLAND

In Berlin wird diskutiert, ob der Begriff der Rasse in Artikel 3 des Grundgesetzes ersetzt werden sollte: »Niemand darf wegen seines Geschlechtes, seiner Abstammung, seiner RASSE (…) benachteiligt oder bevorzugt werden.« Wir lassen im Netz abstimmen: »Wie soll der Begriff denn nun ersetzt werden? Klasse / Kasse / Fresse?«

Sachdienliche Hinweise aus dem Netz

Elisabeth Thomas: Frisur, Digga. »Wegen seiner Frisur«!
Dietrich: Mutter
Norbert Zillatron: Katze?
BadassUnicorn: »Diskriminierung hat als automatischer Prozess ausschließlich marktgeregelt über das Bankkonto stattzufinden.«
Heckenflamingo: NASE

Das Ergebnis ist bei knapp 15.000 Beteiligungen eindeutig, 69,6 Prozent: Entweder wir ändern in »Niemand darf wegen seiner FRESSE benachteiligt oder bevorzugt werden.« Oder das Grundgesetz bleibt einfach so, wie es ist.

ATHEN

Griechenland (arm & ausverkauft) hat gerade seinen Militäretat verfünffacht. Eine der unseligen Folgen einer EU-Politik, die sich weigert, den permanenten Drohgebärden Erdoğans gegenüber Griechenland die eigentlich selbstverständliche Verteidigung ihres Mitglieds entgegenzusetzen.

Sachdienliche Hinweise von meiner Homepage

Müll und Flüchtlinge an die Türkei

Letzten Donnerstag haben der Irre vom Bosporus und sein blöder Bruder aus Baku, Aserbaidschan, einer dollen Militärparade mit 3.000 bewaffneten Kopfabschneidern und krass gravitätischer Turkmusik zugeguckt. Dabei haben sie alles genau gleich gemacht, ganz exakt – wie beim Synchronschwimmen für Damen. Sogar ihre schwarzen Anzüge (C & A), Dracula-Umhänge (C & A?) und Sonnenbrillen (C & A!) hatten sie sich offenbar zusammen zusammengeklaut. Wie zwei böse, alte Zwillingsbrüder, von denen man nie genau weiß, ob einer in Wirklichkeit böser & blöder ist als der andere oder umgekehrt.

Jedenfalls haben sie der Welt auch direkt bzw. indirekt, weil auf Turkisch, erklärt, was demnächst so auf ihren politisch-militärischen Tü-Dü-Listen steht.

Präsident Ilham Alijew: »Wir haben bewiesen, dass eine militärische Lösung des Karabach-Konflikts möglich ist. (...) Unsere eiserne Faust hat dem Feind die Wirbelsäule gebrochen und ihm den Kopf zerquetscht. (...) Armenien ist aserbaidschanisches Gebiet. Wir werden es uns zurückholen.«

Präsident Erdoğan: »Dass mein (blöder, Anm.d. Verf.) Bruder aus Baku Bergkarabach befreit hat, bedeutet nicht, dass der Kampf beendet ist. Der Kampf wird von nun an fortgeführt werden: politisch, militärisch und an vielen verschiedenen Fronten.«

Und alle so: Applaus! »Applauuuus!« (Kermit, der Frosch)

(Huhu, Ihr pazifistischen Wertegemeinschaften der zivilisierten Welt! Salü, EÜ! Haho, NATO! Über Weihnachten schon was vor? Vielleicht doch mal über den irren Kollegen – Mitglied bei Euch! – nachdenken?)

Schon wieder Erdoğan: »Möge die ehrenhafte Seele des großen Enver Pascha geheiligt, gepriesen und glücklich sein!«

Enver Pascha? Mooooment mal, da war doch was ... Yep, genau: Enver Pascha, Kriegsminister des Osmanischen Reiches, hauptverantwortlich für den Völkermord an den Armeniern 1915/16, der 1,5 Mio. Menschen das Leben gekostet hat. Ein bisschen so, als würde Angela Merkel auf das Reichsparteitagsgelände in Nürnberg latschen, um dem Herrn Hitler seine unsterblichen Überreste zu preisen.

Zur gleichen Zeit veröffentlicht der britische Guardian Untersuchungen von Amnesty International & Human Rights Watch über die von den türkisch-aserbaidschanischen Angriffskriegern in Bergkarabach verübten Kriegsverbrechen. Sie bestätigen, was auch die deutsche Regierung seit Beginn des Überfalls weiß: dass an Armeniern die abscheulichsten Kriegsverbrechen verübt worden sind.

Währenddessen sitzen die EU-Mitglieder Zypern & Griechenland auf der Ratssitzung in Brüssel. Ihre 25 besten Kumpels haben sie mal wieder wissen lassen: Sanktionen gegen die Türkei gibt es nicht, basta! Dabei haben selbst die USA das gerade gemacht, weil Erdoğan kürzlich Raketenabwehrsysteme in Russland (S-400) geshoppt hatte. Da verstehen die Amis nämlich keinen Spaß (im Unterschied zu Menschenrechtsverletzungen und Kriegsverbrechen).

Apropos, Frau Merkel, wie widerspruchsfrei kann ein »ethischer« Standpunkt eigentlich sein, der behauptet, aus »moralischen« Gründen gegen Russland, China und Taka-Tuka-Land vorgehen zu müssen, einen Staat wie Erdoğans Türkei aber gewähren lässt? Seit Juni verschiebt der Rat wieder und wieder die längst überfälligen Sanktionen. Erdoğan hat sich – um nur die idiotischsten Impertinenzen der letzten Monate aufzuführen – unter Missachtung von UN-Resolutionen in die inneren Angelegenheiten der Republik Zypern (EU) eingemischt, Forschungsschiffe unter Missachtung des internationalen Seerechts in Gewässern herumschüppern lassen, in denen sie nicht das Geringste (Gas) zu suchen haben, Griechenland (EU) offen mit Kriegshandlungen bedroht & (besonders pikant für den fuckin' Wirtschaftsclub EU) seine Glaubensbrüder (und -schwestern) zum Boykott Frankreichs (EU) aufgerufen.

Unterdessen gehen Bomben auf Ain Issa nieder, denn Erdoğan betreibt gegen die Kurden Syriens weiterhin, was man hierzulande eine ethnische Säuberung nennt. Türkische Oppositionspolitiker (alle bis auf ca. 2) hat Erdoğan kürzlich säuberlich verhaftet und in gemütliche Großraumgefängnisse gesperrt. Was eigentlich sehr nett ist, denn damit haben die inhaftierten Journalisten (alle bis auf ca. 2) ein wenig Unterhaltung beim nachmittäglichen Tee. (In der Türkei sitzen mehr Journalisten hinter Gittern als in China & Russland zusammen.)

Die Macht des unappetitlichen Türken-Hitlers beruht auf Flüchtlingen, Waffen & Müll. Sein Land nimmt uns nicht nur Flüchtlinge und Waffen ab (gerade wieder 6 Jagd-U-Boote des kaputten Krisenkonzerns Thyssenkrupp, wahrscheinlich zum Einsatz gegen Griechenland), sondern auch unseren Wohlstandsmüll, seit Südostasien sich zu fein geworden ist, den Dreck zu nehmen.

Auf der letzten Ratssitzung haben genau zwei Staaten die Verabschiedung von Wirtschaftssanktionen (+ Waffenembargo) durch die EU blockiert: Deutschland, vertreten durch die Physikerin Frau Dr. Merkel, und Bulgarien, vertreten durch den korrupten MP »Bruder Bojko« Borissow und seine Handfeuerwaffe namens »Mausi«, ohne die er niemals schlafen geht …

(Text bricht hier ab, nachdem der letzte Tropfen aus zwei, drei Flaschen Glühwein herausgesaugt war und eine Diskussion mit der Europapolitischen Beraterin eskaliert ist über Quantentheorie, Schrödingers und Merkels Miezekatzen, die Frage, an wie vielen moralischen Orten man sich gleichzeitig aufhalten kann, und die Beobachtung, dass die ethischen Grundlagen der Merkel'schen Politik eigentlich immer tot UND lebendig sind, und zwar so lange, bis jemand in die Kiste guckt.)

PS: Zwei Tage später hat Devlet »Detlev« Bahceli, noch verrückterer Koalitionspartner Erdoğans über »Khorasan, Ardabil und Isfahan« (Iran) nachgedacht und verkündet: »Sind genauso türkisch wie Türkei!« – Fück off!
(to be continued)

BRÜSSEL, CAFÉ BELGA

Ab und zu wird im Netz der Vorwurf geäußert, ich würde im EU-Parlament mit Links- oder Rechtsradikalen stimmen. Das ist vollkommen berechtigt. Erstens kommt die fundierteste Kritik an der überwiegend transatlantik- & konzernorientierten EU-Politik von links und teilweise auch von rechts. Substanzielle Sachkritik aus den großen Parteien bleibt die Ausnahme, sie würden ihre eigene Politik ins Visier nehmen: Konservative, Sozialdemokraten, Liberale und Grüne führen im Grunde Schattengefechte um Schattenwerte, streiten um Formulierungen oder Nuancen. Und zweitens sind die Abstimmungen nicht nur von politischen Standpunkten, sondern auch von nationalen und manchmal sogar von persönlichen Interessen beeinflusst, und bei 705 Abgeordneten sind zumeist auf beiden Seiten Stimmen von Links- oder Rechtsradikalen zu finden. Trotzdem ist es natürlich unangenehm, wenn man im Netz darauf hingewiesen wird, dass man mit politischen Wirrköpfen gestimmt hat.

Sachdienlicher Hinweis aus dem Netz

Dennis Radtke: Lieber Martin Sonneborn, wie war das Gefühl, einem Bericht von mir im Parlament zuzustimmen? ZwinkerSmiley #europa #cdu (18 Likes)
MS: Wer sind Sie? (1459 Likes)

DEUTSCHLAND

In den deutschen Krankenhäusern ist der Teufel los. Unter ökonomischen Aspekten jahrelang stark ausgedünntes, völlig überlastetes Pflegepersonal wird vom Gesundheitsminister mit abendlichem Klatschen auf dem Balkon abgespeist. Da das wirklich nicht alles sein kann, beschließt Die PARTEI einzuspringen. Natürlich wissen wir, was Krankenschwestern und Pfleger am meisten hassen, als Geschenk von dankbaren Patienten: die Standardpackung Merci, die sich in jeder Praxis und auf jeder Station stapelt. In einer koordinierten Aktion stehen die Ortsverbände zum Schichtwechsel bundesweit vor Krankenhäusern und präsentieren Plakate, bei denen unter der Überschrift »Weil Applaus nicht reicht!« zwei einladend geöffnete Packungen Merci kleben. Das ist mehr, als die Bundesregierung bisher zustande gebracht hat.

Sachdienliche Hinweise von mittelhessen.de

> Mit vielen bunten Plakaten machten überwiegend junge Leute auf sich aufmerksam. Unter dem Motto »Applaus ist nicht genug« führten die Frauen und Männer eine Mahnwache für Coronaprämien für die Mitarbeiter des UKGM durch. »Die PARTEI« vertritt die Auffassung, dass diese mehr verdienen, und forderte deshalb, neben fünf Minuten Applaus im Stehen, eine Schachtel Merci-Pralinen pro Kopf (brutto).

Einige Ortsvereine bieten neben Applaus auch eine Rolle Toilettenpapier. Das Pflegepersonal versteht, freut sich, lacht und klatscht zurück.

BRÜSSEL, BÜRO

Büroleiter Hoffmann lächelt. »Erinnerst du dich an die ›Anfrage mit Vorrang‹, die du wegen der Zustände in Moria vor Monaten an die Kommission gestellt hast, und die innerhalb von drei Wochen beantwortet werden muss?« »Nein«, sage ich, »sag nicht, sie haben geantwortet?« »Ja, genau, Kommissar Schinas selbst, die Antwort steht auf deiner Homepage.«

Sachdienlicher Hinweis von meiner Homepage

Antwort: Der Vertrag sieht vor, dass die EU auf der Achtung der Menschenwürde gründet, in einer Gesellschaft, in der Pluralismus, Nichtdiskriminierung, Toleranz, Gerechtigkeit, Solidarität und Gleichstellung von Frauen und Männern vorherrschen.

Diese Werte und Prinzipien bilden die Grundlage des Portfolios der europäischen Lebensweise, das eine Reihe von Politikbereichen von Bildung, Kultur, Beschäftigung, Sicherheit, Migration bis hin zu Gesundheit und Bekämpfung von Antisemitismus abdeckt. Der rote Faden all dieser Politikbereiche ist der Mensch.

Die Verteidigung der einfachen, aber wesentlichen Prämisse, dass jeder wichtig ist, dass niemand zurückgelassen werden sollte und dass alle Zugang zu den gleichen Rechten, Sicherheiten und Möglichkeiten haben sollten.

Der neue Migrations- und Asylpakt wurde in den politischen Leitlinien des Präsidenten und im Arbeitsprogramm der Kommission angekündigt und am 23. September 2020 angenommen. Er schlägt einen gemeinsamen Rahmen für das Asyl- und Migrationsmanagement vor, der unter allen Umständen gelten soll: ein Rahmen, der Sicherheit bieten kann, Klarheit und menschenwürdige Bedingungen für die in die EU ankommenden Männer, Frauen und Kinder, und das kann den Europäern auch Vertrauen geben, dass die Migration auf effektive und humane Weise gesteuert wird.

Ein umfassender und dauerhafter Rahmen ist der beste Weg, um die Wiederholung von Ereignissen wie denen in Moria im September 2020 zu verhindern. Nach den Bränden hat sich die Kommission verpflichtet, mit den griechischen Behörden an einem gemeinsamen Pilotprojekt zum Bau eines neuen Aufnahmezentrums zu arbeiten, das europäischen Standards entsprechen wird, und es hat eine Taskforce zur Überwachung des Pilotprojekts eingesetzt.

Das Aufnahmezentrum auf Lesbos wird mit nachhaltiger Infrastruktur ausgestattet einschließlich Zugang zu Gesundheitsversorgung und sanitären Einrichtungen. Es wird unter besonderer Berücksichtigung der Bedürfnisse von Frauen, Kindern, Familien und gefährdeten Personen eingerichtet.

Es waren drei laaaange Wochen, aber das Warten hat sich gelohnt. Vielen Dank & frohes Fest, Vizepräsident Schinas!

PS: Kleiner Tipp, bestellen Sie Ihre Weihnachtsgeschenke beim Christkind, das zahlt in der EU mehr Steuern als Amazon!

Zwei letzte Späße des Jahres auf Instagram

Bundespraesident.Steinmeier (unter dem Bild eines Fuchses): Dürfen wir vorstellen? Der heimliche »Schlossherr« von Bellevue, dem es im Park des Berliner Amtssitzes sichtlich gut gefällt. Eine Namenstaufe ist schon länger fällig, daher unsere Frage an Sie: Wie soll unser Schlossfuchs heißen? Aus allen Vorschlägen wird der Bundespräsident einen Namen auswählen, der hier offiziell verkündet wird.

MS: Unser Vorschlag: Murat Kurnaz. ZwinkerSmiley!

»SCHNAPS FÜR DIE PORTUGIESISCHEN SOZIALISTEN!«

2021

DEUTSCHLAND

Die PARTEI Bayern will ein Projekt starten. Dass die »Tafeln« in Deutschland, einem der reichsten Länder der Welt, überlastet sind, ist nichts Neues – und irritiert auch niemanden mehr. Aber dass jetzt in der Coronazeit hungrige Menschen abgewiesen werden, weil sie keine Masken haben, ist eine neue Qualität. Jerome Sturmes, ein wortkarger zwei Meter großer Bayer, den ich nur mit ein bis zwei Weizenbiergläsern in jeder Hand kenne, will deshalb mithilfe von Spenden und Parteienfinanzierung Masken organisieren – für die Menschen, die von den christlichen & sozialen Parteien bei ihren offiziellen Hilfen vergessen wurden: Flüchtlinge, Obdachlose, Asylsuchende.

Genau wie im Falle der Kurden rufen wir im Netz zu Spenden auf und steuern auch selbst Geld bei. In den kommenden Monaten werden die Ortsvereine der PARTEI über 200.000 Masken in ihren Städten verteilen. Über die (unseriöse) Parteienfinanzierung beteiligen wir wieder sämtliche Bundestagsparteien an der kleinen Aktion.

BELGIEN/DEUTSCHLAND

Ich bin seit zwei Stunden auf der Autobahn nach Berlin, als plötzlich mein Handy explodiert. Im Sekundentakt gehen Anrufe und SMS ein. Ja, hab ich denn schon wieder Geburtstag? Nicht ganz. Nico Semsrott ist aus der PARTEI ausgetreten. Unter den neu eingegangenen Mails finde ich die Erklärung, die Semsrott mir zugeschickt hat, kurz bevor er sie veröffentlichte.

Sachdienlicher Hinweis des Spiegel

Anstoß der Kritik ist ein misslungener Witz Sonneborns. Der Parteivorsitzende hatte nach dem Sturm auf das US-Kapitol ein Foto von sich verbreitet. Auf diesem trug er ein T-Shirt mit der Aufschrift: »AU WIEDELSEHERN, AMLERIKA! Habem Sie Guter FrLug runtel! Printed in China für Die PALTEI« – ein misslungener Seitenhieb gegen US-Präsident Donald Trump.

Sachdienlicher Hinweis der FAZ

Das sollte – dies als Erklärung für notorische Satiremissversteher – ein Abschiedsgruß an den amerikanischen Horrorpräsidenten Donald Trump und ein Verweis darauf sein, dass dieser zwar immerzu vor China warnt, die Merchandising-Artikel des Trump-Zirkus aber aus ebenjenem Land der Verdammnis stammen.

Sachdienlicher Hinweis der taz

Aber auch auf vermeintliche Sprachfehler chinesischer Menschen.

Sachdienlicher Hinweis des Neues Deutschland

Ein Schriftzug auf dem T-Shirt hatte suggeriert, Asiaten könnten kein R aussprechen.

Sachdienlicher Hinweis der Zeit

Etliche Nutzerinnen und Nutzer gaben an, sich rassistisch beleidigt zu fühlen. Sonneborn, der früher Chefredakteur der Satirezeitschrift Titanic war, legte mit einem Tweet nach: »So, und jetzt bitte schön diskutieren, was Satire darf & soll, die Grenzen bitte nicht vergessen. Merke: der erste Zugriff (›Wah! Rassismus!‹) ist oft nicht der beste.«

Sachdienlicher Hinweis der taz

Semrott kritisierte in seiner Austrittserklärung in erster Linie Sonneborns »ignoranten Umgang mit Feedback«. Er schrieb: »Wenn sich Menschen von seinen Postings rassistisch angegriffen fühlen, muss er nicht viel tun. Es reichen Mitgefühl

> und der Respekt vor den Betroffenen, um das eigene Verhalten zu korrigieren.« Und weiter: »Ich finde seine Reaktion auf die Kritik falsch und inakzeptabel. Das ging mir in der Vergangenheit schon in anderen Fällen so. Daraus ziehe ich jetzt meine Konsequenzen.«

Es kommen derart viele Anfragen aus PARTEI und Medien, dass ich beschließe, umzukehren und zurück nach Brüssel zu fahren. Mit dem Handy und im Bereich des deutschen Mobilfunknetzes ist diese Situation schwer zu bewältigen.

In Brüssel versuchen wir, einen Überblick zu bekommen. Offenbar spaltet der schlichte Witz die Rezipienten. Wer über 40 ist, findet ihn lustig oder nicht, kommt aber gar nicht auf die Idee, das T-Shirt sei in irgendeiner Weise rassistisch oder gegen China gerichtet. Von den Jüngeren findet ein nicht zu unterschätzender Teil L/R-Witze problematisch.

Nach einer längeren Diskussion in meinem Büro ist die Strategie klar: Wir verfassen eine Erklärung fürs Netz. Eigentlich ist es nicht meine Art, Witze zu erklären, und bei *Titanic* haben wir uns über Beschimpfungen immer gefreut. Aber die Wut im Netz – und die Enttäuschung in der PARTEI über den Austritt Semsrotts – verlangt eine Reaktion. Wir wollen schließlich auch mal wieder in Ruhe unserer eigentlichen Tätigkeit nachgehen: Transparenz herstellen, alte weiße Männer (und Frauen) ärgern, große Reden vor leerem Plenarsaal schwingen.

Es ist ein schmaler Grat, auf dem wir wandeln. Die Empörungs- und Entschuldigungskultur hat ihre eigenen, sinnlosen Rituale, denen ich mich nicht unterwerfen möchte.

Sachdienlicher Hinweis der dpa

Sonneborn bedauert inzwischen den kritisierten Witz. Es sei ihm nicht bewusst gewesen, dass sich jemand durch den Aufdruck eines satirisch gemeinten T-Shirts rassistisch diskriminiert fühlen könnte.

Sachdienlicher Hinweis des Stern

In seiner Erklärung von Mittwochabend schrieb Sonneborn: »Die Exegese* von Witzen gehört eigentlich nicht zu meiner Berufsbeschreibung.«

Sachdienlicher Hinweis der Welt

Bei der Gestaltung des Shirts habe er sich »sprachlicher Stereotype bedient und ein billiges Klischee aufgenommen«. Die Wirkung habe er unterschätzt.

Sachdienlicher Hinweis der Berliner Zeitung

Er schrieb: »Nach dem Sturm auf das Capitol in Washington habe ich den Entwurf eines T-Shirts veröffentlicht, dessen Zielrichtung es war, die zunehmend gegenstandsloser werdende weltpolitische Überheblichkeit der USA zu karikieren, ihre Forcierung einer wirtschaftlichen Konfrontation mit China, ihre an Widersinnigkeit schwer zu übertreffenden Ideologien & Feindbildkonstruktionen, und vor allem: die wiederholten sinophoben Ausfälle und Polemiken ihres Präsidenten (›China-Virus!‹). (Der gleichzeitig noch einen Großteil der Merchandise-Artikel für seinen Wahlkampf in China produzieren ließ. Zwinker-Smiley.)«

Dass Donald Trump als Präsident sogar die Steuern für sein Wahlkampfmaterial aus China senken ließ, ist eine Randnotiz, die ich nicht erwähne.

Sachdienlicher Hinweis der Berliner Zeitung

Semsrott fügte hinzu: »Weil Die PARTEI in der öffentlichen Wahrnehmung vor allem das Projekt von Martin Sonneborn ist und ich dafür nicht weiter mein Gesicht hergeben will, habe ich eben mein Austrittsschreiben verschickt. (Das schreckliche Mandat im EU-Parlament werde ich als PARTEI-Loser bis zum

* Eine Minute nach Veröffentlichung der Erklärung im Netz gehen bei Google die Suchanfragen für den Begriff »Exegese« exponentiell in die Höhe. Bevor sie dann wieder gegen null gehen.

bitteren Ende ausführen. Ich könnte das Leid nicht verantworten, das ein*e Nachrücker*in statt meiner ertragen müsste.)«

Sachdienlicher Hinweis des Tagesspiegel

»Ich bedanke mich bei Nico Semsrott für die deprimierende Zusammenarbeit und wünsche ihm für die Zukunft viel Erfolg«, schrieb Sonneborn.

Sachdienlicher Hinweis der FAZ

Damit dürfte das Satireprojekt der Partei »Die Partei« wohl an sein Ende gelangt sein. Denn deutlicher als Martin Sonneborn (unfreiwillig) und Semsrott (freiwillig) kann man kaum demonstrieren, was engstirnige Borniertheit bedeutet, die Witze und Satire nur erträgt, wenn diese nicht auf Kosten der eigenen Weltanschauung und Peergroup gehen und wenn sie einem nicht die eigenen Vorurteile um die Ohren hauen.

Rund 200 Mitglieder treten aus und wir kriegen ein halbes Jahr lang Rassismusvorwürfe unter sämtliche Tweets geknallt. Aber das Satireprojekt der Partei Die PARTEI ist natürlich noch lange nicht an sein Ende gelangt. Und Arno Frank, Autor beim *Spiegel*, fragt dann noch mal etwas genauer nach.

Sachdienlicher Hinweis des Spiegel

Spiegel: Ihr EU-Parlamentskollege Nico Semsrott ist ausgetreten – wegen Ihres Umgangs mit einem T-Shirt, dessen Aufdruck mit rassistischen Stereotypen über angebliche Sprachdefizite asiatischer Mitmenschen spielte.

MS: Ich musste lachen, als ich das Shirt zum ersten Mal sah – was immer ein Zeichen dafür ist, dass etwas lustig ist. Dann habe ich es unter älteren »Titanic«-Kollegen zur Diskussion gestellt. Die einen fanden es komisch, die anderen nicht. Aber niemand ist auf die Idee gekommen, es als rassistisch einzustufen. Da gibt es tatsächlich Wahrnehmungsunterschiede zwischen Jüngeren und Älteren, auch wenn sie politisch gleichgesinnt sind.

Spiegel: Sie haben sich entschuldigt. Fürchten Sie, dass Ihr Humorbegriff überholt ist?

MS: Nicht bedacht habe ich, dass viele Menschen gerade sozial distanziert, gelangweilt und mit einer gewissen Grundaggressivität an ihren Tastaturen sitzen und sich auf alles stürzen, was gerade diskutiert wird. Kritik habe ich erwartet, aber keinen so heftigen Shitstorm. Das Shirt ist ja eigentlich dezidiert antiamerikanisch.

Spiegel: Belegt der Eklat einen Generationenkonflikt innerhalb Ihrer Satirepartei?

MS: Wir waren zuletzt nach der CDU und den Grünen die drittstärkste Partei bei den Erstwählern. In jüngerer Zeit sind viele Leute eingetreten, die mit politisch korrektem Sprachgebrauch aufgewachsen sind und jeden, der ihre Gepflogenheiten nicht übernimmt, schnell als misogyn oder rassistisch bezeichnen. Ich plädiere dafür, dass sich nicht jede Kleinstgruppe zum Nabel der Welt deklariert. Es gibt sonst keine wirkungsvolle Kritik am fundamentalsten unserer Probleme: der wachsenden sozialen Ungleichheit. Wenn wir da nicht gegensteuern, haben wir bald Verhältnisse wie in den USA.

Spiegel: Hat Sie der Shitstorm geärgert?

MS: Twitter bildet zwar nicht die Realität ab, trotzdem hat es mich irritiert. Wir hatten dann einen Tag lang mehr Austritte, 58, als Eintritte, 48, in die Partei. Das hat es schon ganz lange nicht mehr gegeben.

Spiegel: Sie betrachten die Empörung also als vorübergehende, rein virtuelle Angelegenheit?

MS: Im Netz waren es eigentlich nur eine Handvoll Accounts, die den Erregungspegel durchgängig hochhielten. Eine engagierte Podcasterin machte etwa geltend, dass beim Anblick des T-Shirts jahrelang bewältigt geglaubte Traumata wieder aufgebrochen seien, an denen ganze asiatische Familien zerbrochen seien. Nun wisse man, dass man in diesem Land nur als Witz, billige Arbeitskraft oder tot von Wert sei. Ich habe darauf nicht geantwortet. Aus Gründen.

Spiegel: Welche Gründe sind das?

MS: Weil man im Netz nicht differenziert diskutieren kann. Die zunehmende Aggressivität in den asozialen Netzwerken ist ein grundlegendes Problem unserer Gesellschaft. Die Ambiguitätstoleranz hat merklich abgenommen, das Vermögen, die Existenz eines abweichenden Standpunkts – oder einer abweichenden Herangehensweise – auch nur zu tolerieren. Deshalb fordern wir in unserem Wahlprogramm »Facebook fairstaatlichen!«. Internettrolle erhalten ein schickes 56-k-Modem, sobald wir an der Macht sind. Das wird die Diskussionen nicht nur entschleunigen, sondern endlich auch wieder versachlichen.

BRÜSSEL, HOMEOFFICE

Alterspräsident Biden legt seinen Amtseid ab. Ein Bild von ihm mit ausgebreiteten Armen zieht sich über eine ganze Seite der *FAZ*. »Hört mir zu, vermesst mein Herz!« lautet poetisch die zugehörige Schlagzeile. Mein (depressiver) Redenschreiber hat es auch gesehen, mailt: »Das ging schnell. Kaum im Amt ruft er schon nach den Kardiologen.« Smiley!

FEBRUAR 2021

BRÜSSEL, HOMEOFFICE

Während ich mich im Netz mit Rassismusvorwürfen auseinandersetzen muss, darf die Europapolitische Beraterin sich mit Terrorismusverherrlichung beschäftigen. Und mit Beleidigung des doofen spanischen Königshauses. Denn Spanien ist eine relativ junge Demokratie, mit ein paar Relikten aus der guten alten Franco-Zeit.

Bourbonische Alterstrottel, Elefantenkiller & spanische Schlechtstaatlichkeit

Kurze Frage an all die hauptberuflichen Demokraten und Menschenrechtler da draußen in der EU-Politik, die Ihr den repressiven Staaten dieser Welt (Russland, China, Iran) immer so engagiert die bürgerrechtlichen Leviten lest: Wusstet Ihr schon, dass China gar nicht in der EU ist – Spanien aber schon? Ganz ohne Scheiß.

Am vergangenen Dienstag wurde der katalanische Rapmusiker Pablo Hasél von 20 Mannschaftswagen der Polizei aus der Universität Lleida exmatrikuliert und zum Antritt einer 9-monatigen Haftstrafe eskortiert, zu der er verurteilt worden war.

Seither gehen in Spanien täglich Tausende junger Menschen auf die Straße. Nicht nur, um die Freilassung des (antifaschistischen) Musikers zu fordern, sondern weil sie die Meinungsfreiheit in ihrem Land bedroht sehen. Waaaaaaas? Meinungsfreiheit bedroht? Mitten in der EU? Wie kommen die denn darauf?

Vielleicht, weil die UNO, Amnesty International & der Europarat die Sache ähnlich sehen. Genauso wie über 300 Kulturschaffende – darunter (Filmemacher) Pedro Almodóvar, (Schauspieler) Javier Bardem & (Sänger) Joan Manuel Serrat –, die ausweislich ihres Protestaufrufs der Meinung sind, der spanische Staat stehe nun endgültig »auf einer Stufe mit Ländern wie der Türkei oder Marokko«. LOL.

Was Pablo Hasél vorgeworfen wird? Ganz einfach: 1. Beleidigung des doofen spanischen Königshauses, 2. Beleidigung staatlicher Institutionen & 3. Verherrlichung des Terrorismus.

Hmmm, mal sehen.

1.) Während es in Spanien bis heute erlaubt ist, auf dem ziemlich unverschleierten Umweg über die Parole »Viva Franco!« einem faschistischen Diktator seine Zuneigung auszudrücken, hat die »Meinungsfreiheit« offenbar da ihre Grenze, wo es um das (vom faschistischen Diktator höchstselbst wiedereingesetzte) Königshaus geht. Wer den vielfach beleidigenswerten

Ex-King Juan Carlos I »beleidigt«, indem er ihn einen »Parasiten« und »Mafioso« nennt, geht dafür ins Gefängnis: Sänger, Musiker, Youtuber.

Juan Carlos freilich nicht. Der bourbonische Alterstrottel, Damen- und Elefantenkiller selbst hat sich nämlich längst ins Emirat Abu Dhabi abgesetzt, von wo aus er die Fortschritte der spanischen (wg. Steuerhinterziehung) und Schweizer (wg. Geldwäsche) Ermittlungsbehörden mit einem sehr guten Fernglas aus der Nähe verfolgen will.

2.) Die Guardia Civil setzt als Aufsatz auf Repetierschrotflinten sogenannte Schießbecher ein. Damit bringt sie – gegen die eigene Zivilbevölkerung – ein Gewehrgranatgerät (Kaliber 30 mm) zum Einsatz, das die deutsche Wehrmacht im Zweiten Weltkrieg verwendet hat. Ganz ohne Scheiß. Mit Hilfe einer Starterpatrone können verschiedene Projektile aus dem Becher katapultiert werden: Gummigeschosse, Gummischrotpakete, Tränengas. Die Auseinandersetzungen um die Unabhängigkeit Kataloniens 2017 haben zu mehr als 800 verletzten Zivilisten geführt – und die abstoßende Vielfalt der fürchterlichen Verwundungen gezeigt, zu denen der polizeiliche Einsatz von derlei Kriegsgerät führt. Derzeit nutzen die spanischen Unordnungskräfte die sechste Nacht in Folge dafür, noch einmal anschaulich, live und in Farbe zu demonstrieren, was es eigentlich mit dieser »Polizeigewalt« auf sich haben könnte, über die Hasél seit Jahren singt. Schlagstöcke und Gummigeschosse natürlich inbegriffen, mit denen die spanische Staatsgewalt – auch jetzt wieder – aus jungen Demokraten ruckzuck eine Reihe lebenslang gezeichneter Zyklopen macht.

Seit die rechte Regierung des vielfach beleidigenswerten Mariano Rajoy 2015 das berüchtigte »Knebelgesetz« (Ley mordaza) verabschiedet hat, kann eine DEMO vor dem spanischen Parlament übrigens studentenfreundliche 30.000 Euro kosten (Bußgeld), Kinderermäßigung auf Anfrage. Und jeder, der zu einer unangemeldeten Kundgebung auch nur aufruft darf dieses Kapitalverbrechen jetzt ein ganzes Jahr lang überdenken – bei Wasser, Brot und meditativer Gefängnismusik (Wochenende).

Übermäßige Gewaltanwendung durch Sicherheitskräfte darf seither weder dokumentiert (»unbefugte Verwendung von Bildern blablabla von Sicherheitskräften«) noch kritisiert werden. Wenn aber allein die Kritik an unangemessener Polizeigewalt schon als »Respektlosigkeit und mangelnde Rücksichtnahme gegenüber Angehörigen von Sicherheitskräften und -organen« (ernsthaft!) geahndet wird, dann wird es für die Meinungsfreiheit, die Musiker & die Meinungsfreiheit von Musikern wirklich ziemlich eng.

Hintergrundinfo für Freaks: Rainer Wendt, Chef von der, hihihi, »Deutschen Polizeigewerkschaft« und Sympathieträger in Gold, hat übrigens mehrfach die Einführung von Gummigeschossen für Deutschland gefordert.

3.) Was den dritten Vorwurf der »Terrorismusverherrlichung« angeht, so muss Spanien seinerseits sich den – immerhin von der UNO artikulierten – Verdacht gefallen lassen, unter dem Vorwand der Terrorismusbekämpfung nichts als die massive Beschneidung von Grundrechten und -freiheiten zu betreiben.

Was genau die Behörden als »Terrorismus« einstufen und was als dessen »Verherrlichung« dann im Einzelfall zum Straftatbestand wird, wird letztlich immer eine Ermessensfrage bleiben. Spanien aber scheint mittlerweile gefährlich nah an eine missbräuchliche Verwendung herangerückt zu sein. Allein in den ersten zwei Jahren kam es auf Grundlage des »Gesetzes zum Schutz der Sicherheit der Bürger« zu 84 Verurteilungen. Und das, so Amnesty International, obwohl eine reale Terrorismusgefahr in Spanien nicht besteht, »seit die letzte bewaffnete Organisation, die baskische Separatistengruppe Eta, bereits 2011 endgültig die Waffen ruhen ließ«.

Die Entfernung kritischer Stimmen aus dem öffentlichen Diskurs und unter dem Vorwand der Terrorismusbekämpfung ist ein ziemlich schmutziger Trick, den man sonst nur vom Irren von Bosporus (und anderen Irren) kennt – und der mit »Rechtsstaatlichkeit« natürlich nicht viel mehr zu tun hat als eine Paella mit gutem Essen. Oder in den Worten der Menschenrechtskommissarin des Europarats: »Die übermäßige Anwendung der Antiterrorgesetzgebung bedroht die Meinungsfreiheit.«

Hasél ist in Spanien jedenfalls kein Einzelfall. Nach Angaben von »Freemuse«, einer NGO, die sich für Kunstfreiheit und gegen Menschenrechtsverletzungen an Künstlern einsetzt, steht Spanien unangefochten auf Platz 1. Allerdings nur in der Kunst, seine Künstler hinter Gitter zu bringen. Nirgendwo sonst auf der Welt sind so viele Kulturschaffende in Haft wie in Spanien. Noch nicht einmal in der Türkei, Myanmar und dem Iran. Und da sind noch nicht einmal die Künstler mitgezählt, die sich der Strafverfolgung durch die spanische Justiz noch rechtzeitig entziehen konnten: der Gangsta-Rapper Puigdemont etwa, der nach Belgien geflohen ist. Dankenswerterweise denkt die belgische Justiz noch nicht einmal im Traum daran, ihn den spanischen Behörden (und ihrem exzessiven Strafverfolgungsfuror) auszuliefern, da sie seine Äußerungen – auch nach mehrmaligem Drehen und Wenden – einfach nicht für »strafbar« hält. Warum? Ganz normale Meinungsfreiheit, my ass!

Bleibt noch eine Frage: Dürfte man in Deutschland eigentlich ungestraft einen antifaschistischen Rapsong über die Hohenzollern, den Bundesnachrichtendienst und die RAF machen?

Ich hoffe doch. Wir arbeiten mal dran.

MÄRZ 2021

KUBA/IRLAND

Karin Strenz ist tot. Die korrupte CDU-Abgeordnete, die im Gegenzug für größere Geldsummen und Luxusartikel Aserbaidschan jahrelang bescheinigt hatte, auf dem besten Weg zu freien, fairen und demokratischen Wahlen zu sein, obwohl die staatliche Wahlkommission das amtliche Wahlergebnis auch schon mal einen Tag vor der Wahl* veröffentlichte, ist vollkommen unerwartet verstorben. Mit 53 Jahren, auf dem Rückflug von einer Kubareise.

Sachdienlicher Hinweis des Nordkurier

Ein Unternehmer aus Thüringen hat gemeinsam mit Strenz Urlaub in einem Hotel gemacht und will die 53-jährige Abgeordnete dort zunächst aufgeräumt und geradezu ausgelassen erlebt haben, wie er in dem »Bild«-Bericht schildert.

Sachdienlicher Hinweis des Merkur

»Wir waren zehn Tage gleichzeitig im Hotel Meliá in Varadero. In den ersten Tagen war die CDU-Politikerin noch sehr laut und auffällig. Sie feierte schon morgens an der Bar und präsentierte anderen Hotelgästen Fotos von sich und ihrer Freundin Angela (Merkel, d. Red.). Sie strich ihre politische Bedeutung für unser Land heraus«, erinnert sich der Unternehmer.

Jedoch soll sich dann der Gesundheitszustand der CDU-Abgeordneten rapide verschlechtert haben. »Später nahm Strenz' Vitalität rasant ab. Vor dem Rückflug war Strenz schon in sehr schlechtem Zustand. Bei der Passkontrolle war Strenz neben mir in der Schlange. Sie musste schon im Rollstuhl geschoben werden. Ich fragte sie, was mit ihr los sei, und Strenz antwortete mir: ›Ich habe seit drei Tagen Kreislaufprobleme.‹«

Sachdienlicher Hinweis des Nordkurier

Der Tod der Politikerin aus dem Landkreis Ludwigslust-Parchim schockierte die Landes- und Bundespolitik. Strenz war auf dem Condor-Flug DE-2199 kollabiert – auch eine Notfalllandung auf dem irischen Flughafen Shannon rettete das Leben der CDU-Politikerin nicht.

* Die *Washington Post* berichtet, die Wahlkommission habe nach der (versehentlichen) Veröffentlichung erklärt, man habe die Zahlen vom Vorjahr für einen Test in der App benutzt. Allerdings stimmten Kandidaten & Wahlergebnisse mit dem offiziellen Ergebnis überein.

Sachdienlicher Hinweis des Focus

In ihrem politischen Leben hatte sich Strenz tatsächlich immer wieder auffällig für die Interessen Aserbaidschans eingesetzt. 2015 hatte Strenz in der Parlamentarischen Versammlung des Europarates gegen eine Forderung zur Freilassung politischer Gefangener in Aserbaidschan gestimmt – als einzige Deutsche. Bei mehreren Reisen als Wahlbeobachterin attestierte sie dem autokratisch regierten Land stets einen Wahlverlauf ohne Unregelmäßigkeiten. In ihrem Amt als Vorsitzende der Deutsch-Südkaukasischen Parlamentariergruppe des Bundestags traf Strenz auch den aserbaidschanischen Machthaber Ilham Alijew, jahrelang zierte ein gemeinsames Foto der beiden ihre Website.

Sachdienlicher Hinweis der FAZ

Anfang 2020 gab es im Zusammenhang mit Geldflüssen aus dem autoritär regierten Aserbaidschan Durchsuchungen bei der CDU-Politikerin und einem früheren CSU-Parlamentarier. Damals sprach die Staatsanwaltschaft Frankfurt von rund vier Millionen Euro, die zwischen 2008 und 2016 über britische Briefkastenfirmen und baltische Konten geflossen seien. Ermittelt wurde wegen Mandatsträgerbestechung und Geldwäsche.

Hm. Zwei Fragen bleiben. Hat Alijew auch ein Foto von Strenz an der Wand? Und: Ist das nicht ein merkwürdiger Zufall, dass eine Frau mit ihrer politischen Bedeutung für die Korruption in unserem Land so plötzlich verstirbt? Ich bin nicht der Einzige, der sich diese Frage stellt. Die Staatsanwaltschaft Schwerin stellt ein Rechtshilfeersuchen an Irland und leitet ein Todesermittlungsverfahren ein.

Sachdienlicher Hinweis der Badischen Neuesten Nachrichten

Gutachten soll Todesursache von Karin Strenz aufklären

Warum starb Karin Strenz? Ein Gift-Gutachten soll den rätselhaften Tod der in Irland obduzierten CDU-Abgeordneten bis Juni aufklären, wie der zuständige Gerichtsmediziner den BNN sagte.

BRÜSSEL, BÜRO

Die *Süddeutsche Zeitung* interviewt eine aserbaidschanische Journalistin. Khadija Ismayilova ist eine der wenigen verbliebenen kritischen Stimmen im Land, saß mehrfach im Gefängnis und wurde »für ihren Mut und ihre Hartnäckigkeit bei der Aufdeckung von Korruption in höchsten Regierungskreisen« mit dem alternativen Nobelpreis ausgezeichnet.

Sachdienlicher Hinweis der Süddeutschen Zeitung

SZ: Frau Ismayilova, mehreren konservativen deutschen Politikern wird derzeit vorgeworfen, dass sie sich bezahlen ließen, um Abstimmungen im Europarat zugunsten des aserbaidschanischen Regimes zu beeinflussen. Wird in Ihrer Heimat darüber berichtet?

KI: Nicht wirklich. Aber den CSU-Politiker Eduard Lintner kennt hier trotzdem fast jeder. Er unterstützte schon früh das Regime von Präsident Ilham Alijew, indem er Menschenrechtsverstöße verteidigte und Korruption ignorierte. Nachdem Alijew an die Macht gekommen war, wurde das ein erschreckender Trend: Immer mehr westeuropäische Politiker stellten sich hinter das Regime.

SZ: Nach den Präsidentschaftswahlen 2013, bei denen Alijew – zumindest offiziell – auf 84,7 Prozent der Stimmen kam, sprach Lintner von Wahlen nach deutschen Standards.

KI: Das ist eine Beleidigung für die Bundesrepublik. Es war eine gefälschte Wahl.

SZ: Auch die jüngst verstorbene CDU-Politikerin Karin Strenz sprach später von freien Wahlen in Aserbaidschan.

KI: Ich möchte nichts Schlechtes über eine Tote sagen. Aber ich denke nicht, dass sie an das geglaubt hat, was sie da gesagt hat. Falls doch, dann war sie nicht sehr intelligent. Wir hatten noch nie faire Wahlen, seit Alijew an die Macht kam.

SZ: Auffällig viele Unionspolitiker sehen das anders. Das CDU-Mitglied Otto Hauser – immerhin ehemaliger Regierungssprecher – fungierte beispielsweise 2008 als inoffizieller

Wahlbeobachter, und während OSZE und Europarat Kritik übten, stellte er die Wahlen als »frei und fair« dar.

KI: Die Wahlen von 2008 waren weder frei noch fair, es handelte sich vielmehr um eine der schlimmsten Wahlfälschungen in der Geschichte meines Landes.

SZ: Zwei Jahre später wurde Otto Hauser Honorarkonsul von Aserbaidschan.

KI: Das wundert mich nicht.

SZ: Wie werden solch beschönigende Aussagen deutscher Politiker denn in der aserbaidschanischen Bevölkerung aufgenommen?

KI: Sie zerstören jeden Glauben an Demokratie und an Europa. Denn um das einmal ganz deutlich zu sagen: Das Regime in Aserbaidschan ist ein Regime korrupter Menschen für korrupte Menschen. Eine Diktatur, die sich als Demokratie verkleidet. Wir haben keine freie Presse, der Zugriff auf kritische Nachrichtenseiten wird blockiert und die Opposition unterdrückt. Es konnte daher zunächst auch niemand glauben, dass sich europäische Politiker hinter so ein Regime stellen.

APRIL 2021

BRÜSSEL, PARLAMENT

Der Irre vom Amazonas, J. Bolsonaro, plant ein neues Agrargesetz, um weitere Flächen privatisieren, abholzen und -brennen zu können. Während die EU kritiklos am Mercosur-Abkommen festhält – wir tauschen Autos gegen Fleisch von CO_2 pupsenden Rindern; Experten schätzen, dass das Abkommen die Entwaldung in Südamerika um fast 25 Prozent erhöhen wird –, drohen Aldi, Migros, Marks & Spencer und knapp 40 weitere Handelsunternehmen Bolsonaro mit einem Boykott brasilianischer Waren. Was läuft hier eigentlich falsch, dass man sogar den Gebrüdern Aldi zutrauen muss, die EU verantwortungsbewusster zu führen als Frau vonderLeyen?

ANKARA

Für die Aldi-Brüder hätte der türkische Präsident Erdoğan in Ankara aber wahrscheinlich auch eine angemessene Sitzgelegenheit bereitgestellt. Allerdings wären diese vermutlich nicht so dämlich gewesen, einem zunehmend aggressiven Kriegstreiber, der Griechenland weiter offen militärisch bedroht, gerade die Frauenrechtskonvention des Europarates aufgekündigt und – auch für den Dümmsten unmissverständlich – die Reste der türkischen Demokratie (Oppositionspartei HDP, freie Presse) beerdigt hat, noch ihre Aufwartung zu machen.

Anders Ratspräsident Charles Michel und Kommissionspräsidentin vonderLeyen. Einander in herzlicher Abneigung zugetan und jeder dem anderen jedwede Öffentlichkeit neidend, reisen sie gemeinsam nach Ankara, zu einem Spitzentreffen mit dem türkischen Präsidenten. Sie wollen über Merkels Flüchtlingsdeal sprechen.

Leider stehen in Ankara trotz Voranmeldung nicht genügend passende Sitzgelegenheiten bereit. Im türkischen Präsidentenpalast gibt es zwei prächtige Stühle zentral vor den Fahnen der EU und der Türkei platziert – und ein etwas abseits stehendes Sofa. Alles ist bereit für SOFAGATE!

Sachdienlicher Hinweis des Spiegel

Es ist ein Moment mit Seltenheitswert: Ursula von der Leyen fehlen die Worte. Eben erst hat sich die Kommissionschefin mit Ratspräsident Michel und dem türkischen Präsidenten Erdoğan in dessen Palast ablichten lassen, da nehmen die beiden Männer auf protzigen Rokokostühlen Platz und lassen von der Leyen stehen wie eine Statistin. »Ähm«, sagt sie und gestikuliert fragend. Michel schaut kurz zu ihr hinüber und unternimmt – nichts.

Ratspräsident Michel hätte der höfliche Held des Tages werden können, wenn er vor der laufenden Kamera vonderLeyen seinen Platz angeboten hätte. Zumal die Bilder hinterher millionenfach im Netz geteilt werden. Aber Michel, Berufspolitiker in zweiter Generation, setzt sich. Er gilt in Belgien eher als eitel denn als klug. Für die belgische Tageszeitung *Le Soir* ist er zwar »Belgier des Jahres 2014« – noch vor der Eupener Band »Girls in Hawaii«, um die es lange Zeit still war, und dem Personal der Supermarktkette Delhaize, aber das natürlich nur in Ermangelung valider Alternativen. (Jacques Brel und Hergé sind ja – leider – sehr tot.) Als Premierminister füllte er die Titelseiten jahrelang mit einer endlosen Demonstration interner Streitigkeiten seiner als »Kamikaze«-Koalition betitelten Regierung, als EU-Ratspräsident kämpft er (wie eigentlich immer in seinem Leben) vor allem dafür, seinen Posten nicht zu verlieren; während er mit besorgter Miene und Privatjet zu internationalen Klimaschutzgipfeln reist. Wie viele Liberale steht er philosophisch für nichts, politisch für Austerität und Privatisierung und persönlich für eine ins geradezu Groteske gewendete Selbstüberschätzung.

Sachdienliche Hinweise aus dem Netz

Anne Gellinek: Wenn die Jungs sich selbstverständlich in die Chef-Sessel setzen und Frau nur ein Nebenschauplatz bleibt.

Cem Özdemir: Solche Zeichen setzen autoritäre Unterdrücker & Machos wie #Putin, #Erdoğan & Co bewusst.

Während aber die halbe Welt spottet und die PARTEI bereits eine Klappstuhl-Kampagne für Frau vonderLeyen plant, kann ein anderes Opfer der Staatsaffäre nachts nicht mehr richtig schlafen.

Sachdienlicher Hinweis des Handelsblatt

Die Szenen gehen ihm nicht aus dem Kopf, immer wieder spielt er sie gedanklich durch: Ratspräsident Charles Michel bedauert sein Verhalten beim Treffen mit dem türkischen Präsidenten. »Wenn es möglich wäre, würde ich zurückreisen und die Sache reparieren«, sagte der Belgier im Gespräch mit europäischen Wirtschaftsmedien. »Ich mache keinen Hehl daraus, dass ich seither nachts nicht gut schlafe.«

Sachdienlicher Hinweis der Welt

Im »Handelsblatt« rechtfertigte sich Michel erneut. »Meine Befürchtung war, dass ich, wenn ich in irgendeiner Weise reagiert hätte, einen viel schwerwiegenderen Vorfall ausgelöst hätte«, sagte er. Bereits am Mittwoch hatte Michel der »herabgesetzten Behandlung« von der Leyens in Ankara einen »bedauerlichen Charakter« attestiert.

21 Tage lang analysiert die Kommissionspräsidentin die Situation, dann wird ihrem hoch bezahlten PR-Team plötzlich klar, wie sehr vonderLeyen sich verletzt und alleingelassen fühlt, als Frau und als Europäerin. (Als Mutter haben sie vergessen.) Als solche geht sie in die Offensive und an die Öffentlichkeit.

Sachdienlicher Hinweis des Standard

Drei Wochen nach dem diplomatischen Eklat bei ihrem Türkeibesuch hat Kommissionschefin von der Leyen schwere Vorwürfe erhoben und mit Nachdruck die Gleichstellung von Frauen gefordert. Nur weil sie eine Frau sei, sei sie nicht ihrem Amt gemäß behandelt worden, sagte von der Leyen am Montag im Europaparlament. »Ich fühlte mich verletzt und alleingelassen, als Frau und als Europäerin.«

Allerdings kristallisiert sich allmählich auch heraus, dass gar nicht der türkische Präsident für die herrliche Sitzordnung verantwortlich war.

Sachdienlicher Hinweis von n-tv

Die türkische Regierung wies die Kritik zurück und machte ihrerseits die EU für den Vorfall verantwortlich. Die Sitzordnung sei »in Übereinstimmung mit dem Vorschlag der EU« festgelegt worden, sagte Außenminister Cavusoglu.

Sachdienlicher Hinweis des Spiegel

Es war Michels Protokolldienst, der die Details des Besuchs mit der türkischen Regierung abgesprochen hat – während von der Leyens Protokollwächter in Brüssel blieben.

Michels Team hat die Dinge an sich gezogen. Man müsse deshalb davon ausgehen, argwöhnt man in von der Leyens Umfeld, dass Michels Leute genau wussten, was passieren könnte – und die Kommissionschefin ins Messer laufen ließen.

BRÜSSEL, BÜRO

»Altmaier wird schwitzen!« Triumphierend betritt meine Europapolitische Beraterin das Büro. »Wir sollten den portugiesischen Sozialisten drüben auf dem Flur einen Schnaps ausgeben! Große Gläser, 0,5 Liter!«

Sachdienliche Hinweise von meiner Homepage

Seit es die EU gibt, streiten die konservativen und »liberalen« Marktextremisten (Parteinamen d. Verf. bekannt), die Sie da draußen jedes Mal wiederwählen, für eine absolut absurde Wirtschaftsordnung.

Sie bringen nämlich kaputte Wirtschaftsmechanismen in Stellung, von denen – absurderweise! – gar nicht die Bevölkerungsmehrheit, Wähler wie Sie, profitiert, sondern ausschließlich eine im Diskurs der höheren EU-Politik ohnehin maßlos überrepräsentierte Minderheit: die der Kapitaleigner. (Anm.: Kapitaleigner unter d. Lesern? Bitte mal kurz weglesen!)

Die EU ist bekanntlich ein Raum, in dem Waren, Dienstleistungen & alle daraus generierten Unternehmensgewinne in völlig freier Flotation alle nur denkbaren Grenzen überschreiten können, ohne dabei auf verbindliche Regularien zu ihrer Besteuerung zu stoßen. Das ist absurd. Und absurd ist es auch, dass die 27 EU-Staaten, die ja eigentlich das gemeinsame Interesse einer gerechten Unternehmensbesteuerung teilen müssten, sich untereinander lieber in gegenseitige Steuerkonkurrenz begeben, als gegenüber gewinnorientierten Großunternehmen gemeinsam & geschlossen aufzutreten.

Die geltende Konstruktion erlaubt es einzelnen EU-Staaten, einen »Wettbewerbsvorteil« gegenüber anderen EU-Staaten ausgerechnet dadurch herzustellen, dass sie multinationale Großunternehmen mit geringen Steuersätzen zu sich locken. Absurd? Yup.

Und da gewinnorientierte Großunternehmen sich so etwas nicht zweimal anbieten lassen, verschieben sie ihre Gewinne innerhalb der EU natürlich, wie es ihnen passt. Und zwar am liebsten (Überraschung!) in EU-Staaten mit Steuersätzen, die so winzig sind, dass man sie ohne gutes Vergrößerungsglas kaum noch erkennen kann. Wir wollen hier keine Namen nennen, zum Beispiel Irland, Luxemburg, die Niederlande, Malta, Deutschl... Pardon, das ginge zu weit.

Nach Berechnungen der EU-Kommission entgehen dem europäischen Steuerwesen durch diesen niedlichen, von der EU selbst geschaffenen Trick jährlich 70 Milliarden Euro.

Mit dieser Summe könnte man rund 1,2 Milliarden Schwarzfahrer laufen lassen, 350 Millionen Klassenzimmer streichen, eine sehr, sehr große Menge von Herrengedecken bestellen oder das Geld einfach den Pflegekräften schenken. Dafür, dass sie unser Klatschen so heldenhaft ertragen haben.

Wenn Medien über so etwas berichten, dann tun sie es zumeist im eingeübten Vokubular der verstohlenen Nachsichtigkeit, indem sie Ihnen das bagatellisierende Stichwort »Steuervermeidung« irgendwo in den Artikel schreiben. Es versteht sich wohl von selbst, dass Ihnen damit nur ein wohlklingender Verschleierungsversuch für generalstabsmäßig organisierten Raub angeboten wird.

Die Mittel, die die EU sich durch einige ihrer Schurkenstaaten sehenden Auges »entgehen« lässt, lassen dieselben Staaten sich von Ihnen da draußen, der Sie wahrscheinlich nur ein einfacher EU-Bürger sind, nämlich nicht entgehen. Sondern ersetzen.

Die EU organisiert also, dass multinationale Großunternehmen jedem Einzelnen ihrer rund 450 Millionen Bürger (sogar den Einbeinigen, Babys & schlecht bezahlten Paketzustellern) jährlich 155,55 Euro unter der Matratze wegziehen, um sie in die automatisierte Reichtumsproduktion ihrer Anteilseigner einzuspeisen. Die übrigens ohnedies schon die Reichsten auf diesem untergehenden Planeten sind. FCK!

Wo waren wir stehen geblieben? Ach, ja: Konservativen und Liberalen zufolge ist das völlig okay. In der EU operierende Großunternehmen sollen nicht nur das Recht haben, das Gemeinwesen um ihren gerechten Steuerbeitrag zu betrügen, sie sollen dies auch noch unter Ausschluss der Öffentlichkeit tun dürfen.

Dagegen kämpft eine an Transparenz, Gerechtigkeit und Bürgern wie Ihnen interessierte Minderheit im Europäischen Parlament seit fünf Jahren für die Einführung des sogenannten CBCR, kurz: Country-by-Country-Reporting.

Es hat – absurderweise – noch nicht einmal zum Inhalt, dass diese absurde Praxis der Niedrigststeuersätze endlich ein Ende hat, sondern soll multinationale Konzerne lediglich dazu verpflichten, die in einzelnen EU-Staaten erzielten Gewinne und die darauf entrichteten Steuern endlich einmal offenzulegen.

Ein entsprechender Vorschlag wurde von der Europäischen Kommission im Jahr 2016 vorgelegt. Das Europäische Parlament und ich, wir haben unseren Standpunkt dazu (»Warum nicht? Dann mal los!«) Anfang 2019 festgelegt. Und warten seitdem darauf, dass der dritte Mitgesetzgeber (Rat) endlich mal in die Puschen kommt.

Damit ein Kommissionsvorschlag nach Billigung durch das Parlament nämlich das süße Licht der Wirklichkeitswerdung erblicken kann, bedarf es eines EU-Staates, der während seiner Ratspräsidentschaft »die Eier hat« (Oliver Kahn), das Ding zur Abstimmung auf die Tagesordnung zu setzen.

Seit Jahren nutzt Deutschland sein beeindruckendes Gewicht (Altmaier!) in der EU allerdings dazu, das Vorhaben zu blockieren. Die Groko Haram hat dafür gesorgt, dass all ihre Vorgänger das Thema (aus Versehen) gründlich übersehen. Nur, um dasselbe Thema in der eigenen Ratspräsidentschaft dann (aus Versehen) auch zu übersehen, gründlich. Obwohl es, sagte ich das schon? keinen einzigen VERNÜNFTIGEN Grund dafür gibt, die Einführung von Steuertransparenz für multinationale Unternehmen zu verhindern. Oder weiß jemand einen?

Fragen Sie lieber nicht den BDI. Und auch nicht jene (lt. Lobbycontrol) fiese Mogelpackung namens »Stiftung Familienunternehmen«, die – absurderweise – gar keine kleinen und mittelständischen Unternehmen enthält, sondern so große, dass man sie unbedingt mit den »Oligarchen Russlands« (Wolfgang Munchau) vergleichen muss.

Altmaier argumentierte – auch auf ihren massiven Druck hin –, eine Transparenzrichtlinie würde »deutsche Unternehmen im internationalen Wettbewerb benachteiligen«. Was natürlich nur möglich wäre, wenn deutsche Unternehmen wie Äppel AG & Gugell GmbH dieselbe kreative Steuervermeidung praktizieren würden, wie wir sie von ehrenwerten US-Weltmarktspielern kennen. So hatte etwa der Google-Konzern über eine niederländische Tochter (und mit Duldung dortiger Steuerbehörden) in einem einzigen Jahr (2017) schlappe 20 Milliarden Euro Gewinn am europäischen Gemeinwesen vorbei auf die Bermudas geschmuggelt.

Um die Einführung der Transparenzverpflichtung zu verhindern, hatte sich Deutschland im Rat eine bombensichere Sperrminorität von zwölf Dumpingsteuer-Staaten organisiert: Zypern, Malta, Österreich, Slowenien, Estland, Luxemburg, Irland, Schweden u. a.

Es kommt nicht oft vor, dass im Rat etwas gegen den dezidierten Willen Deutschlands vorkommt. Aber ein Staat wagt es nun tatsächlich, Altmaier und den Deutschen entgegenzutreten: Portugal. Völlig überraschend hat das portugiesische Linksbündnis seine gerade übernommene Ratspräsidentschaft dazu genutzt, um als Allererstes – ausgerechnet – das CBCR auf die Tagesordnung zu setzen. POPCOOOOOOORN!

Wenn Altmaier also an der Sitzung des Ministerrats teilnimmt, dann droht ihm nicht nur »eine peinliche Niederlage« (Harald Schumann), sondern auch die Dynamisierung seines autonomen Nervensystems und der von diesem getriebenen Schweißsekretion.

Falls Sie also daran interessiert sein sollten, Ihren Wirtschaftsminister einmal live ins Schwitzen kommen zu sehen, dann können Sie das Popcorn schon mal warm stellen. Das Treffen wird live gestreamt.

Ach, übrigens. Falls Sie nicht Google oder Amazon besitzen, sollte etwas klar geworden sein. Wählen Sie gefälligst nicht konservativ oder liberal. Sondern so links, wie Sie es gerade noch vor sich verantworten können. Zum Beispiel FDP. (Spaß)

MAI 2021

BRÜSSEL, BÜRO

»Können wir mal irgendwas von Amazon bestellen, fürs Büro? Ein paar Paletten Dosenbierdosen zum Beispiel? Die gehen sonst pleite«, fragen meine Assistenten durstig.

Sachdienliche Hinweise aus dem Netz

MS: Wegen nachhaltigen Marktmisserfolgs müssen wir #Amazon leider schließen. 2020 haben die Versager mit 44 Mrd. Rekordumsatz (EU) einen Verlust von 1,2 Mrd. erwirtschaftet (aber nur am Steuersitz Luxemburg, Smiley!). Steuerforderung: 0 Mrd.

Tom Hübner: Insolvenzverschleppung

Realthinks: Wo kann man spenden?

Andreas Burkert: Laut Finanzrecht handelt es sich dann um ein Hobby. @OlafScholz @GrueneBundestag @focusfinanzen

Karin Strenz ist immer noch tot. Todesursache und -umstände bleiben ungeklärt. Wieso eigentlich?

Sachdienlicher Hinweis des Nordkurier

Der Staatsanwaltschaft Schwerin sind die Hände gebunden. Unmittelbar nach dem Todesflug hatte die Schweriner Staatsanwaltschaft ein Rechtshilfeersuchen an Irland gerichtet. Doch auch jetzt, zehn Wochen nach dem Tod der CDU-Abgeordneten, liegt das Ergebnis der Obduktion noch nicht vor – die Todesursache ist weiter unklar. Warum?

BERLIN, BÜRO

Ich lache gerade über ein PARTEI-Plakat mit dem Slogan »Tod allen Fanatikern!!!«, da stürmt, ohne anzuklopfen, meine Europapolitische Beraterin herein. »Ich hasse die Grünen! Jahrelang haben sie mit Hunderttausenden gegen Freihandelsabkommen wie TTIP und CETA demonstriert. Und jetzt im neuen Wahlprogramm sind sie nicht nur für CETA, sondern sie verschleiern das auch noch. Willkommen im politischen Establishment!«

»Na ja, nach über 40 Jahren gehört man schon ein bisschen zu den etablierten Par…«

»Bei der Abstimmung zum doofen Infektionsschutzgesetz hat sich die gesamte Fraktion enthalten. Eine Partei, die regieren will! Deshalb kann die dämliche AfDP jetzt ehrbare Opposition spielen, wenn es um Bürgerrechte geht!«

»Was war noch mit CETA? Die EU hat's durchgewinkt, und jetzt wird es vorläufig angewend…«

»Sie sind plötzlich für CETA und stützen damit genau die Strukturen, die zu bekämpfen sie angetreten waren. Und das Zweite ist: Sie vertreten das noch nicht einmal offen. Sie verstecken es hinter nichtssagenden politischen Phrasen, die man erst einmal entschlüsseln muss. Nur wer die Zusammenhänge kennt, kann verstehen, was für ein Prinzipienverrat sich dahinter verbirgt. Auf der Webseite der Bundestagsfraktion steht: ›Wir lehnen CETA ab.‹ Und im Wahlprogramm ›Am CETA-Abkommen haben wir erhebliche Kritik. Wir wollen daher das CETA-Abkommen in seiner derzeitigen Fassung nicht ratifizieren, sondern es bei der Anwendung der derzeit geltenden Teile belassen.‹ Die derzeit geltenden Teile sind aber ALLE, ausgenommen die Schiedsgerichte.«

»Das alles ist sicherlich nur ein schrecklicher Irrtum und die vertreten weiterhin ihre Ideale und …«

»Unsinn. Foodwatch und Attac kritisieren, dass die Grünen die weitere Anwendung eines Handelsabkommens unterstützen, das die parlamentarische Kontrolle abschafft, dem Gemeinwohl, dem Gesundheits- und Verbraucherschutz schadet, Transparenz verhindert und Konzerninteressen freie Bahn lässt. Über den Import von Fleisch, bei den Sozial- und Sicherheitsstandards, bei pestizidverseuchtem Soja entscheiden Bürokraten aus Kanada und der EU-Kommission unter Ausschluss der Öffentlichkeit, eine demokratische Kontrolle findet nicht mehr statt!«

»Kontrolle, Kontrolle … Ich hab sowieso keine Zeit zu kontrollieren, ich muss unseren Dortmundern gratulieren. Da ist die Tür!«

DORTMUND

In der Innenstadt soll der Platz am Europabrunnen einen neuen Namen bekommen, und die ideenarme CDU will ihn nach dem spätgotischen Maler Conrad von Soest benennen. Bettina Neuhaus, für die PARTEI in der Bezirksvertretung, kritisiert, dass damit »wieder nur alte weiße Männer verewigt« würden, und macht einen prägnanten Gegenvorschlag, für den in einer Umfrage von Ruhr 24 über 78 Prozent der Dortmunder stimmen.

Sachdienlicher Hinweis von Ruhr 24

Platz in der Innenstadt soll »Unser Omma ihr Platz« heißen. Die Begründung? »Wer hat uns Bütterkes geschmiert? Wer hat dafür

> gesorgt, dass Generationen versorgt wurden? Unsere Ommas«, schreibt Neuhaus. Die Vorteile liegen für sie auf der Hand: Der Name spiegle eine ganze Generation wichtiger Personen wider, die viel zu wenig geehrt würden. Außerdem bekommt der Platz mit diesem Namen mit jeder Generation quasi ein automatisches Update.

Klar, dass die CDU auf ihrem Vorschlag beharrt. Klar aber auch, dass der Platz zumindest bei Google Maps ab sofort korrekt heißt. Und dass jetzt jeder PARTEI-Ortsverband versuchen wird, in seiner hässlichen Kleinstadt einen »Omma-Platz« zu benennen. Für unsere Ommas!

Die Tür fliegt auf. »Ich hasse die Grünen noch mehr!« Die Europapolitische Beraterin lässt mich gar nicht zu Wort kommen. »In Hessen haben sie gerade zusammen mit der CDU einen Antrag auf Offenlegung der NSU-Akten zurückgewiesen, über 125.000 Bürger hatten eine Petition unterschrieben.« – »Jetzt sei mal nicht undankbar, der Verfassungsschutz hatte die Akten für 120 Jahre sperren lassen, inzwischen ist die Sperrfrist immerhin auf 30 Jahre runtergesetzt.« – »AGAB, All Greens Are Bastards! In *Le Monde* stand heute, dass die französischen Grünen – die ihrem Ursprung wesentlich näher sind als diese intellektuell verwahrlosten Armleuchter in Deutschland – ihre Rechtskonservativen als ›Verts allemands‹ beschimpfen: als ›deutsche Grüne‹ …« – »Hahaha, was für eine Beleidigung.«

BERLIN, GESCHÄFTSSTELLE

Der Landesverband Berlin meldet sich. Man könne praktisch umsonst an eine größere Menge Masken kommen. Ein Unternehmer will uns 130.000 Stück spenden, er möchte lediglich eine Spendenquittung dafür. Ob wir das logistisch bewerkstelligen können? Ich nehme Rücksprache mit der PARTEI-Geschäftsstelle und den Bayern, die seit Monaten die Verteilung von Masken organisieren. Alle geben grünes Licht. Wir nehmen die Masken-Spende an. Allerdings ohne die juristischen Konsequenzen zu bedenken.

Sachdienlicher Hinweis der Stuttgarter Zeitung

SZ: Die Partei hat die erste Großspende ihrer Geschichte bekommen. Was war das für eine Spende?

MS: Es handelt sich dabei um eine Spende von 130.000 FFP2-Masken. Die Partei hat in den letzten Monaten Masken an Tafeln, Flüchtlingsheime und Obdachlosenunterkünfte verteilt. Das sind die drei Gruppen, die von der Bundesregierung bei der Versorgung mit Masken »vergessen« wurden. Viele unserer Ortsvereine wollten da gerne einspringen, haben Masken gekauft und Spendengelder gesammelt. Das hat wohl ein Mann verfolgt, der selber eine größere Menge von Masken besaß und sie nicht mehr losgeworden ist – weil Jens Spahn und seine Freunde den Markt überschwemmten. Und der hat diese Masken dann an uns gespendet.

Ich habe die Masken schon fast wieder vergessen, als sich Schatzmeister Gravius nachmittags meldet. Er erklärt mir, dass es sich um eine anzeigepflichtige Großspende handelt, die wir dem Bundestag sofort melden müssen.

Sachdienlicher Hinweis der Süddeutschen Zeitung

Spenden von mehr als 50.000 Euro müssen sofort beim Bundestagspräsidenten angezeigt werden. Diese Regel kann leicht umgangen werden. Ein Unternehmer muss Spenden nur stückeln oder auf verschiedene Tochterfirmen verteilen. Die CDU erhielt 2013 allein in einem Fall Spenden in Höhe von 493.000 Euro, musste aber keine einzige der Spenden sofort anzeigen, weil die einzelnen Gaben allesamt unter 50.000 Euro lagen.

Als unser Schatzmeister mir die weiteren Konsequenzen der geschenkten Masken ausführt, komme ich aus dem Lachen nicht mehr heraus. Die (unseriöse) Parteienfinanzierung unterscheidet nicht zwischen Geld- und Sachspenden, die Masken werden juristisch wie eine Geldspende behandelt.

Sachdienlicher Hinweis von Baden online

Die Satire-Partei des Europaabgeordneten Martin Sonneborn hat ihre erste Großspende erhalten: 280.007 Euro in Form von FFP2-Masken.

Sachdienlicher Hinweis der Stuttgarter Zeitung

SZ: Wie haben Sie die erste Großspende denn gefeiert?

MS: Gar nicht. Wir sind relativ hektisch in Aktionismus verfallen, weil uns klar wurde, dass das eine Spende ist, die wir sofort publik machen müssen. Gefreut hat mich, dass Die Partei jetzt mit einer Spende in Höhe von 280.007 Euro auf der Homepage des Bundestags geführt wird – und die FDP mit einer relativ ärmlichen Spende von 100.000 Euro direkt darunter.

SZ: Der Spender wünscht sich, dass Sie das Geld »gegen die Clan-Kriminalität von CDU/CSU« einsetzen. Was haben Sie diesbezüglich für Pläne?

MS: Vielleicht stellen wir ein paar Großplakate auf und zeigen, welche Unionsabgeordneten nicht auf der Lohnliste der korrupten Öldiktatur Aserbaidschan stehen – oder sich in unsauberen Maskendeals bereichert haben. Oder wir beziffern die 35 Millionen Euro, die die Abgeordneten als »Nebenverdienste« einfahren. Der Bundestag ist ja ein florierendes Wirtschaftsunternehmen.

BRÜSSEL, BÜRO

Zufrieden lege ich die Füße auf den Bürotisch und öffne eine Büchse Bofferding. Ohne sie angestrebt zu haben, haben wir eine perfekte Win-win-win-Situation vorliegen: Der Unternehmer hat eine Spendenquittung, die er steuerlich geltend machen kann, die PARTEI kann 130.000 Masken an Bedürftige verteilen und Schatzmeister Gravius, der die Spende im Rechenschaftsbericht ausweisen muss, erhält in zwei Jahren noch mal geschätzte 225.000 Euro aus der (unseriösen) Parteienfinanzierung des Bundestages überwiesen.

Sachdienlicher Hinweis der Stuttgarter Zeitung

SZ: Wenn sich jemand eine weitere Spende an Die Partei überlegen sollte: Warum lohnt sich das?

MS: Wenn jemand Geld an Parteien geben will, dann spendet er neuerdings nicht, dann sponsert er. Das hat zwei Vorteile: Die Firmen können das Geld von der Steuer absetzen, aber weder CDU noch Spender müssen diese Bestechung öffentlich ausweisen. Das ist extrem unsauber und wird in anderen Ländern nicht geduldet. Ich würde einem Spender also raten, das Geld in eine Sponsoring-Aktion der PARTEI zu stecken. Wir würden das transparent dokumentieren und Öffentlichkeit dafür herstellen, dass große Summen an Parteien gehen, ohne dass jemand davon weiß. Sagte ich schon, dass wir das Konstrukt der Parteienfinanzierung für ein demokratisches und ethisches Desaster halten?

Cornelius W.M. Oettle ist Satiriker und faul. Steht in seiner offiziellen Biografie. Außerdem ist er stets zu gut gelaunt, deswegen habe ich ihn als Assistenten eingestellt. Als Ausgleich zu meinem (depressiven) Redenschreiber. Um seine der Weltsituation unangemessene Fröhlichkeit ein wenig zu dämpfen, erhält er regelmäßig Aufträge, die schlechte Laune verursachen: »Cornelius, was macht die EU eigentlich mit unseren Steuergeldern?«

Sachdienliche Hinweise von Assistent Oettle

Die EU-Kommission hat am Dienstag ihr Finanztransparenzsystem für das Jahr 2020 aktualisiert. Zum Glück hat die Pandemie das Geschäft der Kommission (Umverteilung nach oben) nicht so sehr beeinträchtigt. Im Gegenteil: Die Kommission gab mehr Geld für Beratungsunternehmen aus als je zuvor: Im letzten Jahr gingen laut Euractiv Aufträge im Wert von 156 Millionen Euro allein an die Fick Four (PwC, EY, KPMG, Deloitte). Ursula vonderLeyen doing Ursula vonderLeyen things.

JULI 2021

BRÜSSEL, BÜRO

»Waaas? ›No Czech Floyd‹ …? Puh, die haben Nerven!« Meine Europapolitische Beraterin hat die Tür aufgerissen. »Komm mit rüber in die Beerfactory, wir müssen etwas vermelden.«

Sachdienliche Hinweise von meiner Homepage

Auf die Knie, Europäer!

Kurz bevor 22 Fußballspieler am vergangenen Dienstag im Wembley-Stadion vor dem null zu zwei öffentlichkeitsgefällig auf ein Knie gingen, um IRGENDETWAS zu demonstrieren, von dem Vergessliche noch nicht einmal mehr wissen dürften, was es noch mal war, verstarb im tschechischen Teplice ein Mann namens Stanislav Tomáš in Polizeigewahrsam.

Der Videoaufnahme seiner vorangegangenen Verhaftung ist zu entnehmen, dass einer von drei Polizisten (mindestens) fünf Minuten lang auf seinem Nacken kniete, um ihn mit der gefürchteten »neck restraint technique« zu züchtigen – auch nachdem er längst in Handschellen lag und keinerlei Gegenwehr mehr zeigte.

Minuten später lag der Mann, der zur in Tschechien traditionell diskriminierten Minderheit der Roma gehört, in einem potthässlichen Ostblockkrankenwagen und war tot. Laut polizeilichem Autopsiebericht übrigens nicht infolge einer »unnötigen, unverhältnismäßigen und daher rechtswidrigen« Polizeitechnik (Amnesty International), sondern infolge anhaltenden »Drogenmissbrauchs«. Aha.

Falls Sie sich jetzt an ein Ereignis erinnert fühlen, für das Sie jederzeit auf ein Knie gehen würden, dann sollten Sie das ganz schnell wieder vergessen. Die tschechische Polizei hat nämlich unter dem crazy Titel »No Czech Floyd« umgehend ein Video veröffentlicht, das Tomáš und einen Kollegen zeigt, wie sie schreiend in einer Straße herumrennen und gegen ein paar Blechautos treten.

Und wenn die tschechische Polizei meint, das könne den Einsatz einer (spätestens) seit dem 25. Mai 2020 zu Recht öffentlich geächteten Polizeimaßnahme mit Todesfolge auch nur im Ansatz rechtfertigen, dann ist sie noch dümmer als unser alter Kumpel Herbert Reul.

Der Innenminister in Tschechien Jan Hamáček stellte sich vorbehaltlos hinter seine Polizei & verweigert seither jede unabhängige Untersuchung des Vorfalls, wie sie von Amnesty International, Human Rights Watch und dem Europarat gefordert wird.

Vertreter der Roma, die mit sechs Millionen die größte ethnische Minderheit in der EU stellen, bedauern, dass, während der Tod von George Floyd bei EU-Offiziellen eine große Welle von Empörungs- und Solidaritätsbekundungen ausgelöst habe, in derselben EU für »den Fall, dass ihre eigenen Bürger unter ähnlichen Umständen sterben«, protokollarisch nur bedrückendes Schweigen vorgesehen ist.

Und während der kostenlose Gratisschneid von DFB, Volkswagen, BlackRock oder TokTik über den ästhetisch bedenklichen Einbau regenbogenfarbigen Kolorits in das Organisationslogo sowieso nie hinausgehen wird, verneige ich mich hier einmal symbolmoralisch korrekt vor dem verstörend antipolitischen Symbolmoralismus, dem EU und westeuropäische Welt verfallen sind.

Die politische (»liberal«) und unternehmerische (»Agrofert«) Knallcharge Andrej Babiš, im Nebenberuf tschechischer Ministerpräsident, ist derzeit übrigens Ermittlungen wegen Betrugs, Bereicherung & EU-Fördermittelmissbrauchs in Millionenhöhe ausgesetzt (vgl. die geschätzte 34.000 Seiten starke Ermittlungsakte zur »Storchennest-Affäre«). Ein Abo einer deutschen TV-Zeitschrift könnte Babiš in dieser Lage besser gebrauchen als eine europäische Öffentlichkeit oder EU-Behörde, die sich für Polizeigewalt, Todesfälle in Polizeigewahrsam oder gar die tschechische Polizeiarbeit gegenüber Minderheiten interessiert. Von Babiš, dessen Regierungspartei wie die deutsche FDP zur Renew-Fraktion im Europäischen Parlament gehört, hieß es aus den Kreisen von Liberalen und EU übereinstimmend, der Mann sei ein »demokratischer Hoffnungsträger« und »überzeugter Europäer«.

Das war natürlich von Anfang an gelogen, aber es klang viel besser als alles, was man sonst so über ihn wusste. Babiš ist in erster Linie ein »strammer Populist« (ARD), der die Wählermassen gern volksnah gegen alle nur denkbaren »Eliten« aufbringt – freilich ohne den betroffenen Wählermassen zu verraten, dass er selbst der beispielhafteste Vertreter ebenjener »Eliten« ist: Als zweitreichster Bürger seines Landes verfügt Babiš über ein Vermögen von (mindestens) fünf Milliarden Euro. Sein Riesen-Unternehmen AGROFERT hat er nicht nur zum schlagkräftigsten Mischkonzern des Landes ausgebaut (Land-, Forst-, Nahrungsmittel-, Chemiewirtschaft), sondern sich auch noch Medien & Exekutive unter den Nagel gerissen – und seither dafür gesorgt, dass beträchtliche Batzen der von Tschechien bezogenen EU-Mittel – direkt und auf Umwegen – in seinen eigenen Taschen landen. Ganze Kapitel der Agrar- und Strukturhilfen, die Babiš als Privatunternehmer (persönlich) abgeschöpft hat, hat er zuvor in Brüssel (höchstpersönlich) ausgehandelt. Bingo!

Die Kommission sieht in so etwas natürlich auf Anhieb einen »Interessenkonflikt« – aber erst, nachdem sie ihn ein paar Jahre vergeblich untersucht hat. Und das geschulte Auge der FDP erkennt nichts als den (verdienten!) Endsieg einer »erfolgreichen Unternehmerpersönlichkeit«, wenn ein überzeugter Europäer privatkapitalistische Beutezüge in EU-Strukturen unternimmt.

Wen sollte es da also noch wundern, dass der Tüp – etwa im EU-Rat – mehrfach seine Nickelbrille auf die Nasenspitze rutschen ließ, um vollen Einsatz »für« Transparenz und »gegen« Steuerflucht zu fordern, während er – ZwinkerSmiley! – über Briefkastenfirmen in Washington, Monaco und auf den Jungferninseln (heimlich) 15 Millionen Euro für den Erwerb eines Landschlosses bei Cannes verschoben hat.

Und während Babiš seine Mitbürger nicht vertritt, sondern an der Nase herumführt, findet eine erkenntnisträge Bevölkerungsmehrheit trotzdem alle Jahre wieder irgendeinen Grund, um diesen sich immerfort nur selbst bereichernden Kardinalbetrüger wieder, wieder und wieder wiederzuwählen. Dieses Jahr hoffentlich nicht.

BRÜSSEL, CAFÉ BELGA

Im Netz sehe ich Großplakate aus Berlin: »Am 27.9. werden wir Corona beenden. Ehrenwort. Die PARTEI«. Das Wort ist gut gegeben, Corona läuft doch jetzt schon recht lange und wird in Deutschland auch etwas intensiver gefeiert als im Rest Europas. Außerdem findet parallel zur Bundestagswahl am 26. September auch die Wahl zum Berliner Abgeordnetenhaus statt. Die für uns spannend werden könnte: In Berlin hatten wir in der EU-Wahl 4,8 Prozent, und das Berliner Meinungsforschungsinstitut »Wahlprognose« – das praktisch als einziges in Umfragen die Nennung der PARTEI mit aufnimmt – weist für uns hier seit Monaten um die fünf Prozent aus (während bei anderen Instituten der

Balken der »Sonstigen« teilweise größer wird als der der FDP). In Friedrichshain-Kreuzberg sind wir mit nordkoreanesken 11,5 Prozent dabei, die SPD zu überholen. Mit anderen Worten: Wir beenden das Projekt Spaßpartei! (Spaß)

Sachdienlicher Hinweis des Spiegel

Spiegel: Ein ironisches Ziel Ihrer Partei war bisher immer das Scheitern. Wird es nun doch ernst?

MS: Damit sind wir gescheitert, Smiley. Früher habe ich gesagt: Mandate sind Betriebsunfälle, die uns helfen, Strukturen aufzubauen. Unser Kernauftrag ist es, komische Kritik zu üben, junge Menschen zu politisieren, die (verfickte) AfD zu ärgern und schließlich: Grüne, Linke und SPD mit Utopien zu konfrontieren, zur Not mit ihren eigenen. Politik betreiben wir mit den Mitteln, die uns zur Verfügung stehen – und das sind Satire, Polemik, Nonsens.

Spiegel: Alles keine Mittel, mit denen sich in Verantwortung reale Politik machen lässt, oder?

MS: Was zu beweisen wäre. Bisher haben wir das ja niemals angestrebt. Aber bei den neuesten Umfragewerten in Berlin könnte sich die Frage im Herbst stellen.

Die Abgeordnetenhauswahl könnte die PARTEI in der Tat vor eine gravierende Frage stellen: Sind wir in der Lage, Politik mit satirischen Mitteln, wie wir sie in Brüssel betreiben, auch auf Landesebene zu praktizieren? Ein Versuch wäre nicht reizlos. Wir suchen zwölf gute Kandidaten zusammen, junge Frauen & alte Männer, *Titanic*-Redakteure und PARTEI-Gründungsmitglieder, strikt nach dem PARTEI-Motto »Mandate nur für Leute, die absolut keine Mandate wollen«. Wenn wir die Fünfprozenthürde überwinden sollten – und die FDP auch –, müssten wir aufgrund von Überhangs- und Ausgleichsmandaten mit zehn bis zwölf Sitzen im Abgeordnetenhaus rechnen. Natürlich sind wir bereit, dafür auch ein, zwei Tage richtig Wahlkampf zu machen.

Sachdienlicher Hinweis von meiner Homepage

(Un-) Typischer Freitag eines (abgehalfterten) EU-Parlamentariers

10 Uhr Aufstehen, Zähne putzen (mit Jägermeister)

11 Uhr Dreharbeiten/Filmaufnahmen, ARD (Kaffee)

12.15 Interview mit Weedo TV, kleine Bar in Mitte (Cola-Rum, Haschplätzchen)

14 Uhr Sturm aufs Kanzleramt (zusammen mit Marco Bülow & zehn Kanzlerkandidatinnen rütteln wir für interessierte Medien am Zaun des Kanzleramtes: »Wir woll'n hier rein!« (Vgl. Gerd Schröder) Anschließend: Open-Air-Pressekonferenz (Wasser) (oder Wodka)

17 Uhr »Bürger«-Gespräche am Heinrichplatz, Kreuzberg; ich signiere »Sonnebräu«-Flaschen, die wir interessierten Bürgern kostenfrei als Notreserve für heiße Tage nach Hause mitgeben (Bier)

18 Uhr Pressegespräch (zus. mit Marco Bülow) im SO36 (Schnaps)

19 Uhr Gast auf der Bühne bei Marco Bülows Buchvorstellung: »Lobbyland«, SO36, Restkarten vorhanden (Bier), (noch mehr Bier)

ab 20.30 Kneipenspaziergang Oranienstraße, Richtung Görlitzer Park; Bürger-»Gespräche« über Kandidatur fürs Berliner Abgeordnetenhaus (alle Getränke, die mir interessierte Bürger ausgeben) (politische Versprechungen, die ich im Gegenzug abgebe, bitte nicht ernst nehmen ... Smiley!)

AUGUST 2021

BERLIN, *SPIEGEL*-REDAKTION

Peter Kreysler und ich sind auf dem Weg zum Hauptstadtbüro des *Spiegel*. Kreysler ist Investigativjournalist und macht Filme für öffentlich-rechtliche Sender. Vor einiger Zeit hatte er mich gefragt, ob wir ihm für eine verdeckte ARD-Recherche zu einer Tarnidentität verhelfen könnten. Kein Problem, ich habe Kochbücher und Memoiren von Markus »Mischa« Wolf gelesen und kenne mich aus.

Pro forma hatten wir ihn also zum Wahlkampfleiter der PARTEI ernannt und mit einer Visitenkarte ausgestattet (»Hans Peter Schwarz. Digital Media Director Die PARTEI«), dann nahm er Kontakt mit den großen britischen PR-Agenturen auf, bei denen die Cambridge-Analytica-Leute nach Zerschlagung ihres Unternehmens untergekommen waren.

Cambridge Analytica war die Firma, die mit massivem Datenkauf (u.a. von Facebook) und -klau und dem Einsatz von Bot-Netzen mittels Microtargeting sowohl die (knapp ausgegangene) Abstimmung zum Brexit als auch die Wahl von Donald Trump beeinflusst hatte.

Sachdienlicher Hinweis von Wikipedia

Eine weitere Erklärung für den überraschenden Sieg Trumps betrifft die Verwendung von Bots, die Pro-Trump-Botschaften in den sozialen Netzwerken verbreiteten. Nach Untersuchungen des King's College London wurden täglich 40.000 bis 50.000 verschiedene Werbebotschaften verbreitet, die Reaktionen der Adressaten (Likes, Shares und Antworten) ausgewertet und die Botschaften dann entsprechend angepasst und verbessert. Für solche Zwecke hatte man die Datenanalyse-Firma Cambridge Analytica engagiert, die von Juli bis Dezember 2016 insgesamt 5,9 Millionen Dollar für ihre Dienste erhielt.

Sachdienlicher Hinweis des Spiegel

Die Firma hatte sich Daten von Millionen Facebook-Nutzern beschafft und für ihre Zwecke missbraucht.

Ausgesuchte Wählerinnen und Wähler wurden im US-Wahlkampf in sozialen Netzwerken mit maßgeschneiderten manipulativen Botschaften bombardiert, insbesondere in US-Staaten mit knappen Mehrheitsverhältnissen. Damit sei es gelungen, Clinton-Anhänger vom Wählen abzuhalten und bisherige Nichtwähler für Trump zu mobilisieren, so beschrieben es Ex-Cambridge-Mitarbeiter später. Facebook-Chef Mark Zuckerberg musste sich vor dem US-Kongress erklären, Cambridge Analytica meldete Insolvenz an – aber es gibt längst Nachfolger.

Die PR-Agenturen Kanto Systems und New Century Media, die Kreysler mit versteckter Kamera besucht hat, residieren in Büros an den teuersten Adressen Londons, in Westminster oder am Buckingham Palace und nehmen für sich in Anspruch, inzwischen weltweit Einfluss auf Wahlen zu nehmen. In Luxushotels zwischen Austern und altem Whisky – wesentlich exquisiter als das Zeugs in der PARTEI-Kantine – schilderte Hans Peter Schwarz unser Problem: nur 2,4 Prozent in der letzten EU-Wahl, obwohl wir bei Facebook, Instagram und Twitter eine weit größere Reichweite haben als die größeren Parteien. Der Auftrag: uns in der kommenden Bundestagswahl über die Fünfprozenthürde zu bringen.

Die Angebote, die unser Wahlkampfleiter ausführlich dokumentiert aus London mitgebracht hatte, können sich sehen lassen. Für lockere 850.000 Euro würden die Briten unseren Wahlkampf pushen und boostern – mit allen erlaubten, unerlaubten, sauberen und dreckigen Mitteln: von Microtargeting mit Millionen Facebook-Datensätzen bis zu Dark-Ads, also verbotener, aber schwer nachvollziehbarer Parteienwerbung im Netz.

Sachdienlicher Hinweis des Spiegel

Im Kapitel »Microtargeting« heißt es dazu: Die Agentur werde sicherstellen, dass zum Beispiel ein Mechaniker und ehemaliger AfD-Wähler in Dresden Social-Media-Werbung zu sehen bekomme, in der Die PARTEI die Abgehobenheit des Berliner Parteienestablishments brandmarke. Einem Modeunternehmer aus Berlin-Kreuzberg dagegen würden Botschaften zum Klimawandel präsentiert. Man werde unzählige solcher Mikrobotschaften zu jedem denkbaren Thema erstellen. Es gehe darum, digital die Klientel zu identifizieren, die für die Partei erreichbar sei. Die notwendigen Datensätze könne man bei Datenhändlern kaufen. Wichtig seien einfache Botschaften, die starke Emotionen auslösten, Angst beispielsweise.

Gute Güte, Angst haben wir doch schon. Und zwar vor dem weiteren Ausgreifen derartiger Psychotechniken.

Außerdem sollten wir dazu übergehen, über illegale Parteienfinanzierung nach dem Vorbild der AfD (Stichwort: Goal AG) Gelder zu generieren und auf Detektiveinsätze gegen die Spitzenkandidaten der gegnerischen Parteien setzen – damit, so versprach uns Kanto Systems vollmundig, würde man uns auf sechs bis neun Prozent bringen.

Sachdienlicher Hinweis des Spiegel

Die Berater von New Century Media gaben sich bei ihren Treffen mit dem vermeintlichen Wahlkampfmanager sogar noch optimistischer. Die PR-Strategen, ebenfalls Vote-Leave-Veteranen, stellten Sonneborns Partei in einem elfseitigen »vertraulichen« Papier eine Beteiligung an der nächsten Regierungskoalition in Aussicht, sollte sie ihre Dienste in Anspruch nehmen. Die Partei habe das Potenzial, in den Koalitionsverhandlungen zum »Königsmacher« zu werden.

Königsmacher? Regierungsbeteiligung? Ich bin ein bisschen irritiert. Sind wir nicht eher eine Oppositionspartei mit großer Klappe? Anti-Establishment? Außerdem wüsste ich auch gar nicht, wen ich aus der Reihe der etablierten Politik zum König oder Kanzler machen sollte. Die einzigen Politiker, die ich mag und denen ich trauen würde, sind Hans-Christian Ströbele und Gregor Gysi. Und die kommen leider nicht infrage.

Außerdem gäbe es da noch einen Haken, sagte Kreysler zwinkernd, als er mir in der PARTEI-Zentrale die Ergebnisse präsentierte: »Ihr müsstet eine etwas weniger radikale AfD werden, etwas mittiger, ein kleines bisschen weniger rassistisch. Ein Thema, das die Engländer vorschlagen, sind Gefängnisinsassen ausländischer Herkunft, die nicht abgeschoben werden – und die Steuerzahler Millionen kosten. Und euer Mauerthema, das müsstet ihr in Ost und West natürlich unterschiedlich verkaufen.«

Als Heiner Müller einmal gefragt wurde, warum er immer so leise spreche, entgegnete er, sehr leise: Weil ich jedem etwas anderes erzähle. Der älteste Trick politischer Kommunikationsstrategen funktioniert auch heute noch so gut wie eh und je, sogar im Netz. Alle Deutschen wollen zwar ihre Mauer wiederhaben, allerdings haben Ostdeutsche nachvollziehbarerweise andere Gründe für diesen Wunsch als Westdeutsche. Die Auflösung dieses ansonsten unlösbaren Positionierungsparadoxons liegt schlicht darin, beiden Wählergruppen das Bedürfnis nach politischer Repräsentation ihrer Gedankengänge zu erfüllen, aber natürlich nur da, wo sie selbst (physisch und digital) es sehen können: wählergruppenspezifische Argumentationsführung.

Die Bürofluchten der *Spiegel*-Redaktion sind coronabedingt komplett leer, wir setzen uns mit zwei Mitgliedern der Chefredaktion in ein aufgeräumtes Büro. Kreysler erzählt von seinen Recherchen. Anfangs ist der zugezogene IT-Spezialist etwas zurückhaltend, aber je mehr Namen und Details fallen, desto mehr interessiert ihn die Geschichte. Wir freuen uns, Kreyslers Film wird noch etwas mehr Aufmerksamkeit auf sich ziehen. Für uns als Kleinpartei, die darauf setzt, dass sich ihre Inhalte ohne Bezahlung und Marketingtricks im Netz verbreiten, ist das Thema durchaus relevant. Wir wissen, dass Bundestagsparteien fünf- oder sechsstellige Summen in Microtargeting stecken – und dass zum Beispiel die FDP sehr unterschiedliche und zum Teil widersprüchliche Inhalte in unterschiedliche Zielgruppen sendet.

Die Redakteurin, die uns durch das leere Haus zum Fahrstuhl begleitet, erzählt, dass in der vergangenen Woche ein deprimierter Manfred Streber zum Interview hier gewesen sei. Eine Viertelstunde nach der Verabschiedung habe er sehr kleinlaut angerufen, er stehe unten im Keller und könne den Ausgang nicht finden. Wir lachen gemeinsam über den kleinen Mann mit den großen Ansprüchen, verabschieden uns und fahren feixend nach unten. Im Keller finden wir den Ausgang nicht und sind kurz davor, oben in der Redaktion anzurufen, als zum Glück ein Hausmeister vorbeikommt und uns den Weg in die Freiheit zeigt.

BERLIN, HACKBART'S BAR

Au weia, der slowenische Ministerpräsident Janez Janša (vorbestraft) hat gerade die Ratspräsidentschaft in der EU übernommen.

Sachdienliche Hinweise von meiner Homepage

Janez Janša und seine Partei sind ein zeitloses Paradebeispiel für das primitive Strickmuster, nach der die EU-Ostexpansion seit jeher gestrickt ist.

Regierungsparteien im Balkanraum gehören in aller Regel erstens dem von der deutschen CDU dominierten & gelenkten EVP-Bündnis an, wodurch sie vordergründig als »christlich-konservativ« legitimiert und hintergründig mit allen entscheidenden Entscheidungsträgern aufs Prächtigste vernetzt sind. Zweitens führen sie das Wort »demokratisch« im Parteinamen. Und das reicht ja meistens auch schon. Weil Sie da draußen sowieso keine Ahnung davon haben, welche Parteien oder Autokraten da unten gerade so regieren. Und wenn Sie dann »Slowenische Demokratische Partei« hören, dann beruhigt Sie das & Sie interessieren sich nicht weiter dafür, ob der Tüp nicht das genaue Gegenteil von dem macht, was andere EU-Bürger unter Demokratie verstehen.

Drittens vertreten sie in der Regel einen Wirtschaftsraum, der erfolgreich mit niedrigen Lohnniveaus & dollen Ausbeutungsbedingungen zu werben versteht (»Slowenien! Weil hier europaweit am wenigstens gestreikt wird!« Echter Slogan). Und der folglich aufs Engste mit der deutschen Wirtschaft verflochten ist. Ein Drittel der Warenexporte führen nach Deutschland, mehrstufige Zulieferketten direkt zu KfZ, BMW und Daimler. Deutschland ist in Slowenien (größter) Investor, (größter) Handelspartner & (größter) Kundenkönig.

Bekommen Typen wie Janša viertens die Regierungsmacht in ihre Finger – Janša erst unter Mitwirkung der senilen Pensionistenpartei, mittlerweile durch Zusammenarbeit mit der rechtsextremistischen SNS (Nationalpartei) –, beginnen sie mit der systematischen Aushöhlung von Demokratie, Rechtsstaat & bürgerlichen Freiheiten. In strengem Wechsel – Nadelstich und Vorschlaghammer – gegen Presse, Justiz und Zivilgesellschaft.

Gegen eine unabhängige Justiz hat Janša etwas, weil sie ihn zu 24 Monaten Haft verurteilte, nachdem er sich von der (finnischen) Rüstungsindustrie hatte schmieren lassen (Ankauf von 135 finnischen Patria-Radpanzern für 278 Mio. Euro). 2014 saß der slowenische Ministerpräsident tatsächlich hinter Gittern.

Seit er 2020 zum dritten Mal an die Macht kam, wird in großem Stil Justiz- und Behördenpersonal abgesetzt, entlassen und gegen gefügiges Günstlingsvolk ausgetauscht. Janša weigert sich beharrlich, slowenische Staatsanwälte zur Ermittlung gegen Subventionsbetrug für die (neu gegründete) Europäische Staatsanwaltschaft abzustellen. Die Nominierungen zweier Staatsanwälte hat Jansa gerade kassiert. Beide waren an Ermittlungen beteiligt, in denen es um Janšas Vermögen (und dessen Herkunft) ging.

Gegen eine freie Presse hat Janša etwas, weil ihre Vertreter frecherweise immer wieder aufschreiben, was er in (und aus) Slowenien eben so macht. Er nennt Journalistinnen »Prostituierte«, die staatliche Nachrichtenagentur eine »Schande« und jede Kritik an seinem System eine »Lüge«.

Seinem Vorbild Trump donaldistisch nacheifernd versucht Janša, die sozialen Medien als Megafon zu benutzen, was ihm – ausweislich seiner Tweets & Retweets – nicht nur eine nachweisbare Nähe zu Identitären, US-Breitbärten & Q-Anon eingebracht hat, sondern auch den Kampfnamen »Marschall Twito«. Nun ja.

Sogar gegen seine eigenen Bürger hat Janša was – jedenfalls, wenn sie gegen ihn protestieren, statt ihn einfach zu wählen. Seit über einem Jahr finden in Ljubljana jeden Freitag Demonstrationen statt. Wegen der von ihm betriebenen Beschränkungen der Versammlungsfreiheit zuletzt übrigens in Form eines Korsos zufällig zusammengetroffener Fahrradfahrer. (Immer diese Fahrradfahrer!)

Hüstel. Sagen wir mal so: Die beste Nachricht aus Brüssel ist derzeit, dass ein Teil der Ratspräsidentschaft Sloweniens in die Sommerpause fällt.

BERLIN, HOMEOFFICE

Nach zehn Minuten Internet habe ich bereits so schlechte Laune, dass es für den ganzen Tag reicht.

Sachdienlicher Hinweis aus dem Netz

MS: Während afghanische Social-Media-Nutzer hektisch ihre Facebook-Postings der vergangenen 20 Jahre zu löschen versuchen, sind den Taliban längst die (vom US-Militär freundlicherweise zurückgelassenen) HIDE-Geräte zur biometrischen Personenidentifizierung (Iris, Porträt, Fingerabdruck) in die Hände gefallen. Einschließlich der Datensätze, die ihnen (auch ohne Internetverbindung) eine gezielte Fahndung nach allen US-Helfern im Land ermöglichen.

Derweil nutzt Erdoğan (Türkei) die günstige Gelegenheit, um ein Krankenhaus im von der jesidischen Minderheit bewohnten Shingal (Irak) zu bombardieren.

Derweil nutzt Alijew (Aserbaidschan) die günstige Gelegenheit, um willkürlich auf Grenzsoldaten (Armenien) und Feuerwehrleute (Arzach) ballern zu lassen, und stellt Armenien feixend einen weiteren Vernichtungskrieg in Aussicht.

Und während die Welt(-öffentlichkeit) das gekonnt ignoriert, erklimmt der Bundesminister für Digitale Infrastruktur eine Hütte in den Berchtesgadener Alpen, um der frischgebackenen Cheflobbyistin von Facebook sein JA-Wort zu geben. (Andi B. Scheuerts drittes Mal. Offenbar sind seine Ehe- besser als seine Mautverträge. Smiley)

BERLIN, PARTEI-ZENTRALE

Im Unterschied zum *Spiegel* wird die *Junge Welt*, eine kleine linke Tageszeitung aus Berlin mit einer Auflage von gut 20.000 Exemplaren, vom Verfassungsschutz beobachtet. Ich lese sie im Netz bisweilen ganz gern, weil sie tapfer gegen den dämlichen Kapitalismus anschreibt und weil sie nicht seit Jahren ausschließlich negativ konnotierte Artikel über China veröffentlicht. Die Einstufung als »verfassungsfeindlich« bringt dabei gravierende Nachteile mit sich, wie mir Chefredakteur Stefan Huth bei einem Kaffee in Berlin erzählt: Mitunter würden Autoren, zumal ausländische, deshalb Anfragen ablehnen, mit Druckereien gebe es Schwierigkeiten und eine Supermarktkette habe versucht, sie aus dem Sortiment zu nehmen.

Dabei sieht auch das Bundesverfassungsgericht die Nennung eines Mediums im Verfassungsschutzbericht als klaren Eingriff in die Pressefreiheit. Und hatte vor über 15 Jahren im Falle der *Jungen Freiheit* geurteilt, dass »Kritik an der Verfassung und ihren wesentlichen Elementen ebenso erlaubt ist wie die Äußerung der Forderung, tragende Bestandteile der freiheitlichen demokratischen Grundordnung zu ändern«.

Ich frage Chefredakteur Huth, wie wir helfen können. »Eine Anzeige wäre super.«

Nun, zufällig verfüge ich über ein selten ausgeschöpftes Budget 400*, da sollten 5.616 Euro kein Problem sein. Wir verabreden einen Schalttermin für Freitag – und die letzte Seite, damit es auch

* Budget 400 ist ein Etat in Höhe von jährlich etwa 55.000 Euro, mit denen Abgeordnete »politische Aktivitäten« und »Informationstätigkeiten im Zusammenhang mit dem Mandat« finanzieren können.

schön auffällig wird. Dann setze ich mich an einen Text, viel muss es ja nicht sein.

Lustig wird es hinterher, als wir die Rechnung einreichen. Die Verwaltung lehnt die anstehende Bezahlung aus unserem Budget ab. Ein knurriger deutscher EU-Verwaltungsbeamter steht in meinem Straßburger Büro und erläutert uns, dass er das Geld leider nicht freigeben könne. Weil wir »politische Konkurrenten« wie Julia Klöckner und Jens Spahn im Anzeigentext »schlecht gemacht« hätten – und das sei Wahlkampf, ich sei schließlich Kandidat bei der nächsten Bundestagswahl. Klöckner schlecht gemacht? Dazu brauchte es uns wirklich nicht. Ich verfolgte die Schweinereien der Landwirtschaftsministerin seit Längerem. Und habe sie auch schon persönlich getroffen.

Sachdienliche Hinweise aus dem Netz

MS: Gerade im Bundestag Julia Klöckner getroffen: »Guten Tag & Respekt, Sie sind ja noch skrupelloser als ich …« – J.K.: »Müssen Sie immer so sein?« – »Ich ja, aber Sie?!« Smiley!

Julia Klöckner: Da haben Sie sich verhört – ich rief Ihnen zu »Das müssen Sie ja sagen«

Alexander Wendland: Das würde den grundlegenden Inhalt des Dialogs nicht ändern, aber ich finde es gut, dass sie ehrlich dazu stehen, skrupellos zu sein.

Als ich frage, wie wir die Rechnung denn dann begleichen sollen, empfiehlt mir der Referatsleiter des Europäischen Parlaments, auf die monatliche Bürokostenpauschale zurückzugreifen. Mein Büroleiter rollt mit den Augen, weil das auf jeden Fall gegen ein paar ziemlich eindeutige Vorschriften verstoßen würde.

Letztendlich bezahlen wir einfach mit Geld, und die nächsten Anzeigen schalten wir dann *nach* Wahlterminen.

Bezahlte Anzeige. Finanziert aus Mitteln der EU.
Die zum Ausdruck gebrachten Meinungen liegen in der alleinigen Verantwortung der jeweiligen Verfasser und geben nicht unbedingt den offiziellen Standpunkt des Europäischen Parlaments wieder.

Huhu, Verfassungs-schutz!

Schon klar, dass Sie die „Junge Welt" beobachten und nicht die „Junge Freiheit" – von der Sie schließlich nicht viel Neues lernen könnten. ZwinkerSmiley!
Aber finden Sie es nicht zumindest 1 bisschen dämlich, Ihre Zeit hier mit Zeitungslektüre zu vertrödeln, während es Dinge gibt, die unsere Demo-kratie wesentlicher bedrohen als eine kritische Sicht auf den zuneh-mend irrer werdenden Kapitalismus?
Wie wäre es, wenn Sie stattdessen mit der Spiegelbrille von Yps hinter korrupten CDU-Abgeordneten herschlichen, die im Bundestag nicht unsere, sondern aserbaidschanische Interessen vertreten? Mit zwei Gucklöchern in der Zeitung CDU-Innenminister beschatteten, die Waffen von Rechtsradikalen erwerben? Eine handtellergroße „Wanze" in die Faxgeräte Ihres alten Kumpels Hans-Georg Maaßen & der Werteunion reinpulten? Oder eine Bande V-Männer mit falschem Bart und hochge-schlagenem Kragen einschleusten in die Lobbyistenhinterzimmertreffen der Minister Spahn, Klöckner und Andi B. Scheuert?
Nichts zu danken!

Kleine Anmerkung: Überwachung von Medien und Einschränkung der Pressefreiheit kennen wir in der EU eigentlich eher aus Kaputt-nik-Staaten wie Ungarn, Polen, Bulgarien, Rumänien und Slowenien.

PS: Und noch'n Tipp zum Abschluss:
Die Zeitung ist hier zu Ende.
MARTIN SONNEBORN
Fraktionsloses Mitglied im Europäischen Parlament

MARTIN SONNEBORN
Fraktionsloses Mitglied im Europäischen Parlament

(Inoffizieller) Sprecher des Ausschusses für bürgerliche Freiheiten, Justiz und Inneres

SEPTEMBER 2021

OSTBERLIN

Ein bisschen Spaß muss sein, selbst im Spaßwahlkampf. Was läge also an einem schönen Sommertag näher, als mit einer gemieteten, aus drei alten Trabbis zusammengeschweißten schwarzen Luxuslimousine mit großen PARTEI-Aufklebern durch Berlin zu fahren und aus dem Schiebedach herausragend mit einem Megafon Menschen auf ihre Wahlpflicht hinzuweisen? »Eeeeeeh, Sie da, ja, Sie! PARTEI wählen! Is jetzt Pflicht!«

Anna Glockenhell, meine Berliner Assistentin, und ich wechseln uns mit der Ansprache ab. Zuerst lassen wir uns durch den Prenzlauer Berg kutschieren. Wo wir anhalten, umringen uns Leute, wir verteilen Aufkleber, Wahlversprechen und Lebensweisheiten: »Kinder sind die Zukunft unseres Landes«, »Tempo 30. Aber nicht hier.«, »Wenn Sie uns wählen, lassen wir die 100 reichsten Deutschen umnieten! (Spaß)«.

Dann fahren wir nach Lichtenberg, da macht heute Franziska Giffey SPD-Wahlkampf, die Trulla aus Frankfurt/Oder, die die Berliner nach ihren Jahren als Bürgermeisterin noch weniger leiden können als vorher.

Wir finden sie in der Nähe des S-Bahnhofs, sie läuft mit einem Social-Media-Team auf dem gegenüberliegenden Bürgersteig und verteilt rote Rosen an wehrlose Wähler. »Sie wollte mit uns sprechen, wir aber nicht mit ihr«, erzählt ein studentisches Pärchen. »Ja, warnt denn niemand die Bürger?«, fragt Anna Glockenhell erschrocken. »Dann übernehmen wir das.«

Sie greift sich das Megafon: »Achtung, Achtung, schließen Sie Fenster und Türen, Franziska Giffey ist in dieser Straße!« Ein paar Passanten schauen erschrocken zu uns herüber, die SPD-Abordnung ebenso, dann huscht sie hinter einen parkenden Kleinbus. Man möchte nicht im Dialog mit uns von den Bürgern gefilmt werden. Ist aber eigentlich auch gar kein richtiger Dialog, jetzt übergibt Anna mir das Megafon. »Achtung, Achtung! Das ist keine Übung!«, informiere ich die geschockte Bevölkerung, »Schließen Sie Fenster und Türen, Augen und Ohren …« Nachdem wir den Spaß daran verloren haben, die zukünftige Exbürgermeisterin Giffey zu ärgern, fahren wir weiter nach Friedrichshain.

Als wir zum Boxhagener Platz kommen, genehmigen wir uns ein paar Biere. Aber wir sind hier noch nicht fertig, die Limousine ist noch für zwei weitere Stunden bezahlt. Außerdem macht die Bürgeransprache mit einem großen Bier in der Hand doppelt so viel Spaß! Los geht's, wir rollen langsam an den sommerabendlich überladenen Restaurants vorbei. Im Vorbeifahren an Plakaten habe ich nachmittags den Namen eines lustig aussehenden SPD-Kandidaten aufgeschnappt, Kevin Hönicke. Jetzt hebe ich den Krug, proste in Richtung der überfüllten Restauranttische, nehme einen kräftigen Schluck und röhre in das Megafon: »Gunn' Ab'nd! Hier, schpricht Kevin Höm---ke, ihr regierender Bürgermeisterkandidat von der SPD! Wählt misch, wählt Kevin Hicks Hömke, SPD. Wählt SPD, Ihr Schweine! Schaweine!«

Ich sehe erstarrte Gesichter. Bürgerliche Paare sitzen da, den Mund offen, die Hand mit der Gabel eingefroren in der Luft. Ich sehe fassungslose Blicke, aufkommende Empörung, ist es um die SPD schon so schlecht bestellt, dass sie volltrunken und mit derartiger Ansprache in die Wahl zieht? Leider hält sich die Spannung meist nicht lange, stets erkennt irgendjemand die PARTEI und lacht los.

STRASSBURG, PLENARSAAL

Schluss mit der Spaßpolitik, die Reden zum »State of the Union« stehen an. Die Kommissionspräsidentin hat im Plenum in Straßburg 60 Minuten, um die EU zu preisen – ich habe 60 Sekunden, um zu kritisieren.

Sachdienlicher Hinweis des Spiegel

Am Morgen des 15. September 2021 hält Ursula von der Leyen ihre Rede zur »Lage der Union«, ein aus den USA entlehntes Format zur politischen Positionsbestimmung. Es ist eine Tour d'Horizon von 118 Minuten. Sicherheit, Soziales, Klima. Das Übliche.

Erst am Nachmittag hat Sonneborn das Wort. Für 60 Sekunden. Er spricht im Herzen der Institution, die er kritisiert. Das ist, im Vergleich zu Rezo oder Jan Böhmermann, ein Unterschied nicht nur der stilistischen Mittel. Es ist ein Unterschied zwischen Publizistik und Politik.

Über die 118 Minuten der Kommissionspräsidentin wurde an diesem Tag auf allen Kanälen berichtet, das ist Pflicht. Auf dem Kanal der Deutschen Welle bei YouTube ist ihre staatstragende Rede bis heute knapp 5000-mal angeklickt worden.

Die 60 Sekunden von Sonneborn schaffen es natürlich nicht in die »Tagesschau«. Bei YouTube hat der kurze Clip inzwischen aber mehr als 1,7 Millionen Klicks. Ginge es nur um digitale Reichweite und Popularität, Sonneborn wäre Kommissionspräsident.

Wie üblich muss ich nach der Rede vonderLeyens warten, bis sämtliche Fraktionsvorsitzenden und alle wichtigeren Abgeordneten gesprochen haben. Als ich meinen Namen nach über drei Stunden endlich auf der Rednerliste sehe, mache ich mich auf den Weg, einmal um den halben Plenarsaal herum und dann nach vorn. Der größeren Feierlichkeit wegen werden die Reden in diesem Jahr vom Sprecherpult in der Mitte gehalten, mit Blick in die Reihen der 705 Abgeordneten.

Als ich die Hälfte des Weges zurückgelegt habe, drei Namen stehen noch vor mir auf der Liste, sehe ich, dass unten links eine Frau in Rosa aufsteht und den Saal verlässt. Heeee, Moooment mal, die Kommissionspräsidentin ergreift die Flucht, wenn ich dran bin …? Das kann doch wohl nicht wahr sein! Egal, ich sage, was ich zu sagen habe, muss sie es halt hinterher im Netz nachschauen.

Vizepräsidentin Metsola erteilt mir das Wort. Ich schaue hoch in den mittlerweile nur noch dürftig besetzten Plenarsaal. Eine ungewohnte, aber angenehme Perspektive. Vielleicht 40, 50 Leute sind anwesend, der Rest kommt erst zum Schluss wieder dazu. Dann richte ich die beiden Mikrofone kurz aus und beginne:

»Das wussten Sie wohl nicht, Frau vonderLeyen, aber die Rede zum State of the Union war eigentlich dazu gedacht, ein realistisches Bild der EU zu zeichnen. Zeichnen wir: Gerade hat sich die Quote der Vorbestraften in der Führungsetage noch einmal erhöht: Ratspräsident ist jetzt der …«

Verdammt, ich weiß genau, was jetzt kommt: »… der slowenische Honk Janez Janša«. Als ich es geschrieben habe, kam es mir noch ganz logisch vor, aber jetzt kriege ich Fracksausen. Janša ist Regierungschef und Ratspräsident, möglicherweise schmeißt mich der Laden hier raus, wenn ich ihn beleidige. Ich rette mich kurzerhand in ein Räuspern, das zumindest für Fachleute – und Honks selbst – verständlich ist: »… slowenische mmmHonk Janez Janša – drei EU-Länder haben gegen ihn ermittelt, er saß wegen Korruption.«

Ein kurzer Kontrollblick in die Ränge: Im Publikum gibt es keine Reaktion. Aber das rosa Jackett kommt zurück, nimmt rechts neben mir Platz, wahrscheinlich war die Kommissionspräsidentin nur austreten. Sehr gut, dann kommen wir mal zu den Fakten:

»Die zypriotische Gesundheitskommissarin Kyriakides kann den Eingang von vier Millionen auf ihrem Familienkonto nicht schlüssig erklären, kurz nach Unterzeichnung der Impfstoff-Verträge. Die EU scheint heute mehr denn je ein gut geschmierter Apparat zur Umschichtung von Steuergeldern an die Privatwirtschaft zu sein, mit rhetorischen und ethischen Nullnummern an der Spitze. Der Zustand der Union wird am besten dadurch beschrieben, dass in Deutschland nicht über die EU gesprochen wird, aber in der EU über Deutschland. 16 Jahre Merkel haben Europa sauber viergeteilt. Ich entschuldige mich bei den Mitbürgern im Osten, Westen, Norden und Süden, dass wir die Interessen der deutschen Wirtschaft stets vor die Ihren gestellt haben: Und kann

Ihnen versichern, dass es in den nächsten 16 Jahren ganz genauso weitergehen wird …«

Vizepräsidentin Metsola bedankt sich routiniert und ruft die nächste Rede auf: »Thank you, next ist Eva Maydell, for two minutes …« Wahrscheinlich habe ich ihr gar nichts wirklich Neues berichtet.

Den Weg zurück wähle ich direkt am Pult der Kommissionspräsidentin vorbei. Sie schaut auf, als ich neben ihr anhalte. Ich bin sauer und sage streng: »Was fällt Ihnen ein, ich habe nur eine Minute Redezeit, und dann schwänzen Sie auch noch die ersten 30 Sekunden, was …« Ups. vonderLeyen wirft mir von unten einen derart indignierten Blick zu, dass mir schlagartig wieder bewusst wird, wer hier in abgestandenen Adel eingeheiratet hat – und wer noch immer zum gemeinen Volk gehört.

BRÜSSEL, BÜRO

Vor diesem Moment habe ich mich gefürchtet. Als ich am nächsten Morgen das Büro betrete, liegt eine »kurze Analyse« meiner Europapolitischen Beraterin auf meinem Schreibtisch und verdunkelt die Sonne.

Sachdienlicher Hinweis aus einem Stapel Papier

Alle Jahre wieder können Sie, europademokratisches Fußvolk da draußen, sich von einer fetzigen 60- bis 100-Minuten-Rede zur Lage der Europäischen Union (Spoiler: Lage mittig auf dem Kontinent Europa) volldröhnen lassen, die – wegen ihrer verwegenen Propagandabereitschaft – immer etwas maoistisch (oder neuapostolisch) wirkt. Und ihrer Länge wegen castroesk.

Ihnen begegnen Floskeln über die Erfolge der EU-Kommission, die Sie alle schon mal gehört haben, weil sie alle Jahre wieder eben einfach wiederholt werden: pontifikale Erklärungen, Allgemeinplätze, Phrasen, Binsenwahrheiten, Küchenrezepte,

Deklarationen über Planziele & deren (spielende) Übererfüllung. Küchenrezepte war Spaß.

Vorgetragen von einer Frau (vonderLeyen), die Sie nie gewählt haben. Und getragen von einer Selbstüberschätzung, die gegenstandslos, einem Eigenlob, das unverdient, und einer hyperbolischen Großkotzigkeit, die alles andere als angemessen ist.

Auch in der Jubiläumsausgabe gestern konnten wir ein lockeres Bullshit-Bingo durchspielen. Diesmal vor dem Hintergrund der derzeit heißen Themen:

1. Afghanistan:

Bisher hat Frau vonderLeyen noch aus jedem weltpolitischen Ereignis, jedem geostrategischen Debakel und jedem Wetterbericht – so vernichtend, erschütternd oder versagensreich sie auch gewesen seien – immer denselben Schluss gezogen: Aufrüstung.

Sie sagt das natürlich nicht so. Sie sagt, sie wolle den »Aufbau einer Europäischen Verteidigungsunion vorantreiben«, weil das irgendwie beruhigender klingt, als zur größten Rüstungskampagne seit Ende des Zweiten Weltkrieges aufzurufen.

Das letzte vollumfängliche Versagen der westlichen Werte-, Strategie- & Militärgemeinschaft – in Afghanistan – deutet sie auch diesmal in die dringende Notwendigkeit um, dem nächsten vollumfänglichen Versagen derselben Versagertruppe mit noch militanteren Militärausgaben zu assistieren. (EU & NATO? BFF!)

Dem Bericht des Untersuchungsausschusses zur Beraateraffäre war seinerzeit übrigens zu entnehmen, dass vonderLeyen einer Reihe zwielichtiger Rüstungslobbyisten uneingeschränkten Zugang zum Bundesverteidigungsministerium und zu seinen Pfründen verschafft hatte. Eine Tat, von der die betroffenen Rüstungsbetriebe (und ihre Aktionäre) noch heute profitieren dürften & für die vonderLeyen – in weniger postdemokratischen Zeiten – wohl einen Kopf kürzer gemacht worden wäre. Obwohl ... ist sie ja schon.

Tempi passati. Stellen Sie sich jedenfalls schon mal auf 27 üppige nationale Rüstungshaushalte ein. Und stellen Sie sich auch gleich auf einen 28. ein, den die EU sich nämlich – vertragswidrig – längst selbst eingerichtet hat.

Und überlegen Sie in einer ruhigen Minute mal, ob es in Zeiten wie diesen (Klima! Pandemie! Neues iPhone 13 mit Pixeltechnik!) wirklich Ihre allererste Priorität ist, Ihr hart verdientes Steuergeld in die umfassende Bewaffnung und Generalmobilmachung der Europäischen Union zu stecken. Oder nicht.

2. Migration:

Die EU überschüttet die fiesesten Autokraten der Welt (außer Lukaschenko) mit Geld, damit DIE ihr diese fiesen Migranten vom Hals halten. Vor allem natürlich Erdoğan, aber wie es aussieht, wird der Kreis höchst ehrenwerter EU-Flüchtlingsdeal-Partner bald auch um die lupenreine Demokratie Pakistan erweitert werden.

Überhaupt verwendet die EU Ihre Steuergelder längst nicht mehr dafür, Flüchtlinge aufzunehmen oder ihnen ein auch nur halbwegs menschenwürdiges (Über-)Leben zu ermöglichen. Sondern für den Ausbau ihrer Grenzpolizei & »Rückführungsagentur FRONTEX« (Margaritis Schinas, EU-Kommissar) – bekannt durch die eine oder andere Menschenrechtsverletzung, illegale Pushbacks, Intransparenz & Korruption.

Im aktuellen EU-Haushalt sind hier 6,3 Milliarden Euro vorgesehen, obwohl der Europäische Rechnungshof wieder und wieder die Ineffizienz & Intransparenz von Frontex rügt. Bis 2027 wird die Agentur ihre jährlichen Haushaltsmittel verdoppeln und ihr Personal (auf 10.000 Einsatzkräfte) verdreizehnfachen.

EU-Grenzanlagen werden derzeit in großem Stil aufgerüstet. Etwa mit dem bewährten Stacheldraht der NATO. Abertausende messerscharfer Rasierklingen auf kilometerlangen Rollen unzerstörbaren Stahls sichern nicht mehr nur europäische Gefängnisse & Atomanlagen, sondern auch Sie da draußen und Ihr hübsches Menschenrechts- & Wohlfühlparadies EU. Das eklatante Missverhältnis zwischen Anspruch (EU-Werte, Menschenrechte, Tralala) und Realpolitik (Festung Europa) liegt natürlich auf der Hand.

Vor einer halben Stunde hat der Innenausschuss dafür gestimmt, dass das Parlament die Kommission zumindest auffordert, ihren Umgang mit Seenotrettung zu verändern. Von Januar bis Juni sind im Mittelmeer 56 Prozent mehr Menschen gestorben als im Jahr zuvor.

Während die EU immer abenteuerlichere Rechtsauslegungen und Floskeln erfindet, um ihre Abschottungspolitik notdürftig zu vernebeln, kann kein vernünftiger Zweifel mehr daran bestehen, dass diese himmelschreiende (Selbst-)Widersprüchlichkeit von den Europäern getragen wird.

Wir haben unseren Frieden gemacht mit einem System, das ständig seine eigenen Werte hintergeht, indem es sie systematisch auf leere Signifikanten und Symbolrhetorik reduziert.

EU-Bürger fühlen sich wohler damit, alle paar Monate, wenn wieder einmal irgendein erschreckendes Foto in die Medien gespült wird, ein paar bedeutungslose Krokodilstränen zu vergießen, als den Ursachen dieses untragbaren Zustands auf den Grund zu gehen.

Von denen die meisten ja ohne kompliziertere Umleitung zu uns selbst & den von uns aufrechterhaltenen Institutionen zurückzuverfolgen sind – und ihren Ausdruck in den Handels-, Ausbeutungs-, Wirtschafts-, Unterdrückungs-, Sicherheits-, Abhängigkeits-, Aufrüstungs- und Waffenexportpolitiken finden, wie sie von Institutionen wie der EU betrieben werden.

Mittlerweile ist der Brüsseler Apparat – in diesem und manch anderem Sinne – am Schutz der fundamentalen Werte der EU womöglich weit weniger beteiligt als an deren Verletzung.

3. Rechtsstaatlichkeit:

Der von den Mitgliedsstaaten 2007 geschlossene Vertrag von Lissabon verbietet es der EU explizit, sich einen eigenen Rüstungshaushalt einzurichten. Ausgaben der »Gemeinsamen Außen- und Sicherheitspolitik« mit »militärischen oder verteidigungspolitischen Bezügen« dürfen nicht aus dem EU-Haushalt bestritten werden. Und zwar aus guten, weltkriegserfahrenen, pazifistischen, edelsinnigen, friedliebenden, zutiefst humanistischen Gründen.

Rund 65 Milliarden werden derzeit nicht nur für die Aufstockung von FRONTEX und die Verbesserung der »militärischen Mobilität« eingesetzt, sondern auch für die Erforschung und Entwicklung von Rüstungsgütern, was von EU-Funktionären einfach als Maßnahme zur »Wettbewerbsförderung« verbucht wird. Die EU hält sich diesen Rüstungshaushalt, den sie sich selbst ausdrücklich untersagt, trotzdem. So etwas nennt sich wohl eine Selbstermächtigung. Und besonders rechtsstaatlich wirkt das in aller Regel nicht. Hüstel.

4. Wirtschaft:

Während weltweit 2.700 Milliardäre ihr Vermögen pandemiebedingt um 60 Prozent gesteigert haben (auf 13 Billionen Dollar), sind mehr als 100 Millionen Menschen in absolute Armut gefallen. Absolute Armut bedeutet, dass man so tun muss, als könne man von 1,80 Dollar am Tag leben. Oder von 12,60 in der Woche. Oder von 54 im Monat.

In der EU hat die Pandemie zwar eine ganze Reihe neuer Millionäre, aber – auf das reale Leben der realen Bevölkerungsmehrheit berechnet – millionenfach mehr Armut als Reichtum produziert. Und das zusätzlich zum über Jahrzehnte konstanten EU-Armutssockel, der seit seiner Erhebung durch Eurostat vor 20 Jahren bei stabilen 25 Prozent angesiedelt ist. Ernsthaft beseitigen will diesen Zustand hier niemand, das wäre ja noch schöner, wir sind ja nicht in China. (Wo die Staatsführung 400 Millionen Menschen aus der absoluten Armut geholt hat.) Stehen vier EU-Bürger zusammen, ist einer von ihnen arm (oder von Armut bedroht). So ist es. Und so soll es wohl auch bleiben.

Das gilt vor allem für das überkommene Paradigma vom immerfort fortsetzbaren Wirtschaftswachstum. Vielleicht sollte es endlich einmal darum gehen, diesen erbärmlichen Mechanismus in den Blick zu nehmen, der aus einer immer sinnfreieren Überproduktion Anreize ableitet für einen immer sinnfreieren Überkonsum.

Wir jedenfalls halten an unserer Wachstumsskepsis fest. Und verweisen noch einmal nachdrücklich auf die dringliche Rehabilitierung des weithin unterbewerteten Begriffs »Schrumpfung« & das unterschätzte Potenzial der Wirtschaftsschrumpfung, das aus unserer Sicht keinesfalls ungenutzt bleiben darf.

Es war nämlich noch nie eine gute Handelsidee, die neueste Kollektion hässlicher Billigshirts oder -sofas von unterbezahlten Minderjährigen in Bangladesch anfertigen zu lassen, nur um sie zur Reichtumsmehrung irgendeines reichsten Menschen der Welt an reflexionsträge, durch öde Einkaufsmeilen streifende Jugendliche weiterzureichen.

Und schließlich, liebe EU: Eine Landwirtschaft wird gewiss nicht dadurch »grün«, dass man die Buchstaben »G R Ü N« mit grünem Filzer dranschreibt. Immerhin 385 Milliarden Euro sieht der Haushalt für die »Gemeinsame Agrarpolitik« vor, etwa 40 Prozent des EU-Gesamtbudgets, sein größter Posten. Die landwirtschaftliche Ignorantin Julia Klöckner hat (gemeinsam mit anderen) nun dafür gesorgt, dass die Direktzahlungen über Flächenprämien weitgehend bestehen bleiben und Subventionshöhen auch künftig von der Betriebsgröße abhängen werden. In einer etwas deprimierenden Stellungnahme von Greenpeace heißt es: »Der verkündete Erfolg für mehr Ökologie und Klimaschutz wird mit diesen Maßnahmen sicherlich nicht eintreten. Man hat versagt, genauso wie bei den vergangenen Reformen. Die Stärksten am Markt werden sich weiterhin behaupten können zulasten der Kleineren. Es gibt keine Bekenntnisse zu mehr Bio-Landbau, zu mehr Fruchtfolge, mehr Biodiversität, mehr Wasserschutz, mehr Erhalt von kleineren und mittelständischen Familienbetrieben, zu besseren sozialen Bedingungen für Arbeiter in der Landwirtschaft.«

5. Pandemie:

Aber falls Sie dachten, die EU-Beschaffungspolitik (hier: in Sachen Impfstoff) habe ausschließlich mit Arzneimittelsicherheit, Wirksamkeit oder einer effektiven Gesundheitspolitik zu tun & nicht immer auch mit Industriestrategien, Geopolitik, Lobbyismus und privater Gewinnabschöpfung – also mit GELD –, dann kennen Sie die EU und ihre Beschaffungspolitiken nicht. Wir freuen uns schon auf einen dieser sterbenslangweiligen Berichte des Europäischen Rechnungshofes. Diesmal zum Thema:

Steuermittelverschwendung durch abermilliardenfache Überbezahlung in einem regulierten Segment des Pharma-Marktes unter den quasimonopolistischen Wettbewerbsbedingungen einer eingeschränkten Marktwirtschaft.

6. Resümee:

Einig sind die EU-Staaten in all den sich jetzt aufwerfenden Fragen natürlich keineswegs. Sie sind es weniger, und das deutlicher denn je. Noch zur Jahrtausendwende hatte die Europäische Union für sich ein perspektivisches Selbstbild entworfen, mit dem sie selbst – und auch ihre Bürger – ganz gut hätten leben können: das einer normativen Weltmacht.

Anstatt militärische oder geopolitische Superkräfte anzustreben, sollte die EU in dieser Vorstellung eine Führungsrolle durch die Setzung, Stärkung und Verkörperung von Normen einnehmen: Demokratie, Rechtsstaatlichkeit, Menschenrechte und gesellschaftliche Solidarität. 16 Jahre Angela Merkel haben diese Vision natürlich restlos ruiniert. Der eiskalte Merkantilismus, mit dem Merkel den geoökonomischen Begierden und plumpen Handelsinteressen Deutschlands – gegenüber universellen Werten, Menschenrechten und innereuropäischer Solidarität – systematisch den Vorzug gab, hat in der EU seine Spuren hinterlassen.

LEVERKUSEN

Wahlkampftour in der Fußgängerzone von Leverkusen. Gerade habe ich ein paar älteren Passanten erklärt, dass wir aus Leverkusen einen prima planierten Parkplatz für Kölner machen wollen, da sehe ich am benachbarten SPD-Stand Karl Lauterbach stehen. Eine PARTEI-Freundin hat ihm ein Exemplar meines PARTEI-Buches in die Hand gedrückt (»Wie man in Deutschland die Macht übernimmt. Der Autor kennt sich aus.«), in dem er unkonzentriert herumblättert. »Das hier könnte Sie mehr interessieren«, winke ich mit meinem Flyer: »Das ist ein Auszug aus unserem Wahlprogramm. Der letzte Punkt lautet ›Ruhe, Ordnung,

Gesundheit: Zum Schutz der Bevölkerung werden bundesweit Straßenkreuzungen, Hochspannungsmasten, Steilküsten, Bau- & Badestellen, Bahnsteigkanten, Radwege und Bananenschalen durch wirkmächtige Schilder mit der Aufschrift ›Karl Lauterbach warnt!‹ gesichert‹.«

Lauterbach bleibt regungslos hinter seiner (Corona-)Maske: »Ich muss das erst bewerten. Also das ist auf jeden Fall eine preiswerte Forderung und würde sehr viele Unfälle vermeiden. Ich glaube, wir kommen da noch zusammen.«

»Fein«, entgegne ich, »das Interessante ist ja, dass wir uns die Wählerschaft praktisch teilen: Sie haben die Letztwähler und wir die Erstwähler. Insofern sind wir einander gar keine große Konkurrenz.«

Lauterbach blickt auf die zwei Handys, die auf uns gerichtet sind, und wird ganz ehrlich: »Darf ich ganz ehrlich sein? Ich persönlich bin stolz auf die Menschen, die auch als Letztwähler uns die Stimme geben.«

Ich muss ganz ehrlich lachen: »Das müssen Sie ja jetzt sagen!«

Der SPDler beginnt zu gestikulieren: »Wir haben Erstwähler und Letztwähler. Beides ist gleichermaßen wertvoll!«

Als Profipolitiker mit Ambitionen kann er vor Handykameras kaum etwas anderes sagen. Ich schon: »Wir nicht. Wir setzen voll auf Erstwähler.«

Lauterbach bleibt stur: »Aber auch der Letztwähler …«

Komisch, bis auf eine ältere Dame stehen eigentlich nur jüngere Leute um uns herum. »Geben Sie sich keine Mühe, das hier sind alles Erstwähler … oder?« Ich spreche den kleinen Menschenauflauf direkt an: »Sie würden doch alle PARTEI wählen, oder?« Die Zustimmung ist unverhältnismäßig hoch und nicht durch Wahlumfrageergebnisse gedeckt. Selbst die ältere Dame lacht und ruft: »PARTEI *und* SPD!«

Ich bin irritiert: »Wie, eine Stimme für die PARTEI, eine für die SPD?«

Die Frau bestätigt lachend. Ich wende mich zu Lauterbach: »Was wollen Sie, die Erst- oder die Zweitstimme?«

Der SPDler überlegt. »Die Erststimme brauche ich zuerst, die Zweitstimme aber auch, damit wir knapp vor der Union landen.«

Das klingt eher nach SPD-Gerechtigkeit als nach fairer Verteilung. Einer der Handybesitzer ruft dazwischen: »Aber die Erststimmen gehen an Frauke, die Direktkandidatin der PARTEI!«

Da muss ich ihm recht geben, zumal die gerade neben uns auftaucht: »Das stimmt! Die SPD hat als Acht-Prozent-PARTEI diesen komischen Scholz aus Hamburg als Kanzlerkandidaten aufgestellt. Eine satirische Aktion, die ich anerkenne. Um noch eins draufzusetzen, haben wir danach 201 Kanzlerkandidaten aufgestellt – und hoffen, dass einer durchkommt! Und hier ist Frauke, eine davon.«

Frauke lächelt.

Lauterbach analysiert kurz die Informationen. Dann sagt er: »Das sind aber alles – also ich begrüße das – verlorene Stimmen für Armin Laschet. Also für Olaf Scholz läuft es und dazu tragt ihr auch einen Teil bei.«

Ich lüge: »Das machen wir gern. Laschet wäre kein Gegner, aber Olaf Scholz als CDU-Kanzler in der SPD eine interessante Herausforderung, mit wir uns gerne vier Jahre auseinandersetzen.«

»Olaf Scholz ist 100 Prozent SPD, das werdet ihr noch lernen«, sagt der SPDler, der früher selbst mal in der CDU war und sich deshalb auskennt, »das ist tatsächlich so, also ich schätze Olaf Scholz und ich glaube, dass er unterschätzt wird.«

»Sie müssen ihn schätzen!«

»Nein, muss ich nicht. Also Olaf Scholz ist nicht nur von Armin Laschet unterschätzt worden, sondern von vielen …« Lauterbach schaut ernst: »Aber als zukünftigen Koalitionspartner wollen wir Sie natürlich auf jeden Fall halten.«

Ich muss lachen: »Also wir nehmen bekanntlich jeden, der sich als Steigbügelhalter anbietet …«

Lauterbach streckt mir zum Abschied die Faust entgegen. »Alles Liebe, vielen Dank!«

Aber ich mag mich nicht mit ihm schlagen, der Mann ist doch offensichtlich nicht vollkommener Herr seiner Sinne.

STRASSBURG, BÜRO

Monitor fragt an, ob ich mich nachmittags zu einer Sendung zum Thema »Fake News im Internet« zuschalten lassen würde. Klar, warum nicht. Zufällig habe ich eine interessante Beobachtung gemacht, die ich gern beisteuern würde.

Sachdienlicher Hinweis von Monitor

MS: »Ich kann bestätigen, dass sich politische Fake News viel stärker verbreiten. Es gab eine Fake-News-Kampagne der SPD, dass Olaf Scholz kanzlerfähig sei – und das glauben inzwischen 25 Prozent der Menschen – unfassbar …«

Georg Restle unterbricht lachend: »Das zeigt, wie schwierig die Abgrenzungen sind in diesem Bereich. Ich bedanke mich, wir sind schon durch.«

BERLIN-CHARLOTTENBURG, WAHLLOKAL

Nachmittags gegen 14 Uhr will ich mich mal eben wählen gehen, die Schlange sollte um diese Zeit nicht allzu lang sein. Als ich an der Schule ankomme, in der sich mein Wahllokal befindet, sehe ich ungewöhnlich viele Wähler anstehen. In eine Unterredung vertieft, fällt mir zuerst nicht auf, dass die Schlange gar nicht kürzer wird. Leute gehen nach vorne, diskutieren mit einem Wahlhelfer, kommen frustriert zurück. Ein Mann läuft an uns vorbei: »Es gibt keine Wahlzettel mehr. Sie warten auf Nachschub, aber wegen dem Marathon kommt keener durch! Wir sollen in zwei Stunden wiederkomm' oder so …« Ich gehe zurück nach Hause.

Um Viertel vor sechs komme ich wieder. Wie es aussieht, gibt es Wahlzettel, aber auch sehr viele Wähler. Die Wahlhelfer signalisieren, dass wir alle noch wählen dürfen, auch nach 18 Uhr noch. Ich wundere mich, warte, mache meine Kreuze in der Wahlkabine und schaue dann mal auf Twitter nach, was eigentlich los ist in Berlin.

Die Lage in vielen anderen Wahllokalen ist offensichtlich noch schlimmer, der Marathon ist schuld. Die Wahlen zum Bundestag, zum Abgeordnetenhaus und zu den Bezirksparlamenten hätte Berlin vielleicht bewältigen können, den Volksentscheid »Deutsche Wohnen enteignen« auch – aber wieso ließ SPD-Innensenator Geisel am Wahltag noch einen Marathon zu, für den die halbe Stadt abgesperrt wurde? Keine Chance für die Wahlhelfer. Nachschub an Stimmzetteln war nicht zu bekommen, weil jeder Bote im Stau stecken blieb.

BERLIN, PARTEI-ZENTRALE

Dafür, dass wir andere Staaten regelmäßig über den korrekten Ablauf demokratischer Wahlen belehren, gibt es in Berlin erstaunlich viele Unregelmäßigkeiten: fehlende & vertauschte Wahlzettel, Bundestagswahlzettel für 16-Jährige, dreistündige Wartezeiten, abgewiesene Wähler, Stimmabgaben zwei Stunden nach Veröffentlichung erster Prognosen. Außerdem hat Die PARTEI nicht fünf Prozent erzielt, sondern unter zwei. Das kann auch eine Wahlbeteiligung von bis zu 159 Prozent in einzelnen Bezirken nicht wieder herausreißen, wir sind schließlich nicht in Aserbaidschan. Muss man eigentlich eine »Satire«-Partei sein, um Prozedere & Prozeduren eines demokratischen Wahlvorgangs ernster zu nehmen als die, deren eigene Legitimation dieser Vorgang begründet? Wir ziehen die Konsequenzen.

Sachdienliche Hinweise von der PARTEI-Homepage

Die PARTEI legt Wahlprüfungsbeschwerde ein

Martin Sonneborn: »Wir können nur hoffen, dass Putin keine Wahlbeobachter in Berlin hatte.«

Der Berliner Staatsrechtler Prof. Christian Waldhoff konstatiert ein »professionelles Versagen« der Verwaltung: »Das Vertrauen der Berliner in diese Wahlen ist nachhaltig erschüttert.« Bald werde ein Punkt erreicht sein, „an dem festzustellen ist, dass die Wahl unter so vielen Fehlern litt, dass sie wiederholt werden muss«.

Wir sagen: Die Stimmabgabe ist der wichtigste Mitwirkungsakt der Bürger in einer Demokratie und sollte in einer Zeit, in der jeder Vierte nicht dazu zu bewegen ist, überhaupt an Wahlen teilzunehmen, ernst genommen werden.

Da keine der Berliner Parteien bereit ist, Verantwortung zu übernehmen, tun wir das. Wir haben den »renommierten Parteienrechtler« (Legal Tribune) Dr. Sebastian Roßner beauftragt, Wahlprüfungsbeschwerde einzulegen und die Wahl wiederholen zu lassen.

PS: Aber bitte ohne Wahlkampf. Wir haben in den vergangenen Wochen für unser Leben genug doofe Wahlplakate gesehen. Smiley!
PPS: Den Marathon lassen wir natürlich auch wiederholen. (Spaß)

OKTOBER 2021

FRANKREICH

Auch die Franzosen wählen. Und eine Deutsche macht pikante Schlagzeilen mitten in den Präsidentschaftswahlkampf hinein, der die Wähler des rechten Lagers diesmal vor eine knifflige Entscheidung stellt: Le Pen oder Zemmour?

Mein alter, mittlerweile leicht seniler, hochtauber und vormaliger EU-Sitznachbar Jean-Marie Le Pen (ca. 100) dreht noch mal auf. Der Gründer und Grandseigneur des Front national erwägt, erstmals nicht seine (im Vergleich zu ihm: linksradikale) Tochter Marine zu unterstützen, mit der er sowieso seit Jahren zerstritten ist, sondern den neuen Hoffnungsträger der nationalkonservativen & islamophoben Rechten Eric Zemmour: »Er sagt, was ich denke. Der einzige Unterschied zwischen Eric und mir ist, dass er Jude ist. Es ist also schwierig, ihn als Nazi oder Faschisten zu bezeichnen. Das gibt ihm eine sehr viel größere Freiheit.«

Eine Freiheit, die sich völlig ungefragt auch eine Deutsche namens Ursula Painvin (88) (sic!) nimmt. Geborene von Ribbentrop, Erbin der sektkellernden Henkell-Dynastie, in die ihr Vater Joachim eingeheiratet hatte, und, nun ja, Tochter ihres Vaters. Hitlers Außenminister, 1946 gehängt, bekannt durch die zu Unrecht aus der Mode gekommene III.-Reich-Beleidigung »dumm wie Ribbentrop«, galt als derartig unmöglicher Parvenü, dass in Nürnberg niemand neben ihm hängen … Pardon: sitzen wollte, noch nicht einmal seine Mitangeklagten.

Ribbentrop (Tochter), enge Vertraute Le Pens, schickte Zemmour aus Berlin ihre »bewunderndsten und freundschaftlichsten Gedanken« – zur verständlichen Empörung der französischen Öffentlichkeit. Es ist, als hätte uns das versunkene Vichy noch nachträglich die versoffenen Gedanken irgendeiner Schnapsdrossel (Gérard Depardieu) geschickt, um für die Wahl von Olaf Scholz zu werben. Wir ziehen also die einzig vernünftige Konsequenz und entschuldigen uns bei den Franzosen für diesen unappetitlichen Versuch der Einflussnahme – im Namen aller, die sich für deutschen »Schaumwein« (»Henkell Pikkolo – schmeckt fein im Pilsner, aber auch allein«, Werbung 1935; kein Wunder, dass anschließend alles den Bach runterging) nicht weniger schämen als für die in diesem Fall auch noch mit ihm verbundene Geschichte.

BRÜSSEL, BÜRO

»Wir müssen mal etwas über Nord Stream 2 schreiben.« Meine Europapolitische Beraterin sieht von ihrem iPad auf: »Die Sache ist nicht sauber. Wusstest du, dass die Amerikaner schon 2019 ein Gesetz erlassen haben, das die Energiesicherheit der EU schützen soll? Das bedeutet, dass die US-Regierung dafür alle Maßnahmen treffen kann, die notwendig sind. Alle.«

Sachdienlicher Hinweis der Zeit

Die Bundesregierung hat nach Recherchen der ZEIT mit einer Milliarden-Offerte versucht, die umstrittene Ostsee-Pipeline Nord Stream 2 zu retten. Anfang August unterbreitete Bundesfinanzminister Olaf Scholz seinem US-Amtskollegen Steven Mnuchin zunächst mündlich und später auch schriftlich den Vorschlag, Deutschland sei bereit, den Bau von zwei Spezialhäfen zum Import von Flüssiggas zu finanzieren. Über die Terminals in den Häfen Brunsbüttel und Wilhelmshaven wollen US-Firmen amerikanisches Gas nach Deutschland exportieren. In dem schriftlichen Vorschlag verspricht die Bundesregierung, »die öffentliche Unterstützung für die Konstruktion« der Terminals »massiv durch die Bereitstellung von bis zu 1 Milliarde Euro zu erhöhen«.

Für das Milliardeninvestment in die Spezialhäfen fordert die Bundesregierung allerdings ein Entgegenkommen der US-Regierung. »Im Gegenzug werden die USA die ungehinderte Fertigstellung und den Betrieb von Nord Stream 2 erlauben«, heißt es in dem schriftlichen Vorschlag aus Berlin.

Im Juli hatte die US-Regierung gedroht, am Bau von Nord Stream 2 beteiligte Unternehmen mit Strafen zu überziehen. So waren auch auf einmal der Hafen von Sassnitz auf Rügen und sein Bürgermeister von US-Sanktionen bedroht. Einer der Gründe für den amerikanischen Widerstand besteht darin, dass US-Präsident Donald Trump amerikanisches statt russisches Gas an Deutschland verkaufen will.

Sachdienlicher Hinweis der Deutschen Umwelthilfe

Fracking ist eine besonders klima- und umweltschädliche Methode zur Förderung von Öl und Erdgas, die mit einem massiven Wasserverbrauch, der Industrialisierung ganzer Landstriche, Wasserkontamination, künstlichen Erdbeben, negativen Gesundheitsauswirkungen und hohen Methanleckagen einhergeht. Berechnungen zufolge ist gefracktes Erdgas für mehr als die Hälfte

VonderLeyens geheime Pfizer-SMS

Name	Partei	Stimme
Martin Sonneborn	Die PARTEI	+
Hildegard Bentele	CDU	–
Stefan Berger	CDU	–
Karolin Braunsberger-Reinhold	CDU	–
Daniel Caspary	CDU	–
Lena Düpont	CDU	–
Jan Christian Ehler	CDU	–
Michael Gahler	CDU	–
Jens Gieseke	CDU	–
Niclas Herbst	CDU	–
Peter Jahr	CDU	–
Peter Liese	CDU	–
Norbert Lins	CDU	–
David McAllister	CDU	–
Markus Pieper	CDU	–
Dennis Radtke	CDU	–
Christine Schneider	CDU	–
Andreas Schwab	CDU	–
Ralf Seekatz	CDU	–
Sven Simon	CDU	–
Sabine Verheyen	CDU	–
Axel Voss	CDU	–
Marion Walsmann	CDU	–
Rainer Wieland	CDU	–
Christian Doleschal	CSU	–
Markus Ferber	CSU	–
Monika Hohlmeier	CSU	–
Marlene Mortler	CSU	–
Angelika Niebler	CSU	–
Manfred Weber	CSU	–
Katarina Barley	SPD	–
Gabriele Bischoff	SPD	–
Udo Bullmann	SPD	
Delara Burkhardt	SPD	–
Ismail Ertug	SPD	–
Evelyne Gebhardt	SPD	–
Jens Geier	SPD	–
Petra Kammerevert	SPD	–
Dietmar Köster	SPD	–
Constanze Krehl	SPD	–
Bernd Lange	SPD	–
Norbert Neuser	SPD	–
Maria Noichl	SPD	–
Joachim Schuster	SPD	–
Birgit Sippel	SPD	–
Tiemo Wölken	SPD	–
Rasmus Andresen	BÜNDNIS 90 DIE GRÜNEN	+
Michael Bloss	BÜNDNIS 90 DIE GRÜNEN	+
Reinhard Bütikofer	BÜNDNIS 90 DIE GRÜNEN	+
Anna Cavazzini	BÜNDNIS 90 DIE GRÜNEN	0

Martin Sonneborn
Fraktionsloses Mitglied des
Europäischen Parlaments

Abstimmung zur Forderung, vonderLeyens SMS-Verhandlungen über 1,8 Milliarden Dosen (für ca. 20 € Steuergeld) (pro Dose. Smiley) offenzulegen*, 20. Okt. EU-Parlament. Wer dagegen stimmte (–):

Name	Partei	Stimme
Viola von Cramon-Taubadel	BÜNDNIS 90 DIE GRÜNEN	–
Anna Deparnay-Grunenberg	BÜNDNIS 90 DIE GRÜNEN	+
Romeo Franz	BÜNDNIS 90 DIE GRÜNEN	0
Daniel Freund	BÜNDNIS 90 DIE GRÜNEN	+
Alexandra Geese	BÜNDNIS 90 DIE GRÜNEN	+
Sven Giegold	BÜNDNIS 90 DIE GRÜNEN	+
Henrike Hahn	BÜNDNIS 90 DIE GRÜNEN	–
Martin Häusling	BÜNDNIS 90 DIE GRÜNEN	0
Pierrette Herzberger-Fofana	BÜNDNIS 90 DIE GRÜNEN	0
Ska Keller	BÜNDNIS 90 DIE GRÜNEN	0
Sergey Lagodinsky	BÜNDNIS 90 DIE GRÜNEN	0
Katrin Langensiepen	BÜNDNIS 90 DIE GRÜNEN	+
Erik Marquardt	BÜNDNIS 90 DIE GRÜNEN	+
Hannah Neumann	BÜNDNIS 90 DIE GRÜNEN	abwesend
Niklas Nienaß	BÜNDNIS 90 DIE GRÜNEN	+
Jutta Paulus	BÜNDNIS 90 DIE GRÜNEN	0
Theresa Reintke	BÜNDNIS 90 DIE GRÜNEN	0
Manuela Ripa	ödp	+
Patrick Breyer	PIRATEN PARTEI	+
Nico Semsrott		0
Özlem Alev Demirel	DIE LINKE.	0
Cornelia Ernst	DIE LINKE.	+
Martina Michels	DIE LINKE.	+
Martin Schirdewan	DIE LINKE.	0
Helmut Scholz	DIE LINKE.	0

Name	Partei	Stimme
Damian F. von Boeselager	VOLT	+
Martin Buschmann	PARTEI MENSCH UMWELT TIERSCHUTZ	0
Engin Eroglu	FREIE WÄHLER	–
Ulrike Müller	FREIE WÄHLER	–
Helmut Geuking	Familien-Partei	–
Nicola Beer	Freie Demokraten FDP	–
Andreas Glück	Freie Demokraten FDP	–
Svenja Hahn	Freie Demokraten FDP	–
Moritz Körner	Freie Demokraten FDP	–
Jan-Christoph Oetjen	Freie Demokraten FDP	–
Christine Anderson	AfD	+
Gunnar Beck	AfD	+
Markus Buchheit	AfD	+
Nicolaus Fest	AfD	+
Maximilian Krah	AfD	+
Joachim Kuhs	AfD	+
Sylvia Limmer	AfD	+
Jörg Meuthen	AfD	+
Guido Reil	AfD	+
Bernhard Zimniok	AfD	+
Lars Patrick Berg	LKR	+

 dafür  dagegen  enthalten  abwesend

* Vergeblich gefordert auch von der EU-Bürgerbeauftragten O'Reilly – vdL kennt sich ja aus mit Handy-Löschungen … Europa nicht den Leyen überlassen!

der weltweit gestiegenen Emissionen aus fossilen Brennstoffen und für etwa ein Drittel der insgesamt in den letzten zehn Jahren global gestiegenen Emissionen aus allen Quellen verantwortlich.

LNG ist besonders klimaschädlich, weil es als Produkt die Emissionen aus Förderung, Transport, Verflüssigung, Regasifizierung, Einspeisung in die Gasnetze und letztendlich Verbrauch verantworten muss. Allein bei der Verflüssigung werden rund 10–25 Prozent des Energiegehaltes des Erdgases verbraucht.

Berechnungen zufolge, die dem irischen Klimaschutzkomitee präsentiert wurden, hätten z. B. US-LNG-Importe nach Irland eine um 44 Prozent höhere Klimawirkung als Kohle.

STRASSBURG, PARLAMENT

Das Parlament stimmt heute über die Forderung nach der Offenlegung der Kurznachrichten ab, die zwischen vonderLeyen und Albert Bourla gewechselt wurden. Die Kommissionspräsidentin hatte mit Pfizer-Chef Bourla per SMS die Eckdaten der Lieferung von 1,8 Milliarden Dosen Pfizer vereinbart und weigert sich, die Kurznachrichten zugänglich zu machen. Obwohl der Europäische Rechnungshof die Offenlegung anmahnt, stimmen nur 210 Abgeordnete dafür, 54 enthalten sich, 430 sind dagegen.

Zwei Fragen bleiben für mich nach dieser Sitzungswoche: Wessen Interessen vertritt das EU-Parlament, die der Bürger oder die der Pharmaindustrie? Und: Kommt Frau vonderLeyen schon wieder mit Handy-Löschungen durch?

Sachdienlicher Hinweis aus dem Netz

Heiner Miller: Aus gegebenem Anlass sei übrigens noch mal an die von der frisch eingesetzten Kommission von der Leyen 2019 vorgestellten »politischen Leitlinien« erinnert: »Neue EU-Kommission: Von der Leyen verspricht mehr Transparenz und Demokratie«

BAYERN

Möchte jemand sein Zimmer einmal gründlich von der bayerischen Polizei aufräumen lassen? Kein Problem, einfach ein paar PARTEI-Plakate an die nächste Laterne hängen!

Sachdienlicher Hinweis von Regensburg digital

Als am 10. November die Polizei an der Tür klingelte, staunte Romy F. nicht schlecht. In der Hand hielten die Beamte einen Durchsuchungsbeschluss. Gesucht wurden Datenträger, Druckvorlagen und Ähnliches. Hintergrund war ein Wahlplakat, das bundesweit im Einsatz war und das auch die Regensburger Direktkandidatin der Satire-Partei aufgehängt hatte. Unter anderem unter den Plakaten ihrer Konkurrentinnen von CSU und SPD. Aufschrift: »Feminismus, ihr Fotzen.«

Die PARTEI hatte in Bayern zur Bundestagswahl das Plakat wie üblich an Straßenlaternen aufgehängt. Eine CSU-Bundestagskandidatin hatte daraufhin Anzeige wegen »Volksverhetzung« und »Beleidigung« erstattet.

Sachdienlicher Hinweis von Regensburg digital

Da die CSU-Kandidatin Anzeige erstattete, ermittelten Kripo und Staatsanwaltschaft Amberg – und waren damit recht erfolgreich. Das Amtsgericht Amberg erließ besagten Durchsuchungsbefehl. Das Amtsgericht Schwandorf erließ auf Antrag der Staatsanwaltschaft später einen Strafbefehl über 7.200 Euro gegen die Regensburgerin – 120 Tagessätze à 60 Euro. Sollte diese Entscheidung rechtskräftig werden, wäre die junge Frau, selbst aktive Feministin, vorbestraft. Sie hat Einspruch gegen die Entscheidung eingelegt.

Ich verstehe die Hausdurchsuchungen überhaupt nicht. Was soll'n denn die (bayerischen) Nachbarn denken? Und die Eltern?! Eine zweite Hausdurchsuchung fand bei einem PARTEI-Freund statt, der noch bei seinen Eltern wohnt. Und wenn Sie Eltern kennen – Hausdurchsuchungen sind in diesen Kreisen nur so mittel beliebt.

Sachdienlicher Hinweis von JURios.de

Sonneborn versteht die Hausdurchsuchungen überhaupt nicht. Er forderte den Medienanwalt Dr. Jasper Prigge dazu auf, sich der Sache anzunehmen, und beendete seinen Post – in Anlehnung an die Beleidigungsmeldungen um den Hamburger Innensenator Andy Grote – mit den Worten: »Nach #Pimmelgate jetzt #Fotzengate? Smiley!«

Leider wird unsere Beschwerde vom Landgericht Amberg zurückgewiesen. Zum Glück sind die PARTEI-Kassen gut gefüllt.

Sachdienlicher Hinweis von Tag 24

Der Düsseldorfer Rechtsanwalt Prigge hat nun Beschwerde beim Bundesverfassungsgericht in Karlsruhe eingelegt: »Indem das Landgericht davon ausgeht, bei dem Plakat handele es sich um Schmähkritik, und auf eine grundrechtliche Abwägung verzichtet, verletzt es unsere Mandantin in ihrer Meinungsfreiheit.«

Sachdienlicher Hinweis von Regensburg digital

Die Münchner Stadträtin Marie Burneleit, Erstellerin des Motivs, äußert sich zu den Vorgängen in Amberg und Schwandorf nur knapp mit »Hä?«.

BERLIN

»Es soll ein Morgen sein, an dem wir aufbrechen«, sagt der designierte Bundeskanzler Scholz und unterschreibt den Koalitionsvertrag für die neue Groko Haram aus SPD, Grünen, FDP. Ich kenne viele Menschen, die ihre Hoffnungen in diese Koalition setzen, und denke, schlechter als die Große Koalition bisher kann man ein Land eigentlich nicht regieren.

BRÜSSEL, PARLAMENT

Eine Eilmeldung auf dem Handy. Entscheidung in London: Assange soll endgültig an die USA ausgeliefert werden. Er sitzt seit über 4000 Tagen in Isolation, derzeit ohne jede Rechtsgrundlage im Hochsicherheitsgefängnis Belmarsh, dem britischen Guantanamo. Nils Melzer, der UN-Sonderberichterstatter für Folter, schreibt: »UK is literally torturing him to death.«

Sachdienlicher Hinweis aus dem Netz

MS: Als hätte es noch einer (letzten) Pointe zur Auslieferung von Julian Assange bedurft, hier ist sie. Das Höchste Gericht des (lupenreinen) Rechtsstaates Polen, äh, Verzeihung: Grobbritannien hat heute die Auslieferung eines australischen (!) Journalisten (!) besiegelt – und zwar auf Grundlage eines US-amerikanischen (?) Spionagegesetzes (?) von 1917 (?) und der Aussage (!) eines isländischen (?) Pädophilen (!), dem für seine Aussage Straffreiheit in diversen Fällen von Betrug und Sexualstrafvergehen zugesichert wurde.

Währenddessen hat die Kommissionspräsidentin verständlicherweise keine Zeit, diesen Frontalangriff auf die Grundwerte unserer Gesellschaftsordnung zu kommentieren.

Sie sitzt nämlich zeitgleich zur Urteilsverkündung mit dem US-Präsidenten bei einem »Gipfel für Demokratie«, um sich von Biden, der diese Pervertierung von Recht & Demokratie sofort stoppen könnte, dieselben hohlen Phrasen anzuhören wie immer. Zum Beispiel die: »Wir müssen für Gerechtigkeit und Rechtsstaatlichkeit eintreten, für Redefreiheit, Versammlungsfreiheit, Pressefreiheit, Religionsfreiheit, für alle angeborenen Menschenrechte jedes Einzelnen.«

Da Frau vonderLeyen verhindert ist, rufen wir hilfsweise in Erinnerung, was von den Werteträgern der EU noch zum »Tag der Pressefreiheit« (3. Mai) zu hören war:

»Demokratie ohne freie und unabhängige Medien kann nicht funktionieren. Wir müssen Journalisten um jeden Preis schützen.« (Ursula vonderLeyen)

»Die Pressefreiheit ist ein zentraler europäischer Wert und unerlässlich für die Demokratie. Wir müssen diese Freiheit jeden Tag verteidigen und sicherstellen, dass Journalisten ihre Arbeit in Sicherheit verrichten.« (Charles Michel)

»Die Rolle der Medien ist für die Demokratie von entscheidender Bedeutung. Sie sollen uns – also die politischen Entscheidungsträger – zur Rechenschaft ziehen. (…) Kein Journalist sollte sterben oder geschädigt werden, weil er seinen Job macht.«

(Kommissions-Vizepräsidentin Vera Jourova, zuständig für die Stärkung der Pressefreiheit)

Sachdienlicher Hinweis aus dem Netz

MS: Liebe @ABaerbock, es mag Sie überraschen, aber 99 Prozent der Bürger erwarten von ihrer neuen Regierung NICHT, dass sie an der Seite der USA in 1 Krieg gegen Russland & China zieht, sondern dass sie die Grundprinzipien unserer erodierenden Gesellschaftsordnung verteidigt. Journalisten, die Kriegsverbrechen aufdecken, dürfen nicht zu Tode gefoltert werden. Servicetweet.

STRASSBURG, PARLAMENT

Endlich mal eine positive Nachricht, Altmaiers heftige Transpiration konnte die Annahme des CBCR, kurz: Country-by-Country-Reporting, nicht verhindern. Sie wurde vom Rat angenommen und tritt im Dezember in Kraft. Ab jetzt müssen auch nicht europäische multinationale Unternehmen (ab 750 Mio. Jahresumsatz) zumindest die von ihnen entrichtete Ertragssteuer offenlegen.

Als vorvorletzte Amtshandlung in diesem Jahr nehme ich noch zwei kurze Reden auf; eine Neujahrsansprache, die ich zum Jahreswechsel ins Netz stellen kann, und eine kleine Erinnerung für Annalena Baerbock, die neue Außenministerin:

Sachdienliche Hinweise von YouTube

Hallo, Frau Baerbock!

Falls Sie schon startklar sind und alle Bierkrug-Ränder vom Schreibtisch des Außenministeriums entfernt haben, die Heiko Maas dort hinterlassen hat, dann könnten wir Justiz-Laien jetzt so langsam mal Hilfe gebrauchen von jemandem, der vom Völkerrecht kommt.

Vor drei Monaten waren Sie noch in der Opposition und FÜR die Freilassung von Julian Assange, der nun nach Isolation, Folter und einem Schlaganfall vom vormaligen Rechtsstaat Grobbritannien an die USA ausgeliefert werden soll – an ein Land also, das seine Entführung & Ermordung planen ließ.

Am vergangenen Freitag – da waren Sie schon deutsche Außenministerin – wollten Sie sich zu Assange nicht äußern, da Sie noch keine Zeit gehabt hätten, sich mit der neuen Urteilsbegründung zu befassen.

Kein Problem, Frau Baerbock: Für viel beschäftigte Leute wie Sie haben wir einmal alles rund um diese juristische Farce in einem kleinen Büchlein auf 25 Seiten kompakt zusammengefasst, das Sie kostenfrei auf meiner Homepage lesen oder bestellen können.

Ich schicke Ihnen gern ein gedrucktes Exemplar in Ihr neues Büro – falls Sie also kraft Ihres Amtes doch noch etwas zu Julian Assange sagen wollen, übernehmen Sie doch einfach ein paar Passagen aus diesem Werk. Damit kennen Sie sich ja aus. ZwinkerSmiley!

Sachdienlicher Hinweise des Bayerischen Rundfunks

Der schönste Neuzugang dürfte auf das Konto eines Satirikers und Abgeordneten des Europäischen Parlaments gehen: Martin Sonneborn hat diesem Wort auf seinem Twitter-Account eine ungeheure Prominenz beschert: »Zwinkersmiley«. Ein Wort für ein Emoji – jetzt im Duden, der sich damit als mehr als liebenswertes Relikt erweist.

Sachdienlicher Hinweis zum Jahreswechsel

Liebe Überlebende des Jahres 2021,

das größte Frachtschiff der Welt steckte tagelang im Suez-Kanal fest, eine Hochwasserkatastrophe spülte Armin Laschet aus dem Wahlkampf und Deutschland flog gegen englische EU-Aussteiger aus der Europameisterschaft – wieso durften die überhaupt noch mitspielen? Zudem startete Riesenpimmel Jeff Bezos ins – Entschuldigung: MIT einem Riesenpimmel startete Jeff Bezos ins All und kehrte leider wieder zurück. Außerdem wurde Olaf Scholz, angeblich Sozialdemokrat, zur Strafe für Brechmittelfolter, Polizeigewalt und Beihilfe zur Steuerhinterziehung ohne Bewährung für vier Jahre ins Kanzleramt gesteckt. Eine schwere Zeit für uns alle.

Schauen wir deshalb nach vorn: auf das, was das nächste Jahr für uns bereithält. Zum Beispiel eine Fußball-WM in Katar, für die nach neuesten Daten nur 15.000 Gastarbeiter ihr Leben lassen mussten; die würden nicht mal ein Stadion füllen.

Oder den Asteroiden 2 0 0 9 JF 1, der laut Berechnungen der NASA am 6. Mai mit einer Geschwindigkeit von satten 59.000 Stundenkilometern auf der Erde einschlagen könnte und damit eine Zerstörungskraft entfachen würde, die in etwa der von Exverkehrsminister Andi B. Scheuert entspräche.

Doch egal, was sonst noch kommt: Eines möchte ich Ihnen als Mitglied des Europäischen Parlaments versprechen: Sie können sich auf die EU verlassen – sie ist auf alle Eventualitäten vorbereitet und wird wie immer ZU SPÄT reagieren, wenn überhaupt.

Ich wünsche Ihnen frohe Feiertage und ein »gutes«, etwas weniger interessantes neues Jahr!

»WER MACHT HIER EIGENTLICH POLITIK?«

2022

BRÜSSEL, PARKBANK

Das Jahr fängt stark an. In zwei Wochen will Manfred Streber (CSU) eine EVP-Kollegin, die Malteserin Roberta Metsola, für die zweite Hälfte der Legislatur zur Parlamentspräsidentin wählen lassen: eine »Powerfrau« (*Der Standard*), »Wonderwoman« (Malteser Eigenwerbung) beziehungsweise eine »reaktionäre Ziege« (meine Europapolitische Beraterin), die, seit es sie gibt, für nichts vehementer eingetreten ist als für das christlich-puritanische Reproduktionsgebot. Eine »militante Abtreibungsgegnerin«, indifferent gegenüber Gewalt gegen Frauen (*Libération*) und radikale Opponentin jeder Steuertransparenz im Steuerparadies Malta.

Die europäischen Grünen & Liberalen, die, seit es sie gibt, für nichts vehementer eingetreten sind als für das genaue Gegenteil, unterstützen ihre Kandidatur.

»Was, außer Amnesie, könnte Grüne & Liberale wohl dazu veranlasst haben?«, fragt meine Europapolitische Beraterin. »Nun«, erwidere ich, »höchstwahrscheinlich der Deal, den sie gerade mit der EVP eingegangen sind und der ihnen im Gegenzug für ihre Stimmen ein paar unbedeutende Posten garantiert: als Vizepräsidenten, Quästoren, Ausschussvorsitzende …«

»Das macht sie endgültig ununterscheidbar von all den anderen Backpfeifen hier. So, und mir reicht's jetzt, ich schreibe mal zusammen, wie es in den übrigen europäischen Ländern in Bezug auf Corona aussieht. Und in den USA!«

»Mach doch, mach doch …«

Sachdienlicher Hinweis von meiner Homepage

Kleine Corona-Rundschau meiner Europapolitischen Beraterin

Falls Sie sich selbst politisch eigentlich immer irgendwo verortet haben, angesichts des derzeitigen Versagens der wissenschaftlichen Dialektik aber langsam Ihre kritische Urteilsfähigkeit zu verlieren drohen, hier mal eine kleine Orientierungshilfe. Ein unvollständiger Blick über den Rand Ihres deutschen Tellers hinaus, der sich ausschließlich aus den Nachrichten der vergangenen Tage speist.

Es ist nämlich so: Während sich die (geimpfte) Mehrheit in DEUTSCHLAND in der wort- & emotionsreichen Bekämpfung einer »Pandemie der Ungeimpften« gefällt, gibt es auf den Schulhöfen BULGARIENS für die (geimpfte) Minderheit einfach zuverlässig & wortlos aufs Maul.

In KATALONIEN hält man jede mit Zwangsmaßnahmen verbundene Diskriminierung für »sehr gefährlich«, weswegen man nicht im Traum daran denkt, den Zugang zum öffentlichen Raum mit irgendeinem Impfstatus zu verknüpfen.

SCHWEIZER (und BAYERN) stellen verblüfft fest, dass die von ihren Gesundheitsbehörden veröffentlichten Zahlen irgendwie irreführend waren, da die Hälfte der gezählten Coronapatienten gar nicht an Covid, sondern irgendeiner anderen Behandlungsbedürftigkeit litt: retardiertes Reaktionsvermögen, Hals- und Beinbruch (Ski), Käsefondue- oder Weißbiervergiftung (Après-Ski).

Die traditionell kapitalfreundliche Regierung der USA beschenkt ihre größeren Finanzkonzerne mit der grandiosen Gelegenheit, sich aus Gründen des Gesundheitsschutzes ihrer überschüssigen Mitarbeiterschaften zu entledigen; Bloomberg zufolge wird allein die Citigroup bis Ende der Woche 7000 (ungeimpfte) Mitarbeiter abfindungsfrei ihrem Schicksal überlassen haben – unter dem Jubel ihrer (geimpften) Kollegen und einer Leuchtschrift mit den Lettern »Solidarität«.

Und während die Regierung ITALIENS mit einem nur noch peripher an Grundsätzen von Epidemiologie & Logik orientierten Maßnahmenpaket durchkommt, das die 3G-Regel für die Arbeit aus dem Homeoffice (hä?) verpflichtend macht, erinnern Intellektuelle an Giorgio Agamben und seinen Befund, demzufolge der moderne Staat zu einer immer systematischeren Nutzung des Strukturelements des »Ausnahmezustands« neige, ergänzt um eine beispiellose Ausweitung des »Sicherheitsparadigmas« als normaler Technik des Regierens, wodurch am Ende

»gouvernementale Systeme« ohne klare Differenz zwischen Demokratie und Diktatur entstünden.

Zur plastischen Veranschaulichung dieser These verlängert FRANKREICH den Ausnahmezustand der ubiquitären Präsenz eines digitalen Passierscheins (»pass sanitaire«) von Monat zu Monat und Quartal zu Quartal, wohingegen das Abendprogramm Professoren der Sorbonne vorstellt, die das Ende der liberalen Demokratie heraufziehen sehen und darauf hinweisen, dass an den philosophischen Zutrittspforten zur Republik ihres Wissens noch nie »santé, égalité, fraternité« gestanden habe. (Touché.) Gesundheit sei überhaupt kein WERT, sondern ein GUT, und eine Gesellschaft befinde sich auf schnurgeradem Weg in den bestürzendsten Nihilismus, wenn sie anstelle der Freiheit nun die Gesundheit zu ihrem höchsten Wert (valeur suprême) erkläre.

Derweil verzeichnet nach einer Berechnung des »Economist« ausgerechnet das vielfach gescholtene SCHWEDEN (für das vergangene Jahr) nun die insgesamt geringste Übersterblichkeit in ganz Europa.

Auch in der EUROPÄISCHEN Politik scheint der konzertierte Krisenkurs allmählich Geschichte zu werden. Während die industriezugewandte CDU mit Kommissionspräsidentin vonderLeyen die Impfpflicht EU-weit durchzusetzen versucht, lehnen IRISCHE Linke der Parteien Sinn Fein & People Before Profit (cooler Name übrigens) jede Form der Impfpflicht entschieden ab und raten der europäischen Politik, nicht (länger) auf die Bürger, sondern (besser) auf globale Pharmariesen Druck auszuüben – beziehungsweise auf eine EU, die es für ein gebotenes Mittel ihrer »Pandemiebekämpfung« hält, dem pharmaindustriellen Patentrecht einen höheren Rang einzuräumen als verfassungsverankerten Grundrechten.

Die Rechtsnationalisten der UNGARISCHEN Fidesz sind sich mit den CEOs von Biontech/Pfizer und Moderna in der Notwendigkeit der Verabreichung einer vierten Impfung einig. Derweil gehen sowohl der liberal-autoritäre FRANZÖSISCHE Hybridpräsident Emmanuel Macron als auch die (zu gleichen Teilen) von Korruption & faschistoidem Gedankengut durchdrungene ÖSTERREICHISCHE ÖVP (mit grüner Unterstützung) zu totaler Kontrolle des öffentlichen Raums und individueller Überwachung über – einem Wirklichkeit gewordenen Szenarium, das von den dystopischen Entwürfen der literarischen Moderne nicht mehr sinnvoll zu unterscheiden ist.

Der Kontrast zu SPANISCHEN Sozialisten (PSOE) und Linken (Unidas Podemos) hingegen könnte kaum schärfer sein – jedenfalls in Anbetracht einer von ihnen jüngst formulierten Idee, die zweifellos das Zeug hat, den Zuschnitt der europäischen Pandemiepolitik insgesamt zu revolutionieren. Spanien will das Coronavirus künftig nämlich nicht mehr anders behandeln als eine »gewöhnliche Grippe«. Die Regierung arbeite seit Wochen an entsprechenden Plänen und habe alle Vorkehrungen getroffen, um Corona »nicht mehr als Pandemie, sondern als endemische Krankheit« einzustufen. Ein Ansinnen, das Ministerpräsident Sánchez und Gesundheitsministerin Carolina Darias durchaus auf die europäische Ebene zu transponieren trachten. Die EU, so die Forderung Spaniens, solle mit dem Coronavirus nicht anders umgehen als »mit jeder anderen Atemwegserkrankung auch«. Bäm. Bzw. olé!

Die Mortalität, führt Sánchez aus, sei von 13 Prozent zu Pandemiebeginn auf nunmehr 1 Prozent gesunken. Zudem werde mit Omikron wegen seiner starken Verbreitung und seines harmlosen Verlaufs jedes Bemühen um eine lückenlose Kontaktrückverfolgung zunehmend sinnlos. Die spanischen Gesundheitsbehörden würden daher Schritt für Schritt vom System des detaillierten Infektions-Monitorings abrücken, um zur »Normalisierung von Covid« überzugehen und fortan nur mehr dieselbe stichprobenartige Überwachung zu installieren wie bei jeder anderen respiratorischen Erkrankung auch.

Der spanische Ministerpräsident stützt sich dabei nicht auf abwegige Theorien abtrünniger Wissenschaftler, sondern auf seine nationalen Gesundheitsbehörden. Und auf den Virologen Adolfo García-Sastre, seines Zeichens Direktor des Institute for Global Health and Emerging Pathogens am New Yorker Mount Sinai Hospital, der es für höchst unwahrscheinlich hält, dass kommende Virusmutationen noch irgendein Katastrophenszenario werden auslösen können. Vielmehr habe sich Sars-Cov-2 zu einem »saisonalen Virus« transformiert, womit sich nun ein ähnliches »Equilibrium« eingestellt habe wie beim Grippevirus hundert Jahre zuvor (1920/21). Tendenziell müsse man nun auch stärker auf natürliche Immunisierung setzen.

EU-Diplomaten sehen das offenbar nicht anders. Einer von ihnen erklärt (Euractiv gegenüber), dass ein spezielles Omikron-Vakzin nun wahrlich nicht erforderlich sei. Diese Variante sei derart ansteckend, dass jeder sich bis zum Vorliegen eines angepassten Impfstoffs ohnehin bereits infiziert haben werde. Auf Grundlage der vorliegenden wissenschaftlichen Gutachten sei »das wahrscheinlichste Szenario für die nahe Zukunft, dass Covid zu einem endemischen Virus« werde, »ähnlich wie die Grippe«. Wir halten Sie auf dem Laufenden!

BRÜSSEL, PARLAMENT

Trauerbeflaggung im Parlament. Parlamentspräsident Sassoli ist tot. Im Dezember war er mit Leukämie in ein norditalienisches Krankenhaus eingeliefert worden, aber damit hatte niemand gerechnet.

Sachdienlicher Hinweis des Blick

David Sassoli († 65) starb an der Legionärskrankheit
Der Präsident des Europaparlaments David Sassoli († 65) ist tot. Er ist am Dienstag in Italien an den Folgen der Legionärskrankheit gestorben. Im September infizierte sich Sassoli mit einem Bakterium, das eine schwere Erkrankung der Atemwege verursachen kann.

Legionärskrankheit? Hm, das verantwortliche Bakterium kenne ich, es haust mit seiner Familie in den Warmwasserleitungen des Parlaments. Aber nicht alle Parlamentarier sind in der Lage, ihr Beileid angemessen auszudrücken.

Sachlicher Hinweis des RBB

Der AfD-Europaabgeordnete Nicolaus Fest hat Freude über den Tod von Parlamentspräsident David Sassoli geäußert. »Endlich ist dieses Dreckschwein weg«, schrieb Fest in einer WhatsApp-Gruppe von AfD-Europaabgeordneten. Fest nannte den Verstorbenen außerdem einen »Antidemokraten« und »eine Schande für jede parlamentarische Idee«. Auf Anfrage distanzierte sich Fest von seinen Aussagen nicht.

Sachlicher Hinweis des Merkur

Die AfD-Abgeordneten im EU-Parlament haben Nicolaus Fest zu ihrem neuen Vorsitzenden gewählt.

BRÜSSEL, BÜRO

»Wusstest du, dass fünf von acht EU-Militärmissionen zur Sicherung von Rohstoffen eingesetzt werden?«, fragt mich überraschend meine Europapolitische Beraterin. »Nein, ich wusste gar nicht, dass ich acht Militärmissionen losgeschickt habe.« – »Greenpeace hat vermeldet, dass Spanien, Italien und Deutschland in den vergangenen vier Jahren über vier Milliarden Euro zur militärischen Sicherung von Öl- und Gasimporten ausgegeben haben. Wir sichern mit der NATO zusammen unter anderem am Horn von Afrika, im Irak und in Syrien, vor der libyschen Küste. Theoretisch könntest du das Geld besser in nachhaltige Energieerzeugung stecken als in Gas und Öl.« »*Greenpeace* ist doch parteiisch, die sind für *Grün* und *Frieden* – kein Wunder, dass sie herummeckern.«

BRÜSSEL, BÜRO

Während Deutschland, Österreich, Italien und die Niederlande Impfpflichten einführen oder sie einzuführen erwägen (inklusive einer vierten Impfung, vor deren möglicherweise kontraproduktiven Auswirkungen auf das Immunsystem selbst die EMA* warnt), sind England, Schottland, Irland, Spanien, Portugal, Dänemark sich in EINEM einig: Isch over.

Sachdienlicher Hinweis aus dem Netz

MS: Frankreich hat die Welle offenbar hinter sich: Über 12 Millionen (!) Infektionen (88 %: Omikron) in den letzten drei Wochen haben zu aktuell 756 zusätzlichen Covid-Patienten auf den Intensivstationen geführt, von denen lediglich 200 auf Omikron entfallen. »Die angekündigte Katastrophe ist ausgeblieben«, titelt der Nachrichtensender LTI. Santé aus der MEP-Bar des Europäischen Parlaments in Straßburg, Frankreich!

Zur Sicherheit setze ich die Quelle unter den Text, den Ausschnitt aus der Sendung, in der die Zahlen des französischen Gesundheitsministers genannt werden. Leider kann beim »Volksverpetzer« niemand Französisch.

Volksverpetzer: Die Zahlen stimmen nicht: Laut Our World in Data gab es in den letzten 3 Wochen nur 5,4 Mio. Fälle, in der gesamten Pandemie nur 14 Mio.! Die neuen Covid-Intensivpatienten/Woche aktuell: 2.000. Wie hoch Omikron-Anteil daran sein wird, lässt sich jetzt noch nicht seriös sagen!

Nachdem der »Volksverpetzer« noch weitere »Fake News«-Vorwürfe twittert, die sich im Netz verbreiten, schreibt Büroleiter Hoffmann diesen zweimal an und bittet um Aufklärung, worauf sich die Vorwürfe beziehen, und ggf. um Richtigstellung. Antwort erhalten wir keine. Aus Spaß bitte ich etwas später Praktikantin Lotte, mal zu recherchieren, wer hinter diesem Account steckt.

* Die European Medicines Agency ist eine Agentur der EU, zuständig für die Überwachung von Arzneimitteln.

Volksverpetzer

Vorneweg ungefragt meine Einordnung: In den Strukturen und Finanzen muss man nicht lange rumwühlen, da passen alle Aussagen aufeinander, viele kleine Spenden kommen rein, drei bis vier Leute sind angestellt, kein Hexenwerk. Die Mitarbeiter sind größtenteils VWLler, Journalisten oder PoWis, die zu lange auf Twitter rumgehangen haben. Manche haben Piratenhintergrund. Der ehemalige Chefredakteur – jetzt Ehrenamtler – arbeitet für Christian Kühn, Grünen-MdB (u. parlamentarischer Staatssekretär) im Umweltministerium. Da es überhaupt keine Infos gibt, was er da als Kommunikationsreferent so treibt, kann's sein, dass es hier querfinanzierte Arbeitskraft gibt, aber hey – manchmal hat man auch einfach mehr als einen Job.

Finanzen. Dazu auf deren Seite:

- 2.559 Menschen unterstützen mit regelmäßigen Spenden.
- via steady hq: 2,091 members, with 12.028 € per month, Spendenziel 16.000
- Rest über Bank, Paypal, Shop
- Keine Büroräume, Einnahmen passen ungefähr zur Zahl d. Angestellten etc. kein großer Zauber dabei
- Drei Großspender ab 5.000 € auf der Seite angegeben

BRÜSSEL, HOMEOFFICE

Mein alter (85) Bunga-Bunga-Kollege im EU-Parlament Silvio B. will in Italien Präsident werden. Manfred Streber, CSU, gefällt das: »Berlusconi war ein starker Führer. Als Demokrat liebe ich starke Positionen, ich liebe starke Führungspersönlichkeiten sowohl von rechts als auch von links mit Ideen, die die Menschen erkennen und für die sie stimmen können. Dafür respektiere ich Berlusconi.« (*Corriere della Sera*)

Sachdienliche Hinweise von meiner Homepage

- Berlusconi wird von der Faschistin Giorgia Melone (Vorsitzende der Fratelli d'Italia ... – hääá? Müsste es nicht »Schwestern«, oder zumindest »Brüder und Schwestern Italiens« heißen?!) unterstützt & gilt selbst als nicht allzu starker Demokrat.
- Manfred Streber arbeitet als Vorsitzender der EVP im Parlament ganz offen mit den rechtskonservativen Hohlköpfen zusammen und gilt selbst als nicht allzu starke Führungspersönlichkeit. (Sonst würden wir uns das hier gar nicht trauen. Smiley!)
- Aus gut informierten Kreisen (Pizzeria »Bella Italia«) verlautet, Berlusconi intendiere gar nicht ernsthaft, diese Wahl zu gewinnen; es reiche ihm, »Königsmacher« zu werden – und im Anschluss »senatore a vita« zu werden, Senator auf Lebenszeit (weitere 85 Jahre), und damit Immunität zu erlangen für alle bisherigen & zukünftigen Schurkereien. (Kleiner Haken: Es gibt nur fünf dieser Ämter, und die sind alle besetzt. Allerdings mit zum Teil recht alten Menschen. Sollte Silvio einen von ihnen um die Ecke bringen, hat er anschließend ... äh: Immunität ...)

BERLIN, UNTER DEN LINDEN

Sevim Dağdelen, Bundestagsabgeordnete der Linken, lädt mich zum Kaffee ins Einstein. Sie unterstützt seit vielen Jahren Julian Assange, wurde dabei selbst überwacht und abgehört. Und sie hat eine ausgezeichnete Idee, der ich mich gerne anschließe. Wozu ist man schließlich Abgeordneter und hat Vorschlagsrecht für irgendwelche Preise?!

Sachdienlicher Hinweis aus dem Netz

Sevim Dağdelen: Für seinen Einsatz für Frieden, Demokratie, Freiheit und Menschenrechte gehört Julian Assange ausgezeichnet, nicht eingekerkert. Daher haben Martin Sonneborn & ich Julian #Assange für den Friedensnobelpreis nominiert.

Sachdienlicher Hinweis des Morning Star, GB

WIKILEAKS founder Julian Assange has been nominated for the Nobel Peace Prize for his fight for human rights, democracy and press freedom, it was confirmed today.

German MEP Martin Sonnenborn responded to an appeal by Mr Assange's partner Stella Moris ahead of today's deadline for nominations.

»Julian Assange has made unique and undeniable contributions to peace by lifting the fog of war,« Ms Moris said urging support for the journalist who remains locked up in Belmarsh high-security prison.

Mr Sonnenborn said that he nominated Mr Assange »for his fight for human rights, democracy and press freedom.«

In his submission, the German MEP said that he was returning the 2012 Nobel Peace Prize »mistakenly« awarded to the European Union for its contribution »to the advancement of peace and reconciliation, democracy and human rights in Europe.«

STRASSBURG, ACADÉMIE DE LA BIÈRE

Die Europapolitische Beraterin schüttelt den Kopf: »Waaas, die Kommissionspräsidentin will die Debatte im EU-Parlament schwänzen und lieber mit ein paar Pharma-Heinis Erdbeerbowle und Hustensaft schlürfen?! Immerhin geht es um den Rechtsstaatsmechanismus!«

Sachdienlicher Hinweis von meiner Homepage

Es ist vonderLeyens Pflicht, dass sie sich nach dem Urteil des EuGH zum Rechtsstaatsmechanismus morgen in der Plenarsitzung dem Parlament stellt. Kurzfristig hat sie ihre Teilnahme abgesagt, um stattdessen, wie es hieß, zu einem Biontech-Event nach Marburg zu fahren. Schlussendlich hat sie auch das gecancelt. Und will noch heute Abend zurück nach Brüssel brettern, um in ihrem Bunker (13. Stock) bei Kerzenschein auf den Kriegsbeginn zu warten. Der Rechtsstaatsmechanismus ist zum 1.1.2021 in Kraft getreten. vonderLeyen hat sich seitdem beharrlich geweigert, das Instrument gegen Polen & Ungarn einzusetzen. Was letztlich dann sogar zu einer Untätigkeitsklage des Parlaments gegen sie führte.

STRASSBURG, PLENARSAAL

Zum Glück habe ich noch eine Minute Redezeit. Das dürfte reichen, um die Kommissionspräsidentin offiziell vorzuladen.

»Liebe Frau vonderLeyen,

anstatt uns hier – in der vom Parlament angesetzten Debatte – Ihr fortgesetztes Versagen bei der Durchsetzung des Rechtsstaatsmechanismus und des Schutzes der Demokratie in Polen & Ungarn zu erklären, haben Sie sich ursprünglich entschieden, lieber die Firma Biontech in Marburg zu besuchen.

Ich lade Sie hiermit noch einmal nachdrücklich vor.

Und weise höflich auf Artikel 45 der Rahmenvereinbarung über die Beziehungen zwischen Parlament & Kommission hin: ›Die Kommission‹ – das sind Sie! – ›hat, wenn es gefordert wird, der Teilnahme an Parlamentssitzungen gegenüber konkurrierenden Veranstaltungen Vorrang einzuräumen‹. Das gilt auch für Volkshochschulkurse ›Demokratie für Anfänger I‹, Friseurtermine oder Pharma-Partys. Und den nächsten Milliardenvertrag mit Pfizer können Sie doch wieder per SMS verhandeln. Aber anschließend – Sie wissen schon! – das Löschen nicht vergessen!«

STRASSBURG, PLENARSAAL

VonderLeyen erscheint nicht zur Debatte, obwohl ich extra früh aufgestanden bin. Da die Kommissionspräsidentin auf ihre Pflichten pfeift, bleibt es einem bulgarischen Abgeordneten überlassen, die Glanzpunkte in der Rechtsstaatsdebatte zu setzen.

Sachdienlicher Hinweis des Tagesspiegel

Skandal im Europaparlament: EU-Abgeordneter Angel Dzhambazki zeigt Hitlergruß

Dzhambazki, Schatzmeister der Fraktion der Europäischen Konservativen und Reformer (EKR), weist in seinem Beitrag unten am Rednerpult kernig darauf hin, dass es keinen gesunden Menschen gebe, »der sagt, Ungarn oder Polen sei kein funktionierender Rechtsstaat«. Er schließt mit den Sätzen: »Wir werden euch niemals erlauben, uns zu sagen, was wir sagen und was wir tun sollen. Es lebe Bulgarien, Ungarn, Orbán, Fidesz und das Europa der Nationalstaaten!« Dann schickt er sich an, den Plenarsaal zu verlassen.

Auf den Treppenstufen zum Ausgang oben dreht Dzhambazki sich noch einmal um, nimmt die italienische Vizepräsidentin fest in den Blick, sein Körper strafft sich und er reckt den rechten Arm zum Deutschen Gruß. Ein paar zähe Sekunden verharrt er, dreht sich um und verschwindet, beide Arme jetzt korrekt links und rechts am Körper herunterhängend.

Sachdienlicher Hinweis von n-tv

Nach dem Zeigen des Hitlergrußes muss ein bulgarischer EU-Parlamentarier auf seine Spesen verzichten. Für die »als Nazigruß verstandene« Geste müsse der Abgeordnete auf sechs Tagegelder verzichten, sagte Parlamentspräsidentin Metsola. Das entspricht rund 2000 Euro. In einer E-Mail an die anderen EU-Parlamentarier schrieb Dzhambazki später, er habe sich beim Verlassen des Plenarsaals für das Gesagte »entschuldigen« wollen, »indem ich demütig der Vorsitzenden zuwinkte«.

Handhaltung rechts unsauber, kleiner Finger abgespreizt, Jackett schlecht geknöpft – Abzüge in der B-Note

Sachdienlicher Hinweis von Euronews

Es ist nicht die erste Kontroverse um Dzhambazki.

Die Behörden der benachbarten Republik Nordmazedonien beschwerten sich letztes Jahr offiziell in Sofia, nachdem er in einem Wahlkampfvideo die Regierung des Landes als »vorübergehende Herrscher über unser Mazedonien« bezeichnet hatte.

Er schickte auch einen Brief an den nordmazedonischen Ministerpräsidenten, in dem er erklärte, dass »Mazedonien bulgarisch ist«.

Er verurteilte die Istanbuler Konvention gegen häusliche Gewalt mit der Begründung, dass sie »die christliche Familie und die traditionellen Werte, die aus einem Mann, einer Frau und ihren Kindern bestehen, zerstört«. Alles andere sei »eine Perversion und Gender-Propaganda«, sagte er.

BRÜSSEL, CAFÉ BELGA

Ich kann nicht glauben, dass Russland die Ukraine angreifen wird, auch wenn praktisch alle Medien davon ausgehen. Glauben können es auf jeden Fall Aktionäre und Vermögensverwalter.

Sachdienlicher Hinweis der FAZ

Anleger greifen zu Rüstungsaktien: Lockheed Martin plus 17 %

Als Fondsmanager wäre ich eine Niete. Russische Truppen marschieren in die Ukraine ein. Zu erwarten wäre, dass die EU in Würdigung ihrer eigenen Geschichte und ihres ausgewiesenen Friedensauftrags die traditionell europäischen Waffen der Verhandlungskunst sprechen ließe. Immerhin wurde die Diplomatie seinerzeit von norditalienischen Stadtstaaten erfunden. Eine dezidiert europäische Errungenschaft, die sich angesichts zweier auf eigenem Boden entfesselter Weltkriege als politisch weitsichtiger und um Längen menschenfreundlicher erwiesen hat als jeder Einsatz schweren Kriegsgeräts. Zur Überraschung echter Europahistoriker und Friedensforscher setzt das EU-Parlament auf einen anderen Weg: Mit erdrückender Mehrheit macht es sich stark für die eskalierende Lieferung von Waffen bis hin zu Langstreckenraketen und Kampfflugzeugen westlicher Bauart.

Sachdienlicher Hinweis des Spiegel

So wie Martin Sonneborn, als er sich bei einer Resolution des EU-Parlaments zu »Russlands Aggression gegen die Ukraine« der Stimme enthielt. Den Überfall, sagt er, verurteile er, möchte aber die ebenfalls im Text enthaltenen Erklärungen zu Aufrüstung und dem Ausbau von Infrastrukturen für Fracking-Gas nicht mittragen. Bei Twitter sah er sich prompt dem Vorwurf ausgesetzt, er habe sich mit seiner Enthaltung »für den Despoten Putin und seine Aggressionen entschieden«, es gebe in dieser Frage »für einen Deutschen keine zwei Meinungen«.

»In den vergangenen Wochen bin ich immer wieder aufgefordert worden, mich zu Putin zu äußern«, erzählt Sonneborn: »Irgendwann habe ich geschrieben: Putin ist doof, ob das reichen würde.« Selbstverständlich verurteile er den Krieg. Und ebenso selbstverständlich bezeichne er sich als Pazifist, erst recht, »wenn schon im SPIEGEL gegen sogenannte Lumpenpazifisten polemisiert wird«. Auch hier versucht er, das Widerständige in einen Witz zu verwandeln: »Ich würde meinen Pazifismus bis zum Letzten verteidigen«, sagt er, »notfalls mit der Waffe in der Hand.«

Vielleicht versucht Sonneborn, angesichts der Lage einfach nur bei Trost zu bleiben.

Früher, erzählt er, habe »Die Partei« die Leute politisieren wollen. Inzwischen gehe es auch darum, »politische Standpunkte in die Öffentlichkeit zu tragen und die Leute zu irritieren«. Wenn es für diese Standpunkte – zur Ukraine, zu Corona – Beifall von der falschen Seite gibt, kümmert Sonneborn das wenig: »Als Argument ist das zu kurz, das taugt nur als Phrase bei Twitter. Wenn man überzeugt ist und eine begründete Position hat, ist es egal, wer diese Position sonst noch vertritt.«

MÄRZ 2022

BRÜSSEL, BÜRO

Schwierig, in diesen aufgeheizten Zeiten zu twittern. Wir versuchen es trotzdem.

Sachdienliche Hinweise aus dem Netz

MS: Facebook, McDonald's, Coca Cola, Pornhub & Kentucky Chlor Chicken ziehen sich aus Russland zurück – welches Land müssen wir brutal überfallen, um das auch zu kriegen? Smiley

MS: In der EU leben 450 Millionen (überwiegend) normale Menschen und eine Handvoll Energieaktionäre, Spekulanten & Krisenprofiteure (mit Mundgeruch). Ihre privaten Mineralölkonzerne haben im letzten Jahr Nettogewinne im dreistelligen Milliardenbereich gemacht. Wir hätten da mal 1 Frage an unseren Generalstab in Brüssel: Was hindert die Kommission eigentlich daran, diese multinationalen (Umwelt-) Schmierlapps mal zu temporärem Gewinnverzicht & 1 Spritabgabe zum Selbstkostenpreis zu verpflichten? Remember: For zhe many not zhe few! #Spritpreisbremse

KATAR, IN BODENNÄHE

Robert Habeck ist zu Staatsbesuch & Gasgroßeinkauf in Katar. Ein dpa-Foto zeigt ihn beim Händeschütteln mit einem traditionell gekleideten katarischen Scheich, Minister für Handel und Industrie. Der deutsche Wirtschaftsminister befleißigt sich dabei einer derart unterwürfigen Körperhaltung, dass sich die Fotoredaktion des »stern« entschließt, das Bild ein ganzes Stück nach rechts zu kippen, um den links stehenden Habeck zumindest optisch auf Augenhöhe zu bringen. Soweit wir uns erinnern, gehört es eigentlich nicht zu den Aufgaben semiseriöser Medien, die Wirklichkeit, so demütigend sie im Zusammenhang mit Regierungsvertretern der Grünen auch sei, zu deren Gesichtswahrung zurechtzurücken. Leider übersehen die Redakteure, dass der Stützpfeiler eines hölzernen Ziergitters im Hintergrund dabei auffällig aus dem Lot gerät.

Die Quittung für ihre desaströse Politik erhalten die Grünen im Saarland.

Sachdienliche Hinweise aus dem Netz

Die Welt: Grüne verpassen Einzug in Saarbrücker Landtag um 23 Stimmen

Marco Bülow: Bei der Saarlandwahl bleiben – wenn das Ergebnis so bleibt – dank der 5%-Sperrklausel über 20% der abgegebenen Stimmen für die Sitzverteilung unberücksichtigt. Das ist desaströs für die Demokratie, obwohl Abhilfe leicht ist: die Ersatzstimme.

MS: Die PARTEI ist zufrieden mit ihrem Ergebnis in der Saarlandwahl: 1 Prozent. Das sind 23 Stimmen. Smiley

APRIL 2022

BRÜSSEL, PARLAMENT

Bester Aprilscherz des Tages: Während die USA weltweit Staaten davor warnen, die Sanktionen gegen Russland zu unterlaufen, streicht die Biden-Administration auf Druck ihrer Schweinebauern klammheimlich russische Düngemittel von ihrer eigenen Sanktionsliste. Sauerei!

Sachdienlicher Hinweis aus dem Netz

MS: Mario Draghi hat es geschafft, italienische Luxusartikel aus dem EU-Sanktionspaket gegen Russland herauszuverhandeln. Gleiches gilt für die belgischen Diamantenhändler. Eeeeeh, Kollege Scholz, sollten Sie nicht schleunigst was für die deutsche Spreewaldgurke tun?

BRÜSSEL, LE MURMURE

Büroleiter Hoffmann hat mir verboten, auf den Radaubruder Melnyk zu reagieren. Aber jetzt geht der laut- und meinungsstarke Botschafter der Ukraine eindeutig zu weit: Nachdem die Stadt Osnabrück, in der ich eine nette Schulzeit verbrachte, einem in der Schweiz lebenden russischen Geiger einen Preis verliehen hat und dieser sich dafür aussprach, »Brücken zu bauen und in Kontakt zu bleiben«, poltert Melnyk los.

Sachdienlicher Hinweis aus dem Netz

Andrij Melnyk: Ich werde nie wieder Osnabrück besuchen. Schönen Tag noch, ihr heuchlerischen »Brückenbauer«. Diese musikalischen »Brücken« führen direkt in die Hölle.

MS: Antwort an Andrij Melnyk: Osnabrück? Jetzt reicht es endgültig. Darf ich fragen, Herr Melnyk, wo Sie Ihren Diplomatenschein gezogen haben? a) im Internet b) im Lotto c) bei Wish (ukr.) bestellt?

BRÜSSEL, PLENUM

Der Hohe Vertreter der Europäischen Union für Außen- und Sicherheitspolitik und Vizepräsident der Kommission vonder-Leyen Sepp Borrell (vorbestraft) meldet sich zu Wort:

»Dieser Krieg wird auf dem Schlachtfeld entschieden!« Die Aussage klingt ein bisschen wie die Kriegsrhetorik aus seinem Geburtsjahr (um 1840). Ich würde vorschlagen, ihn von EU-Chefdiplomat in EU-Chefmilitärhonk umzubenennen. Immerhin wurde die Diplomatie nicht umsonst in Europa erfunden, und wie Alexander Kluge gerne betont, wurde auch der 30-jährige Krieg durch Verhandlungen beendet. Verhandlungen, die über fünf Jahre hinweg geführt wurden, bevor in Münster und Osnabrück der Westfälische Friede geschlossen wurde. Fünf Jahre, in denen nicht mehr täglich Menschen abgeschlachtet wurden. Aber wahrscheinlich ist eh alles zu spät, mein (depressiver) Redenschreiber vermeldet gerade: »Anton Hofreiter ist auf dem Weg in die Ukraine. Damit hat Deutschland bereits seine schwerste Waffe geliefert.«

MS: Angesichts der Weltlage fordern wir die SPD auf, sich umgehend für Willy Brandt & Egon Bahr zu entschuldigen! (Smiley)

Nox887: Antwort an Martin Sonneborn: Man hofft, die satirische Überziehung hält sich als solche. Könnte aber 'ne enge Kiste werden.

BRÜSSEL, PLACE DE LA MONNAIE

Die Kampagne »Free Assange«, die für jegliche Unterstützung dankbar ist, hat mich gebeten, anlässlich der Kundgebung für Julian Assange ein paar Sätze zu sagen.

Eine überschaubare Menschenmenge ist gekommen, nachmittags hier ins touristische Zentrum von Brüssel. Ein bisschen versteckt unter einem Zeltdach, das ihm Sonnenschutz gewährt, sitzt Jeremy Corbyn, der vor mir sprechen soll, und macht sich für seine Rede unleserliche Notizen in ein Büchlein. Er spricht sehr freundlich mit wirklich allen Leuten, die auf ihn zukommen. Das sind nicht wenige.

Die Welt wäre an sehr vielen Stellen ein besserer, sozialerer und friedlicherer Ort, wenn Corbyn Premier wäre in London und nicht Boris Johnson. Leider hat das Establishment seiner eigenen Partei, Labour, zusammen mit einer einjährigen Kampagne der gesamten britischen Boulevardpresse seinen Wahlsieg unmöglich gemacht.

Als der Andrang nachgelassen hat, stelle ich mich vor und drücke meine Freude darüber aus, dass er heute auf der Bühne meine Vorgruppe sein wird. Corbyn lacht und ist zu höflich, damit zu kontern, dass ich wiederum als Vorgruppe für Chicks on Speed fungiere.

Als die Veranstaltung beginnt, hat sich der Platz doch noch ansehnlich gefüllt, nicht zuletzt durch eine Busladung Aachener mit »Free Assange«-Fahnen und Transparenten im Gefolge von Andrej Hunko, Mitglied der Linken und des deutschen Bundestags.

Auf der Bühne erklärt Corbyn klug und empathisch, dass man die komplexen juristischen Details des Falles Assange nicht verstehen, aber dennoch Flagge zeigen müsse in diesem unmenschlichen Prozess, der die Grundfesten unserer Demokratie erschüttert.

Nach dem Briten gehe ich auf die Bühne und halte eine 100-Sekunden-Rede, die mithilfe von Büroleiter Hoffmann & Assistent Oettle am Abend zuvor in einer Kneipe entstanden ist und nicht in die Geschichtsbücher eingehen wird. Es gibt freundlichen Applaus.

Sachdienlicher Hinweis aus dem Ordner »Große Reden auf Englisch«

Hello Brussels!

Today, I want to address three people directly.

Number one: Joe Biden!

Mr. Biden, I urge you to free Julian Assange! I am a representative of a small allegedly satirical party in the European Parliament, I'm a pacifist, and I'm not corrupt – I know what it means to be isolated. It's not funny.

Julian Assange has faced relentless persecution for more than ten years now. Ten years!

I know, Mr. Biden, back then, you were only Vice-President under Barack Obama, and I know you were very young: You were only ninety-five years old.

But now you are old enough to realize your mistake and to free Julian Assange!

And let me say some words about your favorite enemy Russia: Russia is committing war crimes in Ukraine. Wladimir Putin puts Russian journalists in prison if they report about it.

Dear Joe Biden: Do you have any idea who might have inspired him to act like this?

Number two: German foreign minister Annalena Baerbock!

You demanded Julian Assange's immediate release in September. Unfortunately, this was two weeks before you became foreign minister. After the election, you forgot everything you ever said. Mrs. Baerbock, try to remember! And free Julian Assange!

And number three: Priti Patel!

You are Home Secretary of Great Britain, or as I call it: Gross Britain!

You have been keeping Assange locked up in a high-security prison for three years now. This is torture. Like British food. I urge you and your people to stop what you call cooking immediately and to stop torturing Julian Assange!

British people believe you are so merciless – they even say: »Priti Patel would unplug your life support to charge her iPhone.«

I bet that most of your compatriots and the asylum seekers you are about to send to Rwanda would love to unplug you.

Thank you for your attention. Free Assange NOW!

MAI 2022

BRÜSSEL, BÜRO

Markus Kompa ist am Telefon, fragt wegen eines Telepolis-Interviews an. Ist denn schon wieder Sommer oder Winter? Egal, die Weltlage ist verworren und verlangt nach Politikern mit Übersicht.

Sachdienliche Hinweise von Telepolis

T: Lange wurde vergeblich vor einer Eskalation der Spannungen zwischen Köln und dem verhassten Düsseldorf gewarnt; in Westfalen konnte man sich bis vor Kurzem nicht vorstellen, in den rheinischen Regionalkonflikt hineingezogen zu werden. Wie soll eine PARTEI-getriebene Koalition eine drohende Tragödie abwenden?

MS: Wir würden auf jeden Fall schwere Waffen fordern, für beide Seiten natürlich. Liegt im Trend derzeit, erfreut Rheinmetall –

deren Produkte übrigens auch in der Ukraine auf beiden Seiten zu finden sind – und die üblichen Lumpenbellizisten.

T: In Hamburg erregt man sich über Transvestiten, die Berücksichtigung bei der Frauenquote beanspruchen; in Berlin wurde einer Frau kulturelle Aneignung männlicher Bademode versagt. Welche Positionen vertritt die PARTEI bei der Gleichstellung?

MS: Wir arbeiten an der Überwindung der Fixierung auf individuelle Identitäten. Der PARTEI-Anzug von C&A aus bestem Superpolyester ist ein Unisex-Modell. Darin sieht jede:r scheiße aus.

LEVERKUSEN, BAYARENA

Der Parteitag der PARTEI findet in – puh – Leverkusen statt! Es ist nicht ganz einfach, Infrastuktur für die erwarteten 1.000 Leute zu finden.

Sachdienlicher Hinweis des WDR

Am Wochenende veranstaltet die PARTEI ihren Bundesparteitag in Leverkusen. Mit großer Spannung wird erwartet, ob der Antrag »Rauchen ist geil« vom sogenannten Lungenflügel der Partei beschlossen wird. Martin Sonneborns Wiederwahl als Vorsitzender gilt als sicher. Um einen geordneten Parteitag für die rund 800 bis 1000 anwesenden Parteimitglieder zu gewährleisten, hat die PARTEI den Konzern Bayer aufgefordert, mögliche Chemieunfälle auf Wochentage zu verschieben.

Leider zieht sich die Veranstaltung, weil zwei, drei PARTEI-Mitglieder egozentrische Anträge in großer Anzahl stellen. Wir beschließen, beim nächsten Parteitag nur schriftliche Anträge zuzulassen, die live und fehlerfrei auf einer bereitgestellten Schreibmaschine formuliert werden (bulgarische Tastatur).

Der Antrag »Rauchen ist geil« wird knapp abgelehnt, weil die meisten Vertreter des Lungenflügels bei der Abstimmung gerade Raucherpause machen. Dafür wird der Bundesvorstand mit 86,99 Prozent im Amt bestätigt. In wenigen Monaten stehe ich länger an der Spitze einer obskuren Vereinigung als Angela Merkel. Smiley!

STRASSBURG, PARLAMENT

Zum Vatertag nehmen wir eine Rede auf, die sich mit den Grundwerten und -nahrungsmitteln der Menschen beschäftigt.

Sachdienlicher Hinweis von YouTube

Prost draußen an den Geräten! Die Preise für Nahrungsmittel in der EU sind um 30 Prozent gestiegen. Keine Ahnung, wen das kümmern soll, solange statistische Warenkörbe so abstoßendes Zeug enthalten wie Fleischwaren, Wurstwaren, Fischwaren, Esswaren und Fettwaren.

Die Kostenentwicklung des entscheidenden Grundnahrungsmittels hingegen macht uns ernsthaft Sorgen. Der Bierpreisindex liegt derzeit bei 109,8 – das sind genau 100 zu viel. Wenn das Glas Bier – wie der Branchendienst »Getränke News« voraussagt – die 4-Euro-Marke & der Kasten die 20-Euro-Schallmauer durchbricht, sagen WIR voraus, dass hier bald noch sehr viel mehr durchbrechen wird. 1590 Euro für ein Barrel Bier ...?!

Hätten die spaßbefreiten Weindegustatoren in der EU-Kommission auch nur den kleinsten Schimmer, was bei normalen Säufern alltäglich so los ist, dann wüssten sie um die Brisanz der Lage.

Als König Ludwig I. 1844 wegen Rohstoffknappheit den staatlich festgesetzten Bierpreis um nur EINEN Pfennig erhöhte, brachen die gewaltigsten Krawalle aus, die Bayern jenseits der Wiesn jemals gesehen hatten. Tausende tobende Trinker zertrümmerten Scheiben, erstürmten Gebäude und schlugen alles kurz und klein.

Man nannte das die Münchner Bierrevolution. Und Friedrich

Engels – DER Friedrich Engels – verband mit ihr die Hoffnung, die Volksmassen würden rasch erkennen, »dass es ebenso einfach ist, die Obrigkeit auch bei noch wichtigeren Angelegenheiten das Fürchten zu lehren«.

Und so weit will die EU es ja wohl nicht kommen lassen! ZwinkerSmiley!

Wir fordern die Kommission daher ultimativ auf, den Mangel an bezahlbarem Treibstoff unverzüglich zu beheben – und endlich die europaweite Bierpreisbremse einzuführen.

Panem et Cervisiam!

BRÜSSEL, PARLAMENT

Die Bürotür fliegt auf, so heftig wie seit zwei Jahren nicht mehr. Erregt stürmt meine Europapolitische Beraterin ins Büro: »Chatkontrolle …« »Von wegen! Nicht ohne Durchsuchungsbefehl!«, knurre ich und tippe weiter in mein Handy. »Ich antworte nur gerade meinem Büroleiter. Der ist empört, dass die EU ganz ungeniert mit Aserbaidschan fraternisiert, obwohl Alijew schon wieder nach Armenien hineinschießen lässt …«

»Quatsch, es geht um Massenüberwachung. Frau vonderLeyen will eine umfassende Kontrolle aller Messenger, Chats, Apps, virtuellen Räume, Plattformen, Texte und Bilder – einfach ALLER Kommunikationsmöglichkeiten im Netz!«

»Das kann ich mir kaum vorstellen, dann wären ja auch die SMS greifbar, mit denen sie die milliardenschweren Pfizer-Verträ…«

»Das ist ja das Lustige daran, die Kommission ist davon natürlich ausgenommen. Věra Jourová, Vizepräsidentin und zuständig für Werte & Transparenz, meint, was von Kommissionsbeamten per WhatsApp, SMS, Signal etc. verhandelt wird, beinhalte keine relevanten Informationen. Dabei läuft heute so vieles darüber.«

Mein Blick fällt auf das große »Pils for Europe«-Banner an meiner Wand: »Also ob die vonderLeyens die bei derartigen Geschäften üblichen zwei Prozent Provision erhielten, wie osteuropäische Journalisten spekulieren, tät mich schon interessieren …«

»Vergiss es, die Kommunikation der Mitarbeiter wird nur gespeichert, wenn jemand etwas aktiv archiviert, ansonsten wird nach sechs Monaten alles automatisch gelöscht.«

»Ah, jetzt weiß ich auch, warum viele Anfragen erst nach einem halben Jahr beantwortet werden. Smiley!«

Meine Beraterin schiebt mahnend eine Augenbraue nach oben: »Verstehst du nicht? Die Kommunikation von 31.000 Beamten, deren Tagesgeschäft von öffentlichem Interesse ist, wird gelöscht. Und bei den 450 Millionen Bürgern, für die sie arbeiten, soll es eine anlasslose Massenüberwachung geben …?!«

»Kinderpornografie?«

»Unfug. Sämtliche relevanten Verbände erklären, dass derartige Inhalte über verschlüsselte Links ausgetauscht werden, die durch Überwachung absolut nicht zu identifizieren sind.«

»Stimmt ja, hat mir der Kollege Breyer auch gerade erklärt.«

Sachdienlicher Hinweis von Dr. Patrick Breyer, MEP, Piratenpartei

Dieser Big-Brother-Angriff auf unsere Handys, Privatnachrichten und Fotos mithilfe fehleranfälliger Algorithmen ist ein Riesenschritt in Richtung eines Überwachungsstaates nach chinesischem Vorbild. Chatkontrolle ist, wie wenn die Post alle Briefe öffnen und scannen würde – ineffektiv und illegal.

Nachdem sich die Tür etwas leiser wieder geschlossen hat, schaue ich mir die lustigsten Tweets des Tages an. Der frühere US-Präsident George W. Bush hat bei einer Ansprache gesagt: »The decision of one man to launch a wholly unjustified and brutal invasion of Iraq. I mean of Ukraine« und kassiert jetzt viel Spott, den ich mir sehr gern durchlese. Als mir die Sache langweilig wird, beantworte ich noch ein paar Interviewfragen von krass & konkret.

k&k: Herr Abgeordneter, in unserem Interview vor der Bundestagswahl prophezeiten Sie, Olaf Scholz könnte der beste Bundeskanzler werden, den die CDU je hatte. Hat er Ihre Erwartungen erfüllt oder sollte er noch einmal ein Fischbrötchen drauflegen, wie wir in Hamburg sagen?

MS: Eigentlich bin ich mit seiner Zurückhaltung derzeit eher zufrieden. SPD und Grüne sind ja traditionell eine gefährliche Kombination für Frieden und Sozialstaat.

k&k: Nun ist Krieg ja das Lächerlichste, was es gibt, meinte Marlene Dietrich einmal, aber wann wird man je verstehen? Noch lächerlicher ist eigentlich nur der Tod, weshalb man am besten immer nur über ihn lachen sollte ... in der Hoffnung, dass er Angst vor einem kriegt und sich fernhält. Kapitalismus an sich heißt ja schon Krieg, aber Putin hat nun wieder einmal bewiesen, dass es immer noch schlimmer geht ... Mit der Bitte um ein Bekenntnis: Sind Sie Pazifist?

MS: Yep. Schon weil es sonst kaum jemand ist. Als Vorsitzender einer PARTEI, der Wählerstimmen scheißegal sind, kann ich dazu beitragen, den Meinungskorridor ein wenig offenzuhalten.

k&k: Aber peng, die Bundesregierung hatte ja nach der russischen Invasion und wochenlangen »Beratungen« ein zweites Entlastungspaket für die Reichen und die Wohlhabenden, also den Mittelstand, beschlossen – damit für alle, die nicht von den Preiserhöhungen allerorten betroffen sind ... Wäre denn aber nicht ein Entlastungspaket wichtig gewesen für die Menschen, die nicht wohlhabend sind und die von der Mega-Inflation nach der Pandemie betroffen sind?

MS: Ja. Klar. Schreibt aber niemand. Redet nicht mal jemand drüber ...

k&k: ... außer wir jetz, krass & konkret ...

MS: ... und in Spanien und Portugal deckelt übrigens die Regierung die Energiepreise und lässt die Energieerzeuger die Kosten aus ihren exorbitanten Gewinnen tragen. Es geht auch anders.

k&k: Seit dem russischen Angriff auf die Ukraine ist ja viel von

Sanktionen gegen Oligarchen die Rede. Warum fehlen eigentlich deutsche Oligarchen und auch *innen wie BMW-Erbin Susanne Klatt auf der Liste? Oder würden Sie sagen, der eine Reichtum ist unverdächtiger als der andere, nur weil er westlich der Oder erbeutet wurde?

MS: Reichtum ist immer verdächtig. Und wir sollten nicht vergessen, dass oligarchische Strukturen eine westliche Erfindung sind, als Folge kapitalistischen Wirtschaftens eigentlich unausweichlich. Wir sollten also die Sanktionen nicht auf Russen begrenzen. Was ist mit Gates, Zuckerberg und diesem Tesla-Spinner, der das Berliner Grundwasser kapert? Was ist mit den ukrainischen und den übrigen US-amerikanischen Oligarchen?

k&k: Nun ja, Optimist zu sein, sollte man sich ja spätestens am Tag der eigenen Geburt abgewöhnen. Humoristen behaupten doch gerne, in unserer ach so aufgeklärten Gesellschaft seien alle Menschen gleich. Echte Scherzkekse glauben sogar, das sei im Grundgesetz garantiert und werde in der Rechtspraxis auch angewendet. Aber woran liegt es dann, dass manche Flüchtlinge Hilfe bekommen und andere Pushbacks? Die Kolleg*innen von Monitor berichteten nun, das BAMF betreibe sogar mutmaßliche Rechtsbeugung, um politische Flüchtlinge aus der Türkei wieder loszuwerden …

MS: Diese Form des selektiven Humanismus wird besonders anschaulich durch Polen demonstriert. Man erinnere sich an die monatelange Aufrüstung der Grenzanlagen mit NATO-Stacheldraht, um Flüchtlinge aus Afrika und dem Nahen Osten brutalst abzuwehren. Polen hat nicht einmal Journalisten an die Grenze gelassen in der Zeit, weil sie ahnten, dass ihnen das keine Rechtsstaatspunkte bringt. Heute wird ihnen für die gleiche Haltung von Frau von der Leyen der Hinterkopf getätschelt und in der EU haben sie plötzlich wieder eine große Fresse.

JUNI 2022

BRÜSSEL, STRASSBURG

In der MEP-Bar bringt Hoffmann mich auf den neuesten Stand zum Thema Sperrklausel. CDU und SPD wollen eine 3,5-Prozent-Hürde für EU-Wahlen einführen, obwohl das deutsche Bundesverfassungsgericht sich in zwei fundierten Urteilen klar dagegen ausgesprochen hat. Intern wird in der Europa-CDU offen eingeräumt, dass es keine mit demokratietheoretischen Prinzipien in Einklang stehende Begründung für diese Wahlrechtsänderung gibt. Die ehemaligen Volksparteien wollen sich in Zeiten sinkender Wahlergebnisse die Mandate von Volt, Piratenpartei, ÖDP, Freien Wählern, Tierschutz- & Familienpartei aneignen – und vor allem die PARTEI wieder aus dem Europäischen Parlament hinausbefördern: zu schlechte Witze, zu viel Transparenz. Die Stumpfheit, mit der Union und SPD die Sache zum dritten Mal angehen, ist beeindruckend. Mein Büro meldet Redezeit an.

Sachdienliche Hinweise aus dem Plenarsaal

Liebe Kollegen von den ehemaligen Volksparteien,

zum wiederholten Male versuchen Sie nun schon, eine unseriöse Wahlrechtsreform durchzuboxen, um in Deutschland zu den Europawahlen eine 3,5-Prozent-Hürde einzuführen.

Das greift vor allem unser Grundgesetz und das Bundesverfassungsgericht an, das eine Sperrklausel bereits 2011 und 2014 abgelehnt hat.

Das Bundesverfassungsgericht ist neben dem HSV und Rheinmetall die letzte deutsche Institution, die in der Bevölkerung noch einen Hauch von Ansehen genießt – und nun will die Groko Haram das EU-Recht missbrauchen, das höchste deutsche Gericht umgehen und sich die Mandate von sieben kleineren Parteien aneignen.

Wie wollen Sie Polen und Ungarn von der Schönheit unseres EU-Rechts überzeugen, wenn Sie es hier dazu missbrauchen, um demokratische Standards zu senken?

Moment, das würde Viktator Orbán und der polnischen PISS-Partei sogar gefallen – ich ziehe den letzten Satz zurück.

Ich fordere Sie nachdrücklich auf, hier keine verfassungswidrigen Gesetze einzubringen – wir sind schließlich nicht in Bayern!

BRÜSSEL, PARLAMENT

Feierliches Bürotreffen mit ein paar Dosen Jupiler in dem neu installierten Besprechungsraum auf unserer Etage. Anna Glockenhell, meine Berliner Assistentin, ist dabei und ein gelernter Nachrichtenjournalist, der schon öfter Filme für die PARTEI produziert hat.

Der etwa zehn Quadratmeter große Raum bietet einen langen Konferenztisch in der Mitte und vollverglaste Wände. Er wirkt etwas freundlicher als unsere kargen Büros und kann für zwei Stunden gebucht werden. Zwei Stunden reichen, danach sind alle Insassen tot. Die Lüftung funktioniert genauso gut wie das warme Wasser hier im EU-Hauptgebäude: gar nicht.

Bevor der Sauerstoff knapp wird, sage ich, was ich anzukündigen habe: »Leute, wir drehen einen ›Bericht aus Brüssel‹, für YouTube. Es sammelt sich zu viel Berichtenswertes an hier, auf jeden Fall also dabei: ein News-Block, Anna und ich sprechen die neuesten EU-Nachrichten. Für die erste Ausgabe wollen wir außerdem einem alten Kollegen erste Hilfe leisten …«

Rainer Wieland (CDU), einflussreichster Vizepräsident des Europäischen Parlaments, sitzt in der Bredouille. Ein paar halbseidene Medien spielen ihm übel mit, anlässlich ein paar kleinerer Schönheitsreparaturen in seinem hässlichen Büro oben im 15. Stock.

Sachdienlicher Hinweis des Spiegel

Danach hat der Umbau von Wielands Büro knapp 630.000 Euro gekostet, mehr als die meisten deutschen Einfamilienhäuser.

Sachdienlicher Hinweis der Stuttgarter Zeitung

Dazu zählt etwa das »EP Dictaphone«, das mit 42.722 Euro zu Buche schlägt. Zudem sei das neue Gerät kein einfaches Diktiergerät, sondern eine hochmoderne Übersetzungsmaschine, die über eine App auf dem Smartphone zwischen vielen Sprachen hin und her übersetzen könne. Das entlaste die Abgeordneten und ihre Mitarbeiter enorm. Die hohen Kosten für das Gerät entfielen auch auf die Lizenzgebühren.

Zu gern würde ich mir das luxussanierte Büro von Wieland mal genauer ansehen, aber mich kennt der Schwabe natürlich. Anna Glockenhell dagegen nicht. Sie war *Titanic*-Redakteurin, beherrscht das unseriöse Gewerbe also aus dem Effeff und ist sofort bereit einzuspringen. Besonders interessiert uns das von der Presse mehrfach erwähnte ominöse IDEA LAB, das im Zuge der Umbauarbeiten direkt neben Wielands Büro errichtet wurde.

Anna fährt mit dem Fahrstuhl nach oben, und als sie am Büro ankommt, hält sich Wieland tatsächlich gerade in den neu gestalteten Räumen auf – und langweilt sich offensichtlich. Auf Annas charmante Bitte hin – »Oh, hallo, Herr Wieland, nicht wahr? Ich bin Assistentin im Parlament und habe von Ihrem tollen IDEA LAB gehört …« – erklärt Wieland sich bereit, ihr alles zu zeigen.

Das IDEA LAB ist etwas kleiner als unser gläserner Besprechungsraum, enthält nebeneinander an der Wand drei Monitore (für 1., 2. & 3. Programm?), zwei Standgeräte mit Bildschirm oder Tablet, die in den frühen 80ern eine moderne Anmutung gehabt und technisch ganz weit vorn gelegen hätten, einen Tisch – und an einer Querseite drei Stufen, zum Sitzen geeignet, aus Corian, einem beliebten Material für Designer-Badezimmer, 1.000 Euro pro Quadratmeter.

Stolz führt Wieland das EP Dictaphone (42.722 Euro; unverb.

Preisempf. bei Käufern, wo keine Ahnung) vor. Es ist eine Art uneleganter Standfuß für ein Tablet, auf dem eine App installiert ist. Eine Übersetzungs-App. Der Vizepräsident des Europäischen Parlaments tippt hilflos darauf herum. »Wie ist noch das Paschwort hier?«, ruft er seiner Mitarbeiterin zu. »Das müsste eigentlich automatisch kommen … EP-User.«

Dann wendet er sich erwartungsvoll lächelnd meiner Assistentin (blond) zu: »Was können Sie besonders gut außer Deutsch?«

»Ich kann etwas Tschechisch. Und Badminton.« Anna schaut ihn misstrauisch an: »Wieso?«

»Ich meinte: Sprache. Diktieren Sie mal was!«

Anna (diktiert): »Ja, hallo, wir sind hier gerade mit Rainer Wieland in dem wunderbaren IDEA LAB und er erklärt mir alles.«

Wieland schraubt an der hochmodernen & -preisigen Übersetzungsmaschinerie herum. Das Tablet zeigt einen Text auf Tschechisch an.

Anna (gelangweilt): »Das ist Tschechisch, ja.«

Wieland (begeistert): »Sie diktieren, und dann kommt die Rohübersetzung, und dann können Sie sich das aufs eigene Account schicken, und die Leute, die wirklich Tschechisch können, die können dann das Feintuning machen. Aber 80 Prozent der Arbeit müssense nicht machen. (schaut bedrückt) Also mit ›IDEA LAB‹, das hat er nicht geschnappt hier, das hat er so nicht geschnappt.«

Anna (gemein): »Ach, hat er nicht?«

Wieland (entschuldigend): »Ja, wenn Sie Deutsch sagen und sprechen Englisch, da tut er sich natürlich schwer, weil er nach deutschen Worten sucht.«

Anna (noch gemeiner): »Muss man es auf Deutsch sagen? Eii-Diiiiiiir-Läääpp …«

Wieland: »Das sind so Spezialausdrücke, das ist wie wenn ich im Deutschen einen lateinischen Ausdruck nehme, tut er sich wahrscheinlich auch schwer.«

Anna (bewundernd): »Aber Ihr Name ist bekannt, der ist richtig konjugiert, Reinerem Wielandem …«

Wieland (stolz): »Das kanner, das kanner!«

Anna (tröstend): »Und die KI lernt ja noch!«

Wieland: »Jaha, das ist ja klaudbasiert, deshalb auch nicht ganz günstig, deshalb wollen wir testen, wie viele brauchen's wirklich, da kauft man nicht die Ausrüstung und dann benutzt man's nicht. Also wir wollen Sachen: Jusefull, jusebell und juset – Sachen, die nützlich sind, gebr…«

Anna: »Ah, das können wir doch gleich mal eingeben, mal sehen, ob er das richtig übersetzt.«

Wieland: (abwehrend) »Also bei so Spezialsachen …«

Anna: (befehlend) »Nun machense mal auf Englisch (spricht langsam und deutlich): Useful … usable … and used.«

Wieland: (schraubt in der App herum) »Ja, das kanner, Englisch! (murmelt) So, auf Deutsch … (spricht extrem deutlich, langsam und betont) Jusefull, jusebäll und juset!«

Anna (liest ab): »Nützlich, nutzbar und … gebraucht …?!«

Wieland (flehend): »Dass es auch gebraucht wird. Auch benützt wird.«

Anna (ohne Gnade): »Aber das klingt wie, wie … Gebrauchtwagenkauf?«

Wieland: »Nee, nee!« (Tippt verwirrt im Menü herum) »Da gibt es noch ›Englische Erfahrungsunterstützung‹. Aber das haben die alles versucht: Englisch zu schnacken und aufs Deutsche übersetzen, das gibt halt nur Müll, wenn man die Eingangssprache Engli…«

Anna (begeistert): »Super! Das ist auf jeden Fall sein Geld wert!«

Wieland (nimmt das offensichtlich ernst): »Gut, dann suchen wir mal Spanisch und Tschechisch.«

Anna: »Ach, das geht auch mit Spanisch und Tschechisch?«

Wieland: »Nu, man kann alles aussuchen! Aber wenn dann ein Bulgare das macht und kennt sich mit Dänisch aus, dann kann man sagen, die Kombination Bulgarisch-Dänisch ist zu schwach. Wir wollen es ausprobieren, aber …«

Anna (verliert jegliches Interesse und schaut sich um)

Wieland (lamentierend): »Aber die Schwierigkeit ist ja, da kommt jemand und schleppt das Gerät in sein Büro und bringt das nicht zurück. Also, wir müssen da schon mit ein paar Tricks arbeiten: Da ist ein Stecker, und die Steckdose ist nur hier, sodass es im Büro dann leer läuft …«

Anna (zeigt auf die Mini-Sitztribüne): »Das ist Corian, ja?«

Wieland (schroff): »Keine Ahnung!«

Sachdienliche Hinweise der Stuttgarter Zeitung

Es sei sinnvoll, eine Neuerung auszuprobieren, bevor sie womöglich für alle Parlamentarier angeschafft werde, unterstreicht Rainer Wieland. Dieses Vorgehen habe sich in der Vergangenheit bei der Gebäudeausstattung als Vorteil erwiesen und viel Geld gespart. Dass in diesem Fall sein Büro als Experimentierfeld genutzt werde, sei kein Egoismus, sondern schlicht Zufall. »Wenn sich jemand daran stört, kann ich auch sofort umziehen«, sagt der Abgeordnete, damit habe er absolut kein Problem.

Sachdienlicher Hinweis aus dem Netz

MS: Herr Vizepräsident Wieland, ich störe mich daran. Übrigens auch viele Bürger aus Ihrem Wahlkreis in Stuttgart, die wir mal unverbindlich für unseren »Bericht aus Brüssel« befragt haben. Tauschen wir die Büros? ZwinkerSmiley.

BRÜSSEL, CAFÉ BELGA

In London bestätigt Innenministerin Priti Patel, der man wirklich nicht ansieht, dass sie sich ihre Augenbrauen für 30.000 Pfund aus der Staatskasse in Schuss bringen ließ, die Auslieferung von Julian Assange. Während die Bundesregierung weiterhin schweigt, verspricht der französische Päsidentschaftskandidat Mélenchon, Assange im Falle eines Wahlsieges einzubürgern und auszuzeichnen. Der mexikanische Präsident zeigt bei einer Ansprache Ausschnitte aus »Collateral Murder« und sagt: »Mexico opens the door to Assange!« Man kann sich also auch ehrenwert verhalten im Falle Assange.

Sachdienlicher Hinweis der Berliner Zeitung

Martin Sonneborn sieht im Schweigen der Bundesregierung eine verhängnisvolle Entwicklung: Kritischer Journalismus ist nur noch unter Lebensgefahr möglich.

Maier: Was können und müssten deutsche Politiker und Journalisten jetzt tun, um Assange zu helfen?

MS: Den Fall Assange endlich als das begreifen, was er ist: Nicht die Veröffentlichungen von Julian Assange und Wikileaks sind kriminell, sondern die Auslieferung eines australischen Journalisten an die USA und sein jahrelanges Dahinrotten in einer zwei mal drei Meter großen Zelle im Hochsicherheitsgefängnis Belmarsh.

Maier: Kann das EU-Parlament tätig werden? Die EU steht ja für Menschenrechte wie die Pressefreiheit ...

MS: Theoretisch ja. Aber SPD und CDU streichen den Namen Assange in parlamentarischen Berichten zur Pressefreiheit aus jeder noch so unbedeutenden Fußnote heraus. Die einzige semioffizielle Nennung des Namens Assange in der EU finden Sie in einer Broschüre, die wir selbst produziert haben und die man auf meiner Homepage herunterladen kann.

Maier: Warum schweigt Bundesaußenministerin Baerbock? Hat sie jemals auf Ihre Anfragen, Ihr Dossier reagiert?

MS: Nein. Vor der Wahl forderten Baerbock und Habeck die Bundesregierung auf, sich für Assanges Freilassung einzusetzen. Nun, da sie selbst der Regierung angehören, scheinen diese Pappnasen sich noch nicht einmal mehr daran erinnern zu können, derartige Forderungen jemals gestellt zu haben.

Maier: Was wäre die Lehre, wenn es nicht gelingt, Assange vor der Auslieferung zu bewahren?

MS: Dann ist das Prinzip der Meinungs- und Pressefreiheit erledigt. Und damit einer der Grundpfeiler unserer liberalen Demokratie, die wir in Auseinandersetzungen mit China, Russland und dem Rest der Welt als zentrales Argument unserer moralischen Überlegenheit anzuführen pflegen. Aber das Exempel ist eigentlich bereits statuiert, mit oder ohne Auslieferung. Und kritischer Journalismus, zumal wenn er die

Interessen der US-amerikanischen Regierung berührt, ist nur noch unter Lebensgefahr möglich.

Wenn sich die internationalen Gepflogenheiten gegenüber einer freien Presse dahin gehend verändern, dass Regierungen die Auslieferung ihnen missliebiger Journalisten erreichen können, wird es auch bei uns demnächst ein paar freie Redakteursstellen geben: Böhmermann geht in den Knast nach Ankara in eine Doppelzelle mit Deniz Yücel, Georg Mascolo in ein Gefängnis auf den Cayman-Inseln. Und Oliver Schröm, der die Cum-Ex-Betrügereien aufgedeckt hat, wird an Bundeskanzler Olaf Scholz ausgeliefert. Smiley

JULI 2022

BRÜSSEL, CAFÉ KARSMAKERS

Wir sitzen mit Eric Bonse zusammen, einem der wenigen Brüsseler Journalisten, die versuchen, die mit ihrer Berufsbeschreibung verbundene demokratische Wächterfunktion noch unbestechlich wahrzunehmen.

»Eric, wer macht eigentlich die Politik in Brüssel? Mir kommt Frau vonderLeyen immer vor wie eine Schauspielerin, die eine Kommissionspräsidentin spielt. Sie hat keine Ahnung von der Materie, weicht jeder kritischen Befragung durch Medien oder Parlament aus.«

»Kritische Befragung durch Medien? Nicht durch deutsche, da erlebe ich relativ wenig. Und da derzeit fast alles über Videokonferenzen läuft, kann man unliebsame Fragesteller auch einfach nicht zu Wort kommen lassen.«

»Aber wer legt denn gerade die Leitlinien für die europäische Politik fest?«

»Das wird Seibert sein, ihr Kabinettschef. Es heißt, er habe eine

Standleitung zu Jake Sullivan, dem Büroleiter von Präsident Biden. Ich vermute, dass die beiden, Sullivan und Seibert, die Politik für Europa machen.«

»Lustig, ein subalterner Beamter, noch weniger gewählt als die Kommissionspräsidentin, führt unseren alten Kontinent.«

AUGUST 2022

BRÜSSEL, CAFÉ BELGA

Neben dem 25-Prozent-Bonus in Jupiler-Dosen gibt es ein zweites, untrügliches Zeichen dafür, dass Sommer ist. Markus Kompa, *Telepolis*, fordert energisch ein »richtig großes Sommerinterview« ein.

Sachdienlicher Hinweis von Telepolis

T: Herr Sonneborn, mit welchem Dienstgrad dürfen wir Sie anreden und welche Verwendung können Sie als Reservist für Ihr Vaterland gegen Mütterchen Russland einbringen?

MS: Wenn ich mich recht erinnere, verließ ich die Bundeswehr als Oberstgefreiter, das kommt gleich hinter General. Für kriegerische Auseinandersetzungen tauge ich aber wenig. Im Wehrdienst habe ich bei Schießübungen immer auf die Zielscheibe meines Nachbarn gehalten, was bei dem stets zu überraschenden Ergebnissen führte.

T: Hätten wir Russland damals über die Flanke angreifen sollen?

MS: Wichtig ist, dass wir überhaupt angegriffen haben. Ich gehe davon aus, dass in der aktuellen Situation auch Hitler ganz neu bewertet wird, schließlich hat er gegen die Russen gekämpft. Sieht so aus, als wären Teile der Öffentlichkeit gerade dabei, Willy Brandt auf den Platz von Adolf Hitler zu schubsen und umgekehrt.

T: Welche sind Ihre Lieblings-Tierpanzer?

MS: Schildkröte, Gürteltier, Kakerlak.

T: 2019 forderten Verteidigungsministerin und Kanzlerin die Anschaffung eines Flugzeugträgers. Bekommt Lambrecht den schneller fertig als den BER und gibt es schon eine Tierbezeichnung?

MS: Natürlich nicht. Außerdem sind die Deutschen einfach schlechte Europäer. Wenn wir schon wahnwitzige 100 Milliarden in Militärtechnik investieren, statt in Sozialsysteme und Infrastruktur, dann doch bitte in deutsch-französische Projekte. Die Ampel kauft lieber in Amerika: atomwaffenfähige Flugzeuge, Frackinggas, genmanipuliertes Soja.

T: Bundeskanzler Scholz war neulich einer unbequemen Frage arrogant ausgewichen. Könnten Sie ihn mit Ihrer rhetorischen Kompetenz für elegante Kniffe schulen?

MS: Ja, könnte ich. Das war's.* (Pause) Übrigens hätte ich früher gern noch ein »Halten Sie die Fresse!« angehängt. Aber die Zeiten werden ruppiger, das ist kein Alleinstellungsmerkmal mehr.

T: Sie wollen die Bundestagswahl in Berlin wiederholen lassen, was Ihnen maximal zwölf Direktmandate verschaffen könnte. Rechnerisch wäre dann für die PARTEI eine Koalition mit FDP, AfD und jeweils entweder der SPD oder der CDU greif- bzw. duldbar. Werden die Sozen wieder alles mitmachen?

MS: Sicher, aber wir nicht. Eine Koalition mit den unmoralischen AFDP-Tüpen kann ich ausschließen. Mit der CDU sowieso. Und mit der SPD erst recht. Nein, wir bleiben eine fundamentaloppositionelle Zwei-Prozent-Partei mit großer Klappe. Irgendjemand muss ja seriöse Opposition betreiben.

T: Was läuft so in Brüssel?

MS: Extreme Sommerpause. Außer in meinem Büro, da knallen gerade die Korken, weil wir den neuesten »Bericht aus Brüssel« abgedreht haben. Es geht um Armut in der EU, ohne Champagner ist das nicht zu ertragen.

* Scholz hat kürzlich im Interview eine Frage einfach mit »Das war's« abgebürstet.

T: Nachdem sie im EU-Parlament Strohhalme verboten haben, klammert man sich da inzwischen nun an Gas und Nuklearenergie. Hätten Sie geahnt, dass fossile und nukleare Energieträger nachhaltig sind?

MS: Im Nuklearbereich ist eine gewisse Nachhaltigkeit ja offensichtlich. Lustig, dass jetzt auch Rüstungskonzerne kräftig dafür lobbyieren, ihre Produkte als nachhaltig einzustufen.

T: Im Gründungsjahr hieß der Bundeskanzler Gerhard Schröder. Hätten Sie sich träumen lassen, dass Sie heute vom Establishment als der seriösere Politiker wahrgenommen werden?

MS: Ehrlich gesagt: ja. Allerdings zu Unrecht. Ich kenne Schröder ja, weil ich 1997 für Titanic mal mit ihm telefoniert habe, da lag er völlig betrunken in einem Hotelbett in Seattle und hielt mich für Tony Blair.

T: Derzeit werden wieder 5-Prozent-Hürden hochgezogen. Ziehen Sie als alter Profi einen Wechsel in eine etablierte Partei in Erwägung?

MS: Sie spielen auf die 3,5-Prozent-Hürde in der EU an, mit der SPD & CDU uns aus dem EU-Parlament vertreiben wollen? Ich wechsle nicht. Höchstens in meine eigene Bewegung. Nach Macrons erfolgreicher Parteigründung »La République en Marche« hab ich mir »Republik am Arsch« schützen lassen. Das passt ja bestens, bei dem wirtschaftlichen Selbstmord, den die neue Groko Haram gerade betreibt.

T: Beim letzten Bundesparteitag sind Sie mit nur 86 Prozent bestätigt worden. Ist diese Wahlschlappe der Anfang vom Untergang?

MS: Halten Sie die Fresse!

BRÜSSEL, CAFÉ BELGA

Büroleiter Hoffmann meldet sich telefonisch aus Berlin (bei Polen). Vor dem Landesverfassungsgericht wird gerade unsere Klage* auf Wiederholung der Abgeordnetenhauswahl verhandelt. Die Eröffnung der Richter ist überraschend deutlich: Die gravierenden Fehler in der Wahl führen zu der Ankündigung, dass sie die Wahl wohl für ungültig erklären werden. Eine schöne Entscheidung, wenn man bedenkt, welchen Wert Väter & Mütter des Grundgesetzes der Stimmabgabe in unserer Demokratie noch beigemessen hatten. Außerdem eröffnet sie uns ganz neue strategische Möglichkeiten: Ab sofort werden wir alle Wahlen, die wir verlieren, einfach wiederholen lassen. Dass wir die Berliner im kommenden Februar von der Brandenburger Trulla Frau »Dr.« Giffey befreien können, ist ein nicht unwillkommener Nebeneffekt.

Sachdienlicher Hinweis aus dem Netz

Marco Buschmann: Es ist eine grenzenlose Peinlichkeit, dass es in der Hauptstadt unseres Lands nicht gelungen ist, demokratische Wahlen angemessen zu organisieren. Zugleich zeigt das laufende Verfahren, dass unsere demokratischen und rechtsstaatlichen Kontrollmechanismen funktionieren.

Carsten Spille: … Zugleich zeigt das laufende, von der Satirepartei @DiePARTEI und @MartinSonneborn angestossene Verfahren, dass unsere demokratischen und rechtsstaatlichen Kontrollmechanismen funktionieren. (fixed it for you, @MarcoBuschmann)

* Peinlicherweise wurde in dem Verfahren noch eine zweite Partei als Klägerin zugelassen, die AfD. Die klagte allerdings nur auf Wiederholung bei den Zweitstimmen, weil sie mit den Erststimmen in Marzahn-Hellersdorf zwei Direktmandate errungen hatte, die sie nicht gefährden wollte. Smiley!

BRÜSSEL, BÜRO

Feierstimmung im Parlament: Die alljährlichen Reden zum »State of the Union« stehen an. Ich bitte meinen (depressiven) Redenschreiber um ein paar Sätze zur allgemeinen Situation. Dann notiere ich kurz schon mal in Stichworten, was in die Rede muss, und mache mir Gedanken darüber, was ich anziehen werde: rosafarbenes Jackett, gelbes Jackett oder schwarzes Hemd.

Sachdienliche Hinweise aus dem Ordner »Ungehaltene Reden III«

Hier ein paar lose Ideen, Chef:

1) Sehr geehrte Generalstabs-, äh: Kommissions-Chefin vonderLeyen, ich hoffe, Sie hatten einen schönen Urlaub im 5-Sterne-Hotel in Südtirol. Lassen Sie mich Ihnen ein kurzes Update darüber geben, was im Sommer so passiert ist: Der russische Öl- und Gaskonzern Gazprom hat gerade einen Rekordgewinn von 42 Milliarden Euro vermeldet, mehr als im gesamten Jahr 2021. Dazu eine Frage: Welche Sanktionen gegen Russland planen Sie, um Gazprom auch im zweiten Halbjahr einen Rekordgewinn zu sichern? Und könnten Sie die Millionen Armen in Deutschland, den Mittelstand und mich auch mit Sanktionen belegen?

2) Gewähren Sie mir überdies noch eine persönliche Beileidsbekundung: Mit Bestürzung habe ich gelesen, dass Ihr Pony »Dolly« gerissen wurde. Können Sie schon mit Sicherheit sagen, dass es sich beim Täter um einen Wolf handelte – oder war es möglicherweise doch ein armutsbetroffener EU-Bürger, der sich sein Essen nicht mehr leisten konnte?

3) Inklusion ist natürlich eine lobenswerte Sache, aber wenn man eine behandlungsbedürftige Irre auf den obersten Posten der Exekutive setzt, dann läuft es insgesamt doch eher auf Exklusion hinaus.

4) Sehr geehrte Generalstab-, äh: Kommissionschefin: Europa ist kein Ponyhof.

Die Kommissionspräsidentin bei einer ihrer Lieblingstätigkeiten: SMS löschen (aus Versehen)

STRASSBURG, PLENARSAAL

Russland, Ukraine, Russland, Ukraine … – vonderLeyens Rede zur Lage der Europäischen Union dreht sich fast ausschließlich um den Krieg im Osten. Nach ihren 60 Minuten habe ich 60 Sekunden, um die Situation zumindest etwas zu erden. Vom Rednerpult werfe ich einen Kontrollblick auf das kanariengelbe Jackett der Präsidentin drei Meter rechts von mir. Diesmal spreche ich sie direkt an:

»Sehr geehrte Frau vonderLeyen,

mit Karl Kraus zu sprechen: Mir fällt zum Zustand der EU nichts ein. Um uns von einem Gas-Lieferanten zu lösen, der einen brutalen Angriffskrieg führt – PUTIN –, haben Sie uns einen gesucht, der einen brutalen Angriffskrieg führt: ALIJEW.

Auch wenn viele deutsche Medien schweigen – derzeit überfällt die Öldiktatur, die Sie zum ›vertrauenswürdigen Partner‹ erklären, das demokratische Armenien. Respekt für Ihre Wahl, immerhin liegt unser neuer bester Kumpel Aserbaidschan in Sachen Demokratie, Presse und bürgerliche Freiheiten noch weit hinter Russland. Nur bei der Bestechung korrupter CDU-Honks ist Alijew ganz vorn.«

Honks, Honks, es ging ganz einfach und klang gut. Im vergangenen Jahr hatte ich diese Beleidigung noch halbwegs mit einem Hüsteln überdeckt. Aber die Zeiten sind vorbei. Ich werfe einen schnellen Blick nach rechts, die Kommissionspräsidentin sitzt unbeweglich und ist scheinbar vertieft in ihre Aufzeichnungen. Ich hole Luft und strecke das Kreuz durch.

»Als Sie Ihren Dienst hier antraten, dachte ich, Sie seien lediglich unfähig und ein bisschen kriminell; inzwischen weiß ich, dass Sie auch beeindruckend moralfrei sind: An den Außengrenzen sterben täglich Flüchtlinge, Fracking-Gas und Atomkraft sind auf einmal nachhaltig, und Sie löschen routiniert Ihre SMS zu den Milliarden-Zahlungen an Pfizer. Mir fällt zur EU nichts mehr ein.

Außer: Wir sollten Europa nicht den Leyen überlassen!«

Sachdienlicher Hinweis des Redaktionsnetzwerks Deutschland

Von der Leyen, die selbst anwesend war und nur wenige Meter entfernt vom Rednerpult saß, saß während Sonneborns Standpauke nahezu regungslos da und blickte überwiegend auf ihren Tisch. Auch als Sonneborn nach seinem Wortbeitrag die EU-Kommissionspräsidentin direkt anschaute und an ihr vorbeiging, blickte diese nicht auf.

Sachdienliche Hinweise aus dem Netz

Antitroll Hans Müller: Sie haben so was Destruktives. Gibt's da noch was Konstruktives, oder wars das?

The Ernest: Danke für die klaren Worte. Ich hätte mindestens 63 Sekunden gebraucht

STRASSBURG, BÜRO

Komisch, ein paar Bedenken hatte ich schon gehabt, als ich nachts versuchte, meine Kritik an vonderLeyen auf homöopathische 60 Sekunden zu reduzieren. Namenlose korrupte CDU-Honks sind das eine, aber bei den Vorwürfen »kriminell« und »moralfrei« hätte mich auch eine Reaktion von Parlamentspräsidentin Metaxa oder den konservativeren Kollegen nicht überrascht. Als ich mir die Rede interessehalber in einigen der anderen 23 Amtssprachen der EU anhöre, wird mir der Grund klar: Die Ausländer im Parlament haben eine inhaltlich leicht verwaschene Version der Rede gehört.

Natürlich ist die simultane Übersetzung extrem schwierig und der letzte Satz für einen Dolmetscher kaum adäquat zu übersetzen – aber für die Worte »kriminell« und »moralfrei« sollte es auch im Englischen Entsprechungen geben. Ebenso hätte der Hinweis »An den Außengrenzen sterben täglich Flüchtlinge« meines Erachtens nicht simultan unverdolmetscht bleiben müssen.

Sachdienlicher Hinweis aus meinem Büro

Diese Reden sind simultan nicht zu übersetzen, da kann man den Dolmetschern keinen Vorwurf machen. Hier kommt die englische Übersetzung, ins Deutsche zurückübersetzt:

»Sehr geehrte Frau von der Leyen, um Karl Krauss' Worte zu nutzen: ›Nichts fällt ein, wenn es um die Lage der Union geht.‹ Wenn man sich den Gaslieferanten anschaut, der einen brutalen Krieg führt – Putin. Er versucht einen Angriffskrieg zu führen. Eine Zahl an Medien schweigen bezüglich dieser Art Öldiktaturen und dann sehen wir, was passiert im demokratischen Armenien. Aber dann haben wir uns auf Aserbaidschan zu verlassen, wenn es um das Hochhalten der Pressefreiheit geht, und die liegen, was dies betrifft, noch weit hinter Russland. Und dann scheint Alijew weit vorn zu sein. [kompletter Aussetzer bei der Ansprache (kriminell) an vdL] Inzwischen wissen wir, ... in Bezug auf Moral ... wir haben Flüchtlinge, die Schlange stehen, um zu uns zu kommen und ... das Löschen von SMS macht sich millionenschwer bezahlt für Pfizer. Es fällt nichts ein, wenn es um die Lage der Union geht. Wir sollten wirklich nicht Europa den Laien überlassen.«

Die Franzosen müssen genau wie Griechen und Tschechen auf den Verweis zur Korruption der CDU-Honks verzichten, ebenso wie auf den Hinweis zur wundersamen Grünwerdung der Atomkraft. Meine Lieblingsübersetzung aber liefert der tschechische Dolmetscher: »Um uns vom Gaslieferanten zu lösen, der ... äh ... der einen brutalen (schluckt) Krieg führt, haben wir einen neuen Verbündeten, genauso brutal, Alijew. (Pausiert kurz, hört zu) Das ist eigentlich Armenien. Auch unser bester Kamerad Aserbaidschan, der ein ausgezeichnetes Beispiel ist für Freiheit und Medien, Demokratie und so weiter.«

Sachdienlicher Hinweis der Welt

Sonneborn hält im Plenum ziemlich irre Ein-Minuten-Reden – aber noch irrer sind die offiziellen Simultanübersetzungen. Wenn schon seine Kurzinterventionen zu einem derart babylonischen Sprachkuddelmuddel führen (immerhin haben bei ihm die Übersetzer etwas zu lachen), wie gut steht es dann um das länderübergreifende Verständnis komplexer Sachverhalte im EU-Parlament?

Sachdienlicher Hinweis aus dem Netz

Christian Masson: Respect. A version hastily translated into French has already made more than 250K views, a success that reflects a disillusion: European construction should respond to noble democratic aspirations, but its governance is turning it into a nightmare for us.

STRASSBURG, PLENARSAAL

Gelangweilt verfolge ich eine Ansprache von EU-Innenkommissarin Ylva Johansson, als plötzlich Bernhard Zimniok direkt neben meinem Platz steht, ehemaliger Oberstleutnant einer

Luftlandedivision, jetzt für die AfD im Parlament gelandet. Der drahtige Mann mit grauer Kurzhaarfrisur und eisgrauem Bart, dem man seine 70 Jahre nicht ansieht, lächelt mich an und sagt: »Tolle Rede, die Sie da gehalten haben. Schade, dass mir das nicht eingefallen ist!«

BRÜSSEL, LE MURMURE

Ach, du Scheiße, Nord Stream II ist in die Luft gesprengt worden. Bzw. ins Wasser. Die Europapolitische Beraterin und ich, wir haben ein gutes Alibi, wir sitzen seit Stunden hier an der Theke. Jetzt verfolgen wir bei Twitter die eindrucksvollen Methanblasen, die in der Ostsee lustig herumsprudeln. »Die Bundesregierung hat ihre Milliarde an die USA nicht abgedrückt«, ist meine erste Vermutung. Stützen kann ich sie mit einem reaktionsschnellen Tweet meines Parlamentskollegen Radek Sikorski (EVP). Sikorski, ehemaliger Außen- und Verteidigungsminister Polens, schreibt unter einem Bild des Methanaustritts »Thank You, USA«.

»Dann sollten sie sich warm anziehen da drüben«, sagt die Frau neben mir an der Theke, »vonderLeyen hat gerade gesagt: ›Jede vorsätzliche Störung der aktiven europäischen Energieinfrastruktur ist inakzeptabel und wird zu der schärfsten möglichen Antwort führen.‹ Smiley!«

Andererseits sei meine Quelle absolut unseriös: »Sikorski, Sikorski, weißt du überhaupt, wer das ist?«

Weiß ich natürlich nicht: »Der Hubschrauberverkäufer?«

»Das ist der Mann von Anne Applebaum. Der hat die höchsten Nebeneinkünfte im gesamten EU-Parlament, und das will was heißen. Er hatte ins EU-Parlament wechseln müssen, nachdem er in Warschau durch die ›Tonband-Affäre‹, einen heimlichen Gesprächsmitschnitt mit Exfinanzminister Rostowski, untragbar geworden war. Ich habe damals ein paar Auszüge im *Spiegel* gelesen. Noch zwei Bofferding, wir diskutieren das morgen …«

Sachdienlicher Hinweis des Spiegel

Großbritanniens David Cameron sei »inkompetent«. Und Warschaus Treue zu Washington sei »nichts wert«: »Wir bekommen Streit mit den Russen und den Deutschen. Und glauben, alles ist super, weil wir den Amerikanern einen geblasen haben.« Diese polnische Unterwürfigkeit sei kaum zu ertragen: »Loser, alles Loser«, sagt Sikorski, die Mentalität der Polen: »n****haft«. Rostowski fragt nach: »Wie?« Sikorski wiederholt: »Murzyńskość«, »N****haftigkeit«.

Sachdienlicher Hinweis meiner Beraterin

Seither bezieht Sikorski neben seinem EU-Abgeordnetengehalt jährlich zwischen 588.000 und 804.000 Euro aus sogenannten Nebenverdiensten. Nach Recherchen der NRC Handelsblad erhält Sikorski jährlich allein 93.000 Euro als Berater aus den Vereinigten Arabischen Emiraten (kostenlose Urlaubseinladungen in dortige Luxushotels nicht eingerechnet), während er als Abgeordneter versucht, kritische Resolutionen gegen seine Geldgeber zu beeinflussen.

Der eigentliche Korruptionsskandal des Europaparlaments ist, dass er gar nicht als solcher wahrgenommen wird. Nebenverdienste jeder Höhe, jeden Zuschnitts und jeder Herkunft sind im EU-Parlament irrsinnigerweise erlaubt. Dass (zumal ab einer relevanten Höhe) derartige Geldflüsse die Freiheit des Mandats und die Unabhängigkeit des Parlaments bedrohen, thematisiert man in Brüssel natürlich nicht gern. Noch nicht einmal, wenn es zu Interferenzen zwischen Nebeneinkünften und parlamentarischer Arbeit kommt, etwa wenn die finnische Sozialdemokratin Miapetra Kumpula-Natri Einkünfte von zwei Energieunternehmen erhält, gleichzeitig aber Mitglied des für Energie zuständigen Parlamentsausschusses ist. Oder wenn Abgeordnete erhebliche Teile ihrer Gesamteinkünfte aus landwirtschaftlichem Betrieb beziehen, während sie in Parlament und Ausschüssen die EU-Agrarpolitik mitgestalten, über die ebenjene Geldflüsse an die Landwirtschaft geregelt werden.

Wochen später ist immer noch nicht klar, wer hinter den Anschlägen auf die »kritische Infrastruktur« Nord Stream 2 steckt. Und eigentlich scheint es auch niemanden wirklich zu interessieren. Insgeheim habe ich natürlich eine Theorie.

Sachdienlicher Hinweis der Berliner Zeitung

Der EU-Abgeordnete Martin Sonneborn (57) hat inzwischen eine eigene Idee dazu, wer die Sabotage beauftragt haben könnte. »Ich glaube, es war Ronald Reagan«, sagt der ehemalige »Titanic«-Chefredakteur der Berliner Zeitung. »Die Washington Post hat gerade berichtet, dass die USA 1982 unter Reagan schon einmal eine russische Gaspipeline in Sibirien gesprengt haben. Es gab die größte konventionelle Explosion, die jemals vom Weltall zu sehen war, die Sowjetunion verlor Devisen und die Westeuropäer billiges Gas.«

OKTOBER 2022

BRÜSSEL, PARLAMENT

Marco Bülow ist zu Gast im EU-Parlament. Ich habe ihn zu einem Vortrag über den Zustand der Demokratie in Deutschland eingeladen. 30 Zuschauer hören ihm im kleinen Sitzungssaal zu, über 150.000 später auf meinem YouTube-Kanal.

Sachdienliche Hinweise von Marco Bülow

»Ich war ja 16 Jahre im Bundestag für die SPD: Also Demokratie hatte ich mir anders vorgestellt. Monopoly ist ein richtig gerechtes Spiel gegen das, was in der Politik passiert. Die Gasumlage, jeder schon mal mitbekommen, was das ist? Dieses Gesetz haben keine Experten geschrieben, es hat keine wissenschaftlichen Diskussionen darum gegeben, sondern es haben wirklich Konzernzentralen geschrieben, die vor allen Dingen im Gasgeschäft sind. (…) Ich habe immer gewusst, von oben passiert es nicht. Es wird keine Änderung kommen. Die Scholz, Steinbrücks, Steinmeiers, sie werden diese SPD immer regieren. Und wenn der eine weg ist, kommt der Nächste. (…) Diese Standleitung von Lindner zu Porsche, das war für mich nichts Neues. Das ist die Regel, dass es so ist. Und es gibt nur wenige Ausnahmen von Ministern und Staatssekretären, die es anders machen. (…) Was die Opposition sagt, ist völliger Bullshit für die Regierung und wird immer per se abgelehnt. (…) Wenn die Fraktion das so vorgibt, wird es auch so gemacht. Parteitagsbeschlüsse interessieren niemanden. (…)

Ich würde Abgeordnete in den Wahlkreisen ansprechen. Das ist der einzige Ort, wo Abgeordnete sich nicht verstecken können. Machen sie trotzdem … zum Teil. Aber in Berlin verstecken sich alle: »Nein, das ist nicht mein Fachgebiet. Da musst du den und den sprechen« oder »Nee, nee, das ist die böse FDP«, »Wir wollen das alles ganz anders!« (…)

Ich wusste ganz genau, dass die SPD es auch nicht will. Es ist genau das, was mich bei Politikern auch meistens ankotzt. Ist immer so na ja, das ist alles gar nicht so schlimm, das kriegen wir hin, ihr müsst uns wählen und dann wird es alles super. Nein, es wird nicht super!«

STRASSBURG, BÜRO

Zwei Vertreter der »Letzten Generation« haben um ein Zoom-Gespräch gebeten, wollen sich über Aktionsformen austauschen. Bei der Gelegenheit frage ich sie nach einem Kontakt zum 9-Euro-Fonds. Diese sogenannte Schwarzfahrer-Versicherung interessiert mich, weil der öffentliche Nahverkehr aus diversen Gründen kostenlos sein sollte und in vielen europäischen Städten auch schon kostenlos funktioniert. In Deutschland dagegen ist Schwarzfahren eine Straftat, und jährlich wandern 7.000 Leute hinter Gitter, weil sie ihre Geldstrafen nicht zu bezahlen vermögen.

Sachdienlicher Hinweis der taz

Der im September gestartete Fonds soll es Menschen ermöglichen, nach Auslaufen des 9-Euro-Tickets weiterhin den öffentlichen Nahverkehr zu nutzen. Der Fonds funktioniert wie eine Versicherung. Wer Mitglied wird und monatlich 9 Euro zahlt, kann sich eventuelle Strafen für das Nutzen des städtischen Nahverkehrs ohne Ticket erstatten lassen.

Ein paar Tage später telefoniere ich mit den Studenten, die den 9-Euro-Fonds gegründet haben. Sie eröffnen mir, dass sie ihn leider in der kommenden Woche einstellen müssen. Es seien zwar 8.000 Leute beigetreten, aber jetzt habe die Kripo Berlin angefragt, ob sie auf ihrer Homepage etwa zu Straftaten aufrufen würden, und die BaFin, ob sie etwa eine überwachungspflichtige Versicherung betreiben würden. Die Sache sei ihnen allmählich zu riskant.

Nachdem ich kurz mit dem Bundesvorstand Rücksprache genommen habe, kann ich die Weiterführung des Projektes unter unserer Schirmherrschaft anbieten. Das Parteiengesetz wird schon dafür sorgen, dass BaFin und Kripo uns nicht allzu forsch angehen.*

Sachdienlicher Hinweis der taz

Der Fonds werde zukünftig durch die Partei fortgeführt. »Angesichts steigender Preise und Inflation stehen wir den Menschen zur Seite, die sich keine Fahrscheine leisten können«, erklärt Sonneborn – »so lange, bis es 9-Euro-Porsches gibt«. »Wir freuen uns, dass wir Parteigelder einem guten Zweck zuführen können und dass wir über die Parteienfinanzierung SPD, CDU, Grüne und FDP an den Kosten beteiligen können.«

* Wenn nichts dazwischengekommen ist (Kripo, BaFin), läuft der Fonds weiter. Unter www.9eurofonds.de können Sie mitmachen. Und da die PARTEI kein Geld verdienen will mit dieser Idee, haben wir gerade Überschüsse in Höhe von 20.000 Euro an den »Freiheitsfonds« von Arne Semsrott überwiesen, der damit Schwarzfahrer aus dem Gefängnis freikauft.

Abends gratuliere ich auf Twitter zur Abwechslung mal einem meiner unseriöseren Kollegen: Antonio Tajani, der mir bei der Vernehmung von Dubravca S. das Mikrofon abstellte, ist ab sofort Außenminister und stellvertretender Regierungschef in Italien unter seiner Chefin, der Neofaschistin Meloni. Für ihn ins EU-Parlament nachrücken wird meine alte Sitznachbarin Alessandra Mussolini, Enkelin des Duce. Na, dann.

Sachdienlicher Hinweis aus dem Netz

MS: Als inoffizieller Sprecher der Fraktion der Fraktionslosen im EU-Parlament begrüße ich Alessandra Mussolini, Enkelin des Duce, bekennende Faschistin (»Lieber Faschist als schwul!«), Playboy-Covergirl und Platz 5 auf der »Po-Liste« der ehemaligen Berlusconi-Fraktion in Rom.

Edward Snowden würde ich auch gern mal zu etwas gratulieren, seine Tweets bieten oft die besten Analysen, die ich im Netz sehe. Was für ein Debakel, dass die Bundesregierung ihm (lt. *Spiegel* auf »aggressive Drohungen« der USA hin) das Asyl verweigert hat.

Sachdienlicher Hinweis aus dem Netz

Snowden: After this clip, Assange was forced into asylum. Today he is locked in a dungeon – and kept incommunicado. Listen to this, then ask yourself why it was so important that he be silenced.

Wikileaks: Julian Assange speaking in 2011: »The goal is to use Afghanistan to wash money out of the tax bases of the US and Europe through Afghanistan and back into the hands of a transnational security elite. The goal is an endless war, not a successful war« #Afghanistan

NOVEMBER 2022

BRÜSSEL, CAFÉ KARSMAKERS

Gerade hat die Kommission sich noch gefreut, dass wir unsere Gasimporte aus dem Kaputtnickstaat Aserbaidschan verdoppeln werden. Und jetzt hat der französische *Canard enchainé* einmal aufgelistet, wohin im Gegenzug unser schönes EU-Geld geht: Betreiber des größten Gasfeldes sind die russische LUKOIL (20 %), die britische BP (28,8 %), die aserbaidschanische SOCAR (21 %), die türkische TPAO (19 %) und die National Iranian Oil Company (10 %). Damit finanziert die EU vier völkerrechtswidrige Kriege (Ukraine, Armenien, Syrien, Irak) & vier Autokratien, deren »Werte« mit denen der EU nur lose verbunden sein dürften. Außerdem einen Kampf gegen Frauenrechte, Menschenrechte, Demokratie im Iran – und, was uns besonders empört, auch noch die lächerlichen Überreste des EU-Aussteigers Grobbritannien. Es wundert mich gar nicht, dass die Kommissionspräsidentin keine Interviews gibt.

DEZEMBER 2022

BRÜSSEL, PARLAMENT

Das Rennen um den Titel »(Spaß-)Vogel des Jahres« ist entschieden. Frank Walter Steinmeier (BuPrä), Architekt der Hartz-IV-Gesetze, will morgen Leute für ihren Kampf gegen Armut auszeichnen. Aber es war ein hartes Rennen, auch der senile Außenbeauftragte Sepp Borrell hatte gerade noch einmal nachgelegt: »Wir müssen eine neue Welt erschaffen, wie die Konquistadoren damals!« Als

Nächstes wird der Spanier vermutlich fordern: »Wir müssen eine neue Welt erschaffen, wie die Nazis damals!« Für diejenigen, die 1492 ff. noch nicht dabei waren: Die Konquisties haben 90 Prozent der südamerikanischen Bevölkerung ausgelöscht und durch afrikanische Sklaven ersetzt.

BRÜSSEL, HOMEOFFICE

Als mein Handy vollkommen unerwartet einen schrillen Alarmton von sich gibt, fällt mir vor Schreck die Zahnbürste aus der Hand. Etwas konfus tippe ich auf meinem Handy herum, bis der Alarm ausgeht und Twitter sich öffnet. Instinktiv und ohne weiter nachzudenken, tippe ich los. Als Parlamentarier fühlt man rund um die Uhr Verantwortungsbewusstsein für seine Bevölkerung.

Sachdienliche Hinweise aus dem Netz

MS: Alarm.

Kilez More: Endlich sagt's mal einer.

Kev: dieser Tweet hat mich vor irgendwelchen Sirenen, Notfall-SMS, oder NINA-Warn-Benachrichtigungen erreicht danke

Eileen Susann Herdegen: Sitz grad im ICE und konnte live miterleben, dass 90 % schon damit überfordert sind, den Ton ihres Handys auszuschalten. Und die dürfen alle wählen!

Chris_Fiasko: Von 3 Leuten in der Abteilung wurde nur einer gewarnt LachtränenSmiley

KlabauterFrank: Danke.

Ingo: nicht bei mir @o2cando

Jobearix: Gibt es Schätzungen, wie viele Herzinfarkte und Autounfälle der Alarm produziert hat?

Jan Böhmermann: Hab KEINE Scheiß-Warn-SMS bekommen. Und nun?

Frank Meier: Antwort an Bömi: Sonneborn folgen (hat um 10:59 »Alarm« getwittert).

STRASSBURG, PARLAMENT

Aus Spaß hat Büroleiter Hoffmann ein Analyseprogramm von Amnesty International über mein iPhone laufen lassen. Das Ergebnis ist ein wenig überraschend, ich habe Spuren eines Pegasus-Spionageprogramms auf dem Gerät. Eigentlich bin ich eher amüsiert als verärgert: Wer uns abhört, hat offensichtlich nichts wirklich Wichtiges zu tun. Ich kaufe mir ein neues iPhone und entsorge das alte so, dass es zumindest noch etwas Verwirrung stiftet.

Sachdienliche Hinweise von meiner Homepage

Als Edward Snowden 2013 die eingeübte Spionagepraxis der US-amerikanischen Geheimdienste öffentlich machte, war das noch ein Skandal. Die vermeintliche Mutter der zeitgenössischen Demokratie spähte in großem Stil ihre eigenen Bürger aus – nicht ausnahmsweise oder aus Versehen, sondern dauerhaft und systematisch. Praktiken, die wir eigentlich nur aus Systemen kennen, mit denen wir nicht das Geringste zu tun haben wollen (Polen, Marokko, Grobbritannien, Nordkorea, Spanien, Saudi-Arabien und Aserbaidschan).

Keine zehn Jahre nach diesem größten demokratischen Skandal der letzten zehn Jahre ist es noch nicht einmal so, als hätte es Snowden nie gegeben. Es ist viel schlimmer. Das Ausspähen von Aktivisten, Journalisten, politischen Gegnern und ganz normalen Bürgern, das in der EU (wegen ihrer stets in GROSSBUCHSTABEN geschriebenen Werte) strengstens verboten sein sollte, hat hier längst Normalitätsstatus erlangt.

Seit den Enthüllungen vom vergangenen Sommer steht dabei der israelische Staatstrojaner-Hersteller NSO Group im Fokus. Er hat Spionagesoftware an vierzehn EU-Regierungen verkauft – mehr als die Hälfte aller Mitgliedsstaaten. Derzeit verwenden nicht weniger als 22 Regierungsorganisationen in Europa das gefürchtetste aller staatlichen Hackingprogramme: das sogenannte Pegasussystem.

Spyware sei in einigen Mitgliedsstaaten der EU längst »integraler Bestandteil« einer »politischen Strategie« und eines methodischen Systems, »das dazu dient, die Bürger zu kontrollieren und sogar zu unterdrücken«, so die niederländische Liberale Sophie In't Veld.

Polen späht damit Oppositionelle und Staatsanwälte aus, Ungarn Investigativ-Journalisten, Spanien EU-Abgeordnete und Parlamentarier, unter ihnen der katalanische Regionalpräsident Aragonès, nebst politischen Aktivisten, Journalisten und Anwälten, Griechenland schließlich nimmt EU-Abgeordnete, Oppositionspolitiker und missliebige Journalisten ins Visier. Belgien lässt die Spähsoftware von ihrer (ziemlich schrulligen) Polizei benutzen, die Niederlande von ihrem Geheimdienst, Deutschland vom BKA und BND, Aserbaidschan, die Vereinigten Arabischen Emirate und Saudi-Arabien von weiß Allah wem.

Das geflügelte trojanische Pferd namens Pegasus hat Staatschefs in der EU, etwa Emmanuel Macron und Pedro Sánchez, ebenso heimgesucht wie Dutzende Beamte der Europäischen Kommission, den derzeitigen etwas peinlichen Ratspräsidenten Charles Michel und (mindestens) vier amtierende EU-Kommissare – unter ihnen den Kommissar für Justiz Reynders und den (französischen) Superkommissar für Wirtschaft, Digitalkram und Waffen Thierry Breton. Ich hatte lustigerweise auch einen Pegasus auf meinem Gerät, ich hab mir dann einfach ein neues iPhone gekauft – und das alte Gerät meiner pubertierenden 16-jährigen Nichte geschenkt. Ich hoffe, das hat zu einiger Verwirrung geführt.

Das EU-Parlament hat einen Untersuchungsausschuss gebildet. Viel Neues in Erfahrung gebracht hat er nicht, seine Möglichkeiten sind begrenzt.

Pegasus infiltriert das Smartphone einer beliebigen Zielperson und macht nicht nur die Überwachung jeglicher Kommunikation möglich – Telefonate, SMS, E-Mails und (eigentlich) verschlüsselte Messengerdienste –, sondern auch den Zugriff auf sämtliche Inhalte: Kamera, Kalender, Anruflisten, Standort- und Bewegungsdaten, Passwörter, Poesiealben, Steuererklärungen, Nackt-, Ferien- und Entbindungsfotos, Liebesbriefe, Arztbriefe, Abschiedsbriefe und Einkaufslisten. Vom Nutzer unbemerkt kann Pegasus Kamera und Mikrofon aktivieren und das Ding heimlich als Abhörwanze verwenden.

Völlig unreguliert zirkuliert diese Ware, die von den Behörden (offen) als (genehmigungspflichtige) Waffe eingestuft wird, in der EU, schlägt verknotete Haken über undurchsichtige Exportlizenz-Emittenten in Zypern und Bulgarien und wird von hiesigen Regierungen und Geheimdiensten eingesetzt, um alles und jeden, das oder der ihnen missfällt, nach Strich und Faden zu bespitzeln: politische Opponenten, Journalisten, Menschenrechts- und Umweltaktivisten, Anwälte, gewählte Abgeordnete, ungewählte Staatsanwälte – und demnächst vielleicht auch Sie da draußen.

Der europäische Datenschutzbeauftragte, wer auch immer das ist, hat ein vollständiges Verbot von Überwachungsprogrammen wie Pegasus gefordert – mit der Begründung, sie könnten zu einem »noch nie da gewesenen Ausmaß des Eindringens« in das Privatleben der Menschen führen. Privatleben. Auch wenn Ihres langweilig ist, es ist eines Ihrer elementarsten Grundrechte, verankert in der Allgemeinen Erklärung der Menschenrechte, der Europäischen Menschenrechtskonvention und der Europäischen Charta der Grundrechte.

Forderungen nach Transparenz zum Einsatz dieser Überwachungsprogramme werden von allen Beteiligten abgeschmettert. Die NSO Group gibt die Liste ihrer europäischen Staatskunden nicht preis, europäische Regierungen – auch die deutsche – verschanzen sich hinter einem undurchsichtigen »nationalen Sicherheitsinteresse« und selbst die EU-Kommission beantwortet Fragen des Untersuchungsausschusses nicht, da dadurch ihre eigenen »Untersuchungsmethoden und Fähigkeiten offengelegt würden«. LOL

Regierungen, die – jedenfalls in Demokratien – ihren Bürgern in vollem Umfang Rechenschaft schulden, entziehen sich immer dreister dieser Pflicht – und machen den Bürger, dessen Privatsphäre durch Grundrecht geschützt ist, immer transparenter, während sie selbst immer intransparenter werden.

Vor zehn Jahren wäre das noch ein Skandal gewesen. Der größte der nächsten zehn Jahre.

BRÜSSEL, LE MURMURE

Der Wirt reicht mir ein großes Bofferding mit sauber abgestrichenem Schaum in einem der drei alten, bauchigen Krüge, die er mittlerweile extra für uns aufbewahrt. Dann teste ich, ob man mit dem neuen iPhone auch twittern kann.

Sachdienliche Hinweise aus dem Netz

Ruprecht Polenz: Mir fallen keine drei Gründe ein, weshalb man Beträge von mehr als 10.000 € bar bezahlen müßte. Ich meine: legale Gründe.

MS: Wollen Sie nicht lieber abwarten, wie bei der derzeitigen Inflation in vier Wochen die Brötchenpreise aussehen?

Ruprecht Polenz: Der war gut.

Friedrich Merz: »Ebenfalls will ich ausdrücklich begrüßen, dass heute Hausdurchsuchungen stattgefunden haben gegen sogenannte ›Klimaaktivisten‹, die sich ständig auf Straßen oder Flughäfen festgeklebt haben. Auch das sind schwere Straftaten, auch hier muss der Rechtsstaat Zähne zeigen.« (tm)

MS: Lieber Friedrich »Fotzenfritz« Merz, darf ich Ihnen diese »Katapult«-Liste der CDU-Korruptionsfälle zu Ergänzung & Information druntersetzen?

Der »Letzten Generation« wird die »Bildung einer kriminellen Vereinigung« vorgeworfen. Warum nur kommt uns zum Stichwort »kollektive Verabredung zur permanenten Begehung von Straftaten« sofort eine viel üblere Bande in den Sinn? Wir würden die Sondereinsatzkommandos direkt zum Konrad-Adenauer-Haus schicken, Eingangstür sprengen. Ach nee, geht ja gar nicht, politische Parteien sind ja im § 129 StGB (»Bildung krimineller Vereinigungen«) ausdrücklich ausgenommen …

Twitter funktioniert. Und Zeitung lesen auch.

Maier: Sie prangern seit Jahren die Korruption in EU-Institutionen an. Wie haben Ihre Kollegen bisher darauf reagiert?

MS: CDU und SPD sehen das als Nestbeschmutzung. Aber wir kritisieren natürlich eher die Kommission als das EU-Parlament, das für eine ordentliche Bestechung am Ende einfach zu unbedeutend ist.

Maier: Die Verhaftung von Eva Kaili* war überraschend, weil ja eigentlich zuerst ihre Immunität hätte aufgehoben werden müssen. Was bedeutet das?

MS: Für mich steht eine solche Festnahme in einer unschönen Reihe mit den Hausdurchsuchungen bei Klimaschützern wegen des Vorwurfs der »Bildung einer kriminellen Vereinigung« – da ist ja jede »Titanic«-Redaktion gefährlicher! – und der Vielzahl von Wohnungsstürmungen wegen »Hasskriminalität im Netz« oder – etwas publikumswirksamer durch die Beteiligung fast der kompletten Medienlandschaft – bei renitenten »Putsch-Rentnern. In Karlsruhe wurde von der Polizei morgens um sechs Uhr die falsche Tür gesprengt. Die Familie, die hinter der Tür wohnte, ist in psychologischer Betreuung.

Maier: Wie werden die Ermittlungen der EU-Staatsanwaltschaften gegen Frau von der Leyen eigentlich von den EU-Granden wahrgenommen? Und: Gibt es Informationen an das EU-Parlament?

MS: Nein. Frau von der Leyen hat im Verteidigungsministerium offenbar gelernt, Nachrichten zu löschen. Die EU-Staatsanwaltschaft ermittelt, Frau von der Leyen verweigert die Herausgabe der SMS. Im letzten »Bericht aus Brüssel« auf YouTube haben wir die Zuschauer aufgefordert, sie bei der europäischen Betrugsbehörde OLAF zu melden. Das kann man anonym tun, wenn man einen Anfangsverdacht hat. Auch als Zeitungsleser.

* In der Wohnung der griechischen Pasok-Abgeordneten wurden bei einer Antikorruptionsrazzia säckeweise Bargeld gefunden. Von ihrem Amt als Vizepräsidentin des EU-Parlaments wurde sie umgehend abgewählt.

BRÜSSEL, MEP-BAR

»Katargate? Die Sache stinkt«, sagt meine Europapolitische Beraterin, »am Internationalen Antikorruptionstag wird eine gut aussehende Abgeordnete eines bedeutungslosen Parlaments mit ein paar Handtaschen voll Bargeld festgenommen, ohne dass vorher ihre Immunität aufgehoben wird? Vergiss nicht, dass wir in Belgien sind, die klären hier nichts auf und nehmen nie jemanden fest. Das ist mir ein bisschen plakativ.«

»Was heißt hier bedeutungslos, wir sind sehr wohl bedeuten…«

»Papperlapapp. Die Frau ist Expertin für Kryptowährungen, ich hab's nachgelesen. Ihre Schwester hat eine Kryptofirma oder -NGO, der hat sie noch EU-Gelder zugeschanzt.«

»Hm.«

»Ich weiß auch nicht, was dahintersteckt, aber so, wie es auf den ersten Blick aussieht, ist es nicht. Hast du das Foto mit dem Geld gesehen, das die Polizei veröffentlicht hat?«

»Nein. Komisch übrigens, von den bargeldüberfüllten Handtäschchen von Johannes Kahrs gab es keine Fotos. Der hatte doch über 200.000 Euro in einem Schließfach?«

»Exakt. Hier war dagegen alles schön säuberlich ausgestellt, 1,5 Millionen in Geldbündeln. Und ein einzelner 5-Euro-Schein dabei.«

»Was? Abgesehen davon, dass das dann nicht aufgeht – wie räudig ist das bitte, die Vizepräsidentin des Europaparlaments mit einem 5-Euro-Schein zu bestechen …«

BERLIN, REINICKENDORF

Die *Berliner Zeitung* hatte schon länger um ein Interview gebeten, aber irgendwie hatte es nicht geklappt. Als ich mit Gregor Gysi im Ernst-Reuter-Saal auf der Bühne sitze, schreibt eine Redakteurin im Publikum mit.

MS: Wir kaufen russisches Gas jetzt aus Aserbaidschan, allerdings etwas teurer. Auch Indien verkauft russisches Öl teurer weiter nach Europa.

Eine der Nord-Stream-Leitungen soll noch funktionsfähig sein. Ich würde einfach billiges Gas aus Russland kaufen, nicht teures russisches Gas aus Aserbaidschan und Indien.

Und Fracking-Gas ist das schmutzigste Gas, das man sich vorstellen kann. Wenn ein LNG-Tanker in den Vereinigten Staaten losfährt, kostete seine Beladung vor vier Wochen etwa 40 Millionen US-Dollar. Wenn er hier ankommt, ist sie schon 245 Millionen wert. Manchmal drücken sich die Tanker vor den Küsten herum und wollen nicht anlanden, weil Gas morgen oder übermorgen teurer sein wird.

Gysi: Es ist richtig, nicht nur von Russland abhängig sein zu wollen. Aber die Einstellung »nie wieder von Russland« finde ich auch falsch. Denn hoffentlich ist der völkerrechtswidrige Angriffskrieg Russlands gegen die Ukraine bald beendet. Es sieht jetzt nicht danach aus, ich weiß. Aber wenn er beendet ist, müssen wir zu normalen Verhältnissen zurückkommen. Frieden und Sicherheit in Europa gibt es nie ohne und gegen Russland. Russland gehört zu Europa, und wir haben zum Teil andere Interessen als die USA. Man muss auch den Mumm haben, das zu artikulieren. ...

Man muss mit diesen jungen Klima-Leuten reden. Sie fühlen sich nicht ernst genommen. Deswegen habe ich dem Bundeskanzler einen Brief geschrieben, er muss eine Delegation empfangen. Sie fordern zum Beispiel eine Geschwindigkeitsbegrenzung auf Autobahnen, da kriegen Sie die FDP nicht hin. Dann müssen die jungen Leute mit Lindner sprechen, und er muss sich rechtfertigen, weshalb er das nicht will. Mein Ziel ist Deeskalation statt Eskalation.

MS: Ich setze mehr auf Eskalation. Der »Letzten Generation« habe ich zur Radikalisierung geraten. Es bringt nichts, wenn sie sich auf Straßen festkleben. Sie sollen einen Schritt weitergehen und sich an Spitzenpolitikern festkleben.

Sachdienlicher Hinweis aus dem Netz

MS: Ich überlege gerade, 500 Euro auszuloben, für jeden, der es schafft, sich an Verkehrsminister Wissing festzukleben.

STRASSBURG, PARLAMENT

Der Kameramann zwinkert mir zu, die Techniker in Straßburg verstehen ein bisschen Deutsch & ein bisschen Spaß. Außerdem dürfte das die letzte Rede sein, die er vor Weihnachten noch aufnehmen muss. Und die einzige Neujahrsansprache heute.

Auch für uns geht das Arbeitsjahr zu Ende. Als letzte offizielle Amtshandlung faxt Assistent Schiller noch einen offiziellen Antrag an die Berliner Stadtverwaltung, als kleinen Stresstest zur Wahlwiederholung am 12. Februar, dann müssen wir nur noch die Ansprache ins Netz hochladen.

Sachdienliche Hinweise von YouTube

Liebe Rückblickende des Jahres 2022!

Weder Covid noch Affenpocken haben Sie hinweggerafft? Von russischen Raketen und aserbaidschanischen Drohnen wurden Sie verfehlt? Sie sind kein Zellennachbar von Boris Becker oder Alfons Schuhbeck? Und beim Bau eines Stadions in Katar sind Sie nicht von einer herabstürzenden Rolex erschlagen worden? Dann darf ich gratulieren: Sie gehören zu den Gewinnern des Jahres!

Im Gegensatz zur Demokratie. Die ließ sich 2022 fortwährend mit ihren eigenen Waffen schlagen: In freien Wahlen wurden krude Machthaber wie Viktator Orbán und Frank-Walter Steineimer im Amt bestätigt; Italien ist unter dem Motto »Siamo tutti neofascisti« voll demokratisch auf Hitlerkurs; und dem Demokratiedebakel in Grobbritannien rund um den sprechenden Salatkopf Liz Truss konnte sich immerhin die Queen gerade noch so durch Hinschied entziehen.

Doch da war auch Positives in diesem Jahr: neben meinen Corona-Tests Ende April und Mitte Oktober etwa das 9-Euro-

Die **PARTEI**, Kopischstr 10, 10965 Berlin

Senatsverwaltung für Inneres,
Digitalisierung und Sport
Klosterstraße 47
10179 Berlin
[Telefax: (030) 9028-4347]

Die PARTEI
Bundesverband
Kopischstraße 10
10965 Berlin
Fax: 030 / 747 55 00 1

Berlin, 23.12.2022

Anmeldung Berlin-Marathon 2023

Sehr geehrte Damen und Herren der Senatsverwaltung für Inneres, Digitalisierung und Sport,

aufgrund großer Nachfrage und nicht zuletzt wegen des unvergesslichen Erlebnisses im letzten Jahr möchten wir den Berlinerinnen und Berlinern sowie der internationalen Laufgemeinschaft auch im kommenden Jahr ein Highlight im Marathonkalender bieten und melden hiermit den von uns ausgerichteten nächsten **Berlin-Marathon**, stattfindend am **12. Februar 2023,** an. Einen vorläufigen Streckenplan (Beginn um zehn Uhr am Brandenburger Tor) können sie der Abbildung weiter unten im Schreiben entnehmen. Für den Bestand der Ergebnisse würden wir bereits an dieser Stelle bürgen, behalten uns dann aber doch eine Überprüfung durch das Internationale Sportgericht vor.

Mit freundlichen Grüßen

Martin Sonneborn
Bundesvorsitzender und Hobbyläufer

PS: Sollten noch Fragen zur reibungslosen Durchführbarkeit bestehen, fragen Sie gern Ihren ehemaligen Chef, der kennt sich bestimmt aus.

Die von der PARTEI ausgearbeitete Streckenführung
garantiert neue internationale Bestzeiten.

Ticket. Leider hat die Ampel es wieder abgeschafft, weshalb Dutzende Punks bis heute auf Sylt gefangen sind. Außerdem konnte meine PARTEI mit einer Klage erfolgreich die peinliche Chaoswahl in Berlin wiederholen lassen und einen Termin für kommenden Februar finden. Auch in Ihrem Interesse sollten Sie dann uns Ihre Stimme geben, um eine weitere nervige Wahlwiederholung zu verhindern. Machen Sie noch ein letztes Mal Gebrauch von der Demokratie, denn ich fürchte, die macht's nicht mehr lang. Das gilt übrigens auch im Kaukasus, denn Alijew, der irre Diktator aus Baku, Aserbaidschan, blockiert die einzige Zugangsstraße nach Bergkarabach und hungert die armenische Demokratie dort aus. Ohne dass die EU etwas dazu sagt. Ich wünsche Ihnen ein vergleichsweise ereignisarmes 2023!

»ANDREA KIEWEL
RASTET AUS«

2023

BERLIN, GASTHAUS LENTZ

Das Jahr fängt gut an. Jedenfalls in Spanien. Die spanische Regierung schafft die Mehrwertsteuer auf Grundnahrungsmittel ab, friert alle Mietverträge für ein halbes Jahr ein, macht den öffentlichen Nahverkehr z. T. kostenfrei. Die deutsche Ampel steckt lieber 100000000000000000000 Euro in (nicht funktionierende) Aufrüstung.

Und pünktlich am ersten Arbeitstag des Jahres gibt es in Berlin auch die erste Panne bei der Wahlwiederholung. Stresstest nur so mittel bestanden.

Sachdienlicher Hinweis von t-online

Sie findet sich auf der Wahlbenachrichtigung für ebendie Abstimmung, die es in der Hauptstadt nur geben muss, weil es zu zahlreichen Pannen bei der ursprünglichen Wahl gekommen war. Auf der Wahlbenachrichtigung, die in diesen Tagen an die Berliner auf Deutsch und Englisch verschickt wird, befindet sich ein entscheidender Fehler. Auf der englischsprachigen Seite werden zwei verschiedene Daten für die Wahl genannt: einmal der 12.2. und einmal der 12.9.2023.

Und drei Tage später die zweite. Auf den Wahlzetteln in Neukölln, wo ich kandidiere, ist mein Name falsch geschrieben.

Sachdienliche Hinweise aus dem Netz

Heckenhexe: Klares Ziel: Finden Sie einen Martin SONNENBORN, der sich der sehr guten Partei Die PARTEI anschließt.

This-good-guy: Vielleicht sollte man die Wahlkommission von Pjöngjang mit der Organisation beauftragen

Sachdienlicher Hinweis des Tagesspiegel

Der Betroffene kommentierte das so: »Liebe Kollegin Giffey, könnten Sie bitte Sorge tragen, dass zumindest Ihre Abwahl am 12. 2. einigermaßen korrekt über die Bühne geht ...?«

BRÜSSEL, PARLAMENT

Da kann die EU nicht zurückstehen. Knaller des Jahres ist für mich bereits jetzt, trotz der über 350 Tage, die da noch kommen werden, meine Chefin Parlamentspräsidentin Roberta Metsola!

Sachdienlicher Hinweis von meiner Homepage

Nach Bekanntwerden des Korruptionsskandals »Katargate« versprach Parlamentspräsidentin Roberta Metaxa umfassende Reformen zum »Schutz« des Europäischen Parlaments vor »Korruption, Interessenkonflikten und Vetternwirtschaft«. Um das Vertrauen der europäischen Bürger zurückzugewinnen, beschloss Roberta Motorola sodann, in einer ersten Amtshandlung ihren Schwager, den Malteser Matthiew Tabone (aus Malta), als Generalsekretär des EU-Parlaments einzustellen (Grundgehalt: 20.000 Euro/Monat). Immerhin keinen Vetter. Smiley!

Als die Personalie öffentlich wurde und Kritik einsetzte, reagierte sie total verständnisvoll und ließ ihren Sprecher patzig fragen, ob sie ihrer Schwester vielleicht die Scheidung empfehlen sollte.

Schlussendlich bekam irgendeine spanische Adelige den Job. Und wird damit Nachfolgerin des Italieners Alessandro Chiocchetti, der rechten Hand der rechten Hand der sizilianischen Mafia*, dessen (regularienwidrige) Berufung Roberta Metsola

* Chiocchetti war zuvor Assistent des EU-Parlamentariers Marcello Dell'Utri, der wegen seiner Tätigkeit als Mittelsmann zwischen Berlusconi und der sizilianischen Mafia zu sieben Jahren Haft verurteilt wurde. Parlamentspräsidentin Roberta Metaxa hatte betont, seine Einstellung sei »der transparenteste Prozess in der Geschichte des Parlaments« gewesen. Zwei Minuten später reichte Transparency Inter-

erst im September in umständlichen Hinterzimmer-Deals (sogar mit den Linken) durchgesetzt hatte.

Ihre Nominierung zum »Knaller des Jahres« bestätigt Parlamentspräsidentin Roberta Metsola nur wenige Tage später noch einmal eindrucksvoll.

Sachdienlicher Hinweis von meiner Homepage

Nach Katargate deklarierte sich Metsola wochenlang als Hüterin der europäischen Demokratie und Vorkämpferin für Transparenz: »Rigorose Reformen!« »Unabhängige Ethikkommission!!« »14-Punkte-Plan!!!«

Am Montag deklarierte sie gegenüber der Financial Times, dass sie »kein einziges Geschenk behalte, das sie in offizieller Funktion erhalte, sondern alle«, nachdem sie sie »angesehen« habe, umgehend »zurücksende«. Im Gegensatz zu den meisten ihrer räudigen Parlamentskollegen. (Letzteres kein wörtliches Zitat.)

Am Donnerstag deklarierte sie der EU-Verwaltung 142 dann doch (aus Versehen) nicht zurückgeschickte Geschenke (darunter Gold, Silber und: 1 Wurst) – 125 davon mit massiver Verspätung und unter eindeutiger Verletzung der internen Regularien des Parlaments.

Am Freitag deklarierte sie unter – Hüstel! – erneuter Verletzung des geltenden Verhaltenskodex verspätet und unvollständig 5 (in Worten: fünf) fremdfinanzierte Reisen.

Ihr Pressesprecher deklamierte, die Vorschriften für Abgeordnete würden für die Präsidentin nicht gelten.

Die Pressestelle des Parlaments deklarierte daraufhin, es

national eine förmliche Beschwerde ein, wegen Intransparenz, Vetternwirtschaft, geheimer Absprachen und allgemeiner Lächerlichkeit. Immerhin wurde das Anforderungsprofil an den Posten des Generalsekretärs – Herr über 8.000 Parlamentsangestellte und ein Milliardenbudget – eigens heruntergesetzt, um die rechte Hand der rechten Hand überhaupt in die engere Wahl nehmen zu können. Im Gegenzug für ihre Komplizenschaft sprangen für Linke und Renew zwei extra neu geschaffene Topjobs heraus.

äh … gäbe also nicht direkt eine äh … schriftlich fixierte Ausnahmeregelung, leider. Oder der Hund habe sie gefressen.

Metaxa selbst deklarierte, ihre Amtsvorgänger hätten das aber auch »immer so gemacht«. Zum Glück werden derartige Regelverstöße von einer unabhängigen Instanz überprüft & sanktioniert. Von Parlamentspräsidentin Motorola selbst.

EU-Smiley

Hoffmann grinst. »Du hast auch ein Geschenk erhalten, eine Sektflasche, vom armenischen Botschafter!« »Geschenke im Wert von unter 15 Euro muss man nicht angeben, oder?« »Nein, muss man nicht. Aber ich selbst habe eine Likörflasche, die ist mehr wert.« »Vernichtet die Beweise! Trinkt sofort alles aus! Prost!«

FEBRUAR 2023

BERLIN, GASTHAUS LENTZ

Büroleiter Hoffmann ruft an: »Du verpasst gerade deinen Kollegen Wolodymyr Selenskyj, er besucht das Parlament. Die Möglichkeit für Selfies ist gegeben und wird kräftig genutzt.«

Sachdienlicher Hinweis aus Eric Bonses Blog »Lost in EU«

Der Empfang für Selenskyj war eines Superstars würdig. Kaum war er angekommen, rissen sich alle um ihn. Doch das Thema war ernst, todernst. Russland führe einen »totalen Krieg«, sagte Selenskyj im Europaparlament. Gemeinsam müsse man den »historischen Kampf« gegen Russland zu Ende führen. »Nur unser Sieg wird den Erhalt unserer europäischen Werte garantieren.« Beifall. Jubel. »Slawa Ukrajini«-Rufe. Aber kein Widerspruch. Nicht ein Wort der Kritik. Im Gegenteil: Parlamentspräsidentin

Metsola fordert noch mehr Waffen. Die EU-Staaten müssten »Langstreckensysteme und Kampfjets liefern, aber schnell«.

Derselbe Ton im Ratsgebäude. »Jetzt ist es an der Zeit, klar zu sein, und an der Zeit, maximale Unterstützung bereitzustellen«, sagt Gipfelchef Charles Michel. »Lang lebe Europa, slawa Ukrajini«, ruft Kommissionspräsidentin von der Leyen.

Beifall im Pressesaal. Von der Leyen umarmt Selenskyj, Michel geleitet ihn hinaus. Beide EU-Chefs haben sich mit ihren Treueschwüren und Hilfsversprechen überboten, wie immer. »Sie liefern sich einen Schönheitswettbewerb«, spottet ein Diplomat.

Aber kein Wort der Kritik. Nicht einmal eine Frage. Ist dieser Krieg überhaupt zu gewinnen? Und wenn ja, wie sieht die Strategie aus? Will Selenskyj mit europäischen Waffen die Krim befreien? Und wo endet der Krieg – in Sebastopol oder in Moskau?

BERLIN

Die Haupstadt hat neu gewählt. Leider gibt das Wahlergebnis keine Regierungsbeteiligung für uns her, CDU und SPD übernehmen und können die Stadt weiter herunterwirtschaften. Wir trösten uns damit, dass zumindest die FDP rausgeflogen ist, den demokratischen Gepflogenheiten Genüge getan wurde und die Hochstaplerin Giffey nicht mehr Regierende Bürgermeisterin ist, sondern nur noch einfache Bürgermeisterin für Wirtschaft, Grrrr. Auch die Grünen sind da, wo sie hingehören, und wo sie ihre Stärken humorlos ausspielen können: in der Opposition.

MÄRZ 2023

STRASSBURG, MEP-BAR

Andreas Rosenfelder, Feuilletonleiter der *Welt*, schreibt mich an, ob er mich für eine Reportage in der anstehenden Straßburgwoche einen Tag lang begleiten kann. Er könne gern kommen, und ein Interview würde ich ihm gern geben, schreibe ich zurück, für eine Reportage gäbe es nicht genügend Material. Ich habe keine Redezeit und eine reine Beschreibung einer 90-minütigen Abstimmzeit dürfte nicht genug Stoff bieten.

Als Rosenfelder nachmittags ankommt, bringt Büroleiter Hoffmann den Journalisten in die MEP-Bar. Wir gehen an den langen Viermetertisch ganz hinten. Mein Lieblingsplatz, am Kopfende kann man den Raum gut übersehen, und hat gleichzeitig einen schönen Blick durch die voll verglaste Wand nach draußen, auf Bäume und einen Arm der Ill. Leider ist die vordere Hälfte meines Tisches mit fremden Champagner-Flaschen und kleinen Leckereien vollgestellt, ein rundes Dutzend feierfreudiger MEPs und Assistenten sammelt sich gerade dort. Ein beleibter Abgeordneter mit Vollbart und Glatze strahlt mich an: »Ich hoffe, wir sind nicht zu laut.« »Kein Problem, ein paar Gläser Champagner und wir haben nichts gehört. Und Sahnetörtchen, bitte.« Sofort wird uns das Gewünschte zugeschoben. »Was feiern Sie?«, frage ich, während ich mein Glas zum Nachfüllen reiche. »Ich bin heute zum Vizepräsidenten gewählt worden, ich bin der Nachfolger von Eva Kaili. Marc Angel ist mein Name«, sagt der Dicke strahlend.

„ Oh, Glückwunsch, ich habe Sie gewählt. Prost. Immerhin, da haben Sie nicht viel Arbeit …«

»Warum nicht?«

»Nun, es gibt eine Unmenge an Vizepräsidenten, 14 insgesamt.«

»Ich will viel arbeiten, ich komme aus Luxemburg!«, sagt Marc Angel.

»Ah, dann tun Sie das natürlich zu Recht«, erwidere ich, »Luxemburg ist ein Nehmerland.«

»Ein Nehmer… land?«, fragt der frischgebackene Vizepräsident verständnislos.

»Ja, Sie beziehen mehr Gelder aus der EU, als Sie einzahlen.«

»Nein«, wehrt der Luxemburger ab und nimmt einen Schluck Champagner, »wir nehmen nicht viel.«

»Dochdoch, ich weiß es genau. Können wir ein Foto zusammen machen?«

Lächelnd prosten wir in Büroleiter Hoffmanns Handy. Als wir auseinandergehen, dreht sich Angel noch einmal um: »Ich werde es überprüfen, das mit dem Nehmerland … Woher kommen Sie?«

»Aus Berlin.«

»Ein schönes Land.«

Als ich mich umdrehe, sehe ich Ressortleiter Rosenfelder Notizen machen. »Da wird Marc Angel ein bisschen herumgoogeln müssen. Unter vonderLeyen veröffentlicht die Kommission ihre Zahlen nämlich nicht mehr. Deutschland ist mit Abstand der größte Nettozahler, mit über 25 Milliarden Euro im Jahr, Frankreich ist mit 12 dabei, dann kommen die Niederlande mit knapp sieben Milliarden und noch ein paar Kleingeldzahler. Größter Empfänger ist übrigens Polen, mit 12 Milliarden, und dafür haben sie eine ziemlich große Klappe.« Bei Sahnetörtchen und Champagner reden wir dann noch ein bisschen über alles.

Sachdienlicher Hinweis der Welt

»Die Partei wurde 2004 gegründet im festen Vertrauen auf die demokratischen Institutionen«, sagt Sonneborn. Er sei mit einem positiven Europabild angetreten – im Vertrauen darauf, »dass die EU das Beste ist, was wir haben«. Inklusive Gurkenverordnung, kafkaesker Bürokratie, langweiliger Funktionalität.

Dieses Urvertrauen sei weg: »Das bröckelt jetzt alles. Wir haben eine ernsthafte Krise des Systems.« Das Versprechen der offenen Grenzen sei in der Coronazeit infrage gestellt worden. Es gebe immer mehr Überwachung im Netz. Und einen Krieg, den

Europa nicht diplomatisch zu lösen imstande sei, obwohl es als Friedensunion gegründet worden sei.

»Das Problem der EU ist«, sagt Sonneborn, »dass es keine gesamteuropäische Öffentlichkeit gibt.« Wenn aber das Korrektiv fehle und nichts Konsequenzen habe, entstehe ein demokratisches Vakuum.

Noch ein sachdienlicher Hinweis der Welt

Im Plenarsaal geht abends die Debatte weiter, der Saal ist gähnend leer, die Wände strahlen in Neonweiß, müde Übersetzerstimmen murmeln aus den Kopfhörern auf der Besuchertribüne. Es geht um die »terroristische Bedrohung für die demokratische Verfassung durch rechtsextreme Netzwerke«. Im Takt von ein, anderthalb oder zwei Minuten treten Abgeordnete ans Pult – und feuern Stichwörter ab, die zeigen, wie großzügig diese »terroristische« Bedrohung in der EU ausgelegt wird: Von Corona ist die Rede, von Desinformation, von Putin und im selben Atemzug von Reichsbürgern, dann von Menschen, die »Hassreden« und »Verschwörungstheorien« im Netz verbreiten. Wie auf dieses diffuse Meinungsspektrum reagiert werden sollte, steht für fast alle Redner fest: »Wir müssen die Inhalte kontrollieren«, sagt eine niederländische Grüne, »und wir müssen Faktenprüfungen vorschreiben.«

BRÜSSEL, BÜRO

Das Collège d'Europe mit Sitz in Brügge ist die hauseigene Karriereschmiede der EU, finanziert aus öffentlichen Geldern. An der Spitze steht nach wie vor gut gelaunt, unterqualifiziert, überbezahlt & unterbeschäftigt unsere ehemalige Außenbeauftragte Federica Mogherini. Bis jetzt ist sie nicht auffällig geworden. Bis jetzt.

Pissnelke des Monats

Die akademischen Jahre (sogenannte Promotionen) der Universität werden seit 1949 stets nach »herausragenden Europäern« benannt: Gottfried Wilhelm Leibniz, Leonardo da Vinci, Wilhelm & Alexander von Humboldt, Aristoteles, Nikolaus Kopernikus, Albert Einstein, Voltaire, Hannah Arendt.

Gerade wurde die – offenbar von Mogherini höchstpersönlich getroffene – Auswahlentscheidung für die geistige Schirmherrschaft des bevorstehenden Postgraduiertenjahrgangs bekannt. Sie fällt an eine »herausragende Europäerin« namens Madeleine Albright, was mit Sicherheit nicht nur deshalb befremdlich ist, weil es sich hier um die ehemalige Außenministerin der Vereinigten Staaten von Amerika handelt.

Allein der Geburtsort (»Prag«) macht aus einer der prägendsten Gestalten der US-Politik noch lange keine »herausragende Europäerin«. Was will uns dieser intellektuelle Leuchtturm in Brügge also durch eine derartige Wahl bedeuten?

Unweigerlich ruft Albrights Name zuallererst die Assoziation zur bekanntesten all ihrer dokumentierten Unmenschlichkeiten hervor, der Aussage nämlich, der Tod von 500.000 irakischen Kindern habe sich gelohnt.

Nach dem zweiten Golfkrieg (Brutkastenlüge) hatten die USA den Irak über zwölf Jahre mit drakonischen Sanktionen überzogen, auf die 2003 dann die illegale Invasion des Landes folgte, gestützt auf Colin Powells Lüge von irakischen Massenvernichtungswaffen, die es tatsächlich gar nicht gab. 1,5 Millionen Iraker hatten infolge der – gerade auch von Albright in ihrer Amtszeit 1997 bis 2001 fanatisch vorangetriebenen – Sanktionspolitik (wegen Unterernährung und/oder mangelnder medizinischer Versorgung) ihr Leben gelassen, darunter 500.000 Kinder, mehr als in Hiroshima.

Hohe US-Beamte bei den Vereinten Nationen quittierten den Dienst, weil sie diese wissentliche und absichtliche Tötung Tausender Iraker für einen »Völkermord« hielten.

Albright selbst rechtfertigte die Sanktionspolitik mit der Begründung, man müsse den Irak (zum Schutz der restlichen Welt) zur vollständigen Entwaffnung zwingen. In Wahrheit aber konnte das Land gar nicht entwaffnet werden, weil es die von den USA erfundenen Massenvernichtungswaffen dort schlicht nicht gab.

Im amerikanischen Fernsehen dazu befragt, ob es das – mehr tote Kinder als in Hiroshima – denn rückblickend wirklich wert gewesen sei, entgegnete Albright, das sei zwar eine »schwierige Entscheidung«, aber ja, »wir denken, dass es diesen Preis wert war«.

(»I think this is a very hard choice, but the price ... we think the price is worth it.«)

Albright holte den ihr geistesverwandten polnischen Radikalinski Zbigniew Brzeziński ins Weiße Haus, dessen Weltmachtsdoktrin nachgerade zum stilbildendsten Selbstmissverständnis der US-Außenpolitik werden sollte. In den Verhandlungen zum Kyoto-Protokoll (1997) war sie es, die durchsetzte, dass die Klimakiller-Operationen einer sich – auch in dieser Hinsicht – als gigantische Drecksschleuder erweisenden NATO nicht durch Kontrollen der Treibhausgasemissionen eingeschränkt werden.

Mit ihrer Beratungsfirma verstand sie es nicht nur, privaten Profit aus (selbst geschaffenen) globalen Schlachtfeldern zu schlagen, sondern schuf auch noch den einflussreichsten Personalumschlagsplatz zwischen Politik und Wirtschaft. Mehrere Spitzenbeamte der Biden-Regierung – u.a. Victoria »Fuck the EU« Nuland* – arbeiteten für die Albright Stonebridge Group, die übrigens auch den Pharmariesen Pfizer in Fragen internationalen Handels und geistigen Eigentums vertrat und vertritt.

Madeleine ist die Schöpferin so tiefsinniger Völkerrechtsaphorismen wie »Wenn wir Gewalt anwenden müssen, dann deshalb, weil wir Amerika sind«, so pubertanter Weltordnungs-Wunschzettel wie »Russlands Bodenschätze sind zu gewaltig,

* *Sachdienlicher Hinweis der dpa:* Eine verbale Entgleisung einer amerikanischen Top-Diplomatin droht die Beziehungen zwischen den USA und der EU weiter zu belasten. In einem Tonbandmitschnitt, den Unbekannte auf YouTube veröffentlichten, sagte die Abteilungsleiterin für Europafragen, Victoria Nuland, abfällig über die Europäische Union: »Fuck the EU.«

als dass sie den Russen allein gehören dürfen!« und so meta-moralischer Manipulationsweisheiten wie »Wenn man eine Lüge oft genug wiederholt, dann beginnt sie zu klingen, als ob sie wahr wäre«.

Albrights brillante Vision einer NATO-Ostausdehnung und Zerschlagung Jugoslawiens hat nichts als ein vielfach vermintes Gelände hinterlassen; eine zeitlose Zeitbombe, die auch ein Vierteljahrhundert nach ihrer erfolgreichen Plazierung jederzeit in die Luft zu gehen vermag. Nichts als radioaktive und chemische Verseuchung – von Boden, Grundwasser, Nahrungsketten, seit Albright durch den Abwurf von (geschätzten) 31.000 Uran-abgereicherten Geschossen die Segnungen der »demokratischen Befriedung« über den Balkan brachte, womit – als kollaterale Gratiszugabe – nicht nur der toxischste Präzedenzfall planmäßigen Völkerrechtsbruchs geschaffen war, sondern auch jenes medizinisch bis dahin unbekannte »Balkan-Syndrom«, eine spezielle Form der Leukämie, die von einer beispiellosen Welle multipler Krebsausbrüche begleitet war.

Die Ruinen ihrer desaströsen Politik können im Westbalkan und im Nahen Osten ebenso besichtigt werden wie schließlich auf der ganzen Welt. Der von Albright vor und hinter den Kulissen in vollendeter Verblendung vorangetriebene Kurs der gewaltsamen Unterwerfung fremder Weltregionen, des rücksichtslosen Raubs von Bodenschätzen, der (geheimdienstlichen) Interferenzen und (offenen) Regime Changes, der fortgesetzten Erpressung souveräner Staaten und diese durch und durch illegale, zutiefst inhumane und mit Abstand brutalste Sanktionspolitik der Welt haben aus dem unberührbar selbstgewissen Hegemon USA – durch Albrights maßgebliche Mithilfe – mittlerweile ein Imperium am Rande des ethischen, wirtschaftlichen und weltpolitischen Bankrotts gemacht.

Der Anstand gebietet es, mit einer Nominierung (von Madeleine Albright), sei es auch nur zur goldenen Pissnelke, doch wenigstens zuzuwarten, bis Mutter Erde sich von den Hinterlassenschaften ihrer kaputten Marotten zumindest annähernd erholt hat, was nach fachwissenschaftlicher Ansicht in etwa 4,5 Millionen Jahren der Fall sein könnte.

Federica Mogherini schenken wir bis dahin einen Vorschlag zur Güte: Nicolas Sarkozy sollte zwar längst im Gefängnis schmoren, aber sein Name ist ja noch frei. Ebenso wie der Tony Blairs, dieses einzigen Halunken der Neuzeit, den sogar die Queen geschlagen hat, wenn auch leider nur zum Ritter.

Sie sehen, es hätte zur Dachthematik »illegale Angriffskriege« eine Reihe exquisiter europäischer Alternativen gegeben. Warum in die Ferne schweifen, das Kriegsverbrechen liegt so nah.

STRASSBURG, MEP-BAR

Marc Angel, der neu gewählte luxemburgische Vizepräsident, kommt mir entgegen. Hoffentlich hat er den Artikel in der *Welt* nicht gesehen, denke ich, mit einem großen Bild von uns mit Champagnergläsern. Als Angel mich sieht, beginnt er über das ganze Gesicht zu strahlen: »Ich habe den Artikel gesehen, es tut mir leid, dass ich Sie nicht erkannt habe.« – »Das müssen Sie nicht«, antworte ich konziliant, »Sie sind doch Luxemburger.« – »Wir Luxemburger schauen auch deutsches Fernsehen, die heute-Show!« – »Oh, aber Sie bezahlen keine TV-Gebühren, oder?« – »Ja, äh, nein.« – »Und sind Sie nun ein Nehmerland, haben Sie nachgesehen?« Angel schaut verwirrt: »Nehmer…land?« – »Ja, beim letzen Mal versprachen Sie nachzuschauen.« – »Oh, also wir sind viel transparenter als unter Jean-Claude Juncker, wir hatten sehr gute Bedingungen, heute ist alles viel äh transparenter … Ich schaue nach!« Ein lustiger Vize! Und Nehmerland ist Luxemburg auf jeden Fall, locker zwei Milliarden im Jahr, tät ich schätzen, ein Großteil allerdings zum Unterhalt der EU-Institutionen. Ändern könnte das lediglich der Beitritt der Ukraine: Falls der wirklich irgendwann erfolgen sollte, mutieren sofort alle 18 Nehmer- zu Geberländern.

STRASSBURG, MEP-BAR

»Das war übrigens deine Kollegin Braunsberger, CDU Sachsen-Anhalt.«

Assistent Chris Schiller balanciert ein Tablett mit Biergläsern und versucht gleichzeitig unauffällig auf eine Abgeordnete zu deuten, die sich gerade entfernt.

»Ich kann nicht jede CDU-Abgeordnete aus Sachsen-Anhalt kennen …«

»Doch, es gibt nur eine. Und die ist gerade auf- bzw. ausfällig geworden.«

Sachdienlicher Hinweis des Standard

Laut einem internen Bericht des EU-Parlaments soll die CDU-Politikerin am 5. Juni des vergangenen Jahres einen Mitarbeiter sowie eine Mitarbeiterin sexuell belästigt haben. Der Vorfall ereignete sich im Zuge eines Besuchs der »Weinmeile« in Sachsen-Anhalt, bei dem die Politikerin stark betrunken gewesen sein soll.

Sachdienlicher Hinweis der »Bild«-»Zeitung«

»WILL FLACHGELEGT WERDEN«

Sexismus-Skandal um die EU-Abgeordnete Karolin Braunsberger-Reinhold (36). Die CDU-Politikerin hat einen Mitarbeiter und eine Mitarbeiterin sexuell belästigt.

So steht es im internen Abschlussbericht (25 Seiten) des EU-Ausschusses für Belästigungs-Beschwerden.

Sachdienlicher Hinweis der Volksstimme

Während der Wanderung (ab 10 Uhr) habe die Politikerin viel Wein getrunken. Gegen zwölf Uhr habe sie zwei Likör-Flaschen besorgt. Am Nachmittag habe Braunsberger-Reinhold »nicht mehr geradeaus gehen können«.

Sachdienlicher Hinweis der BZ

Rund eine Stunde lang habe Braunsberger-Reinhold beide Mitarbeiter in Sexgespräche verwickelt. Dabei habe sie u. a. erklärt, sie sei bisexuell. Mehrmals habe sie beiden Mitarbeitern direkt gesagt, sie wolle »flachgelegt werden«. Auch fielen Worte wie »f...«.

Bei Einfahrt des Zuges habe die CDU-Politikerin ihrer Mitarbeiterin dann von hinten an Brust und Dekolleté gefasst, den Kopf auf deren Schulter gelegt.

Sachdienlicher Hinweis der Berliner Zeitung

Braunsberger-Reinhold hat Vorwürfe der sexuellen Belästigung von Mitarbeitern zurückgewiesen. Auf Anfrage der Deutschen Presse-Agentur betonte sie am Freitag, dass es sich »bei den Vorwürfen um ein Missverständnis in der bis dahin professionellen und störungsfreien Zusammenarbeit mit den beiden Assistenten handelt«.

Sachdienlicher Hinweis von EU-Info

Die Vorsitzenden der CDU/CSU-Gruppe im Europaparlament, Daniel Caspary und Angelika Niebler, teilten auf Anfrage mit, innerhalb des Europäischen Parlaments gebe es ein festgelegtes Verfahren, wie mit entsprechenden Vorwürfen umgegangen werde. Die Angelegenheiten würden im Detail untersucht, Zeugen befragt und auch die Beschuldigten angehört. »Dieses Verfahren ist – Stand heute – noch nicht abgeschlossen. Wir bitten daher um Verständnis dafür, dass wir uns wegen des laufenden Verfahrens derzeit nicht äußern können.«

Sachdienlicher Hinweis des Standard

Der Ausschuss sei zu der Erkenntnis gelangt, dass es zu keinen Konsequenzen für die Abgeordnete kommen werde. In den zitierten Dokumenten wird festgehalten, dass die »Schwere der Vorfälle« gegen die »Schwere der Konsequenzen« bei einer Publikwerdung der Vorfälle abgewogen wurde.

Braunsberger-Reinhold teilte auf Anfrage der Zeitung mit, dass sie sich einen Tag nach dem Übergriff für die Geschehnisse entschuldigt habe. Weiters wies die Abgeordnete den Vorwurf der Alkoholisierung von sich: »Ja, ich habe ein Glas Wein getrunken oder zwei. Aber dass ich betrunken gewesen wäre, kann ich nicht sagen.«

Sachdienlicher Hinweis aus dem News-Block im YouTube-»Bericht aus Brüssel«

Anna Glockenhell: »Saufen. Die 36-jährige EU-Abgeordnete Bumsberger, CDU (Name von der Redaktion verbessert), soll bei einer Wanderung ihre Assistenten rotzbesoffen in unangenehme Sexgespräche verwickelt haben. Schockierend, dass Menschen in der CDU überhaupt wissen, was Sex ist.«

DROLSHAGEN, GÄSTEHAUS

An diesem Wochenende weiß ich wieder, warum ich in der PARTEI bin – und nicht in der CSU. Statt in Wildbad Kreuth (mit Bettwäsche!) oder Kloster Seeon (mit Handtüchern!) tagt der Bundesvorstand der PARTEI in einem märzlich unterkühlten Gästehaus in Drolshagen. Das Örtchen im südlichen Sauerland hat seine beste Zeit über 500 Jahre hinter sich. Knapp 20 PARTEI-Führungskader sind auf eigene Kosten angereist.

Sachdienliche Hinweise zum Gästehaus

HAUSEIGNUNG: Freizeit, Seminare, Klassen, Musik, Familien, private Feiern
KAPAZITÄT: 26 Betten in 7 DZ und 3 MBZ mit 4 Betten, 1 Gruppenraum für 30, 12 und 30 Personen
SANITÄRE ANLAGEN: 3 Duschräume, 2 Waschräume
VERPFLEGUNG: Selbstverpflegung
KOSTEN: ab 13,13 Euro/Nacht/Person (Bettwäsche und Handtücher bitte selbst mitbringen!)

Im großen Gruppenraum schieben wir die Holztische zusammen, nehmen eine sättigende Selbstverpflegung ein und planen – in dicken Pullovern und selbst mitgebrachten Hausschuhen – den kommenden EU-Wahlkampf. Wie wollen wir die Liste aufstellen, wer soll nach vorne? Die ersten zwei bis drei Plätze können theoretisch mandatsrelevant werden, wenn keine Sperrklausel kommt. (Und selbst wenn die Bundesregierung eine solche gegen zwei ausdrückliche Urteile des Verfassungsgerichts beschließen sollte, würden wir dagegen klagen. Außerdem darf sie laut Aussage des Wissenschaftlichen Dienstes des Deutschen Bundestags nicht vor 2029 angewandt werden.)

EU-Wahlen sind wie Pokalspiele, sie haben ihre eigenen Gesetze. Bei EU-Wahlen verfängt die pünktlich zu jeder Bundestagswahl vorgetragene Warnung nicht, es handele sich diesmal um eine absolut entscheidende Schicksalswahl, und die Situation sei viel zu ernst, um eine »Spaßpartei« zu wählen.

Damit es nicht, wie bei anderen Parteien, unwürdige Auseinandersetzungen um Listenplätze gibt, wollen wir auch diesmal wieder attraktive Namen aufstellen. Aber nach wem oder was sollen wir suchen, in dem mittlerweile recht ergiebigen Reservoir der 60.000 Mitglieder?

Als ich die Runde verlasse, um zu einer Lesung in die Stadthalle von Meinerzhagen zu fahren, ist die Laune hervorragend. Als ich vier Stunden später zurückkehre, ist sie noch besser. Die Bier- und Weinvorräte sind dezimiert, aber eine nahe gelegene Tankstelle verfügt über ein den Trinkgewohnheiten der Südsauerländer angemessen gefülltes Spirituosenregal. Der Korn ist so klar, dass man durchschauen kann! Überrascht stelle ich fest, dass Korn-Banane-Apfel-Paprika-Kombinationen aus dem Küchenmixer sehr gut schmecken. Und gesund sind. Und betrunken machen. Als ich nach dem Stand der Listenplanung frage, erklärt mir mein betrunkener Assistent am Mixer, die Liste sei praktisch fertig. Die Schriftstellerin Sibylle Berg – traditionell tritt wieder jemand Prominentes aus dem Kulturbereich auf der Liste der PARTEI an – und ich seien gesetzt, der Rest sähe auf dem Wahlzettel dann so aus:

Beate Tschäpe / Martin Sonneborn / Sibylle Berg / FEHLER / FEHLER / FEHLER / Wagner / Wagner / Wagner / Wagner

Wir hätten zwar auch Baader & Meinhof in der Partei, aber sie seien der Meinung, ein paar »Fehler« würden sich auf den Wahlzetteln noch besser machen, ebenso wie die Gruppe Wagner hinten.

»Aber wieso Tschäpe?«, fragte ich. Beate Tschäpe, die Überlebende aus dem NSU-Trio, das mindestens ein Dutzend Menschen auf dem Gewissen hatte. Laut Polizei-Aussagen haben sich ihre beiden Mittäter angeblich selbst erschossen, eine sehr merkwürdige Gemengelage insgesamt, und gerade lehnten Grüne und SPD in Hamburg wieder mal die Einrichtung eines Untersuchungsausschusses ab. Tschäpe selbst war wegen Mordes zu lebenslanger Haft verurteilt worden und saß im Gefängnis in Chemnitz.

»Ich verstehe den Witz nicht.«

»Na, ja«, entgegnete der Mann am Mixer, »wir haben uns vorgestellt, wie der Praktikant mit unseren Wahlunterlagen zum Leiter des Statistischen Bundesamtes geht und sagt: ›Herr Bundeswahlleiter, Herr Bundeswahlleiter, das ist irgendwie komisch, da stimmt was nicht!‹ …«

Der Korn zeigte Wirkung, jetzt musste ich auch lachen: »Tschäpe hat vermutlich keine bürgerlichen Ehrenrechte, sie hat kein passives Wahlrecht …?«

»Und die unterschriebene Zustimmungserklärung fehlt natürlich, sie fliegt von der Liste – und alle anderen rücken nach, ihr steht auf eins und zwei.«

»Wenn der Wahlleiter Humor hat, geht er nach Chemnitz, ins Gefängnis, lässt Tschäpe unterschreiben, und wir haben die auf der Liste … Wir denken morgen verkatert noch mal über alles nach. Kann ich noch einen Bananenkorn?«

BRÜSSEL, PARLAMENT

Auf der Sicherheitskonferenz in Singapur beziffert der Außenbeauftragte Borrell erstmals, was bisher nur schwer zu beziffern war. 60 Milliarden Euro sind bisher in EU-Unterstützungsleistungen für die Ukraine geflossen, während die Abfederung der von Krieg & Sanktionspolitik erzeugten Binneneffekte die EU 700 Milliarden gekostet hat. Borrell erwähnt nicht, was Waldi Dombrovski, Kommissar für Wirtschaft und Kapitaldienstleistungen, bei seiner letzten Pressekonferenz in Brüssel inhaltlich vorweggenommen hatte: dass nämlich die zeitgleiche Wiedereinführung strenger Fiskalregeln die EU-Staaten zu einer Austeritätspolitik verpflichtet, die unweigerlich zu entsprechenden Kürzungen bei Infrastruktur- und Sozialausgaben führen wird.

BRÜSSEL, LE MURMURE

»Merde! Letztes Jahr hatten die französischen Rentenkassen noch Überschüsse, jetzt sagen sie ein Defizit von einer Milliarde voraus, das bis 2030 auf 10 Milliarden anwachsen soll«, ereifert sich neben mir meine Europapolitische Beraterin: »Das ist natürlich nur eine dämliche Prognose. Trotzdem soll plötzlich das ganze Rentensystem ›dringend reformbedürftig‹ sein. Der ›Präsident der Reichen‹ und notorische Finanzdienste-Dienstleister Macron provoziert Generalstreiks und Aufstände in seinem Land, wegen einer lächerlichen Milliarde!«

Nun ja, eine Milliarde haben oder nicht haben, denke ich und sage: »Also lächerlich würde ich jetzt nicht sag…«

»Blödsinn! In fünf französischen Großbanken haben gerade Razzien der Finanzstaatsanwaltschaft PNF stattgefunden: Es geht um schwere Steuerhinterziehung, Verschleierung von schwerer

Steuerhinterziehung und Verdacht auf Geldwäsche in Verbindung mit schwerem Steuerbetrug – kurz: Cumcum-Geschäfte, die Frankreich mindestens 33 Milliarden Euro entgangener Steuereinnahmen gekostet haben. 33 Milliarden. Das Dreißigfache des mutmaßlichen Rentendefizits.«

»33 Milliarden? Lächerl…«

»Das rechtliche Schlupfloch, das diesen Steuerbetrug überhaupt erst möglich macht, ist übrigens noch unverändert in Kraft, obwohl man seit 2018 um seine verbrecherische Verwendung weiß. In fünf Jahren hatte die Regierung einfach keine Zeit, diese Gesetzeslücke zu stopfen!«

»Vielleicht waren sie mit dem Entwurf der Rentenreform beschäftigt?« werfe ich ein.

»Das ist nicht lustig. Als die neoliberale Knalltüte Macron das Präsidentenamt übernahm, lag das Staatsdefizit noch bei 2.000 Milliarden. Seitdem ist es auf die schwindelerregende Summe von 3.000 Mrd. angestiegen. Ein Drittel der gesamten Staatsschuld wurde von einem ehemaligen Investmentbanker erzeugt, von dem damals das verwegene Gerücht ging, er verstünde was von ›Geld‹. Die anfallenden Zinsen stellen mit 51 Milliarden den zweitgrößten Posten des Haushalts.«

»51 Milliarden? Lächer…«

»Schweig still! In den vergangenen 20 Jahren hat sich das Vermögen der französischen Milliardäre verfünffacht, von 100 auf fast 550 Milliarden. Es verteilt sich auf die recht überschaubare Zahl von 42 namentlich bekannten Milliardären. Namentlich unbekannt sind die 17 Millionen Rentner, denen es zeitgleich mittelprächtig gegangen sein dürfte, so lala, wie man in Deutschland sagt. Oxfam zufolge würde eine zweiprozentige Besteuerung ihres Vermögens – das der Milliardäre, nicht der Rentner! – lockere 12 Milliarden einbringen. Das ist das Zwölffache des mutmaßlichen Rentenlochs.«

Ich sage nichts und nehme einen Beruhigungsschluck Bofferding.

»Der französische Staat gibt jährlich eine Milliarde Euro für private Beratungsleistungen aus, für die Schlipsträger von Accenture, BCG & Ernst & Young. Und für McKinsey, dessen undurchsichtige Verbindungen zu Macron wegen illegaler Wahlkampfunterstützung gerade in zwei, Pardon: drei Verfahren unter die Lupe genommen werden.«

»Macron en mar … am Arsch?«

»Wir werden sehen, er kann eh nicht wieder antreten. Die Rentenreform wird übrigens von der EU forciert. Obwohl 93 Prozent der arbeitenden Franzosen und 80 Prozent der Gesamtbevölkerung der stabil von unten nach oben umverteilenden Regierung gegenüberstehen. Wer, wie Macron, ernsthaft plant, das Leben mehrerer Millionen Menschen an Werkbänken, Fließbändern und Kundendiensthotlines zu verschlechtern, nur weil er es nicht wagt, 42 Einzelpersonen zu besteuern, der hat sein gesellschaftsphilosophisches Koordinatensystem hinreichend offengelegt …«

APRIL 2023

FREIBURG, HOTEL ZUR POST

Ich bin zu Gast im Freiburger Theater heute Abend. Der Moderator der Veranstaltung, ein gestandener Schauspieler mit österreichischen Wurzeln, begrüßt mich freudestrahlend in der Hotelhalle: »So ausverkauft waren wir noch nie. 20 mehr als bei Gysi, 50 mehr als bei Schäuble. Und Jens Spahn mussten wir absagen, nur 18 Vorverkäufe. Er war beleidigt und sagte, wir hätten keine Werbung gemacht. Dabei haben wir zusätzlich sogar noch alle CDU-Ortsvereine angeschrieben. Der Mann wird nichts mehr.« Dann gehen wir ins Theater.

Sachdienlicher Hinweis der Badischen Zeitung

Der Witzbold ist durchaus ernst

Überhaupt ist er enorm enttäuscht vor allem von den Grünen. Annalena Baerbock sei »die schlechteste Außenministerin, die Deutschland je hatte«, ein echter »Trampel«, sagt Sonneborn. Auch an der EU lässt er kein gutes Haar. Dass täglich Menschen an den EU-Außengrenzen sterben, interessiere niemanden, die Union werde zunehmend »kriegsbegeistert« und habe nur die Interessen der Wirtschaft, nicht die der Bürger im Blick. Das europäische Bild von China sei falsch: China habe gerade »einen Krieg in Nordafrika beendet«, seine Politik im Umgang mit den Uiguren schon vor Jahren geändert und »überhaupt kein Bestreben, Taiwan einzunehmen«.

Interessanter sind die aktuellen Konfliktlinien. Die Grünen machten inzwischen »konservative Kriegs- und Wirtschaftspolitik«, er wolle bei der nächsten Wahl CDU wählen, damit die Grünen wieder wie vorher gute Oppositionspolitik machen könnten.

Folgerichtig hatte Sonneborn das Friedens-Manifest von Alice Schwarzer und Sahra Wagenknecht unterzeichnet – da sei er zwar betrunken gewesen, doch sei auch bei nüchterner Lektüre vieles vernünftig, was dadrinnen stehe, sagt er. Das habe ihm viel Ärger eingebracht, weshalb er nun keine Manifeste mehr unterzeichnen wolle. »Uns hat das auch einige Nerven gekostet«, ruft Partei-Stadträtin Sophie Kessl – auch in Freiburg ist Sonneborns Haltung nicht unumstritten.

In der Theater-Bar frage ich nach einigen Bieren meinen Gastgeber, wer sein unangenehmster Gast war. Er erzählt, wie er versucht habe, einen ehemaligen Außenminister für einen Abend einzuladen:

»Ich habe sein Büro angerufen und gesagt, ich wüsste, dass der verehrte Herr vormalige Minister sehr teuer sei. Wir sind aber nur ein kleines Theater, ob er bei uns vielleicht eine Ausnahme machen könnte. Die Leute hier würden sich sehr freuen … Unter den Umständen würde er für ›Drei.Eins‹ kommen, sagte die Dame und …«

»Waaaaas, wieso bin ich dann für Eins.Fünf hier«, unterbreche ich, »da läuft etwas falsch!«

»Moment! Ich sagte also, wir hätten nur 200-irgendwas Plätze, und 2.000 Euro seien für uns leider das absolute Maximum ... Die Frau schnarrte, ich befände mich in einem Irrtum: ›DREI.EINS bedeutet nicht Dreitausendeinhundert, DREI.EINS steht für: EINUNDDREISSIGTAUSEND!‹«

Ich stoße einen gängigen Fluch aus, den ich hier nicht wiedergeben kann. »Der Kerl führt unser Land in den ersten Krieg seit 45, einen Angriffskrieg gegen Jugoslawien, mit Streubomben und Uran-Munition, gezielter Zerstörung von E-Werken, Chemie-Werken und ziviler Infrastruktur, und erzählt hinterher für 31.000 in der Stunde darüber? Fuck!«

BRÜSSEL, PARLAMENT

»Das gibt es nicht, unter Federführung von Nancy Faeser hat sich die Ampelkoalition zum erneuten Bruch ihres eigenen Koalitionsvertrages entschlossen«, schimpft meine Europapolitische Beraterin: »Sie wird im Rat die Chatkontrolle der Kommission mittragen, inklusive allgemeiner Überwachungspflichten, Maßnahmen zum Scannen privater Kommunikation und Identifizierungspflicht. Entgegen ihrer Zusage! Es wird alles immer schlimmer!«

Sachdienliche Hinweise von meiner Homepage

Neues aus der EU ++++ Neues +++ aus der ++ EU +

Dass unser Wirtschaftsminister ein »Vollidiot« sei, darf man zwar gedanklich noch in Erwägung ziehen, muss es allerdings für sich behalten, da dies sein Wirken im Amt bis zu dessen Verunmöglichung erschweren könnte, was laut § 188 StGB neuerdings als Straftat einzustufen ist.

Dass seine Kollegen in den übrigen europäischen Wirtschaftsministerien »Vollidioten« seien, darf man zwar noch niederschreiben, sollte es gedanklich aber nicht mehr ernsthaft in Erwägung ziehen. Überall in der EU habe die Wirtschaft wieder »angezogen«, konstatiert der *Guardian,* ein Bild, das allein von der »überraschenden« Stagnation Deutschlands konterkariert würde. Bei den von Bloomberg errechneten Werten zur Rezessionswahrscheinlichkeit hat Deutschland alle anderen EU-Staaten längst abgehängt und sich (60 %) zum unangefochtenen Spitzenreiter gemausert, wir gratulieren.

Ein kurzer Überblick über den Euroraum zeigt, dass die deutsche Wirtschaft zuverlässig stagniert, während selbst einstige ökonomische Versagerstaaten durchgehend wachsende Wachstumsraten aufweisen. Wenn das so weitergeht, müssen diesmal nicht »wir« *(Bild)* diese faulen Südländer-Pleitetüpen vom Mittelmeer retten, sondern umgekehrt.

Derweil geraten die von der EU überall auf der Welt verteidigten Werte hier und da ins Wanken. Soeben hat das härteste Meinungsbeschneidungsgesetz der EU das irische Parlament passiert. Deren neue »Hate Speech Bill« kriminalisiert nun erstmals nicht die Veröffentlichung, sondern allein den Besitz von »Hassrede«-tauglichem Material. Zudem verlagert es die Beweislast auf den Angeklagten, der Gerichte künftig davon überzeugen muss, nicht die Intention gehabt zu haben, irgendein auf seinem Computer befindliches Material – zum Beispiel Texte wie diesen – für die »Verbreitung von Hass« zu verwenden.

Hassen Sie also schnell noch, was Sie schon immer mal hassen wollten, bevor die geplante Chat-Kontrolle eingeführt und der Digital Services Act EU-weit in Kraft treten wird. Orwells »1984« – muss man mit einem Julian Assange zugeschriebenen Bonmot ergänzen – war ja als dystopischer Zukunftsentwurf gemeint, nicht als Gebrauchsanweisung.

Wer die Unterdrückung von Meinungsäußerungen (und Nachrichtenquellen), unter welchen Vorwänden auch immer, für einen möglichen Bestandteil der liberalen Demokratie hält, hat deren Boden längst verlassen.

Und bei den Demokratienovizen aus Litauen wird der völkerrechtliche Hauptsatz der UN- und EU-Menschenrechtskonvention gleich vollends in die Luft gesprengt. Gerade wurde mit der Legalisierung sogenannter Pushbacks im Schnellverfahren eine eindeutig rechtswidrige Praxis institutionalisiert, wie sie auch von Lettland, Polen und anderen längst klammheimlich angewandt wird. Mit dem »Gesetz zur Staatsgrenze und deren Schutz« werden »summarische Rückführungen« ohne vorherige Asylprüfung nun ausdrücklich erlaubt, obwohl sie vom Völkerrecht noch immer streng verboten sind.

MAI 2023

BRÜSSEL, BÜRO

»Wieso müssen wir immer in der *Financial Times* oder bei Reuters lesen, was in der EU so vor sich geht?«, fährt meine Europapolitische Beraterin mich an, »hatten wir nicht auch mal so eine Art Journalismus in Deutschland? Was machen eigentlich die Vertreter der vierten Gewalt, außer ihre Berichte von den Pressemitteilungen der Institutionen abzupausen?«

»Sie sitzen in ihren Büros und arbeiten ganz normal ihre politische Agenda ab. Genau wie wir, Smiley!«

»Während Frau vonderLeyen die EU zerstört! Die ist ja wohl kaputter und undemokratischer denn je. Nicht genug, dass sie sich in Selbstermächtigung Kompetenzen aneignet, die ihr nicht zustehen, Transparenz- und Verfahrensregeln bricht, die sie achten müsste, demokratische Rechenschaftspflichten und Rechtsstaatlichkeitsprinzipien aushöhlt, wo sie sie stärken müsste. Vor allem …«

»Was steht denn in der *Financial Times*?«

»… hat sie den Grundstein gelegt für eine autoritäre Machtstruktur nicht nur im Verhältnis zu den EU-Institutionen, sondern auch gegenüber den Mitgliedsstaaten! Hat sich bei Militarisierung und Gesundheitsökonomisierung der EU Entscheidungsbefugnisse angeeignet, die ihr laut Verträgen gar nicht zustehen! Strategische Abhängigkeiten geschaffen dort, wo sie die EU hätte autonomisieren müssen! Die immer nur ihren Prinzipien verpflichtete Kommission in unzulässiger Weise politisiert, mit allen Prinzipien freien Handels & Kapitalverkehrs – etwa durch Einführung rechtswidriger Sekundärsanktionen und Vermögensbeschlagnahmen – gebrochen, die Grundfesten freier und liberaler Gesellschaften nicht gestärkt, sondern durch DSA, Chatkontrolle, ›Hate Speech‹, Einschränkung der Medien- und Meinungsfreiheit wissentlich und absichtsvoll einem krankhaften Prozess organisierter Sklerose unterzogen …«

»Skle… was? Bist du bald fertig? Die Radionachrichten beginnen gleich.«

»Und damit die gesamte Idee des europäischen Projekts – Frieden, Freiheit, Wohlstand – zu einer einzigen Ruinenlandschaft gemacht: Nie zuvor war die Wirtschaftsleistung der EU schwächer, nie zuvor war die Armut der EU-Bürger größer, nie zuvor waren die Zukunftsaussichten düsterer, nie die Freiheiten bedrohter. Nie war ihr Selbstentwurf inhaltsleerer, nie waren ihre Projekte sinnloser, nie war ihr Handeln prinzipienloser, nie ihre Zielgrößen toxischer, nie hat sie sich weniger um das Wohlergehen ihrer Bürger geschert, bei denen sie nie verhasster war als heute …«

»Was hast du jetzt eigentlich gelesen, bei Reuters?«

Sachdienliche Hinweise von meiner Homepage

Guten Tag draußen an den Geräten,

gerade ist ein Zwischenergebnis der Nachverhandlungen von EU-Kommission und dem US-Pharmagiganten Pfizer durchgesickert – allerdings nicht zu uns oder Ihnen da draußen, sondern zu Journalisten der britischen *Financial Times* und der Nachrichtenagentur Reuters.

Wenn deren Berichte zutreffen, dann schlägt die Kommission vor, die Pfizer gegenüber bestehende Zahlungsverpflichtung in Höhe von 10 Milliarden Euro durch eine Pfizer gegenüber bestehende Zahlungsverpflichtung in Höhe von 10 Milliarden Euro zu ersetzen.

Ein interessantes Hütchenspiel.

Und während wir uns noch fragen, warum wir diesen Knaller nicht auch in der deutschen Presse finden können, wollen wir Entstehung & Inhalt der EU-Impfstoff-Verträge noch einmal kurz rekapitulieren.

Im Mai 2021 hatte die Kommission den größten Deal der Pharmageschichte abgeschlossen. Nach zwei ersten Vereinbarungen (vom November 2020 und Februar 2021) mit Pfizer/Biontech über den Kauf von (insgesamt) 600 Millionen Dosen gab sie eine nochmalige Bestellung über zusätzliche 900 Millionen auf – mit einer Option auf 900 Millionen weitere, die (dankenswerterweise) nie ausgelöst wurde.

Es war der mit Abstand umfangreichste aller EU-Impfstoffverträge – und mit einem (mutmaßlichen) Volumen von 35 MILLIARDEN Euro auch der größte Kaufvertrag, den die Kommission je mit einem singulären Marktakteur geschlossen hat. Allein das ist Grund genug für eine genauere Betrachtung.

Mit diesem dritten Pfizer-Vertrag stieg nicht nur die Abnahmemenge um 25 Prozent, sondern auch der Preis: von 15,50 auf 19,50 Euro pro Dosis. Ein historisch einmaliger Megadeal, bei dem mit zunehmender Abnahmemenge auch die Stückpreise steigen? Wir taufen diesen pfiffigen Mechanismus hiermit der Einfachheit halber auf den Namen »Leyen-Effekt«. Und legen ihn bei Gelegenheit mal einem blutigen BWL-Anfänger zur genaueren Begutachtung vor – und zwar zusammen mit dem Skalen-, Nikolaus- und Mengenrabatt-Effekt, lol.

Zudem verschaffte die Kommission dem Unternehmen Pfizer, das den Markt bereits zuvor dominiert hatte, damit das Quasimonopol für den EU-Impfstoffmarkt – ein offener Verstoß gegen das – ansonst mit Argusaugen gehütete – EU-Wettbewerbsrecht. Zu guter Letzt wurden sowohl Herstellerhaftung als auch (spätere) Vertragsanpassungen und Ausstiegsklauseln weitestgehend ausgeschlossen.

Hüstel.

Wir halten dieses Ding in seiner Gesamtheit für den lausigsten Vertrag, der von Kommissionsfachkräften je verhandelt (oder abgeschlossen) wurde – immerhin werden EU-Beamte ja nicht nur mit ausgefuchstem Elitenschulenwissen vollgestopft, sondern auch noch in Kursen wie »Verhandlungsgeschick für Dummies« oder »Top Deal's – so geht's I TÜV NORD« sorgfältig für die Ausübung ihrer Hauptaufgabe trainiert, dem korrekten Ausspielen ihrer versammelten Verhandlungsmasse: 450 Mio. Typen wie Sie, (der »größte Binnenmarkt der Welt«). Wir kennen Sonderschüler (3. Klasse), die vor diesem Hintergrund weit bessere Vertragsbedingungen herausgeschlagen hätten als alle, die in diesem dritten Pfizer-Vertrag zu finden sind.

Zustande gekommen war er übrigens, nachdem Frau vonderLeyen über Monate in direktem fernmündlichen & kurznachrichtlichen Austausch mit Albert Bourla gestanden hatte, dem CEO eines weltbekannten Potenzmittelproduzenten, der ausweislich seiner eigenen Unternehmensgeschichte als bestenfalls unseriös eingestuft werden muss, wenn nicht gar als kryptokriminell. Kein anderer Pharmakonzern auf der ganzen Welt musste seiner Geschäftspraxis wegen so häufig von Behörden und Gerichten gemaßregelt werden wie Pfizer, im Durchschnitt viermal pro Jahr. In 22 Jahren bringt das Unternehmen es auf 90 dokumentierte Sanktionsmaßnahmen, denen teils gravierende Rechtsverstöße vorausgingen. (Und gezählt wurden ja nur jene, die auch aufgeflogen sind.)

VonderLeyen hat die offiziellen EU-Vertragsgespräche mit der Pharmaindustrie, die nach einem festgelegten Protokoll von mandatierten Verhandlungsführern und Experten der Kommission durchzuführen waren, alllem Anschein nach erfolgreich unterlaufen und die Verhandlungen für diesen dritten, größten, teuersten, wettbewerbsverzerrendsten und stümperhaftesten Pfizer-Vertrag in seinen entscheidenden Teilen an sich gezogen – unter Überschreitung ihrer Amtszuständigkeit als Kommissionspräsidentin und Verletzung der für EU-Beamte verbindlichen Verfahrensvorschriften.

Das würde jedenfalls erklären, warum die Kommission dem Europäischen Rechnungshof für diesen einen Vertrag – im Unterschied zu allen anderen – keinerlei internes Bürokratiebeiwerk vorlegen konnte, keine Verhandlungsmitschriften, keine Vorverträge, keine handgekritzelten Galgenmännchen mit Zahlen dran, nichts.

Seit zwei Jahren verweigern Kommission und vonderLeyen, die ihre Transparenzverbundenheit immer mit ohrenbetäubend geschmacklosen Verbalkaskaden simuliert hat, nun schon die Veröffentlichung der abgeschlossenen Verträge – selbst Parlament und Untersuchungsausschuss bekommen nichts als durch Schwärzung unkenntlich gemachte Ausfertigungen zu Gesicht.

Ebenso kategorisch verweigern sie, wie erwähnt, die Herausgabe der vertragsvorbereitenden SMS-Nachrichten zwischen vonderLeyen und Bourla – und widersetzen sich damit nicht nur dem (rechtmäßigen) Auskunftsbegehren von Journalisten und EU-Abgeordneten, sondern auch den Anfragen der Europäischen Bürgerbeauftragten und sogar der (ziemlich) nachdrücklichen Aufforderung des Europäischen Rechnungshofes.

Wir halten das langsam wirklich für lächerlich. So nachvollziehbar alles Geraune um Geschäfte, Gewinne und Geheimnisse in den sonderbaren Zeiten der Pandemie (für einige) noch gewesen sein mag, so unhaltbar ist es heute. Über zwei Jahre nach den infrage stehenden Vertragsabschlüssen kommt die weitere Aufrechterhaltung dieser institutionellen Intransparenz allmählich einem Akt böswilliger politischer Behinderung gleich, einer »Obstruktion«, so die Europäische Bürgerbeauftragte Emily O'Reilly, die es in höchstem Maße »verwirrend« findet, dass vonderLeyen sich immer noch weigert, auf die zahllosen Beschwerden und Klagen (u.a. von der New York Times) auch nur einzugehen.

Diese (beharrliche) Verschleierung ist demokratischer Verhältnisse nicht würdig – und gänzlich unnötig ist sie zudem, denn jedes »schützenswerte Geheimnis« von damals kann heute in den Geschäftsberichten, Absatzstrategien und Preislisten der Ficker-Firma Pfizer ja längst offen besichtigt werden.

Falls es also tatsächlich jemandes Absicht gewesen sein sollte, »Transparenz«, »Demokratie«, »Bürgernähe« und das »Vertrauen« in die »Politik« zu »stärken« (Sie lasen: Auszüge aus der Antrittsrede Ihrer höchsten Exekutivbeamtin), so können wir der Kommissionspräsidentin nur zurufen: Na dann mal los. Niemand hindert Sie.

Und während die strafrechtliche Untersuchung der ursprünglichen Verträge durch die Europäische Staatsanwaltschaft EPPO, bekannt seit Oktober letzten Jahres, noch in vollem Gange ist, hat die Kommission es schon wieder getan.

Sie hat sich in neue Verhandlungen mit Pfizer begeben – natürlich nicht ohne die dezidierte Absicht, jede ihrer bisherigen Verfehlungen noch einmal in Zeitlupe zu wiederholen: Wieder wird hinter verschlossenen Türen in geheimen Verhandlungen unter Ausschluss der Öffentlichkeit und Umgehung ihrer (eigenen) Rechenschaftspflicht über die Verwendung von EU-Geldern zum EU-weiten Ankauf von Produkten eines einzigen US-Herstellers entschieden. Deutlicher könnte ein hinter institutionellem Gestrüpp verschanztes System seine notorische Unfähigkeit zur Selbstkorrektur nicht mehr zeigen.

Die (zugänglichen) Informationen sind (daher erneut) spärlich und nicht frei von Unklarheiten. Wir wagen es dennoch, uns das aktuelle Geschehen wie folgt zusammenzureimen.

Es geht um die »Anpassung« des gigantischen (dritten) vonderLeyen-Pfizer-Vertrages, mit dem die Kommission sich zur Abnahme von 900 Millionen Dosen bis Ende 2023 verbindlich verpflichtet hatte. Etwa 400 Millionen dieser Einheiten wurden bereits geliefert, die restlichen 500 Millionen müssen in diesem Jahr von den EU-Mitgliedern noch abgenommen werden.

Unnötig zu erwähnen, dass die Nachfrage nach Impfstoffen praktisch zum Stillstand gekommen ist, während die Impfstofflager aus allen Nähten platzen und alle zuvor durch Aufdruck (sogar in Blindenschrift) angekündigten Verfallsdaten – eines nach dem anderen – nun überraschenderweise auch tatsächlich eintreten.

Seit einem geschlagenen Jahr versuchen die (ohnedies von multiplen Belastungen geknebelten) Mitgliedsstaaten nun schon, sich aus ihrem Vertragsschicksal doch noch irgendwie herauszuwinden. In der Hoffnung auf herstellerseitige Kulanz bitten die einen in bestem Beamtendänisch um einen Preisnachlass, während andere glauben, ein Hinweis auf übervolle Lagerstätten

(»Nix Platz!«, »Lager voll!!«, Wegen Überfüllung geschlossen!«) könnte ihnen irgendwie weiterhelfen (Slowenien).

Die Slowakei und Lettland sind bereit, statt des Impfstoffs einen Riesenhaufen anderer Leckereien aus dem (bunten) Sortiment von Pfizer zu schlucken, egal, was gegen Schädelweh und Potenzprobleme vielleicht. Und während Spanien überschüssige Bestände schon resigniert vernichten lässt, um das Elend wenigstens nicht mehr täglich zu sehen, hatte man in Griechenland den überaus anarchistischen Einfall, die Paketsendungen der Pharmaindustrie einfach zu Amazon-Retouren zu degradieren und zurückzuschicken: »Passt gar nicht, nächstes Mal korrekte Größe schicken, tschüssi!«

Das alles war natürlich vergeblich, der Kaufvertrag lässt den Staaten kein Entkommen. 500 Mio. Dosen müssen schleunigst abgenommen werden, Pfizer besteht auf Einhaltung des Vertrages, droht mit Klagen und lässt selbst Meteoriteneinschlag und Kriegsausbruch nicht als außergewöhnlichen Umstand zur Vertragsabänderung gelten. Polen hat es versucht, vergeblich.

Erstaunlicherweise hat auch die Kommission sich lange dagegen gesträubt, diese bombastische Mutter aller verunglückten Verträge noch einmal anzurühren – trotz eines nicht mehr zu übersehenden Überangebots (an Impfstoff in der EU). Erst nach massivem Druck aus Bulgarien, Polen, Ungarn, Litauen, Italien, Österreich, Rumänien und anderen erklärte sich die Kommission zur Aufnahme von Nachverhandlungen bereit, wenn auch mit einem markerschütternden Zähneknirschen der Stufe 8 (Richter-Skala).

Ausgangspunkt der Nachverhandlungen sind die noch abzunehmenden 500 Millionen Dosen. Beim Listenpreis von 20 Euro ergibt das eine (aus dem 2021 abgeschlossenen Laien-Vertrag stammende) Verbindlichkeit in Höhe von 10 Milliarden Euro.

Der Financial Times zufolge sieht der nachverhandelte Vertrag nun vor, die abzunehmende Impfstoffmenge von 500 Millionen Einheiten auf insgesamt 280 Millionen zu reduzieren. Abgenommen werden sollen künftig 70 Millionen Dosen pro Jahr bei gleichzeitiger Streckung des Lieferzeitraums bis

2026. Pfizer sei bereit, die ursprünglich bestellten, nun aber nicht abgenommenen Einheiten gegen eine »Stornogebühr« von 10,– Euro/Dosis zu streichen. Dies aber nur, wenn die EU im Gegenzug einen höheren Preis für die bis 2026 zu liefernden Dosen akzeptiere. In dunklen Schulhofecken (und der Pharmabranche) nennt man so etwas eine »Flexibilitätsgebühr«.

Wenn wir uns nicht verrechnet haben, dann macht das bei 220 Millionen in Abweichung zum ursprünglichen Vertrag zu streichenden Impfdosen einen Betrag von 2,2 Milliarden Euro.

2,2 Milliarden Stornogebühr für eine nicht zu erbringende Leistung – das klingt nach einem Geschäft, das wir auch gern mal machen würden –, zumal es sich hier um den reinsten aller Reingewinne handelt, denn unternehmensseitig dürften noch nicht einmal die Stückkosten von rund 70 Cent anfallen. Es sei denn natürlich, Pfizer stellte die stornierten Impfdosen trotzdem her, nur um den eigenen Schöpfungsakt dann umgehend mit vollständiger Vernichtung zu torpedieren – nur so aus Jux vielleicht. (Ein Schicksal, das übrigens 90 % der von Sanofi und Novavax an die EU gelieferten Impfstoffe beschieden war.)

In einer schriftlichen Stellungnahme von Gesundheitskommissarin Stella Kyriakides heißt es, man habe neben dieser »erheblichen Verringerung der Dosen« (Stornogebühr: 2,2 Milliarden) auch die »Verlängerung unseres Vertrags bis weit über das Jahr 2023 hinaus erreicht«.

Verlängerung, Sie haben richtig gehört. Dem neuesten Entwurf zufolge will die Kommission sich verpflichten, bis 2026 jährlich 70 Millionen Dosen abzunehmen, um ihren »Umstieg auf neuere Impfstoffe« zu organisieren. Diese sind allerdings nicht mehr nach der bisherigen (20 Euro/Schuss), sondern einer noch unbekannten neuen Preisliste zu vergüten, die für jeden künftig »angepassten« Impfstoff einen gleichermaßen »angepassten« höheren Preis vorsieht.

Wenn wir uns nicht verrechnet haben, dann kommen damit nochmals mindestens 5,6 Milliarden Euro aus verbindlichen EU-Verträgen auf die Sparbücher und Offshore-Konten von Pfizer zu, falls diese bis dahin nicht geborsten sind. Und angesichts des von Pfizer aktuell in den USA aufgerufenen Verkaufspreises von

110,– bis 130,– Dollar/Dosis wird uns so schwindelig, dass wir das Ergebnis hier nicht mehr zuverlässig ausrechnen können. Das entspräche nämlich 280 Millionen 100-Euro-Scheinen.

Fassen wir kurz noch mal zusammen: Die Kommission schlägt vor, auf 220 Millionen ursprünglich bestellte Pfizer-Dosen gegen eine Stornogebühr von 2,2 Milliarden Euro zu verzichten, und gibt im Gegenzug eine als umwidmende Nachverhandlung getarnte Neubestellung über 280 Millionen Einheiten auf, die mit einer Summe zwischen 5,6 und 28 Milliarden zu Buche schlägt. Damit ersetzt sie eine Pfizer gegenüber bestehende Zahlungverpflichtung in Höhe von (ziemlich genau) 10 Milliarden Euro durch eine Pfizer gegenüber bestehende Zahlungsverpflichtung in Höhe von (mindestens) 10 Milliarden Euro. Ein interessantes Hütchenspiel.

Unnötig zu erwähnen, dass Pfizer – Stichwort Steueroptimierung – seine in der EU erwirtschafteten Gewinne, bevor sie endgültig abfließen, natürlich über die legalen EU-Steueroasen Irland, Niederlande und Luxemburg abwickelt – zu einem Steuersatz, der Ihnen da draußen Tränen in die Augen treiben dürfte.

Und unnötig zu erwähnen, dass die Kommission dem Unternehmen damit zum zweiten Mal die unangefochtene Monopolstellung im europäischen Covid-Impfgeschäft verschafft. »Wenn BioNTech/Pfizer in den nächsten Jahren etwa 70 Millionen Dosen pro Jahr liefern, ist das so ziemlich der gesamte Markt«, zitiert die *Financial Times* »eine mit den Verhandlungen vertraute Person«. Das ist nicht nur ein erneuter Verstoß gegen das EU-weit sakrosankte Wettbewerbsprinzip, sondern steht auch in krassem Gegensatz zum Gebot der Diversifizierung, das für die EU-Beschaffungspolitik nicht weniger gilt als für ihr Gesundheitsportfolio: »Die Diversifizierung des Portfolios ist entscheidend«, sagt die Leiterin der Europäischen Arzneimittelagentur, Emer Cooke.

Man muss an dieser Stelle vielleicht noch einmal daran erinnern, um wen es sich bei den hier auftretenden Entscheidungsträgern handelt. Weder befindet sich die EU-Kommission auf einer bemannten Mission in den rechtsfreien Raum eines wertenihilistischen Orbits noch kommt Kommissionspräsidentin vonderLeyen ein Status zu, der es ihr auch nur versuchsweise erlaubte, sich in die Nähe bananenrepublikanischer Potentaten oder der absolutistischen Monarchie verstrichener Geschichtsabschnitte zu bewegen. Kommission und vonderLeyen sind Exekutivbeamte – und als solche den EU-Bürgern gegenüber rechenschaftspflichtig, hinter welchen geheimen Kalendertürchen ihre Vertragsanpassungen auch immer versteckt sein mögen.

»Transparenz ist einer der wichtigsten Grundsätze der EU und verpflichtet sie, Informationen über politische Entscheidungen und Ausgaben offenzulegen und das Prinzip der Informationsfreiheit zu wahren«, gibt die Selbstdarstellung der Europäischen Union diesen Grundsatz mit gewohnt streberhafter Treffgenauigkeit wieder. Und als wir das letzte Mal nachgesehen haben, war dessen vielfache Verankerung in den EU-Verträgen auch noch nicht aufgehoben: Art. 10 des Vertrages über die Europäische Union, Art. 15 des Vertrages über die Arbeitsweise der Europäischen Union usw. usf.

Unter Kommissionspräsidentin vonderLeyen hat die Tendenz von EU-Institutionen (und -Beamten), sich ihrer geschuldeten Rechenschaftspflicht durch gemeinschaftliche Verschanzung hinter einem demokratieverachtenden Bollwerk aus Undurchsichtigkeiten zu entziehen, ein alarmierendes Ausmaß angenommen.

Machen Sie sich das immer wieder klar: Transparenz ist keine Ihnen von metaphysisch entrückten Instanzen zu gewährende Gnade, sie steht Ihnen schlechterdings zu. Sie haben das (unveräußerliche) Recht, vollumfänglich zu erfahren, was die von Ihnen in Macht gesetzten Amtsträger in Ihrem Namen tun.

Und die Medien sollten dabei ihr verlässlich wummernder Bassverstärker sein. Alles andere wäre keine moderne Demokratie, sondern die Gesellschaftsordnung von 1648. Oder ein Livekonzert der Kelly Family (unplugged).

Dasselbe Prinzip gilt übrigens auch für die zunehmend enthemmten Waffen- und Munitionskäufe Ihrer EU. Die Bewilligung von Projekten aus dem 8 Milliarden Euro schweren Europäischen Verteidigungsfonds hat die Kommission einem undurchsichtigen Netz »externer Experten« übertragen, ohne dass die Vermeidung von Interessenkonflikten und die Einhaltung des EU-Verhaltenskodex dabei auch nur annähernd gesichert wären. Die Bürgerbeauftragte Emily O'Reilly »wies darauf hin, dass die Namen dieser Experten nirgends zu finden sind – was für EU-Verhältnisse ungewöhnlich ist und ihrer Meinung nach eine öffentliche Kontrolle untergräbt«. (Politico)

Dieser Meinung sind wir auch. Und im Übrigen noch der, dass diese Dame nicht wieder Kommissionspräsidentin werden sollte. Eine Amtszeit von vonderLeyen können wir uns – wegen all der von ihr zuverlässig ausgelösten Effekte – nämlich kein zweites Mal leisten.

PS: Im Europäischen Parlament haben Grüne einen Covid-Untersuchungsausschuss übrigens nicht behindert, sondern vorangetrieben – natürlich nicht die deutschen, sondern die französischen, die mit ihren verwahrlosten Kollegen im Deutschen Bundestag längst nicht viel mehr als den Parteinamen teilen.

PPS: Pfizer-Chef Bourla hatte keine Zeit, beim Untersuchungsausschuss des Europaparlaments vorbeizuschauen, vielleicht musste er eine Grube für einen neuen Geldspeicher ausheben, Smiley. Auch die Kommissionspräsidentin ist zu einer Befragung vor dem Untersuchungsausschuss trotz Vorladung niemals aufgekreuzt.

PPPS: Ein von der französischen Grünen Michèle Rivasi eingebrachter Antrag, den Pfizer-Lobbyisten im Gegenzug für die Missachtung der europäischen Demokratie wenigstens ihren privilegierten Zugang zu den EU-Institutionen zu beschneiden, wurde vom Präsidium des Europäischen Parlaments blockiert, dem neben dem Gesicht von Parlamentspräsidentin Roberta Metaxa auch die beliebten Vizes Rainer Wieland (CDU), Katarina Barley (SPD) und Nicola Beer (FDP) angehören. Man wolle, ließ das Präsidium außerdem wissen, Frau vonderLeyen zur SMS-Affäre selbst befragen, höchstens unter Beiziehung der Fraktionsvorstände, aber unter Ausschluss jeder Öffentlichkeit, versteht sich. Und auch das erst irgendeines fernen Tages, wie wir sehen, denn seither sind ja erst etwa ein paar Dutzend Präsidiumssitzungen verstrichen.

BERLIN, GASTHAUS LENTZ

Wir haben es geschafft! Mein Google-Alert vermeldet, dass der Pfizer-Text auf meiner Homepage von links bis rechts zitiert wurde, von www.kommunisten.de bis zu Tichys Ein- oder Ausblick. Danach greifen auch *Taz*, Telepolis und Nachdenkseiten das Thema auf, die *Berliner Zeitung* übernimmt den Text. Die *Süddeutsche Zeitung* berichtet ein paar Tage später sogar »exklusiv« und vergisst das Thema dann wieder.

STRASSBURG, PENARSAAL

Vor den Abstimmungen erhebt sich ein jüngerer ungarischer Abgeordneter der S&D und erhält das Wort: »Herr Präsident, gemäß Artikel 137 unserer Geschäftsordnung teile ich Ihnen mit, dass Kommissar Várhelyi die Mitglieder des Europäischen Parlaments als ›Idioten‹ bezeichnet hat. Nach der Beantwortung der Frage eines Abgeordneten, als er seinen Platz eingenommen hat, kann man deutlich hören, wie er sagt: ›Wie viele Idioten sind noch übrig?‹ Dies ist eine beispiellose und brutale Beleidigung für das Parlament, das 450 Millionen europäische Bürger vertritt.«

Folgen hat die Wortmeldung keine. Der Kommissar bedauert später, dass die Abgeordneten ihn missverstanden hätten. Und in der tatsächlich überlangen Fragestunde war dann auch nur noch ein Idiot übrig.

STRASSBURG, PARLAMENT

Nach einem Liter »Fischer Tradition« in der Straßburger Altstadt fahre ich gegen 20 Uhr noch einmal ins Parlament, ich habe eine Minute Redezeit. Ein paar Minuten setze ich mich noch in die fast leere MEP-Bar. Büroleiter Hoffmann ruft an:

»Ich habe deine Rede gelesen, finde sie gut, allerdings der eine Satz mit der Handynummer, das könnte man als misogyn auslegen …«

»Also die Europapolitische Beraterin hat gelacht.«

»Ja, es ist auch lustig. Aber es gibt viele Leute, die deine Macron-Rede gut fanden und sie niemals teilen würden – wegen der Anspielung auf das Alter seiner Frau!«

»Aber vonderLeyen ist über 65, als sie jung und heiratsfähig war, gab es noch keine Handys. Ich stelle es hier noch mal zur Diskussion …«

Assistent Schiller und die Europapolitische Beraterin kommen, setzen sich zu mir. Eigentlich ist das hier eine Bar für Abgeordnete, denke ich, sage aber höflicherweise nichts. Schiller hat mir den Redetext ausgedruckt: »Also, ich finde die Rede gut, allerdings der Satz mit der Handynummer …«

»Die Europapolitische Beraterin hat vorhin gelacht.«

»Jaaaaaaa, also …«

»Wir haben eine halbe Stunde darüber diskutiert. Ich finde, gegen die mächtigste Frau Europas ist alles erlaubt. Sie tut uns wesentlich mehr Gewalt an als wir ihr. Es ist garantiert kein Tritt nach unten …«

Ich packe meine Tasche und gehe langsam durch das leere Parlament in Richtung Plenarsaal. Im Abgehen höre ich die Europapolitische Beraterin dem Assistenten Schiller mit aggressivem Unterton die Friedlichkeit der chinesischen Kultur erläutern.

Im Plenarsaal wartet noch eine Handvoll Abgeordneter auf ihre Minute. Vizepräsident Michael Simecka leitet die Sitzung, ein jüngerer Slowake mit verwuschelten Haaren und Vollbart, den ich flüchtig vom Sehen kenne. Nach ein paar Minuten ruft er mich auf. Nun denn.

»Eine Kurznachricht aus dem EU-Parlament an Frau von der ähem, Leyen:

Wussten Sie, dass wegen Ihrer gelöschten Pfizer-SMS mittlerweile nicht nur Ihre Kommission verklagt wird – von der *New York Times* –, sondern auch Sie persönlich?

In der deutschen Presse war davon ja nichts zu lesen, deshalb dachte ich, ich sag's Ihnen mal.

Beschuldigt werden Sie wegen ›Amtsanmaßung und Titelmissbrauch‹, ›Vernichtung öffentlicher Dokumente‹ und ›Korruption‹.«

Ein kurzer Blick ins Auditorium. Keine wie auch immer geartete Reaktion.

»Während jedes Käseblatt in Deutschland – vom *Spiegel* bis zur *FAZ* – über Ihr dahingeschiedenes Pony berichtet hat, interessiert sich niemand dafür, dass sogar die Europäische Staatsanwaltschaft gegen Sie ermittelt.

In den SMS ging es um die Bestellungen von 1,8 Milliarden Dosen. Nicht Hansa-Pils, sondern Pfizer. Für 35 Milliarden Euro.

Ich sage zu Ihnen jetzt einen Satz, den vermutlich noch nie ein Mann zu Ihnen gesagt hat:

Ich möchte Ihre Handynummer!

Mit niemandem lassen sich so einfach unseriöse Geschäfte machen wie mit Ihnen. Vielen Dank.«

Als ich mich setze, sehe ich, dass der Vizepräsident losgrinst. Schnell fährt er sich mit der Hand vors Gesicht, schaut einmal in die Runde, ob es jemand bemerkt hat, ruckelt dann demonstrativ seinen Kopfhörer zurecht und sucht in seiner Liste den nächsten Redner.

Assistent Schiller grinst ebenfalls, als er vor dem Plenarsaal auf mich wartet.

»Er hat gelacht«, sage ich.

»Aber nur sehr kurz«, entgegnet Schiller, »wahrscheinlich ist ihm dann eingefallen, dass er als Präsidiumsmitglied für den FEMM zuständig ist, den Ausschuss für die Rechte der Frauen und die Gleichstellung der Geschlechter …«

Sachdienliche Hinweise aus dem Netz

LiaNemia: Das Pony-Ding war eine Art Code.

Lutz: Man kann Heilige nicht verklagen

Frau Alma-Lu: Und ich möchte Ihre Handynummer, Herr Sonneborn, ZwinkerSmiley

MS: Es ist die 7. Smiley!

JUNI 2023

BERLIN, BUNDESTAG

Die Regierungsparteien beschließen im Bundestag die Einführung einer Zwei-Prozent-Hürde für EU-Wahlen, obwohl wir den Fraktionsvorsitzenden schriftlich recht nachdrücklich empfohlen hatten, das lieber sein zu lassen. (Das Bundesverfassungsgericht schätzt es, wenn man seine späteren Prozessgegner schon im Vorhinein auf demokratietheoretisch bedenkliches Verhalten hinweist.)

Sachdienlicher Hinweis aus dem Plenarprotokoll des Bundestags

Vizepräsidentin Aydan Özoguz: Der Kollege Ulrich erhält jetzt das Wort für eine Kurzintervention.

Alexander Ulrich (DIE LINKE): Herr Winkler, mir missfällt es, wenn Abgeordnete hier im Bundestag, obwohl sie es besser wissen, das Gegenteil der Wahrheit sagen. Sie reden von neun Einzelkämpfern im Europäischen Parlament als Begründung für Zersplitterung oder Nichtarbeitsfähigkeit, obwohl Sie aus Ihrer Erfahrung in Europa genau wissen, dass sich Abgeordnete im EU-Parlament in Fraktionen wiederfinden. Das hat auch der ganz große Anteil dieser neun Abgeordneten gemacht.

(Zurufe der Abg. Alexander Hoffmann [CDU/ CSU], Dr. Anja Weisgerber [CDU/CSU] und Tobias Winkler [CDU/CSU])

Martin Sonneborn hat es nicht gemacht; das stimmt. Aber

auch da muss ich Ihnen sagen: Martin Sonneborn ist im Europaparlament wirkungsvoller als alle CDU-Abgeordneten zusammen. (Beifall bei Abgeordneten der LINKEN und der SPD)

BERLIN, GASTHAUS LENTZ

Die Mail meines (depressiven) Redenschreibers stört meine erste analoge Zeitungslektüre seit langer Zeit: »Erstaunlich, es läuft tatsächlich alles genau so, wie man es sich vorstellt. In Bulgarien ist ein viereinhalbstündiger Mitschnitt der PP-Partei geleakt worden. Darauf ist der ehemalige bulgarische Ministerpräsident Petkov zu hören.«

Sachdienlicher Hinweis von meiner Homepage

Kiril Petkov schildert den Inhalt eines Telefongesprächs mit Kommissionspräsidentin vonderLeyen vom 21. Mai, in dem es um den Beitritt des Landes zum Euro- & Schengenraum ging. Petkov: »Ich fragte sie, wie unsere Chancen stünden. Sie antwortete: Bei Schengen haben Sie große Chancen. Für die Eurozone müssen Sie herausfinden, wie Sie die Regeln umgehen können, um in den Rahmen zu passen. Ich antwortete ihr: Können wir nicht die Inflation abzüglich des Ukraine-Effekts haben? Daraufhin sagte sie: Zitieren Sie mich nicht, wir werden versuchen, Ihnen zu helfen.«

Zitieren Sie uns nicht, aber das Ganze erinnert uns stark an die Aufnahme Griechenlands in die Eurozone, bei der Athen – unterstützt von Goldman Sachs – die strengen Beitrittskriterien mittels frisierter Daten umging.

Bonus-Demo(kratie)-Track: Aus den geleakten Aufnahmen geht hervor, dass die PP plant, in den ersten zwei Wochen nach Regierungsübernahme »eine legale oder illegale Säuberung des Staatsapparates« vorzunehmen, indem sie alle Beamten, die der sozialdemokratischen GERB nahestehen, aus dem Staatsdienst entfernt. Außerdem soll eine Übernahme des Innenministeriums den Zugriff auf zukünftige Wahltermine ermöglichen.

Sachdienlicher Hinweis aus dem Netz

Tricks: Ja ja Sonneborn ist Abfall, aber dennoch bitte mal durchlesen …

AFRIKA, SAHELZONE

Keine drei Wochen, nachdem die außenpolitische Spürnase der EU Sepp Borrell in Niger war, ohne dass ihm dort etwas spanisch vorgekommen wäre, gibt es einen Putsch im Land. Der gewählte Präsident Mohamed Bazoum wird festgesetzt, eine Militärregierung übernimmt die Führung. Die Einordnung fast aller westlichen Medien ist vordergründig (»Demokratie!«) und verkennt die zugrunde liegenden Ursachen. Meine Beraterin natürlich nicht.

Sachdienlicher Hinweis von meiner Afrikapolitischen Beraterin

In Frankreich gibt es keine einzige aktive Goldmine. Dennoch besitzt dieser (ehemals) verbrecherische Kolonialstaat mit 2.436 Tonnen die viertgrößten Goldreserven der Welt.

Die (ehemals) französische Kolonie Mali besitzt genau 0,0 Tonnen Gold, obwohl es mehrere Dutzend Minen (darunter 14 offizielle) im Land hat, in denen pro Jahr ganze 70 Tonnen davon abgebaut werden. Von den Einnahmen aus knapp 60 Tonnen Gold, die von (schätzungsweise) 600.000 Kindern in der (ehemals) französischen Kolonie Burkina Faso geschürft werden, gehen nur 10 Prozent an das Land, aber 90 Prozent an multinationale Goldgräberkonzerne.

Die letzte seiner 210 Uranminen hat Frankreich im Jahr 2001 geschlossen. Seither werden alle mit dem umwelt- und gesundheitsschädlichen Uranabbau verbundenen Probleme, einschließlich der Gefahren radioaktiver Verstrahlung, vorsorglich exportiert. Aus dem westafrikanischen Niger stammen etwa ein Viertel der europäischen und ein Drittel der Uranimporte Frankreichs, das mit 56 Kernkraftwerken einen (ausbaufähigen) Spitzenplatz unter den Atomstromexporteuren der Welt belegt. Beschafft wird deren betriebsnotwendiger Brennstoff vom staatlichen Nukleargiganten Orano (ehemals Areva), der den höchsten und (passenderweise auch) schwärzesten Granitbau unter den Wolkenkratzern des Pariser Kapitaldistrikts La Défense besitzt, in geheimen Geheimverträgen zum Beispiel aus Niger, wo sich der Konzern drei gewaltige Uranminen sowie die Mehrheitsbeteiligung an Nigers Staatsunternehmen für Uranaufbereitung (Somaïr) unter den Nagel gerissen hat.

Die (ehemals) französische Kolonie Niger verfügt über die hochwertigsten Uranerze Afrikas und ist der siebtgrößte Uranproduzent der Welt, aber der Weltbank zufolge sind 81,4 Prozent ihrer Bürger noch nicht einmal ans Stromnetz angeschlossen. 40 Prozent leben unterhalb der Armutsgrenze, ein Drittel der Kinder ist untergewichtig, die Analphabetenquote liegt bei 63 Prozent. Nur die Hälfte der Einwohner hat Zugang zu sauberem Trinkwasser, nur 16 Prozent sind an eine angemessene Sanitärversorgung angeschlossen.

Das gesamte Staatsbudget Nigers, eines Landes mit der dreifachen Fläche der Bundesrepublik, ist mit rund 4,5 Milliarden Euro nicht größer als der jährliche Umsatz des französischen Atomkonzerns. Trotz seiner Uran- und Goldvorkommen lag der Niger im Entwicklungsindex zuletzt auf Platz 189 von 191 erfassten Staaten.

Frankreich hat im Zuge der »Dekolonisierung« der 1960er-Jahre seine vormaligen Kolonien zwar in die formale Unabhängigkeit entlassen, hinterließ ihnen allerdings Staats- und Rechtsordnungen, die – wie in der Kolonialzeit – darauf ausgelegt waren, die Bevölkerung einerseits mit möglichst geringem Aufwand zu kontrollieren und andererseits so viele Rohstoffe zu exportieren als irgend möglich.

Nicht genug, dass Frankreich sich über den sogenannten Kolonialpakt in Françafrique weiterhin das Vorkaufsrecht auf alle natürlichen Ressourcen und den privilegierten Zugriff auf Staatsaufträge gesichert hat, es zwingt den Staaten seither ebenso seine irrwitzige Kolonialwährung CFA-Franc auf, die jede autonome Geld-, Wirtschafts- oder Sozialpolitik der (formal souveränen) Staaten nachhaltig verunmöglicht. Die vierzehn CFA-Staaten sind nicht nur durch einen festen Wechselkurs, der allein von den Nachfahren französischer Kolonialmessieurs bestimmt wird, an den Euro gekettet (was ihnen 1994 eine 50%ige Abwertung einbrachte), sondern haben auch jeden Zugriff auf 85 Prozent ihrer Währungsreserven verloren, die sie gezwungenermaßen bei der Agence France Trésor hinterlegen müssen.

Alle CFA-Staaten sind in hohem Maße rohstoffreich und nicht weniger hoch verschuldet. Burkina Faso, Mali und Niger gehören trotz ihrer immensen Bodenschätze zu den ärmsten Ländern der Welt. »Meine Generation versteht das nicht«, sagt der 35-jährige Staatschef Burkina Fasos, Ibrahim Traoré. »Wie kann Afrika, das über so viel Reichtum verfügt, zum ärmsten Kontinent der Welt geworden sein?«

Ganz einfach, sagt der US-amerikanische Politikwissenschaftler Michael Parenti. Arme Länder sind nicht »unterentwickelt«, sondern »überausgebeutet«.

Es gibt (also) Gründe dafür, dass in Niamey, der Hauptstadt Nigers, die französische Botschaft brennt.

Um die »Stimmung« in Afrika zu ihren Gunsten zu drehen, versucht die EU, den Kontinent mit dem zu überziehen, was sie sich unter einem »Informationskrieg« vorstellt, was beim weltbekannten Einfallsreichtum der Brüsseler Bürokraten auf eine Dauerschleife der 135 schärfsten Wertereden vonderLeyens hinauslaufen dürfte. Und auf ein paar neue Strophen der verwirrten Dschungel- und Garten-Lyrik* von Sepp Borrell.

Es gibt allerdings Gründe dafür, dass die Bürger in den Straßen west- und zentralafrikanischer Staaten nicht die französische Trikolore oder das kobaltblaue Europabanner, sondern die Flagge Russlands bei sich tragen.

Und ob es uns oder der EU nun gefällt oder nicht, sieht ein wachsender Teil der (v.a. jüngeren) afrikanischen Bevölkerung

* Anlässlich einer Rede in der Europäisch-Diplomatischen Akademie in Brügge hatte der Außenbeauftragte gerade diagnostiziert, Europa sei »ein Garten«, in dem alles funktioniere. Der Rest der Welt dagegen sei »ein Dschungel und der Dschungel könnte in den Garten eindringen«. Die anwesenden Diplomaten waren nicht amüsiert.

in Putin keineswegs einen Bösewicht, sondern den Vorkämpfer einer globalen Freiheitsbewegung, die gegen die – unter dem Deckmantel der »Demokratie« – von Akteuren des geopolitischen Westens aufrechterhaltene Ausbeutungs- und Unterwerfungsordnung in ihren Landstrichen gerichtet ist.

All dies wird sich nicht mit guten (oder gut geheuchelten) Worten in Luft auflösen lassen, nicht durch die Streichung »verletzenden« Kinderromanvokabulars, nicht durch tollpatschige EU-»Informationskrieger« und noch weniger durch konzertiertes Bombengewitter, sondern nur dadurch, dass sich nach Jahrhunderten nun endlich einmal die realen Beziehungsverhältnisse des Westens zum Globalen Süden ändern. Und Unterdrückung, Bevormundung, Ausplünderung, Rohstoffraub und Übervorteilung durch (mafiös) ungleiche Handelsverträge ihr überfälliges Ende nehmen.

Die USA sind – in dieser und manch anderer Hinsicht – bekanntlich ein hoffnungsloser Fall, die EU vielleicht noch nicht. Je länger sie sich dem von ihr zu vollziehenden Paradigmenwechsel zu entziehen versucht (oder ihm gar mit Gewalt begegnet), desto schlimmer wird es für sie ausgehen.

Vielleicht wäre es ein Anfang, wenn die EU beim nächsten Gipfel mit Afrika (oder Lateinamerika) die angereisten Staatsoberhäupter einmal durch dasselbe Hauptportal ins Konferenzgebäude schreiten ließe, das sie selbst benutzt, anstatt ihre fremdkontinentalen Gäste immerfort durch den schmucklosen Seiteneingang zu schleusen.

PS: Einen Ersteindruck ihrer intellektuellen Satisfaktionsfähigkeit gibt die nigrische Militärregierung übrigens selbst. Auf die Ankündigung der USA, jegliche Hilfsgeldzahlung an den Niger einzustellen, habe das Regime – afrikanischen Quellen zufolge – ausrichten lassen, der demokratische Weltmarktführer möchte seine Hilfe behalten und sie für die Millionen Obdachloser in den Vereinigten Staaten verwenden: »Nächstenliebe beginnt zu Hause.«

PPS: Ibrahim Traoré ist nicht nur Staatschef von Burkina Faso, sondern als Absolvent der Universität Ougadougou und der örtlichen Militärakademie auch Geologe und Offizier. Als jüngstes und smartestes Staatsoberhaupt der Welt droht der 35-Jährige daher völlig zu Recht zum Hoffnungsträger der (west-)afrikanischen Erhebung gegen Neokolonialismus und westliche Dominanz zu werden. Auch Traoré hat die französischen Truppen vor die Tür gesetzt und den Export von Gold und Uran nach Frankreich und in die USA untersagt, während er eine regionale Allianz mit Niger, Guinea, Mali und Algerien schmiedet.

PPPS: Frankreich und die USA drohen – selbst und über ihre Mittelsleute von ECOWAS – mit einem gewaltsamen Eingriff zur Wiederherstellung der »demokratischen« Ausbeutungsordnung. Sieht aus, als hätten kriegsbegeisterte Europäer demnächst die Wahl, ob sie die westliche Welt lieber in der Ukraine (Team Blackrock) oder in Westafrika (Team Atomstrom) verteidigen wollen. Das ist das Schöne am Kapitalismus. Er sorgt stets für reichhaltige Auswahl.

Eine militärische Intervention der Achse USA-Frankreich-Grobbritannien-ECOWAS in Niger, so erklärten es Burkina Faso und Mali soeben, würden sie als »Kriegserklärung« gegen sich selbst auffassen. Eine deutliche Ansage, die der malische Regierungssprecher Abdoulaye Maïga für die traditionell etwas begriffsstutzigen Demokraten aus Nord-Nordwest ein weiteres Mal und (um der Deutlichkeit willen) noch ein drittes Mal wortgleich wiederholt. Guinea sieht das ähnlich, und auch Algerien, das ein militärisches Kooperationsabkommen mit Niger unterhält, wird »im Falle einer ausländischen Intervention nicht untätig bleiben«.

Das Letzte, was Westafrika braucht, ist zufälligerweise auch das Letzte, was wir und Sie, ist zufälligerweise auch das Letzte, was der ganze Rest der Welt braucht: einen weiteren Krieg.

BERLIN, HACKBARTH'S

Lobby Control kritisiert eine illegale 820.000-Euro-Spende an die Berliner CDU. 2020 hatte der Immobilienunternehmer Christoph Gröner diese Summe an die – in Berlin traditionell in Bau-, Banken- und Immobilienskandale verwickelte – Partei gespendet. Und dummerweise ein Jahr später im Radio ausgeplaudert, dass er dafür Gegenleistungen erwartet.

Sachdienlicher Hinweis des DLF

Immobilienunternehmer Christoph Gröner: »Ich habe der CDU drei Bedingungen gesetzt. Ich habe gesagt: Wenn das Bundesverfassungsgericht den Mietendeckel nicht abschafft, dann möchte ich auch, dass die CDU den nicht abschafft, aber modifiziert.«

Die Bundestagsverwaltung, die gegen die PARTEI stets mit aller Härte vorgegangen war (und uns mit einer existenzbedrohenden Klage bis vors Bundesverwaltungsgericht getrieben hatte), kann trotz Prüfung keine problematische Situation erkennen.

Sachdienlicher Hinweis eines bekannten Verfassungsrechtlers

Die Begründung ist juristisch in meinen Augen unhaltbar, weil sie das gesetzlich verankerte Verbot von Einflussspenden im Grunde in Luft auflöst. Das Beispiel zeigt an, dass die Parteienfinanzierung bei der Bundestagsverwaltung eben doch nicht wirklich gut aufgehoben ist. Der aktuelle Fall würde sich für eine Modellklage gut eignen, da der Sachverhalt sehr überschaubar ist und die Rechtslage (trotz der Deutungsversuche der Bundestagsverwaltung) relativ klar.

Klagen allerdings könnte in diesem Fall ausschließlich eine Partei, die selbst an der (unseriösen) Parteienfinanzierung partizipiert. Nach kurzem Überlegen fällt mir eine mögliche Klägerin ein: Die PARTEI. Der Bundesvorstand ist schnell einverstanden und die

Juraprofessorin Sophie Schönberger erklärt sich bereit, die Klage für uns zu führen. Das Lustige daran ist die Strafe, die die CDU erwartet, wenn hier Recht gesprochen wird: Wie wir aus eigener Erfahrung wissen, wird eine Strafzahlung in dreifacher Höhe der inkriminierten Summe fällig. Für die CDU Berlin sind das in diesem Fall knapp 2,5 Millionen Euro. Smiley

JULI 2023

STRASSBURG, BÜRO

Ein Kleiderbügel fliegt durch die Luft. Die Europapolitische Beraterin tobt, aber diesmal richtig. Frau vonderLeyen will gegen alle Vorschriften eine amerikanische Lobbyistin zur Chefökonomin der EU machen. »Das ist verrückt, die USA machen mit uns das, was sie schon mit Afrika und Lateinamerika gemacht haben, sie zerstören unsere Wirtschaft und führen uns in eine tiefe Abhängigkeit. Die chinesische Presse bezeichnet Frau vonderLeyen noch höflich als ›bekannte Pro-US-Persönlichkeit‹, die Europa an die USA verkauft, während die einzige Befürchtung des amerikanischen Politico nicht darin liegt, dass sie zu pro-amerikanisch agiert, sondern darin, dass es auch so aussehen könnte!«

»Du spinnst doch, dein Antiamerikanismus geht mir auf die Nerven. Schreib's meinetwegen, auf meiner Homepage ganz unten ist noch 'ne Menge Platz.«

»Findest du das nicht bedenklich? Nenn mir mal einen Europäer, der in den USA in einer Führungsposition sitzt. Es gibt keinen.«

»Arnold Schwarzenegger. Na gut, der ist Terminator. Man kann ihm kaum etwas abschlagen.«

Gerade hat die EU-Kommission die US-Amerikanerin Fiona Scott Morton zur Chefökonomin ihrer Generaldirektion Wettbewerb ernannt. Damit wird die Regulierung der digitalen Märkte einer mit Interessenkonflikten überladenen Lobbyistin der Big-Tech-Konzerne übertragen. Morton war nicht nur für das US-amerikanische Justizministerium, sondern auch für mehrere oligopolistische US-Digitalkonzerne tätig (Apple, Amazon, Microsoft), deren Beratung ihr mehrere Millionen Dollar eingebracht hat.

Wenn Sie sich im Februar letzten Jahres kurz darüber gewundert haben, dass die US-amerikanische Greenpeace-Aktivistin Jennifer Morgan von der transatlantischen Tröte Annalena Baerbock zur Staatssekretärin im Auswärtigen Amt gemacht wurde, dann war das noch gar nichts gegen die Idee, der die EU-Kommission gerade Gestalt verliehen hat. In einem klammheimlichen und nur in Bruchteilen ordnungsgemäßen Ausschreibungsverfahren hat die Kommission für einen ihrer wichtigsten Regulierungsposten soeben die US-Amerikanerin und Big-Tech-Lobbyistin Fiona Scott Morton rekrutiert. Zum 1. September 2023 soll sie Chefökonomin für Wettbewerbsfragen der DG Comp werden, eine der wichtigsten Positionen in einer der mächtigsten Generaldirektionen der Europäischen Kommission – mit Zuständigkeit für die Einhaltung der EU-Kartell- und Wettbewerbsvorschriften sowie die Genehmigung von Unternehmensfusionen und Übernahmen. Und das, obwohl für diese Position und Verantwortungsebene (üblicherweise) die Staatsangehörigkeit eines der EU-Mitgliedsstaaten erforderlich ist.

Für das Auswahl- und Einstellungsverfahren der Europäischen Kommission gilt für Hohe Beamte die folgende Vorschrift (»Senior Officials Policy«): »Bei der Einstellung sind dem Organ die Dienste von Beamten zu sichern, die auf möglichst breiter geografischer Grundlage unter den Staatsangehörigen der Mitgliedstaaten ausgewählt werden.« Dass es unter den 450 Millionen zur Auswahl stehenden EU-Bürgern, einige davon mit ausgefuchstem Fachwissen (Candy Crush, Level 1789), keinen Tinder-Match gegeben haben soll, das, mit Verlaub, glauben wir der Kommission einfach nicht. Bei ausnahmslos allen bisherigen Ausschreibungen zum »Chief Competition Economist«, auch bei der letzten von 2018 (COM/2018/10383), war die EU-Staatsbürgerschaft als allererste Zulassungsvoraussetzung vermerkt. Im diesjährigen (im Februar eröffneten) Verfahren (COM/2023/10427) ist sie – bei nahezu wortgleicher Übernahme aller anderen Textbausteine – wie durch Zauberhand verschwunden.

Es könnte der Verdacht entstehen, so mehrere NGOs um Lobby Control schon im Mai, dass dieses Einstellungsverfahren speziell darauf zugeschnitten wurde, eine ganz bestimmte Bewerberin aus dem Nicht-EU-Raum zu begünstigen. Wir möchten höflich widersprechen, denn der Sachverhalt geht über den reinen Verdacht natürlich längst hinaus. Nicht genug, dass Morton ihre Kollegen an der Yale University bereits im April über ihre Berufung in die EU-Verwaltung informierte – einer ihrer Kollegen gratulierte ihr mit einem (inzwischen gelöschten) Tweet sogar auf Twitter. Mit Bezug auf ungenannte »Quellen« vermelden auch Bloomberg und die *Financial Times* die anstehende Stellenbesetzung schon Anfang April, nicht ohne zu präzisieren, Morton sei so gezielt ausgewählt worden, dass man da drüben – eigens für sie – gar die geltenden Ausschreibungsregeln »anpassen« werde. Schön, dass wir alles, was in der EU so vor sich geht, aus der angloamerikanischen Finanzpresse erfahren müssen.

Dass die Personalie einschließlich der Hintergründe ihres Zustandekommens nun öffentlich geworden ist, kann man nur auf großes Pech und unsäglichen Dilettantismus zurückführen, denn die Kommissionsleitung hat sich wirklich nach Kräften um Diskretion und Tatsachenverschleierung bemüht. Niemand scheint im Vorfeld von dieser ungewöhnlichen Personalentscheidung überhaupt in Kenntnis gesetzt worden zu sein – von Morton und der US-amerikanischen Fachpresse einmal abgesehen. Nicht die europäische Öffentlichkeit, noch nicht einmal die EU-Kommissare. Kommissionsintern wurde das Thema zu keinem Zeitpunkt auch nur besprochen, »obwohl es zweifellos eine politische Diskussion verdient hätte« *(Le Monde)*.

Mit einer Absicht, die man nur unter lebensbedrohlicher Gehirnverknotung für gutartig halten kann, wurden die Kommissare, deren Zustimmung für die Einstellung formal erforderlich war, schlicht und ergreifend hereingelegt. In den Unterlagen zum letzten Treffen des Kollegiums am 11. Juli war die Neubesetzung (wohlweislich) im Anhang eines am Vortag per E-Mail übersandten Dokumentenstapels versteckt, am Ende langer Litaneien zu anderen Themen und einer Reihe anderer, völlig unspektakulärer Neubesetzungen.

Der Hauptteil der 26-seitigen Passage zum Posten des Chefökonomen war den zehn abgelehnten Kandidaten gewidmet. Und die Darstellung von Mortons Vita schließlich kaprizierte sich auf die zu erwartende Muttersprache (»Englisch«), während die dazugehörige Nationalität (USA) einfach gänzlich unterschlagen wurde. »Es gab keinen Hinweis darauf, dass sie Amerikanerin war. Wir dachten alle, sie sei Irin«, berichtet ein Hoher Beamter der französischen *Libération* und versichert, niemand habe eine Ahnung gehabt, worüber da eigentlich abgestimmt wurde. »Wir haben erst auf Twitter herausgefunden, dass wir etwas Inakzeptables akzeptiert hatten.«

Das Ganze wirkt wie ein verunglückter Täuschungsversuch aus dem Vorabendprogramm des Kinderkanals. Auch auf der Kommissionswebseite, so berichten es französische Journalisten, konnte man die brisante Nachricht nur durch Zufall und auch dann nur mit guter Lesebrille, weil im Kleingedruckten, finden. Im von der Kommission veröffentlichten Lebenslauf der EU-Novizin – auch das ein Novum – erstrecken sich die akademischen Veröffentlichungen über mehrere Seiten, während ihre Beratungsaufträge gar nicht näher erläutert werden. Erst in den letzten Zeilen des Abschnitts über Morton erfährt man überhaupt, dass sie Unternehmen (entweder direkt oder über Beratungsfirmen) beraten hat – und zwar für beträchtliche Summen: ein bis zwei Millionen US-Dollar pro Fall. Die Kommission nennt Apple und Microsoft, während sie Amazon, Pfizer und Sanofi wiederum glatt unterschlägt. Neben der höchstgradig ungewöhnlichen und fehlerhaften Vergabe steht natürlich noch der Eindruck, den die Kommission durch die Besetzung dieser gewichtigen Verwaltungsstelle erzeugt. In einer Zeit, in der die EU nicht nur eine mit dem ihr ursprünglich zugedachten Auftrag keineswegs mehr konkordante Anbindung an ein unter Führung der USA stehendes Militärbündnis betreibt, sondern von europäischen Staatschefs (Macron) und Denkfabriken (European Council on Foreign Relations) gleichermaßen unverhohlen des (immanenten) US-»Vasallentums« bezichtigt wird, müssen in der Kommission vonderLeyen wirklich begnadete Genies strategischer Kommunikation am Werke sein, wenn sie – erneut – ein derart vielsagendes Beweisstück für ihren mangelnden Ehrgeiz zur Erlangung strategischer Autonomie vorlegen. (...)

Vor ein paar Monaten hat der ehemalige französische Premierminister François Fillon vor dem Untersuchungsausschuss der französischen Nationalversammlung Folgendes ausgesagt: ›Ausländische Einflussnahme, ja, ich bin ihr begegnet. In den allermeisten Fällen ging sie von einem befreundeten und verbündeten Staat aus. Dieser Staat heißt Vereinigte Staaten von Amerika.‹ Dabei bezog Fillon sich nicht nur auf die Tatsache, dass die gesamte französische Regierung über Jahre vom NSA abgehört worden war.

Nicht weniger als 75 Millionen Nachrichten und E-Mails wurden von der NSA (zu Zeiten Edward Snowdens) in jedem Monat allein aus Frankreich abgefangen – viele auch aus dem Bereich der Industrie. Nirgendwo war die NSA aktiver als Deutschland, wo sie es vor elf Jahren auf monatlich (mindestens) 500 Millionen Daten brachte – unter tätiger Mithilfe des BND. Es gibt wenig Grund für die Annahme, dass sich bis heute viel an dieser unausgesprochenen Grundbestimmung politischen und wirtschaftlichen Handelns in der EU geändert haben könnte (von der europäische Politiker – mit schlecht gespielter Empörung – bestenfalls zu bemerken pflegen, so etwas gehe »unter Freunden« natürlich »gar nicht«, während sie es zugleich doch widerspruchslos tolerieren).

Fillon ging vor allem auf den höchst fragwürdigen Grundsatz der Extraterritorialität des US-Rechts ein, der es – in Zusammenwirken mit der Vormachtstellung des US-Dollars – der US-Justiz irrsinnigerweise ermöglicht, in die Angelegenheiten europäischer Unternehmen einzugreifen. Das gewaltigste

Machtinstrument der USA ist ihre Sanktionsgesetzgebung – einschließlich ihrer Extraterritorialität.

Der ehemalige französische Wirtschaftsminister, der Sozialist Arnaud Montebourg, gab vor demselben Untersuchungsausschuss die Namen strategisch bedeutender französischer (und europäischer) Unternehmen zu Protokoll, deren Substanz über den Umweg von Finanzsanktionen vorsätzlich Schaden zugefügt wurde, um sie als konkurrierende Marktakteure zu schwächen oder auszuschalten, wenn nicht gar unter US-amerikanische Kontrolle zu zwingen: Alstom, Airbus, BNP Paribas, Total, Technip, Alcatel, Société Générale, Dassault – aber auch Siemens, Ericsson, BAE, Mercator, Daimler, Statoil und viele mehr.

Es lässt sich en détail nachzeichnen, wie die USA ihre nationalen Antikorruptionsgesetze zu einem strategischen Mittel umfunktionieren in einem Wirtschaftskrieg, der sich längst nicht nur gegen »feindliche« Staaten richtet.

Das Department of Justice, für das Fiona Scott Morton knapp zwei Jahre gearbeitet hat, steht am Ausgangspunkt ebendieser illegalen Praxis: extraterritoriale Sanktionen, die unter eindeutiger Verletzung des geltenden Regelwerks der WTO (»rules-based order« LOL!) den (nicht weniger illegalen) Versuch einer internationalen Geltendmachung US-nationalen Rechts zum Inhalt haben. (...)

Man weiß noch immer nicht genau, wer diese Personalentscheidung in der Kommission eigentlich getroffen hat. Das Kolleg der Kommissare jedenfalls nicht. Die Dänin Margarete Vestager, die als Wettbewerbskommissarin formal noch ihren Kopf dafür hinhalten muss, legt in wenigen Tagen ihren Posten nieder, um sich als Präsidentin der Europäischen Investitionsbank zu empfehlen. Bleibt eigentlich nur »Europe's American President« (Politico) Ursula vonderLeyen – »genauer gesagt ihr sehr amerikanophiler Kabinettschef, der Deutsche Björn Seibert, der den Vereinigten Staaten gegenüber nie um einen Gefallen verlegen ist« *(Libération).*

BRÜSSEL, BÜRO

Während die Personalie Scott Morton in Frankreich in ganz großem Stil debattiert wird – Zeitungen, TV-Runden, Wissenschaftler, ehemalige EU-Beamte, Oppositions- und Regierungspolitiker, Minister bis hin zum Staatspräsidenten –, schreibt die deutsche Presse – abgesehen von der *Berliner Zeitung*, die unseren Text veröffentlicht – ihren Standpunkt mal wieder von der Presseerklärung der Kommission ab: Alles normal, die Frau ist Expertin, bitte gehen Sie weiter, es gibt nichts zu sehen. Viele deutsche Journalisten pflegen ein Heinrich Mann'sches Welt- und Institutionenbild, in dem jede (noch so berechtigte) Kritik an den USA wie eine Gotteslästerung und jede (noch so berechtigte) Kritik an der EU-Kommission wie Majestätsbeleidigung behandelt wird.

Ein paar Kilometer weiter westlich stuft Macron die Personalentscheidung nicht nur als »zweifelhaft« und »bedenklich« ein, sondern verleiht auch seiner Überzeugung Ausdruck, dass es doch kaum so lausig um Europas Akademiker stehen könne, dass man eine US-Amerikanerin rekrutieren müsse. (Da kennt er wohl Annalena Baerbock schlecht.)

Derweil hat eine Reihe hereingelegter EU-Kommissare – der Franzose Thierry Breton, der Italiener Paolo Gentiloni, der Außenbeauftragte Borrell, der Luxemburger Nicolas Schmitt, die Portugiesin Elisa Ferreira – Frau vonderLeyen schriftlich aufgefordert, die Personalentscheidung rückgängig zu machen. Im Europäischen Parlament haben sich Abgeordnete aller Fraktionen ähnlich ausgesprochen – mit Ausnahme der Grünen, deren Co-Fraktionsvorsitzender Philippe Lamberts seinen anfänglichen Protest aus unerfindlichen (und bestimmt auch anderen) Gründen zurückgezogen hat. LOL

Sachdienlicher Hinweis der Berliner Zeitung

Nach harter Kritik: US-Lobbyistin tritt als Chefökonomin der EU zurück

Sachdienlicher Hinweis der Weltwoche

Dem Hofnarren ist das Lachen vergangen

Der Satiriker Martin Sonneborn wollte mit seiner Spasspartei die EU humoristisch aufspiessen. Heute zählt er zu von der Leyens härtesten Kritikern im Europaparlament. Denn die Realität hat die Groteske der Satire übertroffen, dem Hofnarren ist das Lachen im Hals steckengeblieben. Unverhofft wurde er seriös, zur Ein-Mann-Kampagne gegen Korruption, Amtsanmassung und Dilettantismus. »Er ist«, so ein EU-Beobachter, »was das Dorf von Asterix für das Römische Reich war: ein schmerzender Stachel.«

Sachdienlicher Hinweis aus dem Netz

Sibylle Berg: Nachdem Martin Sonneborn Fiona Scott Morton quasi allein verhindert hat, könnte er den Trick noch einmal bei vonderLeyen probieren.

BERLIN/KARLSRUHE

Mittags stimmt der Bundesrat dem Sperrklausel-Gesetz* des Bundestages zu. Nachmittags geht eine Organklage der PARTEI beim Bundesverfassungsgericht ein, eine Verfassungsbeschwerde folgt wenig später.

Sachdienlicher Hinweis des Spiegel

»Die PARTEI« machte geltend, es gebe für eine Sperrklausel keine »sachgerechten Gründe«. Es gebe keinen Hinweis darauf, dass das EU-Parlament durch die Kleinparteien zuletzt »in seiner Funktionsfähigkeit oder sonst seiner politischen Wirksamkeit Einbußen erlitten hätte«. »Die PARTEI« hat nun beantragt, dass das Bundesverfassungsgericht dem Bundespräsidenten untersagt, das Gesetz auszufertigen.

* Allerdings wurde dem Bundesrat versehentlich ein falscher Text zur Abstimmung übermittelt, in dem es lediglich um die Aufstellung von Kandidaten zur EU-Wahl geht. Was macht die Bundesregierung eigentlich beruflich?

AUGUST 2023

BRÜSSEL, LE MURMURE

Büroleiter Hoffmann schaut von seinem Handy auf: »Ich gebe eine Runde aus, Neuigkeiten aus Karlsruhe. Jetzt werden gerade ein paar sehr teure Anwälte aus dem Urlaub zurückgeholt.«

Sachdienlicher Hinweis aus einem Schreiben des Bundesverfassungsgerichts

Ihre Antragsschrift vom 10. Juli ist dem Antragsgegner sowie dem Bundespräsidenten, der Bundesregierung und allen Landesregierungen zugestellt worden. Es wurde jeweils eine Äußerungsfrist bis zum 31. August gesetzt. Darüber hinaus wird mitgeteilt, dass der Bundespräsident, ständiger Staatspraxis entsprechend, die Ausfertigung des streitgegenständlichen Gesetzes bis zu einer Entscheidung über Ihren Antrag auf Erlass einer einstweiligen Anordnung ausgesetzt hat.

SEPTEMBER 2023

BERGKARABACH

Aserbaidschan, das Land, dessen Militäretat größer ist als der gesamte Haushalt seiner Nachbarländer, überrennt Bergkarabach. Nachdem Alijew die kleine christliche Enklave über acht Monate hinweg ausgehungert hat, ohne dass es eine einzige kritische Äußerung aus der EU-Spitze gegeben hat, werden die Armenier innerhalb eines Tages mit modernster Technik in Grund und Boden geschossen.

Sachdienlicher Hinweis von Politico

»Die Rhetorik von Charles Michel kommt in Baku gut an«, sagte Rusif Huseynov, Direktor des aserbaidschanischen Thinktanks TC. »Kritische Stimmen von Abgeordneten des Europäischen Parlaments sind natürlich eine Quelle der Irritation in Baku, aber ich glaube nicht, dass sie Anlass zu übermäßiger Besorgnis geben, da Aserbaidschan gute Beziehungen auf der Ebene von Charles Michel und von der Leyen hat.«

Die Bundesregierung fordert – wie üblich – beide Seiten zur Deeskalation auf. Warnungen des früheren Chefanklägers des Internationalen Strafgerichtshofs Ocampo vor einem Genozid nennt Regierungssprecher Steffen Hebestreit in der Bundespressekonferenz herablassend »Propaganda«.

Was in den deutschen Medien dann zwei Tage später als »Waffenstillstand« bezeichnet wird, ist in Wahrheit die bedingungslose Kapitulation Bergkarabachs, verbunden mit einer Massenflucht der ausgezehrten Bevölkerung nach Armenien. Zum Ende des Jahres wird die Republik Arzach aufgelöst. Aber der Kampf im Kaukasus wird weitergehen. Denn unser »verlässlicher Partner Alijew« (Kanzler Scholz) bezeichnet Armenien bereits öffentlich als »Westaserbaidschan«; und das verheißt eher nicht Gutes.

STRASSBURG, PLENARSAAL

Während der Aussprache zu Bergkarabach bleibt mir die übliche Minute für einen Nachruf:

»Herzlichen Glückwunsch, der EU-Führung ist zur Abwechslung mal etwas GELUNGEN: Sie hat unserem Wertepartner, dem Irren aus Baku, dabei assistiert, die demokratische Republik Arzach vollständig auszulöschen. Ratspräsident Michel und Frau vonder-Leyen haben Aserbaidschans Diktator Alijew so lange den Rücken gestärkt, bis dieser vollendete Tatsachen schaffen konnte. 120.000

Menschen ausgehungert, bombardiert und vertrieben. Das dürften mehr sein, als noch an die EU und ihre Werte glauben. Mit Billigung der Borrels & Baerbocks wurde das Völkerrecht missbraucht, um eine kleine Demokratie unter die Herrschaft einer primitiven Diktatur zu zwingen. Deren Soldaten jetzt – vor laufender Kamera – mit Messern in der Hand Jagd auf Armenier machen. Was die wohlfeilen Worte und Krokodilstränen angeht, die Sie alle auf einmal vergießen, so wird sich zeigen, was sie wert sind, wenn Alijew sich – wie angekündigt – den Rest Armeniens einverleibt. Werte, Werte, Werte, Poperte!«

MAINZ, FERNSEHGARTEN

Vier Tage später ist Bundesparteitag der PARTEI in der Halle 45 in Mainz. Sibylle Berg und ich werden als Spitzenkandidaten für die kommende EU-Wahl nominiert, hinter uns wird eine »Gruppe Wagner« auf die Liste gewählt. Kandidat Daniel Wagner aus Heidelberg hat sich mit dem Satz vorgestellt, er sei »schon öfter abgestürzt als Prigoschin«.

Zufällig ist der Tag nach dem Bundesparteitag ein Sonntag, und zufällig liegt die Halle 45 in der Nähe des Lerchenbergs. Wo an diesem Sonntag das Staffelfinale des »ZDF Fernsehgarten« stattfindet, eine Musiksendung mit Andrea Kiewel. Zufällig haben wir ein paar der begehrten Eintrittskarten erworben – viele PARTEI-Freunde sind Fans der Volksmusik …

Sachdienlicher Hinweis von watson

Am Sonntag kam es im »ZDF-Fernsehgarten« zu einem Eklat. Der Satire-Partei Die Partei war es gelungen, 200 Mitglieder in die Sendung zu schleusen. Die störten dort mehrfach den Ablauf der Sendung, sprangen unter anderem in den Pool.

Sachdienlicher Hinweis der Bunte

Chaoten im »ZDF-Fernsehgarten« – Andrea Kiewel platzt der Kragen

Sachdienlicher Hinweis der tz

Die PARTEI crasht »ZDF-Fernsehgarten«: Andrea Kiewel rastet aus

Merkur

Die PARTEI trieb Moderatorin Andrea Kiewel zur Weißglut.

Sachdienlicher Hinweis von Tag 24

Es war der letzte ZDF-Fernsehgarten der Saison: Am heutigen Sonntag stand die ebenso beliebte wie berüchtigte Liveshow ganz im Zeichen des Mottos »Oktoberfest«. Die Sendung sei »Weiß-Blau«, versprach ein Sprecher aus dem Off zu Beginn – und stellte Kult-Moderatorin Andrea »Kiwi« Kiewel (58) als die »Resi vom Lerchenberg« vor.

Das zum Teil bayerisch kostümierte Publikum war wie gewohnt euphorisch und feierte die Moderatorin frenetisch, als die in einem blau-weiß ausstaffierten Wagen von einem Traktor in das Gelände gezogen wurde. Dabei war die 58-Jährige zwar nicht in ein klassisches Dirndl gekleidet, aber zumindest ging die Kombination aus rotem Kleid und rosa geschmückter Schürze mit bunten Applikationen in die entsprechende Richtung. Der heutige Fernsehgarten sei das »größte Oktoberfest live im deutschen Fernsehen jetzt«, frohlockte die Moderatorin – und die Zuschauer auf den Rängen jubelten.

Sachdienlicher Hinweis von Der Westen

Eigentlich wollte Moderatorin Andrea Kiewel gemeinsam mit dem Publikum den Saisonabschluss feiern. Doch die Sendung wurde zu einem Spießrutenlauf.

Sachdienlicher Hinweis des Blick

Schock-Moment für Andrea »Kiwi« Kiewel (58): Während der Oktoberfest-Ausgabe platzt plötzlich ein fremder Mann ins Bild.

Er will der Moderatorin, die gerade dabei ist, Laugenbrezel zu backen, das Rezept erklären, da er Chemielehrer sei.

Sachdienlicher Hinweis von Tag 24

Mit weiteren, eher infantil anmutenden Spielen und Auftritten der Bands »D'Hundskrippln« und »Mountain Crew« sowie der jungen Nachwuchs-Mundartsängerin Tammy ging das Show-Geschehen weiter – das Publikum klatschte bereitwillig zu allem.

In einem Kamera-Schwenk war zu sehen, wie erneut eine Person mit roter Krawatte für Unruhe sorgte, Security-Leute griffen ein. Ein Kameraschwenk während eines Auftritts der sichtlich in die Jahre gekommene Sängerin Nicki (56), die ein Medley ihrer Hits vortrug, zeigte eine tanzende Gruppe von Personen mit roten Krawatten.

Sachdienlicher Hinweis der Augsburger Allgemeinen

In der Aufzeichnung ist zu sehen, dass grüne Farbe im Pool des Fernsehgartens verschüttet wurde. Im Pool selbst springt während einer Musikeinlage ein Mann mit roter Krawatte auf und ab.

Sachdienlicher Hinweis der FAZ

Zu guter Letzt knallte es am Schluss der Sendung noch einmal hörbar von den Rängen. Kiewel war zunächst sichtlich irritiert. »Heute sind hier Zuschauerinnen und Zuschauer mit roten Krawatten, die gehören zu einer Vereinigung, die heißt Die PARTEI. Die sind einfach nur hier, um die ganze Zeit zu stören. Ich finde das ganz traurig und ganz daneben«, sagte sie. Die Show sei »für alle, jung, alt, international«. Aus diesem Spruch machte Die Partei auf der Plattform X (ehemals Twitter) einen Post, um für sich zu werben.

Sachdienlicher Hinweis von Der Westen

Nach »Fernsehgarten«-Eklat – jetzt äußert sich »Die Partei«
Ein schlechtes Gewissen oder Schuldgefühle scheint Martin Sonneborn nicht zu haben. Auf die Frage, ob es denn angebracht sei, dem Publikum die Show zu vermiesen, hat er eine ganz klare Antwort: »Klar. Die Zeiten sind hart.«

Sachdienlicher Hinweis der FAZ

Hintergrund der Aktionen war wohl eine Wette darüber, was mehr Aufmerksamkeit erhalten werde: »Der Überfall unseres ›Wertepartners‹ (Kommissionspräsidentin von der Leyen) Aserbaidschan auf die kleine Demokratie Bergkarabach – oder die Tatsache, dass Die Partei beim Fernsehgarten in den Pool pinkelt.« Sonneborns Fazit: »Alle, die auf Bergkarabach gesetzt haben, haben klar verloren.«

Sachdienlicher Hinweis von watson

Auf die Frage nach möglichen Konsequenzen vonseiten des ZDF reagiert der Politiker eindeutig: »Nein, ich rechne eher mit einem Dankesschreiben, schließlich haben wir Kiewels Satiresendung mal wieder in die Medien gebracht.«

Sachdienlicher Hinweis der FAZ

Am Schluss richtete Sonneborn noch eine Bitte ans ZDF. Der Vorsitzende des Ortsverbands Brüssel, Jochen Ricken, habe »ganz normal eine Polonaise starten« wollen, als er einem Sicherheitsmann in Zivil die Hände auf die Schulter legte. Dieser schien von der Aktion nicht sonderlich begeistert. Daher frage er sich: »Kann man die Security beim nächsten ›Fernsehgarten‹ bitte etwas deutlicher ausweisen?«

BRÜSSEL, CAFÉ BELGA

Nach der Aufstellung der EU-Liste und den Wasserspielen vom Lerchenberg können wir uns über mangelndes Medieninteresse nicht beklagen. Unsere Spitzenkandidatin hat ein großes Interview in der *Frankfurter Allgemeinen Zeitung*.

Sachdienlicher Hinweis der FAZ

Sibylle Berg: Es braucht neue Sichten auf die Welt, die Öffnung von Gedankenräumen fernab von Katastrophen und Panik. Eine intelligente Satire-Partei mit dem Basisansatz von

Systemkritik und anarchischen Ansätzen bietet da eine Alternative für Leute, die von der Parteipolitik enttäuscht sind.

Und auch mein Handy klingelt. Wer wohl dran ist, *Die Zeit*, *Foreign Affairs*, *Theater der Welt*? Leider ist es nur Anwalt Markus Kompa. Es sei ungewöhnlich warm draußen, wir müssten dringend ein großes Sommerinter… Nun, gut, wenn es sein muss: »Stellen Sie Ihre Fragen, Herr Anwalt!«

Sachdienlicher Hinweis von Telepolis

T: Nunmehr läuft Ihr letztes Jahr in dieser EU-Legislaturperiode. Was wollen Sie noch bewegen?

MS: Wir arbeiten in Brüssel verbissen an einem Regime Change. Vier Jahre haben einer Kommission unter von der Leyen ausgereicht, um sämtliche Grundprinzipien, die den europäischen Gedanken einmal ausgemacht haben, zu rasieren: Frieden, Multilateralismus, offener Welthandel, eine freie Gesellschaft. Zurzeit erinnert uns das alles an eine Orwell'sche Dystopie: Milliarden aus der Friedensfazilität für Bomben und Granaten. Krieg ist Frieden. Verschiebung von Geldern in einen militärisch-industriellen und einen pharmazeutischen Komplex. Gelder, die den Ländern fehlen für Bildung, Infrastruktur, soziale Leistungen. Und für Schnaps.

Yep, so ist es. Denn mit vielem, was wir in Brüssel derzeit sehen, haben wir Sie noch gar nicht belästigt: die erstmalige hohe Verschuldung der EU, die unzulängliche Positionierung in einer zukünftig absehbar multipolaren Welt, der festgeschweißte Deckel an Plastikflaschen, der beim Holsten-Trinken stört, und, und, und …

Außerdem ist das Geld irgendwie, äh … futsch. Die 1.200 Milliarden, mit denen die EU den laufenden siebenjährigen Haushalt bestreiten will, reichen nicht. Frau vonderLeyen hat in ihrer Amtszeit einfach die Ausgaben verdoppelt. Das Geld ist weg, verbraucht, verplant oder ausgegeben, woanders, nicht mehr da; und sie fordert neues nach.

»Wo sind die Milliarden geblieben?«, fragte mich gestern Abend im Le Murmure der Wirtschaftsjournalist Eric Bonse. Ich kann es nicht sagen. Das kann ich aber natürlich auch nicht sagen, schließlich bin ich Parlamentarier, deswegen antwortete ich: »Wenn ich dir das verrate, muss ich dich anschließend töten.«

Die letzten Worte in diesem Buch sollen meiner Europapolitischen Beraterin gehören:

»Das alles ist das Erbe dieser Kommissionspräsidentin, die besser bereits nach ihren ersten drei Tagen als Ministerin zurückgetreten wäre. ›A trail of disaster‹ zieht sie hinter sich her, eine Spur der Verwüstung. Die EU, wenn sie es überlebt, wird weitere 60 Jahre brauchen, um wiederaufzubauen, was diese Frau zerstört hat.«

Jetzt mache ich mich auf den Weg nach Straßburg, mit dem Wagen. Mit etwas Glück hat meine Stimme in den Abstimmungen dort mehr Gewicht als üblich, denn der Zug, mit dem die Abgeordneten und Assistenten monatlich von Brüssel nach Straßburg reisen, hat sich gerade verfahren. Eine falsch gestellte französische Weiche – und das Europaparlament ist auf dem Weg ins Disneyland Paris.

Ob wir die Sperrklausel ein drittes Mal stoppen können und wieder in Brüssel einziehen, ob die CDU zu einer Strafzahlung von 2,5 Millionen Euro verurteilt wird, ob Frau vonderLeyen wegen Veruntreuung hinter Gitter wandert oder die Europapolitische Beraterin wegen »Hate Speech«, darüber informiert Sie dann die Presse in Deutschland. Oder der letzte Band dieser irren Trilogie: »Herr Sonneborn kehrt zurück aus Brüssel«. Smiley!

Martin Sonneborn
Vorsitzender Die PARTEI

Curriculum Vitae

Persönlich geboren am 15. Mai 1965 in Göttingen (unter Schmerzen)
Verheiratet (einfach, Frau)
Vater (mehrfach)
Mitglied des Europäischen Parlaments

Werdegang

Seit 2004	Vorsitzender der PARTEI. Damit mehr Erfahrung in diesem Amt als alle anderen deutschen Parteivorsitzenden zusammen.
1984	Ausbildung zum Geistlichen (Abitur an katholischem Gymnasium) (wie Laschet)
1985	Militärwissenschaftliche Edukation: Sicherheitspolitik, Ballistik & Kriegskunst (Grundwehrdienst)
1986	Organisierte Kriminalität (Ausbildung zum Versicherungskaufmann)
1993	Promotion (über die „Chemische Quantenausbeute beim Redoxverhalten der Photonenkatalyse bei wachsender Irradiationskraft" im Fachgebiet *Quantum Gravity and Field Theory* an der US-amerikanischen Eliteuniversität MIT Cambridge) nicht abgeschlossen (wie Baerbock), aber auch nicht angefangen (wie Scholz)
1987-1994	Studium der Publizistik, Germanistik & Politikwissenschaft in Münster, Wien & Berlin. Grob gefälschte Magisterarbeit; Titel bis heute nicht aberkannt, wird aber derzeit nicht geführt
1994-1999	Trainee beim international renommierten *Titanic Magazine* (DACH-Region)
2000-2005	Editor-in-Chief *Titanic Magazine*
2006-2014	Ressortleiter beim international nicht mehr ganz so renommierten SPIEGEL (allerdings im seriösesten Ressort: SPAM)
2006-2014	Investigativreporter beim ZDF; Referenzen: Interviews Deutsche Bank, Pharmaindustrie, Johannes Kahrs von der SPD
Seit 2014	Mitglied des Europäischen Parlaments. Mitglied im Ausschuss für bürgerliche Freiheiten, Justiz & Inneres und in der Delegation für die Beziehungen zur Koreanischen Halbinsel (K-Pop-Botschafter). Zudem stellvertretendes Mitglied im Ausschuss für konstitutionelle Fragen („Warum schmeißen wir Grobbritannien und die Schweiz aus der EU, aber nicht Polen, Ungarn und Bulgarien?"). Entscheidende Stimme bei den Abstimmungen zur Unterstützung von Seenotrettern und zu ePrivacy. 2018 & 2019 jeweils Persona non grata in Aserbaidschan.

Beiräte, (Förder-)Mitgliedschaften, regelmäßige Unterstützung*

Deutscher Brauer-Bund e.V. (Regelmäßige Unterstützung durch mehr als regelmäßigen Bierkonsum)

DFB (Erfolgreiche Unterstützung der korrupten deutschen Bewerbung für die WM 2006)

CDU (Wahlkampfunterstützung 2001. Slogan: „Die Ausländer sind da! Schöne Scheiße, Ihre CDU")

SPD (Wahlkampfunterstützung 2003. Slogans: „Mit Anstand verlieren", „Wir geben auf")

Dudenverlag (Etablierung der Neueintragung „Zwinkersmiley". Zwinkersmiley!)

*Diese Kategorie wurde noch nicht präzisiert oder entsprechend ergänzt.

Unerwartet wird der ehemalige Titanic-Chefredakteur Martin Sonneborn 2014 ins EU-Parlament gewählt – als einziger Abgeordneter seiner Partei. Und da er schon mal da ist, beschließt er herauszufinden: Wie funktioniert Europa?

»Sonneborn is a nice guy and funny man. As chief editor at TITANIC I found him really wonderful« *Martin Chulz, SPD*

Leseproben und mehr unter www.kiwi-verlag.de 

»Martin Sonneborn ist ein Partisan der Parodie.« *Die Welt*

»Dieser Mann will es wissen. Yes, he can!« *Spiegel Online*

»Blicke in die deutsche Seele – Martin Sonneborn wagt sie. Freundlich, hintersinnig, mit klarer Mission.« *heute journal*

»Der Buster Keaton der deutschen Politik!« *taz*

Leseproben und mehr unter www.kiwi-verlag.de